Sehnsucht des Raumes

Sehnsucht des Raumes

St. Peter und Paul in Dettingen
und die Anfänge
des modernen Kirchenbaus
in Deutschland

Herausgegeben von Michael Pfeifer

Verlag Schnell & Steiner · Regensburg

*Das ganze Raumsehnen
findet seine Erfüllung in der Opferstätte*

Dominikus *Böhm und Martin Weber in der "Denkschrift zur Einweihung der katholischen
Pfarrkirche Peter u. Paul zu Dettingen am Main am Sonntag, den 1. Juli 1923"*

Das Frontispiz zeigt die Dettinger Kirche
unmittelbar nach ihrer Fertigstellung im Jahre 1923.
Auf dem Bucheinband ist der Zustand des Jahres 1995 dokumentiert.

Die Deutsche Bibliothek – CIP-Einheitsaufnahme

Sehnsucht des Raumes : St. Peter und Paul in Dettingen
und die Anfänge des modernen Kirchenbaus in Deutschland /
Dominikus Böhm ; Martin Weber ; Reinhold Ewald. Hrsg. von Michael Pfeifer. –
Regensburg : Schnell und Steiner, 1998
ISBN 3-7954-1180-7

Konzept, Gestaltung und Herstellung: Michael Pfeifer
Das Werk ist in allen seinen Teilen urheberrechtlich geschützt.
© 1998 bei Verlag Schnell & Steiner
© der abgebildeten Kunstwerke bei den jeweiligen Rechtsinhabern
ISBN 3-7954-1180-7

Zum Geleit

St. Peter und Paul in Dettingen am Main war nach der Notkirche in Offenbach der erste Kirchenbau, den Dominikus Böhm realisieren konnte. In der Folgezeit hat Böhm wie kein zweiter den Kirchenbau revolutioniert. Seine Dettinger Kirche war gewissermaßen eine Initialzündung für die deutsche Architekturgeschichte. Dieser Bedeutung entsprechend wird aus Anlaß des 75jährigen Weihejubiläums ein Band vorgelegt, dessen Beiträge vielfältige Facetten des Themas aufleuchten lassen.

Erster Schwerpunkt ist die Architektur. Anhand der Interpretation, die die Architekten Dominikus Böhm und Martin Weber ihrem Bau im Rahmen der Denkschrift zur Einweihung Kirche beigeben haben, wird ihr Standort bei der Konzeption des Baus analysiert. Das Bauwerk selbst wird detailliert beschrieben und in historische Zusammenhänge eingeordnet – dazu gehört die Einbettung in zeitgeschichtliche Strömungen ebenso wie der Ausblick auf den katholischen Kirchenbau der letzten 75 Jahre. Auch Perspektiven für eine zeitgemäße liturgische Nutzung des Raumes werden entwickelt.

Während die Leistung der Architekten seinerzeit breite Zustimmung fand, wurde die Ausgestaltung durch den Hanauer Maler Reinhold Ewald heftig diskutiert. Die damalige Auseinandersetzung wird anhand von zeitgenössischen Zeugnissen dokumentiert. Eine Annäherung an die Fresken selbst, die die Dettinger Kirche erst zu diesem einzigartigen Dokument des Expressionismus machen, als das wir sie heute vor uns sehen, geschieht auf kunsthistorischem, biographischem und theologischem Weg.

Fragen nach der religiösen Einordnung des Dettinger Kirchenbaus, seiner Gestalt und Ausstattung bilden einen dritten Schwerpunkt. Hier ist vor allem das Programm der „Meßopferkirche", wie sie damalige Theoretiker entwickelten, zu untersuchen. Immer aber muß im Blick bleiben, daß die Kirche Heimat für Glaubende ist und nicht ohne Sinnverlust aus dem Kontext der Gemeinde in Dettingen gelöst werden kann. Dem Anliegen theologischer Kunstvermittlung dienen auch die Meditationsseiten, die an verschiedenen Stellen im Buch zur Betrachtung auch oft übersehener Details der Dettinger Kirche einladen.

Ich danke allen am Zustandekommen dieses Jubiläumsbandes Beteiligten, besonders den Autorinnen und Autoren, die deutlich werden lassen, daß sich Dettingen eine Kirche befindet, die einen Meilenstein für den deutschen Kirchenbau darstellt.

Der Herausgeber

Inhalt

Zum Geleit 5

Der Bau und seine innere Ausgestaltung
von Dominikus Böhm und Martin Weber aus dem Jahr 1923 9

Expressionismus wider Willen
Kunsttheoretische Standortbestimmung im Denken Dominikus Böhms
von *Holger Brülls* 13

Dominikus Böhm
Skizze eines Architektenlebens
von *Johanna Wolf-Breede* 27

Martin Weber
Seine Anfänge als Kirchenbaumeister
von *Adrian Seib* 33

Pfarrer Hugo Dümler
Streiflichter einer Biographie
von *Michael Pfeifer* 41

Grundsteinurkunde und Baunotizen
aus dem Jahr 1923 47

Lebendige Steine
Aus der Geschichte der Pfarrei Dettingen
von *Edwin Hussi* 53

Burg und Zelt
Die Baugestalt der Pfarrkirche St. Peter und Paul in Dettingen
von *Clemens Jöckle* 63

Semper reformanda
75 Jahre Veränderungen
von *Michael Pfeifer* 69

Leben im Licht Christi vor dem Dunkel der Welt
Erfahrungen mit St. Peter und Paul in Dettingen
von *Franz Kraft* 79

„Deinen Tod, o Herr, verkünden wir ..."
Spirituell-theologische Überlegungen
zu einer Neuinterpretation der Meßopferkirche als Gesamtkunstwerk
von *Rudolf Voderholzer* 85

Im Schnittpunkt der Welten
Ist die Dettinger Kirche ein Sakralbau?
von *Michael Pfeifer* 93

„O Zierde der Apostelschar ..."
Biographische und ikonographische Notizen zu den Dettinger Kirchenpatronen
von *Michael Pfeifer* 99

„Der Apostel heilger Chor"
Neue Erkenntnisse über den Apostelaltar in Dettingen
von *Michael Pfeifer* 109

Die Pfarrkirche aus Sicht des Malers
von Reinhold Ewald aus dem Jahr 1967 117

Kosmische Raumbildung
Reinhold Ewalds Freskenzyklus in Dettingen
von *Alois Kölbl* 119

„Es muß deshalb nicht Dettingen werden!"
Die Dettinger Passion im Spiegel der Kritik
von *Helmut Winter* 129

Kunst im Raum – Raum als Kunst
Zum Verhältnis von Architektur und künstlerischer Ausgestaltung
in der Dettinger St.-Peter-und-Paul-Kirche
von *Barbara Kahle* 145

Katholischer Kirchenbau nach Dettingen
Ein Überblick über 75 Jahre
von *Günter Rombold* 155

Von Bauformen zu Raumgestalten für Gemeindeliturgie
Christozentrik und Langhausproblem
von *Herbert Muck* 163

Menschen von heute feiern im Raum von gestern
Perspektiven für die Feiergestalt von St. Peter und Paul
von *Jürgen Lenssen* 171

Anmerkungen 177

Literaturverzeichnis 187

Bildnachweis 190

Autorenverzeichnis 191

Dominikus Böhm • Martin Weber

Der Bau und seine innere Ausgestaltung

Aus der Denkschrift zur Einweihung

Bedarf die Kirche für den in der Mitte der Gläubigen gegenwärtigen Herrn einer Wohnung, so muß dies eine Opferstätte sein, eine Wohnung, deren Hauptort der Altar ist.
(J. van Acken in „Christozentrische Kirchenkunst")

Die christozentrische Bewegung unserer Zeit war das Leitmotiv bei der Gestaltung der Peter- und Paulkirche in Dettingen a. Main. Von dem christozentrischen Raumgedanken ausgehend war unser Streben darauf gerichtet, eine energische Steigerung der räumlichen Wirkung mit der bestimmten und ausdrücklichen Richtung nach dem Hochaltar zu schaffen. Die Stützenreihung im Innern, das gedämpfte Licht im Schiff gegenüber der hell strahlenden Chorbeleuchtung, die Steigerung der farbigen Wirkung nach dem Hochaltar zu waren alles Mittel, dieses Ziel zu erreichen. Durch die Stützenreihung wird das Leichte, Schwebende des Raumes, das zunächst den Beschauer gefangen nimmt, weitergeführt nach dem Altare und dort in kreisende Bewegung in horizontaler Richtung aufgelöst. Das ganze Raumsehen findet seine Erfüllung in der Opferstätte. Die kristallisch aufgelöste Chordecke und Wandfläche außerhalb des Bildes sind in Form und Farbe die Mittel, die Entmaterialisierung dieses Altarraumes zu erwirken. Hier finden unsere Opfer, unsere Gebete den Mittler zwischen Gottheit und Menschheit in Christus, dem Herrn.

Aus dem gleichen christozentrischen Beweggrunde schieben sich die beiden Seitenaltäre mit absichtlicher Bescheidenheit ganz auf die Seite und sind nicht, wie häufig sonst in katholischen Kirchen im Mittelschiff, etwa links und rechts im Chorbogen, aufgestellt.

Die Lichtquellen sind so angeordnet, daß sie den Gläubigen nicht ablenken. Sie liegen direkt unter der Decke des Mittelschiffes und

Titelblatt der Denkschrift zur Einweihung. *Der nebenstehende Beitrag ist die vollständige Wiedergabe des von Böhm und Weber verfaßten Textes aus der Denkschrift.*

Die neu erbaute Pfarrkirche steht noch auf freiem Feld

gießen ihr mildes Licht über den ganzen Raum. Auf die Anordnung von Fenstern in den Seitenschiffen wurde mit Absicht verzichtet, um die Gemeinde durch die vollkommene Geschlossenheit des Raumes zur Abkehr von der Außenwelt und zur Sammlung und Andacht zu führen.

Der Kreuzweg im Innern führt den Eintretenden aus dem Werktage zum eigentlichen Ziel unseres Lebens, zu Gott unserem Herrn, der in seinem Opfertod am Kreuze uns das leuchtende Vorbild gibt der Ergebung in den Willen seines himmlischen Vaters. Das Kreuzesopfer auf Golgatha ist durch seine Anordnung unmittelbar über dem Altare auch gedanklich in Beziehung gebracht mit dem alltäglich sich erneuernden hl. Meßopfer. Die freudigen Themata der Verkündigung und Geburt Christi geben im Vordergrunde einen wirkungsvollen Gegensatz zu dem wuchtigen Drama der Kreuzigung. Die gesamte Malerei des Innenraumes stammt von dem Hanauer Maler Reinhold Ewald, der uns ein gleichgesinnter, außerordentlich wertvoller Mitarbeiter war.

Der Altar ist als geistiger Mittelpunkt des Raumes durch reiches Gold besonders hervorgehoben. Er zeigt in seinem Aufsatze die thronende hl. Dreifaltigkeit, umgeben von den zwölf Aposteln, schwebend zu beiden Seiten. Die beiden Seitenaltäre sind Maria und Josef geweiht; der erste soll als Pieta mit den zwei Ampeln der Erinnerung der im Kriege 1914 bis 1918 gefallenen Söhne Dettingens gewidmet sein. Der bildnerische Schmuck der Altäre stammt wie auch die beiden Portalfiguren Peter und Paul von dem bekannten Frankfurter Bildhauer Paul Seiler, der seine Aufgabe in großzügiger Weise löste. Es ist bei Seiler wie bei Ewald vor allem das vollendete Einfühlen

in den Geist des Bauwerkes besonders zu erwähnen, und wir möchten auch an dieser Stelle diesen beiden Künstlern unseren Dank aussprechen. Die gesamte innere Ausstattung sowie die kunstgewerblichen Arbeiten, als Altäre, Fenster, Beleuchtungskörper, Bestuhlung usw. sind nach unseren Entwürfen und Angaben ausgeführt.

Die sachliche Gestaltung im Äußeren entspricht ebenfalls dem christozentrischen Programm. Die beiden Flügelbauten streben mit Energie dem Hauptdache zu, das in bewußt einfacher Fläche den ganzen Raum zu *einer* großen Form zusammenfaßt. Die beiden Chorfenster betonen in sinniger Weise die Opferstätte auch im Äußeren; die anderen Lichtöffnungen treten gegen diese bescheiden zurück. Der Turm hat durch die nicht zu Ende geführte Kraftentfaltung eine Wucht erhalten, die dem ganzen Gotteshaus seine dominierende Stellung im Straßenbilde sichert. Er wirkt gerade durch seine gedrungene Form ungleich mächtiger, als dies durch einen hohen Turm zu erreichen wäre.

Als Baumaterialien wurden im Äußeren hauptsächlich die heimatlichen roten Mainsandsteine verwendet. Für die Stützen im Innern kam nur Eisenbeton in Betracht, um einerseits einen freien Blick auf den Hochaltar zu gewährleisten und andererseits das Leichte, Schwebende des Innenraumes nicht zu stören. Die Kirche liefert damit auch den Beweis, daß das bisher verpönte Material – Eisenbeton – sehr wohl für solche Zwecke zu verwenden ist, wenn damit nicht ältere Konstruktionsweisen nachgeahmt werden. Es sind aus dem gleichen Grunde Gewölbeimitationen in Eisenbeton vermieden, weil es dem leichten Eisenbetonmaterial widerspricht, Formen nachzubilden, die in früheren Zeiten durch die schweren,

Die Feier zur Einweihung der neuerbauten Pfarrkirche am 1. Juli 1923 wurde von der Aschaffenburger Fotografin Christl Hartmann dokumentiert (s. auch Abb. S. 47–52 und 58). Die festliche Prozession zog von der St.-Hippolyt-Kirche über die Hanauer Landstraße zur neuen Kirche.

unelastischen Materialien, Backsteine und Bruchsteine, bedingt waren. Das Charakteristische des Eisenbetons ist die *gegossene, gestampfte* Hohlform, während das Backsteinmaterial geschichtete Lagen ergibt. Eine richtige Verwendung des Eisenbetons zu gewölbeähnlichen Deckenbildungen zeigen die beiden Beichtkapellen.

Im allgemeinen sei über christozentrische Kirchenbaukunst noch folgendes bemerkt: Die Pfarrkirche hat im Gegensatz zur Klosterkirche die weitere Aufgabe zu erfüllen, durch die Macht ihres Raumes die Gemeinde erst in die zur Mitfeier des hl. Opfers notwendige Stimmung zu versetzen, wogegen die Klostergemeinde den Raum bereits mit der erforderlichen Sammlung betritt. Wenn wir dazu uns heute kräftigerer Mittel bedienen, als dies in früherer Zeit geschah, so ist dies ganz besonders durch das aufgeregte Erwerbsleben unserer Zeit begründet. Wenn auch beim ersten Betrachten des Raumes vielleicht manches eigenartig erscheint, so möge bedacht sein, daß zu allen Zeiten eine Stilwandlung sehr neu („modern") gewirkt haben muß. Bei eingehendem Studium und Einwirkenlassen der Raumstimmung wird aber der Betrachter sehr wohl Verwandtes mit dem religiösen Mittelalter finden, wenn auch mehr dem Geiste als der Form nach. Wir glauben, daß uns das Hoffnungsfrohe der katholischen Religion, des Glaubens an die Unsterblichkeit der Seele, in der licht- und farbenfreudigen Gesamtstimmung des Raumes geglückt ist. Man könnte dieses unser Streben auch eine Verschmelzung von tiefernster Gotik und freudigstem Barock nennen. Über den Namen unseres heutigen Kunstschaffens brauchen wir uns nicht zu unterhalten; es war auch unseren großen Vorfahren in der Gotik wohl nicht bewußt, daß sie „gotisch" bauten. Auf jeden Fall hat dieser Bau mit „Expressionismus" nichts zu tun. Wohl aber ist unsere Kunst Ausdruckskunst – wie alle historische Kunst überhaupt – weil sie die Form als Mittel zum Zweck benützt, um damit einen seelischen Zustand auszudrücken. Sie wird damit Gottesdienst im hohen Sinne des Wortes. So tritt sie in Gegensatz zur heidnischen Antike, welche die Schönheit der Form *in erster Linie* um ihrer selbst willen darstellte. Unmöglich dürfte es sein, mit den Bauformen eines Tempels von Paestum den seelischen Raumgehalt eines Bamberger Doms oder der Kirche von Vierzehnheiligen zu erreichen. Auf den Gebieten der Plastik und Malerei liegen die Verhältnisse ganz ähnlich, wie der Vergleich einer antiken Statue mit der Nürnberger Madonna zeigt, die gerade durch die überschlanke Gestalt und anmutige Bewegung in unübertrefflicher Weise das Hoheitsvolle der Gottesmutter zum Ausdruck bringt.

Es ist durchaus nicht notwendig, daß alle diese Momente dem Gläubigen zum Bewußtsein kommen; wohl aber werden sie dazu beitragen, ihn zur Sammlung und Andacht zu stimmen. Mögen diese Erläuterungen dazu verhelfen, dem Besucher das Verständnis für den Raumgehalt des neuen Gotteshauses zu erschließen. Das dürfte dem hochwürdigen Bauherrn, Herrn Pfarrer Dümler, wohl der schönste Dank für seine großen Opfer und das stets harmonische Zusammenarbeiten mit den Schöpfern sein.

Holger Brülls

Expressionismus wider Willen

Kunsttheoretische Standortbestimmung im Denken Dominikus Böhms

Ein nicht unbeträchtlicher Anteil der architekturtheoretischen Bemühungen Dominikus Böhms, die sich seltener in druckreifen Texten als in langen, temperamentvollen Briefen an seine Bauherren und Freunde niederschlugen, hatte den Zweck, die augenfällige Modernität des eigenen Bauschaffens zu bagatellisieren. Daß er kein Moderner sei, kein Avantgardist und kein Expressionist, beteuerte Böhm immer wieder, und je moderner und experimenteller seine Entwürfe wurden – vor allem in den Jahren um 1930 –, desto merkwürdiger erscheinen seine Versuche, sie als Ausdruck einer durch und durch traditionell ausgerichteten künstlerischen Haltung auszugeben. Im Rückblick auf die Entwürfe der zwanziger Jahre, seiner genialen Sturm-und-Drang-Phase, hob Böhm einmal hervor, „dass es nie meine Absicht war, sehr modern zu sein, und dass meine Arbeiten einfach entstehen, weil sie so werden mussten aus der Aufgabe heraus und aus der Stimmung, in der sie entstehen, und wenn sie dann mitunter neuzeitlich anmuten, kann ich wirklich nichts dafür"[1]. *Sehr* modern wollte der große Erneuerer und Erfrischer des katholischen Kirchenbaus also nicht sein, aber modern immerhin, allerdings *ohne Vorsatz*, was ihn von dem Vorwurf freisprechen sollte, ein Revolutionär zu sein.

Wenn Böhm auf dieses heikle Thema kam, wurde er stets auffallend diplomatisch. Die Treuherzigkeit seiner Diktion ist fast verdächtig, aber man muß derartige Bekenntnisse wohl ernst nehmen, „tiefernst", wie es in der emotional aufgeladenen Sprache der Zeit hieß. Derartige Selbstdefinitionen dienten dazu, ein der Moderne und hier speziell dem Expressionismus gegenüber oft ängstlich, fast immer skeptisch und vielfach unverständig ablehnend eingestelltes kirchliches Publikum für die neue (Bau-) Kunst zu gewinnen. Zu erreichen suchte Böhm dies teils durch rhetorische Taschenspielertricks, teils durch reelle theoretische Überlegungen, die nachzuvollziehen sich auch heute noch lohnt, betreffen sie doch die Legitimation von Kunst im kirchlichen Raum im allgemeinen und von moderner Kunst im besonderen. Immer geht es dabei auch um das kontroverse Problem „Kunst und Religion" und die Frage, wer von beiden auf wen in welchem Maße angewiesen ist.

In der kargen Festschrift, die in der Hochinflationszeit zur Weihe der Dettinger Pfarrkirche St. Peter und Paul am 1. Juli 1923 als achtseitiges Faltblatt erschien, meldeten sich Domi-

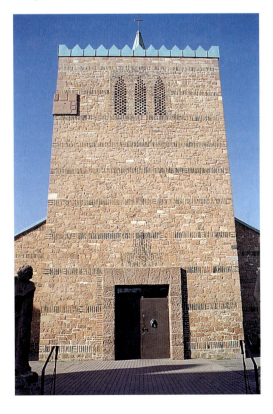

Der massige Portalbau der Dettinger Kirche

nikus Böhm und sein Mitarbeiter Martin Weber mit einem kurzen, aber programmatisch anspruchsvollen Text zu Wort, der den Gemeindegliedern den neuen Kirchenbau verständlich machen wollte[2]. Allein das Faktum einer solchen in apologetischem Ton gehaltenen Kunsterklärung ist bemerkenswert. Es deutet hin auf die Erklärungsbedürftigkeit von Architektur und Kunst und damit auf eine von Architekten und Bauherren offensichtlich registrierte Entfremdung zwischen Kunst und Gemeinde, so daß die Verteilung einer „Gebrauchsanweisung" an die Gemeindeglieder geboten erschien. Der Text enthält theoretische Aussagen, die Böhm auch in seinen späteren Schaffensjahren immer wieder vortragen wird, und die folglich für das Verständnis seiner Architekturauffassung von grundsätzlicher Bedeutung sind.

Die ursprüngliche Emporenanlage vor der Umgestaltung 1961

Wie stets in jenen Jahren war auch der Bau der Dettinger Kirche mit ihrer innovativen Architektur und der eindrucksvollen malerischen Ausgestaltung durch Reinhold Ewald keineswegs kollektiver Ausdruck einer Gemeindekultur, die solche gegenwartsbezogenen Kunstwerke gleichsam als Glaubenszeugnisse notwendig aus ihrer Mitte hervorgebracht hätte. Dieses Verdienst kam wagemutigen Pfarrern und Kirchenvorständen mit souveränem ästhetischem Urteil zu, kirchlichen Baubehörden, die derlei Experimente wenn nicht förderten, so doch wenigstens durchgehen ließen, und nicht zuletzt natürlich kämpferischen Architekten.[3] Diese Kunst kam nicht *aus* der Gemeinde, sie war *für* die Gemeinde bestimmt von einer intellektuellen und künstlerischen Elite, die mit durchaus autoritärem Sendungsbewußtsein dem „Volk" solches zumutete und Widerspruch in Kauf nahm. Wenn wir zu Recht die Glanzleistungen der zwanziger Jahre auf dem Gebiet der kirchlichen Kunst und Architektur bewundern, so darf dieses heute unsympathische, da undemokratische Faktum nicht weggelogen werden. Das Zustandekommen wichtiger Kunst- und Bauwerke ist zu allen Zeiten immer zuallererst ein Verdienst des Auftraggebers gewesen, sodann Leistung des von diesem engagierten Künstlers, nie aber eine des Publikums. Die Durchsetzbarkeit solcher Experimente ist – gerade auch von der institutionengeschichtlichen und „gruppendynamischen" Seite her – noch viel zu wenig erforscht. Extreme Krisenzeiten wie die Inflationsjahre der frühen Weimarer Republik sind für solche Versuche offensichtlich günstig gewesen.

Bauherren und Architekten, die mit dem größten Pathos ihre individuellen Ideen einer weitgehend unverständigen Öffentlichkeit aufzuzwingen verstanden, taten dies gleichwohl auch aus einer defensiven Haltung heraus. Defensiv freilich war nur die Theorie, die künstlerische Praxis war offensiv und radikal. Es lohnt sich, den Programmtext zur Dettinger Kircheneinweihung unter diesem Aspekt der Konfrontation noch einmal neu zu lesen. Der Bau, der heute zu recht als eine Schlüsselleistung der deutschen Sakralarchitektur im 20. Jahrhundert gilt, gewinnt durch eine solche Relecture eine Brisanz, die ihm verloren geht, wenn man ihn einfach kunst- oder liturgiegeschichtlich einsortiert und als Fortschritt und gelungenes Experiment verbucht. Die Frage, was sich die Architekten beim Entwerfen dieser Kirche gedacht haben, wie sie das Gemeinte umgesetzt haben, ist ohnehin nur aus einem vordergründigen Interesse an der Entstehungsgeschichte des Bauwerks interessant. Aufschlußreicher ist es, einen solchen Text einmal gegen den Strich zu bürsten, die steilen Gedankengänge, die Architekten und Künstler in jenen kulturell, intellektuell, politisch und sozial aufgepeitschten Jahren der Weimarer Republik bereitwillig unternahmen, nicht einfach nur nachzuschreiten, sondern auch einmal einen Blick auf die glatten Abhänge und in die Abgründe zu seiten dieser

Pfade zu werfen. So wird dann aus dem Bau- oder Kunstwerk die Manifestation eines Problems. Dieses Problem bestand in Dettingen wie andernorts aus Fragen wie den folgenden: Wie werden Expressivität und Modernität in der Kirche legitimiert? Warum ist das Verhältnis der Expressivität zur Tradition notwendig kontrovers? Wie regeln die Künstler das kontroverse Verhältnis zur traditionsgewohnten Gemeinde? Haben expressionistische Kunst und Architektur überhaupt religiöse Substanz, oder spielen in ihr Kunstmittel eine Rolle, aus denen der religiösen Kultur Gefahren erwachsen? Wie schließlich soll heute der Betrachter eines Kunst-, wie der Benutzer eines Bauwerks mit diesen Fragen umgehen, da ja Werke der kirchlichen Kunst heute noch im gleichen Funktionszusammenhang stehen wie damals?

„Immanenter Historismus"
Die historische Rechtfertigung
von Modernität

Was an der Dettinger Kirche wirkte zu Beginn der zwanziger Jahre modern? Gewiß nicht das an und in dem Bau immer noch präsente konventionelle, altehrwürdige Raummodell der dreischiffigen Basilika. Wohl aber das proportionale Stauchen (außen) und Weiten (innen) der einzelnen Raumkompartimente zugunsten einer einheitlichen Raumform, die das Mittelschiff nicht mehr als Hauptschiff gelten läßt, sondern die Überhöhung durch den Obergaden nurmehr im Sinne eines Oberlichtes vorsieht, aus dem der ganze Raum sein Licht empfängt. Es entstand ein einheitliches Raumbild, ein „christozentrischer Einheitsraum", der wesentlich vom konstruktiven Gerüst beherrscht wird. Er erinnert mit seinen weiten Säulenabständen und dem offenen Dachstuhl nur noch von fern an altchristliche Basiliken, sehr viel stärker jedoch an nüchterne Industrie- und Markthallen, funktionelle, notdürftige Alltagsarchitektur des modernen Lebens. Wie sehr der Raum als dürftig empfunden wurde, geht nicht zuletzt aus dem Bestreben Reinhold Ewalds hervor, ihn durch Malerei aufzuwerten und zu vollenden⁴, wie überhaupt die Dettinger Kirche ohne die Idee der Ausmalung am Ende nichts weiter gewesen wäre als eine Notkirche in Massivkonstruktion.

Bögen – runde und spitze – werden gemieden. Der Bogen ist seit Jahrhunderten *das* bauliche Rangabzeichen im sakralen wie im profanen Bereich gewesen. Zumal im 20. Jahrhundert mit seinen antihistoristischen Erneuerungsbewegungen wird der Bogen zu einem Architekturetikett, das Traditionsbindung oder gar reaktionäre Altertümlichkeit signalisiert. Allein schon das „Bogenlose" des Dettinger Entwurfs läßt den Bau als ausgesprochen modern erscheinen. Statt dessen tritt das Dreieck als bestimmende Formante auf. Es ist auch das einzige Ornament. Außen sind es die dreieckigen Fenster und Schalluken, der zackige Zinnenkranz des Turmes und die fialenartigen Türmchen auf Westbau und Chorgiebel, die als auffällige Insignien von Modernität wirken und den sonst noch recht archaischen Charakter der Architektur stören. Dreieckige Formationen sind aus der expressionistischen Architektur nicht wegzudenken. Sie wirken ungewöhnlich und kommen schon von daher dem Bestreben entgegen, eine ausdrucksstarke, auffällige Architektur jenseits des Üblichen zu schaffen. Das Dreieck, das im christlicher Kontext die Dreifaltigkeit symbolisiert, ist im Denken jener Zeit eine stark affektiv besetzte Form, deren aggressive und dynamische Komponente betont wird. Sie drängt nach vorne und weist nach oben. In der Dettinger Kirche ist das Dreieck jedoch material- und konstruktionsgerecht abgeleitet aus der natürlichen Formation der Gerüstkonstruktion aus Holz und Beton, hier insbesondere aus dem raumbeherrschenden Dachwerk der Kirche⁵. Böhm hat sogar versucht, den Triumphbogen in die Dreiecksgeometrie einzuspannen – eine vielgetadelte Schwachstelle des Entwurfs. Dadurch kam eine merkwürdige Trapezformation zustande, die den Altarraum allzu bühnenartig vom Laienschiff abtrennt. Die ursprüngliche Gliederung der Emporenwand, die in der Flächenaufteilung und in den bugartig vortretenden Brüstungen ganz aus dem Dreieck entwickelt war, erschien in dieser Hinsicht sehr viel besser gelungen.⁶

Böhm hat in den Jahren nach Dettingen entschieden modernere, gewagtere Bauten geschaffen, von einer Kühnheit der Raumbildung und einem Reichtum des Wandreliefs, für die sich in Dettingen nur Andeutungen finden. Die Präsentation des konstruktiven Aufbaus im Innenraum aber ist in Dettingen so unverblümt und radikal, ja primitiv durchgeführt wie später in Böhms Werk nie mehr. Mit diesen Eindrücken und Einwänden rechnend, verteidigt der Einweihungstext das hier geschaffene Raumbild gegen das gewohnte Bild eines historischen Kirchenraums: „Wenn auch beim ersten Betrachten des Raumes vielleicht manches eigenartig erscheint, so möge bedacht sein, daß zu allen Zeiten eine Stilwand-

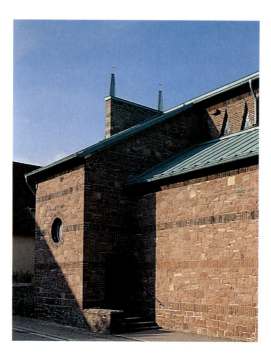

Fialen auf dem Chorgiebel

lung sehr neu („modern") gewirkt haben muß. Bei eingehendem Studium und Einwirkenlassen der Raumstimmung wird aber der Betrachter sehr wohl Verwandtes mit dem religiösen Mittelalter finden, wenn auch mehr dem Geiste als der Form nach. Wir glauben, daß uns das Hoffnungsfrohe der katholischen Religion, des Glaubens an die Unsterblichkeit der Seele, in der licht- und farbenfreudigen Gesamtstimmung des Raumes geglückt ist. Man könnte dieses unser Streben auch eine Verschmelzung von tiefernster Gotik und freudigstem Barock nennen."[7]

Tatsächlich ist an der Dettinger Kirche nichts Gotisches. Im Text wird allenfalls jene „geheime Gotik"[8] beschworen, die die Zeitgenossen überall in der Kunst der Jahrzehnte vor und nach dem Weltkrieg aufspürten und die manche sogar als ewigwährendes Prinzip expressiver Kunstübungen in sämtlichen Epochen der Menschheitsgeschichte wahrnahmen. Böhm hatte den „Geist der Gotik" bei der Lektüre von Karl Schefflers berühmtem Buch eingesogen, in dem von der gotischen Form als „Form des heroischen Affektes"[9] die Rede war. Scheffler sah in der „Übersteigerung ins Symbolische" einen „der wesentlichen Züge alles Gotischen"[10] und pries die Gotik als „eine Volkskunst im höchsten Sinne"[11]. Über die gotische Architektur war bei ihm zu lesen: „alles an ihr ist Leben und Affekt"[12]. Böhm und Weber nutzen mit taktischem Kalkül die Akzeptanz, auf die Gotik und Barock bei der Gemeinde als traditionelle Kirchenstile rechnen können. So wird die Beschwörung der Tradition zur Apologie für moderne Architekturexperimente mit modernen Baustoffen. Die Architekten profitierten also von einem normativen Vorurteil, das die auf das Mittelalter fixierte Kirchenkunst des 19. Jahrhunderts nachhaltig in den Köpfen zementiert hatte. Sie vermieden, das Neue am Neuen hervorzuheben und beschwören eine Altertümlichkeit, die sie den Formen mit einiger gedanklicher Willkür beilegten. Geschichtlichkeit wurde zu einer Frage der Atmosphäre, nicht der formalen Fakten, und selbst der augenfällige Bruch mit der bauhistorischen Tradition wurde mit dem Hinweis auf die „Stilwandlung" der Kunstgeschichte traditionalistisch legitimiert.

Zur Sache kommen die Architekten jedoch, wo es um Material und Konstruktion geht. Hier wird Modernität unvermeidlich und Tradition hinfällig: „Als Baumaterialien wurden im Äußeren hauptsächlich die heimatlichen roten Mainsandsteine verwendet." Diese Aussage ist noch als Bekenntnis zum traditionsverbundenen „bodenständigen Bauen" zu verstehen. Alles weitere jedoch bezieht sich auf materialgerechten Umgang mit modernen Baustoffen: „Für die Stützen im Inneren kam nur Eisenbeton in Betracht, um einerseits einen freien Blick auf den Hochaltar zu gewährleisten und andererseits das Leichte, Schwebende des Innenraumes nicht zu stören. Die Kirche liefert damit auch den Beweis, daß das bisher verpönte Material – Eisenbeton – sehr wohl für solche Zwecke zu verwenden ist, wenn damit nicht ältere Konstruktionsweisen nachgeahmt werden. Es sind aus dem gleichen Grunde Gewölbeimitationen in Eisenbeton vermieden, weil es dem leichten Eisenbetonmaterial widerspricht, Formen nachzubilden, die in früheren Zeiten durch die schweren, unelastischen Materialien, Backsteine und Bruchsteine, bedingt waren. Das Charakteristische des Eisenbetons ist die *gegossene, gestampfte* Hohlform, während das Backsteinmaterial geschichtete Lagen ergibt. Eine richtige Verwendung des Eisenbetons zu gewölbeähnlichen Deckenbildungen zeigen die beiden Beichtkapellen."[13]

Böhm wurde in den auf Dettingen folgenden Kirchenbauten (Neu-Ulm, Frielingsdorf, Bischofsheim), die ihn berühmt machen sollten, sehr viel „gotischer". War Dettingen nach Vorsatz und Ausführung konstruktivistisch, geradezu funktionalistisch, so gerieten diese Raumschöpfungen mit ihren Spitz- und Parabelbögen zu unmißverständlichen Gotik-Paraphrasen, in denen Böhm jene rauminszenatorischen Kunstgriffe und namentlich jene Lichtregie entwickelte, die er auch in seinem Spätstil, der sich stark an der romanischen Baukunst orientierte, beibehalten sollte. Kennzeichnend für Böhm ist jetzt das Eindeutige, Plakative des Geschichtsbezugs einerseits, das Radikale, Experimentelle der modernen Konstruktion und Gestaltung andererseits. Innovation und Tradition stoßen in seiner Architektur so lautstark und wirkungsvoll zusammen, wie es späterhin nur in den besten Werken der postmodernen Architektur geschehen wird. In gewisser Weise hat Böhm das Historische aus dem Historismus in die Moderne hinübergerettet, ganz so wie er die funktionale Sachlichkeit der zwanziger Jahre mit seinen großen Kirchenbauten der dreißiger Jahre (Essen, Dülmen, Bocholt) durch die NS-Zeit rettete und nach dem 2. Weltkrieg (jetzt gemeinsam mit seinem Sohn Gottfried) den dynamischen Expressionismus der zwanziger und frühen dreißiger Jahre wiederbelebte. Stilhistorisch gesehen war Böhm ein Chamäleon, und dazu paßt das Schillernde und Willkürliche seiner Argumentation in Fragen des Stils, wie sie den Text zur Dettinger Kirche kennzeichnen.

Ausgehend von Dettingen, kann man im Vergleich zu den späteren „gotischen" und „romanischen" Bauten Böhms sogar von einer stilhistorischen Rückwärtsbewegung sprechen, bei der das historische Stilzitat – zuerst gotisierend, dann romanisierend – immer eindeutiger und archaischer wird. Die konstruktivistische Dreiecksgeometrie von Dettingen wird dabei Stück für Stück aufgeweicht, rundgeschliffen. Aus dem Dreieck des Dettinger Raumgerüstes werden in Bischofsheim Parabelbögen, in Frielingsdorf und Neu-Ulm Spitzbögen, in Hindenburg und Essen Rundbögen. Daß Böhm zudem in späteren Jahren eine Vorliebe für flachbogenförmige und schließlich waagrechte Raumabschlüsse entwickelt – so in Essen, St. Engelbert (1936) oder Lingen-Laxten (1937) – setzt diese Tendenz ins Horizontale fort. Dettingen erscheint in dieser Werkreihe nicht als die beste, in gewisser Hinsicht aber als die modernste und „unhistorischste" Raumschöpfung, als ausgesprochen experimenteller Bau, dessen Traditionsbezug der Entwurfsverfasser in der Tat herbeireden muß, damit man ihn glaubt, denn er ist wirklich „mehr dem Geiste als der Form nach" wirksam.

Von dieser Position aus erschließt sich Böhm die Baugeschichte neu. Man sollte deshalb nicht, wie in der Diskussion um den Kirchenbau des 20. Jahrhunderts immer noch weithin üblich, von einer „Überwindung" des Historismus sprechen, als sei dieser ein Mißstand oder eine Krankheit gewesen und nicht eine der vielschichtigsten, gedankenreichsten und wagemutigsten Experimentierphasen der Architekturgeschichte. Das freie Schalten und Walten mit Stilen oder auch nur mit signalhaft verwendeten Stil-Details ist, jedenfalls bei den Könnern unter den Architekten des 19. Jahrhunderts, stets das genaue Gegenteil von Wahllosigkeit gewesen. Und wo diese Methode die Architektur der zwanziger Jahre prägt, erweist sie sich als fruchtbares Erbe der Baukultur des 19. Jahrhunderts. Während sich andere darin gefielen, das 19. Jahrhundert als dekadentes Kulturchaos zu schmähen, ging Rudolf Schwarz, der Böhm bewunderte und die kirchliche Architektur noch weiter als dieser vom Historischen wegführte, mit dem Historismus des 19. Jahrhunderts gerechter ins

Schalluken am Turm

Gericht. „Es wäre nichts verkehrter", schrieb er 1929, „als anzunehmen, daß wir heute jenseits von allem Historismus ständen. Im Gegenteil: wir stehen mitten darin, mehr vielleicht als je zuvor, nur daß unser Historismus von einer echteren Liebe gespeist wurde und tiefere Wurzeln hat. Die Geschichte wurde uns innerlicher, und so ist an die Stelle des kopierenden der immanente Historismus getreten."[14] Immanenter Historismus, das bedeutet: in dem Bewußtsein bauen, daß jede Baugestalt zwangsläufig in einen zugleich kontroversen *und* affirmativen Dialog mit der Vergangenheit hineingerät, daß sie vergangenheitsbezogen ist, auch und gerade, wenn sie es nicht sein will, daß sie vergangenheitsbezogen sein kann, ohne dadurch ihre Modernität einzubüßen. Böhm fand sich in der verzwickten Lage, den Vergangenheitsbezug moderner Formen beweisen zu müssen. Dazu bedurfte es seinerzeit noch rhetorischer Beteuerungen und des Hinweises, daß es das Moderne schon immer gegeben habe.

*Ein Mensch hängt am Kreuz.
Er kennt sein Los,
ist gebunden an das Holz des Kreuzes.
Er kann nicht mehr los,
ist verurteilt,
zum Tod verurteilt.
Er hat sein Leben verlost.*

*Ein Verbrecher hängt am Kreuz.
Daß ihm das passiert –
nie hat er damit gerechnet.
Er hat auf das falsche Los gesetzt.
Jetzt ist alles vorbei.
Er hat durch sein Leben
das Leben verlost.*

*Ein Verbrecher hängt am Kreuz.
Die Hände sind zur Faust geballt,
schon sein ganzes Leben lang,
nie geöffnet, immer geballt.
Denn sein Los hieß: Gewalt.
Haben diese Hände
jemals etwas Gutes getan?
Betrug – dafür verachtet,
Raub – deswegen wie ein Tier gehetzt,
Vergewaltigung – deswegen geschlagen,
Mord – dafür wie ein Mörder verurteilt.*

*Ein Verbrecher hängt am Kreuz.
Sein Blick verliert sich im Dunkel.
Nur eine Frage noch, ein letzter Hohn:
Bist du denn nicht der Messias?
Dann hilf dir selbst und auch uns!*

*Hat dieser Mund schon jemals etwas Gutes gesagt?
Haß, Wut, Tod.
Er will nicht einsehen,
kann nicht begreifen,
will nicht verstehen,
kann nicht,
nie.*

*Ein Verbrecher hängt am Kreuz.
Die Füße – gebunden ans Holz.
Die Hände – gebunden.
Die Gedanken – gebunden.
Die Worte – gebunden.
Sein ganzes Leben ist gebunden,
mit dem Tod verbunden.
Er dreht sich nicht,
will nicht,
kann nicht,
kann die Bindung nicht zerreißen.
So ist er mit dem anderen
Rücken an Rücken,
sieht keine Chance,
hat keine Chance.
Verurteilt.
Zum Tod.*

*Ein Mensch hängt am Kreuz,
hat den Himmel nicht gesehen,
nie gesehen im Leben
und nur den Tod vor Augen.*

*Herr, gedenke meiner,
wenn du in dein Reich kommst!*

Effekt und Affekt
Böhms Auffassung von Architektur als Stimmungskunst

Wesentlich für die Entstehungs- und Wirkungsgeschichte der Dettinger Kirche ist Böhms Auffassung von sakraler Architektur als *Stimmungskunst*. Im Dettinger Einweihungstext spielen zunächst liturgisch-funktionale Aspekte die Hauptrolle. Die „christozentrische Bewegung unserer Zeit", sei, so Böhm und Weber, das „Leitmotiv"[15] bei der Gestaltung der Kirche gewesen. In diesem Sinne ist auch das dem Text als Motto vorangestellte Zitat aus Johannes van Ackens Schrift „Christozentrische Kirchenkunst" zu verstehen. Es definierte den neuen Kirchenbau als „eine Opferstätte ..., eine Wohnung, deren Hauptort der Altar ist"[16]. Böhm und Weber zur Umsetzung dieser Raumauffassung: „Von dem christozentrischen

St. Johann Baptist in Neu-Ulm von Dominikus Böhm, 1926, Taufkapelle: Wohl eines der schönsten Beispiele Böhmscher „Lichtkunst".

Raumgedanken ausgehend war unser Streben darauf gerichtet, eine *energische Steigerung* der räumlichen Wirkung mit der bestimmten und ausdrücklichen Richtung nach dem Hochaltar zu schaffen. Die Stützenreihung im Innern, das gedämpfte Licht im Schiff gegenüber der hell strahlenden Chorbeleuchtung, die Steigerung der farbigen Wirkung nach dem Hochaltar zu waren alles Mittel, dieses Ziel zu erreichen. Durch die Stützenreihung wird das Leichte, Schwebende des Raumes, das zunächst den Beschauer gefangen nimmt, weitergeführt nach dem Altare und dort in kreisende Bewegung in horizontaler Richtung aufgelöst. Das ganze Raumsehnen findet seine Erfüllung in der Opferstätte."[17] „Energische Steigerung" und „gefangen nehmen" sind die Schlüsselbegriffe dieser programmatischen Aussage. Sie entspricht van Ackens raumstruktureller Hauptforderung, das gesamte Raumbild und alle Aufmerksamkeit der Gottesdienstbesucher auf den Hochaltar zu konzentrieren. Insofern ist sie liturgisch, also funktional motiviert (wobei natürlich generell auch alles Symbolische im Kirchenbau etwas „Funktionales" ist). Der christozentrische Kirchenbau wird so zum Mittelpunkt und zum utopischen Vorbild einer religiösen Weltordnung mit Christus als Mitte. „Energische Steigerung" und „gefangennehmen" zielen freilich auch auf *Affekte* und – kalt-kritisch gesehen – auf *Effekte,* auf etwas Innerliches und etwas Äußerliches. Was Böhm in Dettingen erst ansatzweise gelingt, ist die für ihn typische, sehr theatralische Konzentration wahrer Lichtmassen im Altarraum.[18] In Dettingen ist der Altar baulich vom Gemeinderaum noch abgeschnitten – durch die etwas verschlagartig wirkende Triumphbogenwand, die das Sanctuarium vom Gemeindeschiff guckkastenartig absondert. Das Bestreben nach einer theaterhaft intensiven Lichtführung hat den Architekten offensichtlich zu dieser architektonisch wenig glücklichen Lösung verführt. Jedoch ist in der Grundrißfigur die räumliche Einheit von Altar- und Gemeinderaum schon vorgezeichnet, die später auch im aufgehenden Raum alle Böhmschen Kirchenbauten kennzeichnen wird.

Der affektive Aspekt Böhmscher Lichtkunst ist von entscheidender Bedeutung für sein Schaffen. Er hielt dieses „Stimmungschaffen" seit jeher für eine Aufgabe der „christozentrischen Kirchenbaukunst". Es sei Zweck einer Pfarrkirche, „durch die Macht ihres Raumes die Gemeinde erst in die zur Mitfeier des hl. Opfers notwendige Stimmung zu versetzen ... Wenn wir dazu uns heute kräftigerer Mittel bedienen, als dies in früherer Zeit geschah, so ist dies ganz besonders durch das aufgeregte Erwerbsleben unserer Zeit begründet."[19] Hier kommt ein für Böhm wie für seine Zeitgenossen typischer und ausgesprochen moderner Zug zur Sprache. Er baut, auch wenn die durch die Neuartigkeit seiner Architektursprache irritierte Öffentlichkeit das seinerzeit nicht so empfand, ausgesprochen *publikumsorientiert*. Er rechnet dabei mit psychischen und gesellschaftlichen Zuständen, wie sie in der modernen Industriegesellschaft herrschen und wie man sie mit den heute geläufigen kulturkritischen Schlagworten Streß, Reizüberflutung, Beschleunigung charakterisieren kann, also mit einer krisenhaften Befindlichkeit, die freilich in der damaligen historischen Situation – nach einer Kriegskatastrophe und in den politischen, wirtschaftlichen und sozialen Wirren der frühen Weimarer Republik – ein sehr viel bedrohlicheres Ausmaß hatte, als dies heute der Fall ist.

Der Nachkriegs-Expressionismus aller Gattungen war die pathetische Kunst dieser Krise. Deshalb baute Böhm seine Kirchen als Fluchtburg für Weltflüchtige, wobei man diese gerechterweise nicht der Weltfremdheit bezichtigen sollte. Er gestaltete seine Räume in dieser Art, „um die Gemeinde durch die vollkommene Geschlossenheit des Raumes zur Abkehr von der Außenwelt und zur Sammlung und Andacht zu führen"[20]. Vor dem Hintergrund der herrschenden Not kann dieser Versuch, Beruhigungsräume und Zonen für religiös-emotionale Ausnahmezustände zu schaffen, nicht einfach als Eskapismus abgetan werden. In der mit Berechnung geschaffenen Entrücktheit seiner Räume, im Sensationellen der Atmosphäre liegt gerade die baukünstlerische Stärke seiner Architektur. Es ist die *Sakralästhetik des Kinozeitalters*, die bis heute auf jeden Betrachter dieser Architektur massiv einwirkt, gleichgültig wie stark oder schwach seine religiöse Bindung ist. Wer heute eine Böhm-Kirche betritt, wird sofort „gefangen genommen". Darin beweist sich die ungebrochene emotionale Effektivität dieser Architektur.

Die suggestive Atmosphäre ist nach der Absicht der Erbauer natürlich Mittel zum Zweck der religiösen Verkündigung, eingebunden also in eine gleichsam missionarische Funktion. Die überaus effektvollen Kunstmittel bergen allerdings die Gefahr, daß Religiöses und Ästhetisches in einer sehr bedenklichen Weise verschwimmen. Dieses Risiko ging man damals bereitwillig ein.[21] Was man sich von solcher Architektur und Kunst versprach, brachte Johannes van Acken unverblümt zum Ausdruck: Dem „Schönheitsdurste der Gebildeten" wollte er mit seinem „liturgischen Gesamtkunstwerk" entsprechen, durch „die lockende Darstellung höchster Glaubenskraft und Glaubensschönheit im Gotteshause"[22]. Hier zeigte sich bei einem sozial engagierten, mit Problemen der modernen Ästhetik vertrauten Geistlichen eine zielgruppenorientierte, massenmediale Auffassung von Architektur und Kunst, die auf geistliche Werbewirkung zielte. Das Zutrauen in die religiöse Bindekraft des Ästhetischen war damals sehr groß, die Scheu, zu diesem Zweck theatralische Kunstmittel einzusetzen, die in der profanen Kultur gang und gäbe waren und fast schon der Trivialkultur angehörten, war gering. Bei einer Planung der späten zwanziger Jahre berief sich Böhm ausdrücklich auf den „Geschmack des Publikums", als er dem Bauherrn schrieb: „mir liegt auch sehr viel daran, eine Kirche zu bauen, die den Leuten auch gefällt".[23] Böhm interessierte sich erklärtermaßen sehr für das zeitgenössische Kino und bezog sich sogar explizit auf die starken Hell-Dunkel-Kontraste in der Beleuchtungskonzeption expressionistischer Filme, z. B. auf Fritz Langs „Nibelungen"[24]. Böhms Kirchenräume profitieren demnach von den Affekten und Effekten der modernen Massenkultur. Der emotionale Überfall, der sich beim verspäteten Eintritt in ein schon verdunkeltes Kino im Besucher ereignet, ist, ästhetisch-psychologisch gesehen, der gleiche wie beim Eintritt in eine Böhm-Kirche der zwanziger Jahre. Rudolf Schwarz, der diese Erfahrung wohl auch gemacht hatte und sie in seinen eigenen Kirchenbauten mit Bedacht vermied, wandte diese etwas degoutante Beobachtung vorsorglich ins Positive, als er Böhms St.-Johann-Baptist-Kirche in Neu-Ulm als „ein einziges Lichtspiel"[25] pries. Böhms kongenialer Sohn Gottfried stellte unlängst fest, es sei immer die Absicht seines Vaters gewesen, „einfach einen schönen Raum zu bauen"[26]. Er bestätigt damit eine gewisse Vordergründigkeit im Schaffen seines Vaters, in der allerdings die nachhaltige ästhetische Ausstrahlungskraft seiner Architektur begründet liegt. Böhm war erklärtermaßen „Gefühlskünstler" und forderte, Kunst solle „vor allem eine Kunst des Herzens sein; sie soll eindringlich sein, und das wird sie sein, je *einfacher* ihre Sprache ist"[27].

Fast wie eine rhetorische Pflichtübung wird in der Dettinger Einweihungsschrift ein solchem Denken eher entgegenstehender Programmbegriff bemüht, wenn für den Außenbau „sachliche Gestaltung"[28] geltend gemacht wird. In Dettingen dominieren in der Tat Ein-

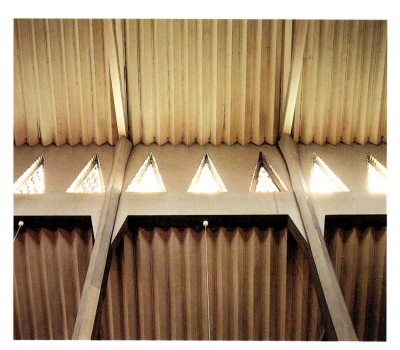

Der offene Dachstuhl hat eine vereinheitlichende Wirkung für den gesamten Raum

fachheit und eine bis zur Nüchternheit gesteigerte Sachlichkeit, die Böhm erst in den „goldenen Jahren" der Weimarer Republik, beim Entwurf der zwischen 1925 und 1929 errichteten Bauten aufgeben kann. Diese Bauten sind in ganz anderem Maß Stimmungsarchitektur. Insofern ist die Dettinger Kirche ihrer ganzen Struktur und Ausstrahlung nach noch eine ausgeprägte Notkirche. Der Bau zeigt aber, daß Sachlichkeit und Ausdruck keine Gegensätze, sondern zusammengehörige Elemente *einer* Architekturauffassung sein sollen, die massenwirksam sein will.

Antiexpressionistisch – kryptoexpressionistisch?
Die theoretische Abwehr des Expressionismus-Verdachts

Rudolf Schwarz hatte noch 1955 Schwierigkeiten mit dem Wort „Expressionismus" und nahm Böhm gegen diese Kategorisierung in Schutz: „weil es Leute gibt, die gerne sortieren, hat man ihn einen Expressionisten genannt, was damals in Bezug auf die Baukunst schlicht hieß, einen Mann, der aus viel Gips Zickelzackelchen knetet".[29] Auch wenn Schwarz es nicht gelten lassen wollte, war der frühe Böhm selbstverständlich Expressionist. Er ist es seiner ganzen Architekturauffassung nach bis zu seinem Tod geblieben. Ein zentrales Anliegen des Dettinger Einweihungstextes bestand jedoch darin, den Vorwurf des Expressionismus abzuwehren und die eigene Anhängerschaft gegenüber der expressionistischen Bewegung zu leugnen. Böhm und Weber hatten die Befürchtung, für Traditionsbrecher gehalten zu werden. Statt sich diesem Vorwurf zu stellen, wichen sie ihm aus, nicht zwar in ihren Werken, wohl aber in ihren Worten. Daß die Dettinger Kirche als Zeugnis der expressionistischen Architektur angesehen würde, war schon damals nicht zu vermeiden und veranlaßte die Entwurfsverfasser zu einer entsprechenden Selbstverteidigung: „Über den Namen unseres heutigen Kunstschaffens brauchen wir uns nicht zu unterhalten; es war auch unseren großen Vorfahren in der Gotik wohl nicht bewußt, daß sie ‚gotisch' bauten. Auf jeden Fall hat dieser Bau mit ‚Expressionismus' nichts zu tun. Wohl aber ist unsere Kunst Ausdruckskunst – wie alle historische Kunst überhaupt – weil sie die Form als Mittel zum Zweck benützt, um damit einen seelischen Zustand auszudrücken."[30]

Diese Äußerung enthält eine Reihe von kunstgeschichtlichen und kunsttheoretischen Verallgemeinerungen, die näherer Überprüfung nicht standhalten. Als programmatische Selbstkommentare sind sie aber gerade deshalb von großem Belang. So beschwört der Rekurs auf den gotischen Baumeister, der von Gotik nichts weiß, die romantische Idee des naiven Künstlers, der ohne Reflexion einfach schafft und sich um historische Voraussetzungen und Folgen seines Tuns nicht schert. Schon die Reflexion auf dieses Werk-Künstler-Verhältnis, wie überhaupt alles historisch-psychologische Raisonnieren über Stil und seine Entstehung, lassen erkennen, daß die Autoren solcher Sätze eben nicht naiv, sondern im Schillerschen Sinne sentimentalisch zu Werke gehen: Distanz und Vorsatz, Absicht und Berechnung, ästhetisches Kalkül bestimmen ihr Tun und Lassen. Zugleich wird es schwierig, sich vom Expressionismus fundamental zu distanzieren, wenn man „Ausdruck" für das zentrale Element aller historischen Kunst schlechthin hält, in deren Tradition man stehen will. Sein Bekenntnis zur „Ausdruckskunst" brachte denn auch den Kirchenkünstler Böhm beizeiten von anderer Seite in Bedrängnis. Wie andere Expressionisten auch mußte er sich gegen den Vorwurf des Subjektivismus und Individualismus verteidigen. „Man mache mir nicht den Vorwurf, ich würde das ‚Ichkünstlertum' vertreten. – Ein gläubiger Künstler spricht auch, wenn er *seine* Seele äußert, im Geiste der *Allgemeinheit* seines Glaubensbekenntnisses. Hat denn die Gemeinschaft überhaupt eine Möglichkeit, eindringlicher zu sprechen, als durch ihre Künstler, gleichgültig, ob Prediger, Musiker, Maler oder Baukünstler?"[31]

Mit dieser Aussage koppelte Böhm sein Ausnahme-Ich an das alltägliche Wir der Gemeinde, ohne sich zu fragen, was denn die hier beschworene Gemeinschaft so aufbringt gegen das Künstler-Ich, das selbstbewußt vorgibt, sich in ihrem Namen zu äußern. Auch diese Prophetenpose gehört zum Expressionisten Böhm.

Wenn Böhm den Verdacht des „Expressionismus" zu zerstreuen versucht, dann weniger aus faktischen als taktischen Erwägungen (und vielleicht auch aus Geschäftssinn). Expressionismus war damals in konservativen Kirchenkreisen gleichbedeutend mit Revolution und Umsturz. Die ästhetische „Zertrümmerung der alten Formen"[32], die die Kunsttheoretiker als Haupttat des Expressionismus registrierten, mußte namentlich in kirchlichen Kreisen furchterregend wirken: als Menetekel weiterer Zertrümmerungen, von denen am Ende Kirche und Religion selbst betroffen sein würden. So soll denn Böhms feinsinnige Unterscheidung zwischen Expressionismus und Ausdruckskunst einen modernen, politisch aufgeladenen Kampf- und Programmbegriff entschärfen, der im kirchlichen Milieu ein Reizwort ist, und das zu einem Zeitpunkt, da der Expressionismus als breite Kunstbewegung eigentlich schon passé war.

Die bei Kirchenleuten ambivalente Einstellung zum Expressionismus, wie sie auch die Entstehungs- und Wirkungsgeschichte der Dettinger Kirche prägt, ist eine genauere Betrachtung wert. Impressionismus und Expressionismus, die beiden revolutionären Kunstbewegungen des endenden 19. und des beginnenden 20. Jahrhunderts, erschienen trotz ihrer Gegensätzlichkeit beide als Symptome einer destruktiven Modernität. Johannes van Acken, dessen Verdienste um die Modernisierung der zeitgenössischen Kirchenkunst außer Zweifel stehen, sprach hierzu klare, konservative Worte: „Die zerfließenden Augenblicksbilder des erledigten Impressionismus mit seiner verfeinerten Stimmungsdarstellung unbedeutender Dinge haben in der Kirche keinen Platz. Die philosophischen Grundfragen des extremen Expressionismus, seinen gesuchten Symbolismus sowie seine Gewaltsamkeiten und gequälten Häßlichkeiten lehnen wir ab. Der Seele des Dinges, die der Expressionismus sucht, gehen wir im Gotteshause voller Glaubenskraft auf den Grund. Zur Einordnung aller Künste in einen alles beherrschenden Gedanken fehlt dem Expressionismus jeder Wille. Er ist schlechthin zuchtlosester Subjek-

tivismus und Gegenfüßler der liturgischen Kunst".[33] Den Vorwurf des Subjektivismus richtet van Acken ausdrücklich auch gegen den „gemäßigten Expressionismus"[34], auf den in den Jahrzehnten nach dem 1. Weltkrieg ein Großteil der Kirchenkunst eingeschwenkt war, was dieser Stilrichtung zu ebensolch zweifelhafter Üblichkeit verhalf, wie sie im 19. Jahrhundert das Nazarenertum und die Neugotik besessen hatten. Die ambivalente Haltung zum Expressionismus, wie sie van Acken und auch Böhm einnahmen, lag in der Einsicht begründet, daß diese Bewegung unzweifelhaft eine emotional authentische, aufrüttelnde Kunst hervorgebracht hatte, die nicht nur ästhetisch aufzuregen, sondern durch tragisch-realistische und oft auch religiös orientierte Themenwahl auch wirklich zu erschüttern vermochte. Das waren Eigenschaften, die man der reformbedürftigen Kirchenkunst nur wünschen konnte. Andererseits betrieb der Expressionismus systematisch Formzertrümmerung und ging mit der Tradition der kirchlichen Kunst gnadenlos ins Gericht. Wenn auch viele seiner Anhänger die „geheime Gotik" der expressionistischen Kunstschöpfungen beschworen und so Traditionsbindung suggerierten, war doch unübersehbar,

Die Radialgewölbe der Beichtkapellen sind Beispiele für materialgerechte Konstruktion in Stampfbeton

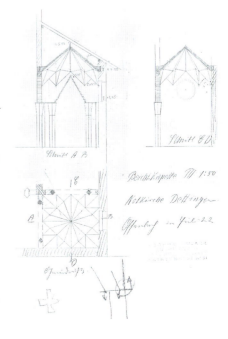

Christkönig in Mainz-Bischofsheim (links) und St. Johann Baptist in Neu-Ulm (rechts), beide von Dominikus Böhm, 1926

daß man die Formen der christlich-mittelalterlichen Kunst keineswegs als Kanon akzeptierte, sondern nur noch als Ansatzpunkt für die eigenen künstlerischen Experimente, die von den traditionellen Vorbildern wegführten.

Dieses Traditionsbrüchige des Expressionismus war nun freilich auch seine besondere ästhetische Stärke. Die kirchlichen Kunstkenner spürten das alles mit feinem Sensorium. Und so ließ van Acken den Expressionismus immerhin gelten als Beweis „wirren Suchens nach Vertiefung. Wir hoffen auch aus seiner heutigen Verworrenheit wenigstens spärliche Anregung zu einer wahren Ausdruckskunst".[35] Van Acken hatte auch grundsätzliche Bedenken gegen die expressionistische Gotik-Rezeption[36] in der Architektur, die Böhm nach Dettingen auf die Spitze trieb. Deshalb wundert es nicht, daß es zu einer über bloße gegenseitige Kenntnisnahme und theoretischen Austausch hinausgehenden Zusammenarbeit zwischen van Acken und Böhm erst kam, als dieser seine expressionistische Phase hinter sich und zu einer monumentalen Sachlichkeit gefunden hatte, aus der heraus etwa die mit van Acken gemeinsam konzipierte Krankenhaus-Kirche in Köln-Hohenlind (1928) entstand.

Der emotionale und formale Extremismus hatte freilich großen Anteil an der religiösen Attraktivität des Expressionismus bei Christen, die gegen derlei antitraditionalistische Irritationen nichts einzuwenden hatten. Die Kunstäußerungen des Expressionismus waren zwar durch und durch subjektiv und individuell, mußten aber gerade deswegen als besonders wahrhaftig und aufrichtig erscheinen. Deshalb findet man im theoretischen Schrifttum der Zeit selbst bei erklärten Gegnern des Expressionismus fast nie grundsätzliche Verdammungsurteile. Manche Theoretiker erkannten gerade im Extremen die besondere religiöse Kompetenz des Expressionismus und glaubten, „durch eine gewaltsame Steigerung der Linie und der Farbe als Mittel zur Hervorhebung eines seelischen Endausdruckes eine wahre religiöse und kirchliche Kunst"[37] herbeiführen zu können. Sie kehrten den Subjektivismusvorwurf der antiexpressionistischen Kritiker um und machten aus dem Mangel einen Vorzug. Ein lesenswerter zeitgenössischer Kommentar zur neuen Dettinger Kirche hat genau diese Tendenz: „Die Richtung auf das Wesenhafte, Innerliche, die Scheu vor dem Ornamentalen, ist ein begrüßenswerter Zug der Zeit. Durch die tiefen seelisch erschütternden Eindrücke der Kriegsjahre nur noch begünstigt ist Raum für das, was gewaltige Gefühle aufregt, für die Intimität, die unsere Leiden und Schmerzen der Zeit gebieterisch fordern, für *selbständige Form echter inniger Subjektivität*. Und diese Befreiung der inneren seelischen Welt für die künstlerische Darstellung ist ein wesentliches Verdienst des (nicht im übertriebenen Formsinn modisch behandelten) Expressionismus – ein für die religiöse Kunst unschätzbarer Fingerzeig, unmittelbar aus dem tiefsten religiösen Erleben zu gestalten."[38] Auch hier fehlt nicht die Distanzierung von Mode und Übertreibung, aber der Subjektivismusvorwurf ist doch offensiv gekontert. Der Autor sucht für Subjektivismus und Expressionismus keine Euphemismen, wie Böhm das tat. Ein anderer Kommentator pries die Architekten der Dettinger Kirche in den höchsten Tönen, sie hätten „in dem Bau den Geist unserer Zeit herrlich zum Ausdruck zu bringen verstanden". Und fährt dann im Stil echt expressionistischer Erweckungsrhetorik fort: „und wenn noch einige Jahrzehnte über uns dahingegangen, dann wird vielleicht die Dettinger Kirche ein Vorbild sein für ringende, strebende Künstler, ein Zufluchtsort für ringende, kämpfende Seelen. Und das gebe Gott! Möge die neue Kirche mithelfen am Wiederaufbau wahrer, echt christlicher Seelenkultur: aus der Finsternis empor zum Licht!"[39]

Mögen diese Worte aus einer bedrängenden Zeitsituation heraus ehrlich empfunden sein, so bestand doch schon damals an solcher Empfindungs- und Ausdrucksweise ein gewisses Unbehagen, und es war nicht unberechtigt. Der Expressionismus propagierte irrationale Gefühlskunst und war fixiert auf extreme Formen und extreme Gefühle. In die Kirche geholt, verschärfte er aus der Sicht mancher Kritiker die ohnehin schon große Gefahr, daß die von der allgemeinen Säkularisation bereits bedrohte Religion ganz und gar zu einer Frage der „Kultur" degeneriere oder – noch schlimmer – zu bloßer Kunst. Die von expressionistischen Kirchenkünstlern gekonnt provozierten religiösen Gefühle weckten den Verdacht, keine Religion zu sein, sondern mystische Impressionen. Expressionismus machte Religion gerade da, wo er das Leiden manieristisch stilisierte, zum individuellen ästhetischen Lusterlebnis. Von dieser Gefahr sind auch die künstlerisch großartigen Fresken Ewalds mit ihrer exaltierten Choreographie des Schmerzes nicht ganz frei. Die heutige Rezeption expressionistischer Kirchenkunst, ob Architektur, Malerei oder Plastik, tut gut daran, dieses Risiko im Auge zu behalten und zu fragen, wann religiöses Erleben zum Kunstgenuß wird und Gemeinde zum *Publikum*.

Die Sakralästhetik der zwanziger Jahre als ungelöster Streitfall

Unter all diesen Voraussetzungen erweist sich die Dettinger St.-Peter-und-Paul-Kirche als ausgesprochen experimentelle Architektur. Die Architekten stehen zwischen Extremen, die sie zusammenzwingen wollen. Expressive und sachliche, archaische und modernistische Züge finden so gleichermaßen Eingang in den Entwurf. Traditionalismus in der Theorie und Modernismus in der Praxis – das erscheint als die Arbeitshaltung von Architekten, die *für* die Gemeinde bauen wollen, aber nicht *mit* ihr, denn ihr ganzes Denken und Argumentieren ist darauf gerichtet, all die vorgefaßten, auf Überlieferung und Gewohnheit gründenden Auffassungen der Bauherrin Gemeinde in Frage zu stellen. Daher die Beteuerung, nicht modern sein zu wollen, daher die Belehrung, Ungewohntes, sprich Modernes, habe es in der Baugeschichte immer gegeben, daher die Wortklauberei „Expressionismus/Ausdruckskunst". Andererseits spricht aus diesem großen argumentativen Aufwand eine Zugewandtheit gegenüber der Gemeinde, die freilich mehr überredet als überzeugt. Aus dieser Konfliktsituation entsteht eine Architektur, die zwar umstritten ist und mit geringer Akzeptanz rechnet, die zugleich aber auf fast zudringliche Weise publikumsorientiert ist und von daher die „stärkeren Mittel" – d. h. expressive, irrationale, theatralische Raumgestaltung – rechtfertigt.

Das Kalkül ist jedoch aufgegangen. Die wunderschönen, den heutigen Betrachter immer noch gefangennehmenden Räume des widerwilligen Expressionisten Böhm und seiner geistesverwandten Zeitgenossen stehen in der Suggestionskraft ihrer Lichtführung der profanen Kino-, Theater-, Ausstellungs- und Filmarchitektur jener Zeit nahe, auch haftet ihnen das Ephemere und Scheinhafte der modernen Illusionskünste an, zuweilen sogar ein Anflug von Trivialität.[40] Gerade deshalb wirken sie bis auf den heutigen Tag. Diese Raumkunst geht bewußt das Risiko ein, Religion in die Nähe eines künstlichen Gefühls zu rücken. Das Betreten dieser faszinierenden Räume stimmt daher stets auch skeptisch, man erinnert sich an Ernst Blochs Abneigung

St. Josef in Hindenburg von Dominikus Böhm, 1931

gegen den „Lichtkitsch"[41] der Epoche und nimmt dennoch die ästhetische und emotionale Durchschlagskraft wahr, die diese Baukunst unstrittig hat. Vielleicht ist es deshalb auch angemessener, diesen Charakterzug des Kirchenbaus der zwanziger Jahre nicht nur negativ wertend als trivialkulturelles Phänomen zu sehen, sondern ihn einer modernen *Popular- und Massenkultur* zuzurechnen, deren entscheidendes Qualitätskriterium *Breitenwirksamkeit* ist. Bezeichnend für die historische und geistige Situation der Zeit wäre dann, daß Kirche als institutionalisierte Religion an solcher modernen Massenkultur teilhaben wollte. Van Ackens Ideen und Böhms Bauten lassen diesen Schluß zu.

Der Verdacht, daß religiöse Ergriffenheit im ästhetischen Effekt begründet und Liturgie Theater sei, bleibt gleichwohl lebendig. Über ihn hinauszukommen kann wiederum zeitgenössische Theorie helfen. G. F. Hartlaub, der wichtige Theoretiker des Expressionismus und seiner religiösen Problematik, hielt, darin eine Gedankenfigur Friedrich Nietzsches aufnehmend, „das zukünftige Hervorgehen der Religion aus dem Geiste der Kunst"[42] für denkbar. Heutige Sakralarchitektur wirkt in der Regel nicht mehr mit jenen starken Kunstmitteln, die Böhm und seine Zeitgenossen so effektsicher nutzten. Diese Kunstmittel waren elementarer Art und erreichten bemerkenswerterweise auch Außenstehende. Monumentalität, Expressivität, Stimmung – das sind irrationale Kategorien baulichen Gestaltens mit Ausnahmequalität, die unabhängig von der religiösen Bedeutung, die einem Bauwerk unterlegt ist, ihre Wirkung tun. Kirchenbau heute, so könnte man kritisch einwenden, bietet in erster Linie den räumlich-funktionalen Rahmen für Liturgie als gruppendynamisches Erlebnis, für gemeindliche Selbstbezogenheit, und ersetzt damit den ästhetischen Kult der expressionistischen Epoche durch einen sozialen. Eine suggestive, monumentale und distanzierte Architektur, die von dem „ganz Anderen" redet, löst da eher Ängste aus und wird gemieden.

Im Rückblick auf die damals schon fragwürdig gewordene expressionistische Sakralarchitektur und Kirchenkunst fand der protestantische Theologe Paul Tillich bei der Eröffnung einer Kunstdienst-Ausstellung im Jahre 1930 harte Worte. Für ihn war „jede Kultform abzulehnen, die neben unserem Alltag, unserer Arbeit, unserer Ruhe, unserem Wohnen und unserem Wandern, unserer Wirtschaft und unserer Politik, unserem Erkennen und unserem Schauen steht. Kein heiliger Bezirk! Sondern Erschütterung und Wandlung jedes Bezirkes, das ist die erste Forderung jeder Gestaltung. Sie darf nur ein Pathos haben, das Pathos der Profanität. Und das ist die Aufhebung jedes falschen Pathos, jedes Pathos, das Flucht vor dem Alltag ist."[43] Wie Hartlaub sah Tillich die Rückkehr des Religiösen von außen her als Möglichkeit, auch von einer Kunst, die vordergründig mit Religion nichts zu schaffen hatte. „Es ist wie ein Gericht über die Religion, daß sie, die Zeuge der Wahrheit schlechthin sein soll, ständig beschämt wird durch die Wahrhaftigkeit derer, die draußenstehen, die ihrem Kultus und Mythos fernbleiben".[44] Von dieser Position aus sollte man auch heute Dettingen und die Folgen bedenken. Von hier kommt auch heute noch am ehesten Neues in den Blick, wenn es um das Thema „Kunst und Kirche" geht.

Johanna Wolf-Breede

Dominikus Böhm

Skizze eine Architektenlebens

Die deutsche Architekturgeschichte, vor allem der deutsche katholische Kirchenbau des 20. Jahrhunderts ist ohne Dominikus Böhm nicht denkbar.

Als jüngster Sohn einer schwäbischen Baumeisterfamilie wird Dominikus Böhm am 23. Oktober 1880 in Jettingen bei Ulm geboren. Nach dem Besuch der Volksschule Jettingen und drei Jahren Mittelschule will die Mutter ihn als Lehrer ausbilden lassen. Böhm aber tritt 1896 in die drei Jahre zuvor gegründete Baugewerkschule Augsburg ein. Einzige Aufnahmebedingungen sind zunächst der erfolgreiche Besuch der Volksschule sowie das vollendete 16. Lebensjahr.

Studien

Als Schüler von Professor Eugen Hönig erwirbt Böhm an der Baugewerkschule seine grundlegenden theoretischen Kenntnisse der Baukunde und beschäftigt sich mit Konstruktion und Technik. Die Studiendauer beträgt vier Winterhalbjahre. Während des Sommes arbeiten die Schüler auf den Baustellen. Böhm ergänzt seinen Bauschulunterricht durch Mitarbeit im väterlichen bzw. nach dem Tod des Vaters 1890 vom älteren Bruder geleiteten Baubüro. Im Winterhalbjahr 1899/00 schließt Böhm die Bauschule als Bautechniker erfolgreich ab. Danach sammelt er Atelierpraxis in verschiedenen Baubüros, zunächst im renommierten Augsburger Architekturbüro Keller in der Kasernenstraße oder im Architekturbüro Müller, Thalwil (Schweiz) 1906. Doch lassen sich kaum exaktere Angaben für die Zeit von 1901–1907 ausmachen. Theodor Fischer, im November 1901 als Professor für Bauentwürfe an die Technische Hochschule in Stuttgart berufen, wird meist als sein dortiger Lehrer genannt. Doch war Böhm in Stuttgart nie offiziell eingeschrieben, wie aus den Schülerverzeichnissen hervorgeht. Auch existieren keine Unterlagen über abgelegte Examina. Einen akademischen Abschluß zum Architekten kann Böhm wohl ebensowenig vorweisen wie sein „Lehrer" Fischer. Schon Fischer war der Auffassung, daß Examina und Titelwesen die Kunst würgen.[1] Böhm hatte vermutlich schon geplant, bei Fischer zu studieren und er hört wohl auch viele seiner Vorträge, die ihn prägen. Doch Fischer erkennt, wie fertig dieser junge Künstler schon ist und fragt Böhm: „Was wollen Sie denn noch eigentlich bei uns?"[2] So geht Böhm in die Praxis, bleibt aber bis zu dessen Tod 1938 stets in engem Austausch mit Fischer.

Dominikus Böhm

Offenbach

1907 wird Böhm Zeichenlehrer an der Großherzoglichen Baugewerkschule in Bingen. Gleichzeitig richtet er sein erstes selbständiges Architekturbüro ein. Er nimmt an Ausstellungen teil – etwa der Hessischen Landes-Ausstellung in Darmstadt 1908[3] – wo er mit Photographien, Zeichnungen und Modellen von seinen bis dahin entworfenen Kirchen vertreten ist. Durch die Darmstädter Ausstellung, an der sich auch die Technischen Lehranstalten in Offenbach beteiligen, wird deren Leiter Hugo Eberhardt (1874–1959) auf Böhm aufmerksam und beruft ihn ein Jahr später an seine Schule[4], die mit rund 600 Schülern um die Jahrhundertwende zu den größeren Anstalten Deutschlands zählt. Hier trifft er auf einen Kreis von Künstlern und Werkbundmitgliedern, wie dem Schriftkünstler Rudolf Koch, dem Münchener Bildhauer Karl Huber, den Malern Heinrich Holz und Richard Throll. Spätestens 1910 wird Böhm selber Mitglied des Deutschen Werkbundes[5]. Für Böhms Einstellung ist Theodor Fischer prägend. Böhm bekennt, er habe in seinem Streben nach Ehrlichkeit und Wahrheit der Gesinnung „ein erhabenes Vorbild gehabt in unserem Altmeister ... Fischer, der auf das *deutsche* Handwerk hingewiesen hat. Er hat uns die Augen geöffnet für das Material ... und daß schon allein durch die Verwendung bodenständigen Materials ein gewisser Grad von Ungezwungenheit

Dominikus Böhm im April 1952 vor seinem Atelier auf dem Kölner Römerberg

zwischen Bauwerk und Umgebung gesichert ist"[6]. Die Intentionen und Ziele des Werkbundes liefern auch wesentliche Anregungen für die Diskussion um die künstlerische Ausbildung an den Kunstgewerbeschulen[7]. Böhm bringt seine Gesinnung in zahlreichen Vorträgen zum Ausdruck und liefert damit seinen Schülern ebenfalls Anregungen.

Doch sind die allgemeinen Anregungen nicht nur immer schulischer Natur. „Der Umstand, daß den Technischen Lehranstalten bislang zur Unterstützung begabter Schüler nur unzureichende Mittel zur Verfügung standen, hat dazu geführt, in Offenbach unter Mitwirkung weitester Kreise in der Zeit vom 18. bis 20. Februar 1910 ein Märchenfest mit Basar zu veranstalten"[8], dessen Reingewinn von 28267 Mark einem neu gegründeten Stipendienfonds zugeführt wird. Das von den Lehranstalten aufwendig gestaltete mittelalterliche Kostümfest – unter Anwesenheit des Großherzoglichen Paares – mobilisiert ganz Offenbach und wird ein großer Erfolg. „Es war ein Bild für sich, als Dominik Böhm, mittelgroß, rundlich mit schwarzem Vollbart in der Tracht eines alten Bürgermeisters mit rotem Trikot, weisser Halskrause und hohem Spitzhut in pelzverbrämten Umhang durch die Domstrasse zur Turnhalle ging."[9] Otto Reichert attestiert ihm in seinem Manuskript *Die Geschichte meines Wanderstabes* reiche Talente hinsichtlich geselligem Zusammenseins. Bei fröhlichen Gesangsstunden steht „der rundliche Beps mit dem schwarzen Vollbart ... da vorn mit dem kleinen Stäbchen" und dirigiert *Auf der Mauer, auf der Lauer*. Böhm führt in Offenbach allem Anschein nach zunächst ein „rechtes Junggesellenleben"[10], bevor er im Juli 1913 die Österreicherin Maja Schreiber heiratet und sie ihn zum Vater von drei Söhnen macht. Maja Böhm war auch im Dettinger Pfarrhaus ein gern gesehener Gast.

Atelier für Kirchenbaukunst

Nach dem Ausbruch des 1. Weltkrieges kommt es zunächst Ende der Sommerferien 1914 zu starken Behinderungen des Lehrbetriebs; doch trotz der Kriegswirren kann ab 1915 der Unterricht einigermaßen normal weitergeführt werden. Böhm selbst wird von Januar bis August 1917 als Landsturmmann bei der Wehrmacht einberufen und leistet dort für kurze Zeit seinen Dienst[11].

Mit dem Ende des Krieges wird der normale Schulbetrieb wieder aufgenommen. Die höhere Bauschule der Technischen Lehranstalten zeichnet sich in den folgenden Nachkriegsjahren vor allem dadurch aus, daß besonderer Wert auf die moderne Konstruktionstechnik gelegt wird.

1924–26 arbeitet Rudolf Schwarz als Hilfslehrer unter Böhms Leitung an den Technischen Lehranstalten und wird 1926 nach Böhms Weggang dessen Nachfolger.

Von Böhms achtzehnjähriger Tätigkeit in Offenbach als freischaffender Architekt ist auffallend wenig bekannt. Private Tätigkeiten der Dozenten werden seitens der Schule befürwor-

ATELIER FÜR KIRCHENBAUKUNST
DOMINIKUS BÖHM
HAUPTLEHRER FÜR ARCHITEKTUR AN DER KUNSTGEWERBESCHULE OFFENBACH AM MAIN
MARTIN M.J. WEBER
ARCHITEKTEN, OFFENBACH AM MAIN, MAINSTRASSE NO 31, FERNSPRECHER NO 1468

Briefkopf des Offenbacher Ateliers für Kirchenbaukunst aus dem Jahre 1923

tet, um durch den Kontakt zur Praxis den Lehrbetrieb davor zu schützen, „in theoretische Schulmeisterei zu verfallen."[12] Sein eigenes Architekturbüro führt Böhm zeitweise zusammen mit anderen Architekten. 1920 arbeitet er mit Franz Holz und gewinnt zusammen mit ihm Preise für den Entwurf neuer Postwertzeichen und eines Wohnzimmers im Wettbewerb einer Möbelfirma.[13] 1921–23 betreibt er mit Martin Weber das „Atelier für Kirchenbaukunst", in dem auch die Dettinger Kirche entworfen wurde, bevor Weber sich 1924 in Frankfurt selbständig macht (s. S. 34f).

Es sind nur einige wenige Projekte, die aus dieser Zeit nachweisbar sind bzw. ausgeführt wurden. Liegt es daran, daß Böhm als überzeugter Katholik im protestanischen Offenbach wenig Gelegenheit hat, als aktiver Architekt tätig zu sein? Für Offenbach und Umgebung entwirft und plant Böhm einige Projekte, die aber nicht ausgeführt werden. Nach zehnjähriger Lehrtätigkeit an den Technischen Lehranstalten erhält Böhm 1919 – mit fast 40 Jahren – die erste Bauausführung eines Kirchenentwurfs in Offenbach: die Notkirche St. Josef, die 1947 abgetragen wird. Architekturzeugnis dieses ersten Kirchenbaus ist heute die drei Jahre später geplante und auch realisierte Dettinger St.-Peter-und-Paul-Kirche. Sie zeigt – von wenigen Differenzen abgesehen – die in Stahlbeton transformierte Architekturidee der hölzernen Josefskirche. Gleichzeitig ist St. Peter und Paul die erste realisierte Böhm-Kirche, in der Elemente der Industriearchitektur Verwendung finden.

Aber nicht nur in Offenbach und Umgebung, sondern deutschlandweit entwirft Böhm eine Vielzahl von Wettbewerbsprojekten und Idealentwürfen, die meist jedoch ohne Realisierung bleiben. Hervorzuheben sind hierbei vor allem die Entwürfe für eine „Meßopferkirche", nähern sie sich doch architektonisch den Anliegen der Liturgischen Bewegung an. Diese und andere Projekte genügen, zusammen mit seinen Erfolgen bei Wettbewerben, Ausstellungen und eigenen Vorträgen[14], um ihn zum führenden katholischen Kirchenbaumeister in Deutschland zu machen.

Köln

Konrad Adenauer, der als Kölner Oberbürgermeister die Stadt als Kulturmetropole neu beleben will, sieht in Böhm die geeignete Koryphäe für die Erneuerung des katholischen Kirchenbaus im Rheinland und beruft ihn 1926 auf den neugeschaffenen Lehrstuhl für religiöse Kunst, mit dem Schwerpunkt Architektur und Kunstgewerbe, an die Kölner Werkschulen.

Böhm nimmt die Professur an und zieht ins Rheinland. Die Berufung nach Köln bringt die Zusammenarbeit mit Richard Riemerschmid, Jan Thorn-Prikker und Hans Wissel. Es beginnen für Böhm außerordentlich fruchtbare Jahre. Ende der zwanziger und Anfang der dreißiger Jahre entstehen wesentliche Bauwerke und Projekte: St. Apollinaris in Frielingsdorf (1926/27), die Christkönigkirche in Leverkusen-Küppersteg (1928), St. Elisabeth in Birken (1929), die Krankenhauskirche St. Elisabeth in Köln-Hohenlind (1928). Sein größtes Projekt außerhalb des Rheinlandes während dieser Zeit ist die Stadtplanung für Hindenburg in Oberschlesien. Zu planen ist die Gestaltung des Kamillusplatzes mit angrenzenden Bauten eines Altersheimes mit Saalbau, eines Klosters, einer Kirche, einer Berufsschule, einer Bank und mehreren Wohnhäusern. Im Hindenburger Süden entsteht die St.-Josef-Kirche. Für Böhm Veranlassung, vorübergehend ein Zweigbüro in Hindenburg zu gründen, mit dessen Leitung er Herbert Rimpl betraut.

Der bedeutendste und außergewöhnlichste Bau Böhms in dieser Zeit aber ist St. Engelbert in Köln-Riehl (1930–32), über den begeisterte wie vernichtende Kritiken bis in die Kolumnen der New York Times lebhaft debattiert werden. Böhm wird in Anlehnung an Alexander von Senger des Baubolschewismus bezichtigt.[15] Die Riehler Kirche wird für lange Jahre die letzte nennenswerte Arbeit sein, die Böhm in Köln ausführen kann. Die Ursache für das Ausbleiben von Bauaufträgen ab 1933 sind nicht nur die allgemein schwierigen wirtschaftlichen Verhältnisse, die Problematik der Materialbeschaffung oder sein distanziertes Verhältnis zur Partei und ihren Unterorganisa-

tionen; in Böhms Korrespondenz jener Jahre findet sich immer wieder die Klage über die stets einseitige konservative Haltung seiner kirchlichen Auftraggeber, die hemmend wirke.

Entlassung

Zur immer schwierigeren Auftragslage als freischaffender Architekt wird Böhm im Dezember 1933 seine bevorstehende Entlassung aus dem Lehramt an den Kölner Werkschulen mitgeteilt, die im Mai 1934 vollzogen wird. In der Habbel-Publikation von 1943 heißt es: „1934 wurde er aus diesem mit so großem Erfolg ausgeübten Lehramt vom Nationalsozialismus jäh entlassen"[16], wie es ähnlich auch Gesine Stalling in ihrer Dissertation[17] oder auch Rudolf Seibold in der letzten Böhm-Publikation von 1984[18] formuliert. Richtig ist, daß die Entlassung während der Zeit der nationalsozialistischen Herrschaft erfolgt, doch bleibt zu untersuchen, inwieweit seine Entlassung tatsächlich vom Nationalsozialismus, bzw. von Böhms Beziehung zu seinem politischen Umfeld bewirkt wird. Böhm trifft die Entlassung nicht ganz unvorbereitet. Bereits im März 1930 bewirbt sich Böhm beim Fürstbischöflichen Generalvikariat Breslau – allerdings ohne Erfolg – um das Amt des Diözesanbaurates der Diözese.[19] Als beamteter Lehrer und zeitweise gutbeschäftigter freier Architekt wird ihm „Doppelverdienertum" vorgeworfen[20], obwohl in seinem Anstellungsvertrag ausdrücklich betont wird, daß er neben seiner Lehrtätigkeit freiberuflich tätig sein könne. Darüber hinaus ist im Vertrag festgehalten, daß ihm Räume der Schule als Atelier und Büro zur Verfügung stehen sollen. Es gehört zum Prinzip der Schule, Lehre und Praxis miteinander zu verbinden und von der Praxisnähe des Lehrkörpers zu profitieren. 1930 kommt beim Rat und bei den Behörden der Stadt Köln sowie bei Adenauer selber Unmut über Konzept und Kosten der Werkschulen auf, die unter der Ägide Richard Riemerschmids als Kunstschule personell und ausstattungsmäßig ihre wohl größte Ausdehnung erfuhr: Auf fünf Schüler entfällt ein Lehrer. Adenauer erwartet Schwierigkeiten bei der Aufstellung des Haushaltsplanes und wendet sich in dieser Sache an den Schulleiter. Schließlich wird Riemerschmid – mit Ablauf seines Anstellungsvertrages 1931 – durch Karl With, den bisherigen Direktor des Kunstgewerbemuseums, ersetzt und zunächst eine Verkleinerung des Lehrkörpers durchgesetzt. In den gestrafften Ausbildungsplan wird das Fach Architektur nicht wieder aufgenommen und Böhms Lehrstuhl infolgedessen gestrichen. Die Entlassung Böhms erfolgt also nicht aufgrund seiner politischen Einstellung, sondern vielmehr wegen einer Neustrukturierung der Werkschulen.

Böhm bemüht sich um ein neues Lehramt für Kirchenbau, sei es in Düsseldorf, Berlin oder München, wo Professuren für dieses Fach fortbestehen oder sogar neu eingerichtet werden. Er wendet sich an seinen ehemaligen Augsburger Lehrer, Eugen Hönig, inzwischen

St. Engelbert in Köln-Riehl von Dominikus Böhm, 1932

Präsident der Reichskammer der bildenden Künste, und bittet, ihn bei einer Neubesetzung eines entsprechenden Lehrstuhls für katholischen Kirchenbau zu berücksichtigen[21]. Seine Bemühungen bleiben jedoch ohne Erfolg.

Unterdessen drängt sich die Politik immer mehr in das Leben jedes einzelnen, wie auch in das von Böhm. Nach dem Wahlerfolg der Nationalsozialisten beginnt die große Gleichschaltung aller Architektenorganisationen, verbunden mit dem Druck auf die Mitglieder, der Partei beizutreten. Böhm allerdings wird nicht Parteimitglied, obwohl der Leiter des Blocks Kölner Baukünstler, Emil Mewes – aufgrund eines mißinterpretierten Gesprächs – Böhm als neugeworbenen Parteigenossen dem Leiter des Kampfbundes für deutsche Architekten und Ingenieure (KDAI) und dem Bürgermeister Brandes von der Baudirektion meldet.[22] Mewes bereitet im März 1933 den geschlossenen Beitritt der Blockmitglieder in den KDAI vor und ist, auf Druck des Kampfbundes, bestrebt, möglichst alle oder zumindest möglichst viele Mitglieder als Parteimitglieder zu melden. Böhm dementiert jedoch: „Es hat mir keine Ruhe gelassen, daß Du mich veranlassen wolltest, in die N. S. D. A. P. einzutreten, weil ich eigentlich dazugehörte und auch ein Mensch wie ich, der nur seinen Beruf kannte, notwendig sei. Du kennst mich ja seit Jahren und weißt, dass mir alles politische nicht liegt und dass ich mich von jeglichem Parteileben bisher ferngehalten habe".[23] So will Böhm es auch zukünftig halten.

Während sein Büro mit Sekretärin in Köln bleibt, zieht sich Böhm in seinen Geburtsort Jettingen zurück. Hier entkommt er der starken Belastung durch die Bombenangriffe auf Köln, die seinem Asthmaleiden vermehrt zuzusetzen begannen.

In Neu-Ulm meldet er sich zum freiwilligen Arbeitseinsatz und wird daraufhin dem Bürgermeister von Jettingen zugeteilt. Böhm widmet sich der Beseitigung von Fliegerschäden, der Planbearbeitung zerstörter Mietshäuser, bzw. der Errichtung verschiedener Behelfsheime für Fliegergeschädigte[24].

Nebenbei beschäftigt er sich zudem mit kleinen ländlichen Aufgaben wie auch der Realisierung seines eigenen kleinen Wohnhauses am Leutzenbergweg in das sich der „Domstädter" Böhm – auch nach dem Krieg immer wieder – liebend gerne zurückzieht.

Nachkriegszeit

Nach Kriegsende kehrt Böhm nach Köln zurück. Er beteiligt sich zunehmend am Wiederaufbau zahlreicher Kirchen, beginnt gleichzeitig auch wieder mit Neubauplanungen von kirchlichen und profanen Einrichtungen. 1947 nimmt Böhm zudem unter der Ägide August Hoffs seine Lehre an den Kölner Werkschulen wieder auf, die er bis Oktober 1953 ausübt. August Hoff, der mit Böhm seit dessen Offenbacher Zeit befreundet ist, ist gleichzeitig sein erster publizistischer Wegbereiter. Er organisiert – als Museumsdirektor – viele Ausstellungen und Vorträge mit Böhm und begleitet ihn als Direktor während seiner letzten Jahre an den Kölner Werkschulen.

In Anerkennung seines Schaffens erhält Böhm viele Ehrungen und Auszeichnungen.

Christus-König-Kirche in Leverkusen-Küppersteg von Dominikus Böhm, 1928

Böhms Wohnhaus in Jettingen, 1939

1950 wird ihm anläßlich seines 70. Geburtstages das Große Verdienstkreuz des Verdienstordens der Bundesrepublik Deutschland verliehen. 1953 wird er von Papst Pius XII. zum Komtur des Silvester-Ordens ernannt. Der Ministerpräsident von Nordrhein-Westfalen ehrt ihn mit der Verleihung des Großen Kunstpreises 1954. In der Begründung heißt es, Böhm habe „in einer Zeit, in der der Kirchenbau sich in der Nachahmung geschichtlicher Vorbilder erschöpfte, als einer der ersten Baumeister dem Laufe des Herkömmlichen die Kraft seiner raumschöpferischen Phantasie entgegengesetzt"[25] und aus dem Geist der Kirche neue Wege gefunden.

Dominikus Böhm stirbt am 6. August 1955 im Alter von 74 Jahren in Köln.

Adrian Seib

Martin Weber

Seine Anfänge als Kirchenbaumeister

Über Martin Weber ist in der Fachliteratur weitaus weniger geschrieben worden als über seinen prominenten Partner Dominikus Böhm. Beide betreiben in den Jahren 1921–23 das „Atelier für Kirchenbaukunst" in Offenbach. Aus dieser Zusammenarbeit ging auch die Dettinger St.-Peter-und-Paul-Kirche hervor. Zu fragen ist daher nach den äußeren Einflüssen, denen sich die Architekten während ihrer Zusammenarbeit ausgesetzt sahen, aber auch nach möglichen Einflußnahmen innerhalb des gemeinsamen Ateliers. Zunächst jedoch sollen einige biographische Anmerkungen zum Werdegang Webers vorgestellt werden.

Biographische Notizen

Martin Weber wurde am 9. 12. 1890 als ältester Sohn einer katholischen Handwerkerfamilie in Frankfurt am Main geboren. Sein Vater arbeitete als Vergoldermeister. Nach der mittleren Reife entschloß sich Weber zu einer handwerklichen Ausbildung im Baugewerbe. Später trat er in die Bau- und Kunstgewerbeschule Offenbach ein, die kurz zuvor nach den Ideen des Deutschen Werkbundes reformiert worden war. Dort lernte er als seinen Lehrer den Architekten Dominikus Böhm kennen. Martin Weber absolvierte die Offenbacher Schule mit Auszeichnung und erwarb sich die Berechtigung zum „Künstler-Einjährigen", einer verkürzten Militärdienstzeit, die er 1913/14 noch zu Friedenszeiten ableistete.[1]

Zu Pfingsten 1914 besuchte Weber zum ersten Mal die Benediktinerabtei Maria Laach, die Zeit seines Lebens ein zentraler Bezugspunkt und Rückzugsort werden sollte. Das Kloster war spätestens seit der Wahl Ildefons Herwegens zum Abt im Jahre 1913 zu einem der bedeutendsten Zentren der liturgischen Erneuerungsbewegung in Deutschland geworden. Die in Maria Laach gewonnenen fundamentalen Eindrücke, die negativen Erfahrungen während seines Militärdienstes sowie der beginnende 1. Weltkrieg förderten in Weber schließlich den Wunsch, dem Benediktinerorden beizutreten. Erste diesbezügliche Gespräche fanden im August 1915 statt.

In den Jahren 1914/15 arbeitete Martin Weber bei den Architekten Friedrich Pützer in Darmstadt, wo er auch Vorlesungen an der Technischen Hochschule hörte, sowie bei Dominikus Böhm in Offenbach. Anfang August 1915 wird erstmalig eine architektonische Tätigkeit Webers konkret greifbar: seine Mitarbeit an Dominikus Böhms Projekt II einer katholischen Garnison- und Filialkirche der Pfarrei St. Johann Baptist in Neu-Ulm. Ein Blatt unter dem Motto „Horizontale und Vertikale" ist auf den 2. 8. 1915 datiert und mit „D. Böhm + Weber" signiert.[2] Im Unterschied zu Böhms vorherigen Kirchenentwürfen zeigt dieses Projekt eine ausgeprägtere Zentralbautendenz. Um einen quadratischen, mit einer achteckigen Kuppel überhöhten Hauptraum gruppieren sich vier polygone Nebenräume; in einem von ihnen ist der Hauptaltar untergebracht. Der Innenraum ist durch umlaufende hohe Rundbogenarkaden charakterisiert, deren einheitliche Wirkung Altar und Gemeinde zusammenbindet. Archi-

Martin Weber

St. Bonifatius in Frankfurt-Sachsenhausen von Martin Weber, 1927. Über dem Altar hängt die unten abgebildete Ewiglichtampel, die sich in gleicher Ausführung auch im Chorraum von St. Bonifatius in Dettingens Nachbarort Großwelzheim befand. Die dortige Kirche wurde 1926 von Dominikus Böhm erweitert (s. Abb. S. 142). Die Ampel fiel zusammen mit weiteren Ausstattungsstücken und den Fresken der Innenrenovierung des Jahres 1957 zum Opfer.

tektonisch verschmelzen bei diesem Projekt frühchristliche und romanisierende Elemente zu einem kompakt gestaffelten Bau mit schlichter, flächenbetonter Fassadenwirkung. Hugo Schnell bemerkt zu dem Entwurf: „Böhms tieferes Eindringen in die Liturgie, in Verbindung mit seinem geistig anregenden Mitarbeiter Martin Weber, zeigt der Entwurf II für eine katholische Kirche in Neu-Ulm ..., in dem in der Mitte des Eingangsraumes frei der Taufstein aufgestellt ist, die Gemeinde zu einem Quadrat zusammengefaßt wird, der freistehende Altar auf einer erhöhten Kreisinsel steht und die Nebenaltäre weit abseits gerückt sind: wohl der erste Plan für eine Pfarrgemeinde aus dem Geist der Liturgischen Bewegung, für den bisher keine Parallele gefunden werden konnte."[3]

Ende 1915 bis Ende 1916 arbeitete Weber bei Karl Wach in Düsseldorf. Zum 27. 1. 1917 wurde Weber nach erneuter Musterung als Soldat an die Ostfront eingezogen. Er geriet 1918 in russische Gefangenschaft und kehrte schließlich an Himmelfahrt 1919 in die Heimat zurück. Sogleich wandte Weber sich nach Maria Laach, wo er als Oblate und „Frater Maurus OSB" mit den baulichen Angelegenheiten des Klosters betraut wurde.

Der Tod seiner Mutter und der Umstand, für die Familie sorgen zu müssen, zwangen Martin Weber im März 1921, von seinem Klosterdasein Abschied zu nehmen und nach Frankfurt zurückzukehren. Er assoziierte sich mit seinem ehemaligen Lehrer Dominikus Böhm und beide gründeten das „Atelier für Kirchenbaukunst".

Obwohl Martin Weber bis 1921 keine Kirche errichtet hat (auch Böhm war dies erst 1919 gelungen), prägte sich seine grundlegende Architekturauffassung, insbesondere seine Sakralbaukonzeption, bis dahin weitgehend aus. Auf dem Fundament tiefer Religiosität und handwerklicher Herkunft bzw. Ausbildung wurde Weber in der Bau- und Kunstgewerbeschule beeinflußt durch die Vorstellungen des Deutschen Werkbundes, vor allem hinsichtlich der Forderung nach handwerks- und materialgerechter Gestaltung. Seine Arbeit bei den Architekten Pützer, Böhm und Wach brachte ihn in Kontakt mit einem im Umbruch befindlichen Kirchenbau, der auf verschiedenen Wegen eine Loslösung vom Historismus des 19. Jahrhunderts anstrebte. Gerade mit Dominikus Böhm arbeitete Weber an neuen katholischen Sakralbaukonzeptionen, wobei er schon frühzeitig Ideen der Liturgischen Bewegung einbrachte, die er in Maria Laach kennengelernt hatte.[4] Ein zentraler Aspekt war hierbei, im Gegensatz zur Praxis des 19. Jahrhunderts, den Hauptaltar als Mittel- und Ausgangspunkt des Sakralraumes zu begreifen.

Martin Webers Arbeit im „Atelier für Kirchenbaukunst"

Im Mai und Juni 1922 präsentierte die Bürogemeinschaft Böhm & Weber eine Reihe von Entwürfen und Projekten auf der von August Hoff initiierten Ausstellung „Neue christliche Kunst" in Köln. Neben Böhms früheren Projekten einer katholischen Kirche für Wriezen an der Oder (1908), der Elisabethenkirche in Ulm (1918) sowie der St.-Josefs-Notkirche in Offenbach (1919/20) waren dies auch die gemeinsamen Arbeiten eines Wettbewerbsentwurfs für eine Ordensniederlassung der Jesuiten in Frankfurt (1921), der katholischen Pfarrkirche St. Peter und Paul in Dettingen (ab 1922) sowie eines Benediktinerklosters in Vaals/Holland (ab 1921). In der Architekturabteilung der Ausstellung wurden neben Otto Bartnings aufsehenerregender Sternkirche (1919) auch noch Kirchenprojekte von Peter Behrens, Martin Elsässer, Alfred Fischer, Bruno Taut, Hans Soeder und Hans Poelzig gezeigt. Die in Köln präsentierten Arbeiten evangelischer und katholischer Architekten aus der Zeit vor und nach dem 1. Weltkrieg bildeten so etwas wie eine Werkschau und Standortbestimmung einer im Umbruch befindlichen Kirchenkunst (andere Abteilungen befaßten sich mit religiöser Malerei, Plastik, Gebrauchskunst etc.). August Hoff spricht in seinem Vorwort zum Katalog der Kölner Ausstellung von einer in allen Konfessionen unterschiedslos spürbaren Sehnsucht, zu einer neuen Sakralkunst zu gelangen. Antriebsfedern auf dem Weg zu einer zeitgemäßen, neue liturgische Vorstellungen berücksichtigenden Sakralarchitektur (und mit ihr einer entsprechenden Ausstattung) waren die zunehmende Entwicklung eines neuen Gemeindebewußtseins und die Hinwendung zur Frühzeit der Kirche als vermeintlichem Ideal liturgischer Frömmigkeit. Die Betonung der Kirche als Leib Christi, die lebendige Beziehung der Glieder Christi zu ihrem Haupt wie auch untereinander bei der Feier der heiligen Liturgie verlangte die Teilnahme der Laien am Meßopfer. So formulierte August Hoff: „Das Mysterium auf dem Altar ist der geistige Mittelpunkt, um bekannte Erfordernisse der Liturgie muß gebaut werden."[5] Hoff sah in dieser Prämisse keineswegs eine baukünstlerische Beschränkung des Architekten, sondern eine Herausforderung, auf dieser Grundlage schöpferisch tätig zu werden. Die Betonung des Hauptaltares als geistigem Mittelpunkt des Kirchenraumes rückte die Frage nach einer entsprechenden baulichen Umsetzung ins Blickfeld. Die geforderte enge Verbindung von Gläubigen und Altar mußte für den Sakralbau weitreichende Folgen haben: die Schaffung möglichst stützenloser, einheitlicher Gemeinderäume und die exponierte Stellung des Hauptaltares.

Und in der Tat präsentierten Böhm und Weber sowohl bei ihrem Entwurf für eine Ordensniederlassung in Frankfurt, als auch bei der Benediktinerabtei in Vaals Innenraum-

lösungen im Sinne der neuen liturgischen Auffassungen. Der Hauptaltar war von allen Plätzen einsehbar und trug in seiner Funktion als Opferstein keine (Retabel-) Aufbauten. Um die ungehinderte Sicht auf den Altar zu gewährleisten, wurde dieser entsprechend erhöht, auf eine Altarinsel gestellt und leicht von der Stirnwand abgerückt.[6] Bei St. Peter und Paul in Dettingen ist die liturgische Ausrichtung nicht ganz so eindeutig. Trotz der Durchbrechung der Chorbogenwand im unteren Bereich wirken die Raumteile Chor und Gemeinderaum weniger verbunden als bei den obengenannten Projekten. Die Altaraufbauten und, wie noch zu zeigen sein wird, die spätere Ausmalung der Kirche, schufen eine zusätzliche Distanz zu den Intentionen der Liturgischen Bewegung.

Johannes van Ackens „Christozentrische Kirchenkunst"

Kurz nach der Kölner Ausstellung und mitten während des Baus von St. Peter und Paul erschien im Herbst 1922 die Schrift des Gladbecker Seelsorgers Johannes van Acken „Christozentrische Kirchenkunst. Ein Entwurf zum liturgischen Gesamtkunstwerk". Das Büchlein fand in Böhm und Weber interessierte Leser, bot es doch, im Gegensatz zu Äußerungen führender Theologen wie Ildefons Herwegen oder Romano Guardini, konkrete architektonische Vorschläge hinsichtlich eines nach liturgischen Vorstellungen zu errichtenden Sakralbaus. In entsprechenden Abschnitten (andere Teile des Buches beschäftigten sich mit Kirchenausschmückung, religiöser Kleinkunst und gottesdienstlicher Musik als weiteren Aspekten des angestrebten Gesamtkunstwerkes) entwickelte van Acken ein modellhaftes Bauprogramm. Nach Ansicht des Seelsorgers erfor-

St. Bonifatius in Frankfurt-Sachsenhausen von Martin Weber, 1927: Chorgewölbe (oben) Außenansicht (unten)

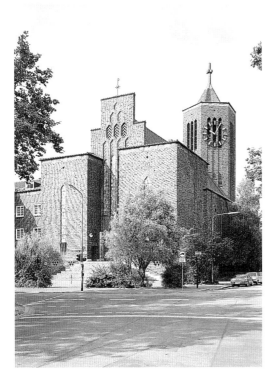

derte das Meßopfer als wesentlicher Kern des katholischen Gottesdienstes eine räumliche Konzentration auf den Altar. Ganz im Sinne Herwegens oder Hoffs betonte van Acken: „Der Altar als der mystische Christus soll der Ausgangspunkt und gestaltende Mittelpunkt des Kirchenbaus und der Kirchenausstattung sein."[7] Eine christozentrische Raumgestaltung hatte für van Acken konkrete bauliche Folgen: Die Weitung des Hauptraumes bei gleichzeitiger Verkürzung und Verbreiterung des Chores, der Verzicht auf Säulen oder Pfeiler, die den Blick hemmten, die Veränderung der Seitenschiffe, falls solche gewollt seien, in bloße Gänge und Beichtnischen, die Reduktion der Zahl von Nebenaltären auf das erforderliche Maß, die räumliche Entfernung der Nebenaltäre vom Hauptaltar, die Annäherung des Hauptaltares an die Gläubigen, d. h. sein

Heilig-Geist-Kirche in Frankfurt-Riederwald von Martin Weber, 1931

Abrücken von der Stirnwand oder sein Herauslösen aus einem Chor bzw. einer Apsis. Die van Acken dennoch notwendig erscheinende Trennung von Altarstelle und Volk wie auch der Charakter des Altares als des erhabensten Geheimnisses komme am besten durch eine Erhöhung und Umschrankung der Altarstelle zum Ausdruck.[8] Hinsichtlich des Kirchengrundrisses kam für van Acken sowohl der einfache Langhaus- oder Zentralbau als auch eine der vielen Kombinationsmöglichkeiten beider in Frage.

Wesentlich, so van Acken, sei die innere Sammlung und weihevolle Einstimmung der Gläubigen. Zudem forderte er eine formal oder doch wenigstens inhaltlich fortschreitende Bewegung zum Herzpunkt, eine programmatische und gleichsam dramatische Führung zur Opferstätte und zum sakramentalen Gott. Die Betonung der Altarstelle hatte nach van Ackens Auffassung auch unbedingt eine Auswirkung auf die Gestaltung des Außenbaus zu nehmen. Die Kennzeichnung des Ortes, wo im Innersten das Heiligste aufgestellt war, sollte außen durch das höchste und bedeutendste Bauglied erfolgen, etwa durch einen Vierungsturm oder eine Kuppel. West- oder Eingangstürme seien zu vermeiden, da der bisherige Dualismus zwischen Kirche und Turm zuungunsten der Altarstelle ausfalle. Sollte ein eigener Glockenturm erwünscht sein, so könne dies in Form eines Kampanile, d. h. losgelöst vom eigentlichen Kirchenbau, realisiert werden.

Van Ackens Buch war schließlich ein Entwurf beigefügt, der die idealtypische Umsetzung seines theoretischen Konzeptes verdeutlichen sollte. Der Plan für eine christozentrische Industriestadtkirche des Kölner Kirchenbaumeisters Moritz zeigte einen „basilikalen" Zentralbau mit Vierungsturm, der sich formal an frühchristliche und romanische Stilelemente anlehnte.

St. Peter und Paul in Dettingen am Main

Nach der einschneidenden Begegnung mit Johannes van Ackens Konzept einer „Christozentrischen Kirchenkunst" versuchten Böhm und Weber dessen Ideen auch auf ihre Pfarrkirche in Dettingen zu übertragen. So äußerten sie sich in ihrem Beitrag in der Einweihungsfestschrift der Kirche 1923 zu ihren Intentionen: „Die christozentrische Bewegung unserer Zeit war das Leitmotiv bei der Gestaltung der Peter- und Paulkirche in Dettingen a. Main. Von dem christozentrischen Grundgedanken ausgehend war unser Streben darauf ausgerichtet, eine energische Steigerung der räumlichen Wirkung mit einer bestimmten und ausdrücklichen Richtung nach dem Hochaltar zu schaffen. Die Stützenreihung im Innern, das gedämpfte Licht im Schiff gegenüber der hell strahlenden Chorbeleuchtung, die Steigerung der farbigen Wirkung nach dem Hochaltar zu waren alles Mittel, dieses Ziel zu erreichen. Durch die Stützenreihung wird das Leichte, Schwebende des Raumes, das zunächst den Zuschauer gefangennimmt, weitergeführt nach dem Altare und dort in kreisende Bewegung in horizontaler Richtung aufgelöst. Das ganze Raumsehen findet seine Erfüllung in der Opferstätte."[9] Aus christozentrischen Beweggründen, so die Architekten weiter, habe man die Nebenaltäre ganz an die Seite gerückt, die Lichtquellen so unter der Decke des Mittelschiffes angeordnet, daß sie die Gläubigen nicht ablenkten; auf Seitenschiffenster habe man ganz verzichtet, um die Gemeinde durch die vollkommene Geschlossenheit des Raumes zur Abkehr von der Außenwelt und zur Sammlung und Andacht zu führen. Die Stützen schließlich habe man in Eisenbeton gewählt, um den freien Blick auf den Hochaltar zu gewährleisten.

Bei aller Betonung christozentrischen Bauens seitens der Architekten, sind hinsichtlich St. Peter und Paul doch einige einschränkende Anmerkungen zu machen. In seiner baulichen Gesamterscheinung zeigt sich die Dettinger Kirche als steinerne „Übersetzung" von Böhms 1919/20 in Holz errichteter St.-Josefs-Notkirche in Offenbach.[10] Es erscheint unwahrscheinlich, daß Böhm schon bei St. Josef „christozentrisch" gebaut hatte, bevor er den Begriff und vor allem die mit ihm zusammenhängenden baulichen Anforderungen kannte. Vielmehr macht es den Eindruck, als hätten die Architekten unter dem frischen Eindruck von van Ackens sicher faszinierender Schrift nachträglich versucht, die christozentrischen Aspekte ihres in seiner formalen Ausprägung schon weitgehend feststehenden Kirchenbaus herauszuheben, obwohl ihnen eigentlich hätte deutlich sein müssen, daß sie in einigen zentralen Punkten, z. B. der Stellung des Altares innen, der äußeren Betonung der Altarstelle etc., in eklatantem Gegensatz zu van Ackens Programm standen. Gerade ihre Schilderung christozentrischer Aspekte beim Außenbau der Dettinger Kirche wirkt nicht eben glücklich.

Als ein weiterer wesentlicher Punkt, der einer einheitlichen, den Altar als zumindest geistigen Mittelpunkt betonenden Raumwirkung entgegenstand, erwies sich die Ausmalung Reinhold Ewalds, der, obwohl von den Architekten als gleichgesinnter Mitarbeiter bezeichnet, ein völlig anderes Raumverständnis mitbrachte. Ewald erschien die Kirche zu eng und maßlich zu festgelegt. Das von den Architekten entworfene Konzept einer rein illustrativen Malerei mit großen linearen Darstellungen wollte er nicht akzeptieren, und es gelang ihm, Pfarrer Dümler zu begeistern. Es ging Ewald darum, die bestehende Architektur durch eine suggestiv wirkende, raumausweitende Malerei zu übertönen. Er wollte den gesamten Kirchenraum in der Illusion seiner Wirkung um etwa das Doppelte in Länge und Breite erweitern. Ewald betonte, die Lösung für ihn sei die Ausstrahlung der Malerei auf die Mitte des Raumes bzw., daß die Rückwirkung der „Raumbilder und Themen bis zum Eingang und insbesondere zur Mitte ... die Gemeinde religiös erfaßt und der Realität entzieht."[11]

An dieser Stelle werden die Unterschiede zur christozentrischen Konzeption besonders deutlich. Während Böhm und Weber versuchten, die Gemeinde in einem weitgehend fensterlosen Raum mit lediglich illustrativ-dekorativer Malerei zur inneren Sammlung und gemeinsamen Konzentration auf das Geschehen am Altar zu bewegen, zielte Ewalds Malerei letztendlich auf die individuelle, meditative Frömmigkeit des einzelnen, eine religiöse Praxis, die die Liturgische Bewegung gerade zu überwinden trachtete.

Heilig-Kreuz-Kirche in Frankfurt-Bornheim von Martin Weber, 1929

Entwürfe für eine Meßopferkirche

Auf welche Weise sich die planerische Umsetzung eines christozentrischen Programms ohne architektonische Vorgaben (wie im Falle von St. Peter und Paul) realisieren ließ, verdeutlichen die als „Entwürfe für eine Meßopferkirche" bezeichneten Projekte von Böhm und Weber aus dem Jahre 1923. Der Auftrag zur Anfertigung der Entwürfe wurde über die Abtei Maria Laach vermittelt. Das Projekt war für eine Pfarrgemeinde in den USA bestimmt,

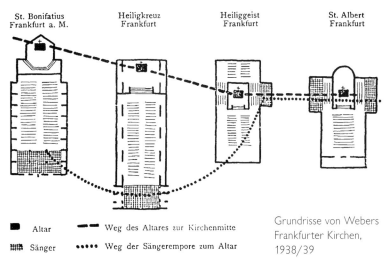

Grundrisse von Webers Frankfurter Kirchen, 1938/39

die den Architekten künstlerisch weitgehend freie Hand gelassen zu haben scheint.

Böhm und Weber entwarfen drei Projekte („Lumen Christi" und „Atrium" in kubischer Grundform, „Circumstantes" über dem Grundriß einer Ellipse) und sandten entsprechende Zeichnungen sowie einen detaillierten Erläuterungsbericht im September 1923 an Ildefons Herwegen. Im beigefügten Schreiben berichtet Martin Weber, er und Böhm hätten sich bei den Entwürfen intensiv mit dem Problem einer christozentrischen Pfarrkirche auseinandergesetzt und ihre Ergebnisse auch an Johannes van Acken zur Illustration für die zweite Auflage seiner „Christozentrischen Kirchenkunst" geschickt. Weber äußerte sich weiter gegenüber Herwegen, er habe sich bezüglich der Entwurfsplanung mit großer Freude alles das zu Nutzen gemacht, was er in Maria Laach erlebt hätte (gemeint sind wohl die sogenannten Kryptamessen aus der Zeit um 1920), und er sei sehr auf Herwegens Urteil gespannt. Weber vermutete, daß das Projekt „Circumstantes" womöglich fremdartig erscheinen werde, es sei aber ein notwendiges „Mittelding" gewesen, um vom Ideal des kreisrunden Raumes auf den praktisch brauchbaren des Quadrates zu kommen. Für die Ausführung hätten er und Böhm den Herren in Amerika das Projekt „Lumen Christi" empfohlen, denn, so betonte Weber: „Es drückt meiner Meinung nach den für die Liturgie so charakteristischen Lichtgedanken am klarsten aus."[12]

Im Gegensatz zur Pfarrkirche St. Peter und Paul in Dettingen, für die Böhm und Weber ja auch christozentrische Aspekte reklamiert hatten, bieten die Meßopferkirchenentwürfe klarere, konzentriertere Raumgefüge. Ob „Lumen Christi" oder „Atrium" mit ihren gedrungenen kubischen Räumen oder „Circumstantes" mit der elliptischen Lösung, alle Entwürfe werden durch die Geschlossenheit und Konsequenz charakterisiert, mit der die Architekten Gemeinde- und Altarraum zu einer baulichen wie ideellen Einheit zusammengebunden hatten. Rundum gleichmäßig umschlossen von einer hohen, schlanken Rundbogenarkadur, hinter der sich schmale Prozessionswege vor geschlossenen Wandflächen befinden, von indirektem Licht beleuchtet und einheitlich von einer Flachdecke oben abgegrenzt, münden diese Räume in den Altarbereich, über dem sich die Decke öffnet. Mittels der hier gebündelten stärksten Beleuchtung richtet sich die Raumkonzentration auf reale wie symbolische Weise nach oben bzw. erhält von dort ihr Licht. Die Betonung des Altares als räumlich erfahrbarer Mittelpunkt wie als geistigreligiöses Medium erfährt so ihre christozentrische Realisierung. Am Außenbau wurden diese Prinzipien entsprechend durch eine bauliche Staffelung erreicht, die in der Lichtkuppel ihren Höhepunkt erhielt.

Anmerkungen zur Zusammenarbeit von Domimikus Böhm und Martin Weber

Die Entwürfe für eine Meßopferkirche können mit Sicherheit als der inhaltlich-konzeptionelle wie auch entwurfstechnische Höhepunkt der gemeinsamen Arbeit von Dominikus Böhm und Martin Weber bezeichnet werden. Sie stehen zugleich am Ende der Tätigkeit des „Atelier für Kirchenbaukunst", das sich kurz darauf auflöste.

Welche Merkmale trägt die etwa zweieinhalbjährige, für beide Architekten sehr fruchtbare Zusammenarbeit?

Naturgemäß stellt der Versuch, individuelle Entwurfsanteile eines Architekten aus einer Gemeinschaftsarbeit herauskristallisieren zu wollen, ein äußerst schwieriges Unterfangen dar. Bei einer genaueren Betrachtung der Projekte scheint es gerade hinsichtlich der frühen Arbeiten relativ deutlich, daß die Gestaltung der Aufrisse, der Fassaden sowie einer Vielzahl einzelner Entwurfselemente weitgehend auf Böhm zurückgeführt werden können, der schon etliche Jahre Entwurfserfahrung besaß, während Weber erst am Beginn seiner Architektentätigkeit stand. Weber dürfte sich in dieser Zeit mehr mit inhaltlichen Fragen, z. B. der Stellung des Altares im Kirchengrundriß, beschäftigt haben. Bis einschließlich St. Peter und Paul in Dettingen kann einigermaßen deutlich nachgewiesen werden, daß sich die gemeinsamen Projekte weitgehend an Dominikus Böhms bisherige formale Architekturkonzeption anlehnten. Mit den Entwürfen für eine Meßopferkirche betraten die Architekten jedoch inhaltliches wie auch weitgehend stilistisches Neuland. Der starke christozentrische Einfluß Johannes van Ackens konnte in diesem Zusammenhang bereits aufgezeigt werden, doch wie steht es mit dem Erscheinungsbild der Projekte?

Die vorgeschlagenen Lösungen, insbesondere „Circumstantes", bedeuten eine noch deutlichere Abkehr von historistischen Vorbildern, als dies schon bei Dettingen und Vaals der Fall war. Die auch von allgemeinen Architekturströmungen der Zeit beeinflußten Meß-

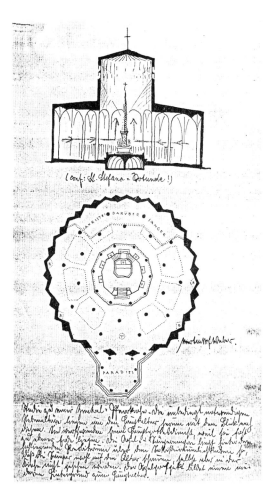

opferkirchenentwürfe weisen einen Weg zu einem neuen Kirchenbaustil, der in den folgenden Jahren weiter ausgeprägt und ständig verändert wurde. Die Auseinandersetzung mit neuen technischen und formalen Möglichkeiten betraf Böhm und Weber gleichermaßen. Die Aufnahme und Verarbeitung dieser Tendenzen wird dabei, trotz seiner immensen Gestaltungskraft und Raumphantasie, sicher nicht durch Böhm allein erfolgt sein, sondern durchaus im gemeinsamen Entwurfsprozeß, in den Diskussionen während der Fortdauer des Planungsvorganges. Als interessanter Aspekt kann hier noch erwähnt werden, daß es Weber und nicht Böhm war, der das Projekt nach der Auflösung des gemeinsamen Büros weiterbearbeitete.

Martin Webers enge Beziehung zu den bedeutenden Kreisen der liturgischen Erneuerungsbewegung ist schon erwähnt worden. Der hierin liegende Einfluß auf die Architekturkonzeption des „Atelier für Kirchenbaukunst" ist allerdings bisher oft unterschätzt worden. Hinsichtlich des weiteren Berufsweges der beiden Architekten äußerte sich Walter Zahner: „Immerhin zeigte sich [bei Weber] eine konsequente Linie in den von Martin Weber und Dominikus Böhm gemeinsam bearbeiteten Entwürfen hin zu einer radikaleren Auseinandersetzung mit der kirchlichen Tradition und zwar ganz im Sinne der Anfragen der Liturgischen Bewegung. Dominikus Böhms eigene Arbeiten, etwa ... der Entwurf für die Frauenfriedenskirche und noch viel stärker die Arbeiten der kommenden Jahre sind lange nicht so geprägt von diesem intensiven Impetus."[13]

Wie sehr sich Martin Weber in der gemeinsamen Zeit mit Böhm mit den Belangen liturgisch-orientierten Bauens beschäftigte, soll abschließend ein Blick auf einige eigenhändige „christozentrische Kirchenentwürfe" aus dem Jahr 1923 zeigen.

Christozentrische Kirchenentwürfe Martin Webers (1923)

Im Dezember 1923 sandte Martin Weber einige Entwurfsskizzen an Ildefons Herwegen, in denen er an die Meßopferkirchenprojekte anknüpfte. Weber entwickelte zwei Zentralbauten sowie eine Projektion von „Lumen Christi" auf die Laacher Abteikirche.[14]

Die Zentralbauentwürfe, ein an den Kreis angenäherter polygonaler Grundriß sowie eine Variante in quadratischer bzw. Kreuzesform, zeigen prinzipiell die gleiche Grundrißdisposition. In der Raummitte befindet sich der Hauptaltar. Die Gläubigen werden im Dreiviertelkreis bzw. von drei Seiten (bei dem kreuzförmigen Entwurf) als „circumstantes" um den liturgischen Mittelpunkt versammelt. Auf der verbleibenden Raumseite befindet sich die Sakristei, über der die Sänger- und Orgelempore angeordnet ist.

„Christozentrische" Entwürfe von Martin Weber, 1923

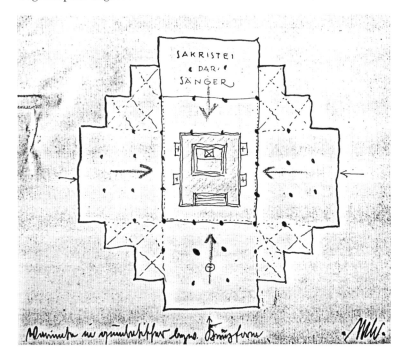

Martin Webers „christozentrische" Kirchenskizzen, in ihrer zentralisierenden Tendenz nur mit evangelischen Entwürfen wie z. B. Otto Bartnings Sternkirche (1919) zu vergleichen, waren in dieser Form für den katholischen Kirchenbau der Zeit nahezu einzigartig. Es hatte immer wieder Versuche gegeben, den Hauptaltar in der Mitte eines katholischen Gotteshauses aufzustellen, doch waren dies vereinzelte Beispiele, die ohne nennenswerten Einfluß blieben. Wohl wenige katholische Kirchenbaumeister dürften sich so intensiv und konsequent mit der Frage der Altarstellung im Sakralraum beschäftigt haben wie Martin Weber. Schon die Planungen mit Böhm für Neu-Ulm 1915, später dann für die Benediktinerabtei in Vaals, vor allem aber die Entwürfe für eine Meßopferkirche (gemeinsam mit Böhm, aber auch eigenhändig), verdeutlichen das Ringen um eine architektonisch konsequente Lösung für die neuen liturgischen Erfordernisse. Die Suche nach dem Ideal einer Meßopferkirche sollte für Martin Weber ein zentraler Aspekt seines weiteren Schaffens werden (s. S. 156f). Die Realisierung einer zentralen Altarstellung – wie auch eines Zentralbaus überhaupt – blieb in der katholischen Kirche jedoch noch lange eine problematische Frage.

Michael Pfeifer

Hugo Dümler

Streiflichter einer Biographie

Versuchen wir, die Leistungen unserer Vorfahren zu bewerten, tun wir das naturgemäß von unserem heutigen Standpunkt aus. Doch das Rad der Zeit hat sich seitdem weitergedreht. Politische, gesellschaftliche und soziale Strukturen haben sich verändert, die technische Entwicklung ist weitergegangen. Während in früherer Zeit Epochen von einigen Jahrhunderten unter ein verbindendes Denkmuster zu fassen waren, liegen in unserem Jahrhundert nurmehr Jahrzehnte zwischen Lebensweisen, die sich kaum noch ähneln. Jeder Versuch, sich in die Situation einer vergangenen Zeit hineinzuversetzen – und liegt sie auch nur ein Menschenleben zurück – ist daher problematisch.

Auf diesem Hintergrund verwundert es nicht, daß die Dettinger Kirche heute von anderen, moderneren Kirchenbauten in den Schatten gestellt wird. Zur Zeit ihrer Entstehung hingegen war sie ein Bau revolutionärer Avantgarde. Weder die Dettinger noch die bischöfliche Baubehörde hätten sich Anfang der zwanziger Jahre vorstellen können, einen Auftrag für die Errichtung und Ausgestaltung einer solchen Kirche zu erteilen. Vielmehr war der gerade 33jährige Pfarrer Hugo Dümler Zentralfigur dieses Projektes; er verstand es, die diözesanen Stellen zu umgehen.[1] Ohne ihn wäre St. Peter und Paul in Dettingen sicher ein Bau ganz anderer Art geworden. Dümler beauftragte die Architekten Dominikus Böhm und Martin Weber mit dem Entwurf und den jungen Maler Reinhold Ewald mit der Ausgestaltung. Zudem überließ er ihnen – durchaus überraschend für einen geistlichen Bauherrn – nahezu vollständige Gestaltungsfreiheit.

Das Argument, die Kirche sei deshalb nicht im historisierenden Stil errichtet, weil Böhm glaubhaft gemacht habe, nur mit einfacher Konstruktion die Anforderung absoluter Kostenreduktion erfüllen zu können – so verteidigt Dümler selbst häufig das moderne Erscheinungsbild der Kirche[2] – verfängt hier nicht. Auch mit Eisenbeton läßt sich ein Raum konstruieren, der nicht solchen Eindruck von Avantgarde hinterläßt, wie es Dettingen damals und in gewisser Weise bis heute tut. Auch hätte der Bauherr sicher auf eine Ausmalung verzichtet, wenn es nur ums Geld gegangen wäre. Was in Dettingen entstand, war die bewußte und willentliche Abkehr vom historisierenden Raumeindruck hin zu einem zeitgemäßen Ausdruck.

Diesen Schritt hat einer nur ermöglicht: Pfarrer Hugo Dümler. Er brachte den Mut auf, geschehen zu lassen, was ganz gegen überkommene Traditionen im sakralen Bauen und Gestalten gerichtet schien. Er hat die Kirche in die Gemeinde integriert durch die Beteiligung des ganzen Dorfes am Bau. Er hat die Ausmalung gegen vielfältige Anfeindungen verteidigt und schließlich ihre Vollendung durchgesetzt. Die Person Pfarrer Dümlers steht im Zentrum dieses Kirchbauprojektes und wirft gleichzeitig einige Fragen auf. Was hat diesen Priester geprägt, daß er ein solches Wagnis auf sich nahm? Wie kam er in Kontakt zu Böhm und Ewald? Wollte er eine moderne Kirche bauen oder ließ er sich von Böhm überzeugen? Manche dieser Fragen sind heute

Pfarrer Hugo Dümler

Die Eltern Hugo Dümlers, Anna-Maria und Johann (rechts) und sein Elternhaus in Prölsdorf (unten)

nicht mehr mit letzter Sicherheit zu beantworten, dennoch können einige biographische Schlaglichter erhellend wirken.

Biographie

Geboren wurde Hugo Dümler als drittes von zehn Kindern am 21. August 1889 in Prölsdorf, nordöstlich von Ebrach auf der Höhe des Steigerwalds gelegen. Vater Wendelin Dümler (1866–1915) war Schreinermeister und betrieb in späteren Jahren neben der Landwirtschaft ein Sägewerk. Auch war er zeitweise Bürgermeister in Prölsdorf, das im Geburtsjahr Hugo Dümlers 210 Einwohner zählte.[3] Im Hause Dümler war auch die Postagentur untergebracht, die Mutter Anna-Maria bis Anfang der dreißiger Jahre betreute, bevor sie zu ihrem Sohn ins Dettinger Pfarrhaus zog.

Nach den ersten Schuljahren übersiedelte Hugo ins Kilianeum zu Würzburg, wo er auch das Gymnasium besuchte. Seinem Onkel Johann Dümler (1870–1936), der 1893 zum Priester geweiht worden war, war es ein Anliegen, daß aus der Familie ein weiterer Priester hervorgehe. Mit dem Wintersemester 1909/10 nahm Hugo Dümler das Studium der Theologie in Würzburg auf. Nach dem philosophischen Jahr trat er ins Priesterseminar ein und wurde 1913 geweiht.

Studium

Dümlers Studienzeit war geprägt von der abklingenden Auseinandersetzung um den sogenannten Modernismus, der versuchte, das alte scholastische Begriffssystem der Theologie und seine Terminologie in die moderne Denk- und Sprechweise zu übersetzen. Exponierter Vertreter dieser Richtung war der Würzburger Professor Jakob Herman Schell (*1850). Schell hatte in Freiburg, Würzburg und Rom Philosophie, Theologie und Kunstgeschichte studiert und 1883 eine Promotionsschrift über das „Wirken des dreieinigen Gottes" vorgelegt, in der er einen neuen, dynamischen Gottesbegriff entwickelte. Seit dem Wintersemester 1884/85 lehrte er an der Würzburger Fakultät Apologetik, christliche Kunstgeschichte und Archäologie. Als späterer Rektor der Universität ließ er über dem Hauptportal des damals neuen Gebäudes am Sanderring den Schriftzug „Veritati – Der Wahrheit" anbringen, der noch heute zu lesen ist.

Man bezeichnet Schell gerne als Modernisten, obwohl er dies in seiner theologischen Einstellung eigentlich gar nicht war. Er widmete sich in seinen theologischen Werken den Fragen, die die Gläubigen an ihre Seelsorger herantragen, ohne Taufe sterbende Kinder beispielsweise oder die ewige Höllenstrafe. Den sensiblen Priester beschäftigten diese Fragen existentiell.

In seiner 1897 vorgelegten Schrift „Der Katholizismus als Prinzip des Fortschritts" legt er dar, daß Kirche und Glaube nicht einer vergangenen Epoche angehören, sondern – echt jesuanisch – an der Spitze der Entwicklung stehen sollten. Schell betonte den religiösen Charakter des Katholizismus, was natürlich den weltlichen Herrschaftsanspruch der Kirche minderte. Die Hierarchie wollte daher keinerlei Verbindung zur modernen Kultur. Erst im 2. Vatikanischen Konzil nahm die Kirche die Situation der Welt stärker in den Blick und holte damit die Thesen der Modernisten ein.

Zwar war Schell bereits an Pfingsten 1906, also drei Jahre vor Dümlers Studienbeginn, verstorben, doch wirkten seine Thesen weiter, und das Klima an der Fakultät war ein anderes geworden. Fächer wie christliche Kunstgeschichte und Archäologie gehörten weiterhin zur Studienordnung für Priesteramtskandida-

ten. Schells Option für Vernunft – auch dann, wenn sie im Widerspruch zur kirchlichen Lehre stand – hat sicherlich auch den jungen Dümler beeinflußt. Beispielhaft ist in diesem Zusammenhang die Biographie des Münsteraner Priesters August Winkelmann (1881–1954), der in Würzburg Schell begegnet war und später in Marienthal am Niederrhein eine gotische Klosteranlage zusammen mit Künstlern seiner Zeit ausgestaltete. Auch Dominikus Böhm schuf in den dreißiger Jahren einen Altar für Marienthal.

Stationen des Priesters

Nach seiner Weihe kam Hugo Dümler zunächst als Kaplan nach Sulzbach. Während dieser Zeit war er auch als Feldgeistlicher eingesetzt, wofür er mit dem Eisernen Kreuz und dem königlichen Militär-Verdienst-Orden ausgezeichnet wurde. Nach dem Krieg wurde er Expositus in Leidersbach, bevor er am 21. 12. 1921 zum Lokalkaplan in Dettingen ernannt wurde. Dort erreichte ihn am 17. 10. 1922 die Ernennung zum ersten Pfarrer der Gemeinde.

Der Kirchenbau

Mit welcher Entschlußkraft der junge Priester die Notwendigkeit des Kirchenneubaus anging, zeigen die ersten Architektenskizzen. Die Pläne tragen den 24. 1. 1922 als Datum, gerade einmal vier Wochen nach Dümlers Amtsantritt. Er, Böhm und Weber müssen gleichermaßen gespürt haben, daß in ihrer Zusammenarbeit eine ungeahnte Chance liegt und gingen mit Feuereifer an die Arbeit.

Böhm war zu dieser Zeit kein Unbekannter mehr, er hatte bereits 1919 die Notkirche St. Josef in Offenbach errichtet. Von ihr und von weiteren Plänen wurde in der Fachwelt gesprochen.[4] Auch Reinhold Ewald stand durchaus im Blick der Öffentlichkeit. Er wurde bereits 1914 und 1918 in Exklusivausstellungen des renommierten Frankfurter Kunstsalons Schames gehandelt. Zeitschriften wie „Deutsche Kunst und Dekoration" brachten ausführliche Beiträge und druckten Abbildungen seiner Werke.[5] Als kunstinteressierter Mensch hatte Dümler sicherlich bereits vor seinem Amtsantritt in Dettingen von Böhm und Ewald gehört. Während die Wahl des Architekten eindeutig war, folgte Dümler zunächst Böhms Vorschlag und erkundigte sich über den Dekorationsmaler Heinrich Holz. Offensichtlich überzeugten ihn dessen bisherige Arbeiten aber nicht, und er beauftragte Ewald mit der Ausmalung (s. S. 130f, Abb. S. 65, 143).

Dümler war gerne zu Ausstellungen nach Frankfurt und Darmstadt gefahren, wo der jungen Künstlergeneration Foren geboten wurden. Auch im Münchener Lenbachhaus hatte er den Kunstbetrieb der Gegenwart kennengelernt. Sein Lieblingsmaler war Grünewald. In seinem Schlafzimmer befand sich ein Bild der ‚Grablegung' aus der Aschaffenburger Stiftskirche, im Arbeitszimmer die ‚Stuppacher Madonna'. Diese Vorliebe zeigt, daß Dümler sich im süßlichen Kitsch des religiösen Kunstgewerbes seiner Zeit nicht recht wiederfinden konnte.[6] Wie auch, war doch die Welt nach diesem grausamen Krieg keineswegs mehr so heil, wie man im kirchlichen Raum noch Glauben machen wollte. Im Realitätsbezug des Theologen Dümler zeigt sich deutlich der Einfluß der sogenannten Modernisten, die ja den überlieferten Glauben mit neuen Formen in die neue Zeit zu übersetzen suchten. Genau dies war sein Anliegen mit dem Dettinger Kirchenbau. Die Architektur ist eng dem traditionellen Formsystem verbunden. Man erkennt das Westwerk, die Basilika, die Apsis, man erahnt gotische Spitzbogen und den offenen Dachstuhl früher römischer Kirchen.[7] Dennoch mutet der Bau neu an und hat die Zentrierung auf den Altar als eigene Aussage. Die Ausmalung läßt ihre Traditionsbezüge noch leichter vergessen, will sie doch weniger abbilden, wie es die „Armenbibeln" an den Kirchenwänden früherer Zeiten versuchten. Vielmehr sucht sie Gefühle auszudrücken, die den gläubigen Menschen beim Versenken in die Geheimnisse des Lebens Jesu und des Glaubens bewegen.

Hugo Dümler als Feldgeistlicher im 1. Weltkrieg

Pfarrer Dümler hat „seine" Kirche geliebt. „Genau das ist es", so erklärte er einmal seiner Nichte, „was ich bei der Betrachtung des Kreuzweges immer empfunden habe."[8] Ein andermal reflektiert er im Blick auf das Altarbild die Kriegserlebnisse: „Das tun Menschen den Menschen an – auch heute noch."

Immer wieder kamen Interessierte, Kunststudenten aus England, Gäste aus Italien, aus Köln und aus München. Es war ihm eine Freude, ihnen den Raum zu zeigen und die Bilder zu erschließen.

Natürlich war es in erster Linie die schreiende Not, die es erforderte, daß die Dettinger sich alle durch Frondienste am Kirchenbau beteiligten. Ein ortsansässiger Schiffer transportierte die Sandsteine von Bürgstadt zu den Mainwiesen. Dort wurden sie von Gespannen der Bauern zum Bauplatz geschafft. Der wichtigste Effekt bei diesem Gemeinschaftswerk des Dorfes war aber nicht nur die wirtschaftliche Komponente und die Geschwindigkeit, mit der der Bau schließlich aufgeführt wurde, sondern die Identifikation, die durch die Zusammenarbeit aller am gemeinsamen Werk erreicht wurde (s. S. 47–52, 58f). Was man heute vielleicht durch Beteiligung demokratisch gewählter Gremien an der Planung zu erreichen versuchen würde, und weshalb man heute nur noch Kompromißlösungen erhält, wurde damals – nach künstlerischer Vorentscheidung der Verantwortlichen – durch das Mithelfen der Gemeindemitglieder erreicht: eine Kirche, die für die Dettinger *unsere* Kirche ist.

Die Geldbeschaffung zur Inflationszeit war ein riesiges Problem. Immer wieder zog der Pfarrer bettelnd von Haus zu Haus, um mit dem wenigen Geld, das er erhielt, Material beschaffen und Arbeiter bezahlen zu können. Bis 1925 dauerte die erste Periode der Erbauung. Doch schon 1932, als die wirtschaftliche Lage wieder halbwegs gesichert war, machte Dümler sich an die Vervollständigung der Ausstattung. Er beschaffte – nicht unbedingt im Einklang mit dem Konzept des Architekten – die Heiligenfiguren an den Stützen, die Josefsstatue des Seitenaltars und veränderte – möglicherweise auf Druck aus Würzburg – das Retabel des Hauptaltars (s. S. 74f, 113–116). Daran ist abzulesen, daß Dümlers vordringliche Begeisterung der Malerei und nicht dem architektonischen Konzept galt. Er hätte sonst ähnlich wortgewandt die Aposteltafeln am Altar verteidigt, die ja durchaus einem traditionellen Bildprogramm folgten.

1938 wurde ein weiterer Versuch unternommen, den Bau der Kirche zu vollenden. Die bereits 1922 geplante Taufkapelle sollte entstehen und der Turm aufgestockt werden, da die Glocken nicht im ganzen Dorf gehört werden konnten. Zur Geldbeschaffung wurden kleine Reliefs der Kirchenpatrone zum Kauf angeboten, die sich bis heute in vielen Familien Dettingens finden (s. Abb. S. 106).

Erinnerungsfoto am Tag der Einweihung der neuen Pfarrkirche. Es zeigt vorn in der Mitte den Konsekrator Weihbischof Adam Senger aus Bamberg. Rechts davon sitzt Pfarrer Hugo Dümler, hinter ihm steht sein Onkel Johann, der Pfarrer von Zeil. Ganz rechts erkennt man in der 1. Reihe Pfarrer Peter Joseph Seufert, den Pfarrer von Waldfenster, der maßgeblich zur Stiftung der Pfarrei beigetragen hatte (s. S. 55). Am linken Bildrand sind Dominikus Böhm (sitzend), Reinhold Ewald (2. Reihe) und Martin Weber (3. Reihe) zu erkennen.

Wirken in Dettingen

Anfangs zog selbstverständlich der Kirchenbau die ganze Energie des jungen Mannes auf sich. Entspannung suchte er in der Arbeit an seinen Bienenhäusern im Pfarrgarten und am Heißerackerhof, in einer guten Zigarre und einem Glas Wein in seinem Studierzimmer. Seine besondere Leidenschaft aber galt dem Fotografieren. Schon früh hielt er mit seiner Kamera die Ortsgeschichte Dettingens im Bild fest. Unzählige Glasplatten – Originale aus dieser frühen Zeit der Fotografie – gingen leider 1950 zu Bruch, als das Pfarrhaus nach Dümlers Tod für den neuen Pfarrer hergerichtet wurde.

Dümler war sehr musikalisch. Er spielte Geige und Harmonium, auch etwas Orgel und Trompete. Da lag es nahe, den Verkündigungsauftrag nicht nur durch Kunst und Bau, sondern auch in der Musik ernst zu nehmen. Er war Mitglied des – damals wie alle Vereine nur Männern vorbehaltenen – Gesangvereines „Einigkeit" und gründete einen Kirchenchor, den er auch leitete. Auch den Musikverein „Harmonie" hat Dümler ins Leben gerufen, um Prozessionen mit Blasmusik verschönern zu können. Der Verein ernannte ihn später zum Ehrendirigenten. Darüber hinaus war Dümler Mitglied im Turnverein.

Auf seine Initiative geht die Gründung der Schwesternstation mit Kindergarten und Handarbeitsschule im Jahre 1927 zurück. Damit stellt er die Seelsorge und Caritas auf eine breitere Basis (s. S. 58f).

Er selbst besuchte meist einmal in der Woche den Konvent der Weißen Väter in Großkrotzenburg zu Gespräch und Austausch. Sein Hund und das Brevier waren meist die einzigen Begleiter auf dem langen Fußweg.

Dümler war ein temperamentvoller Mann. Seine Ausbrüche waren bekannt, doch selten ungerechtfertigt. Noch heute erzählt man sich in Dettingen, er habe sich während einer Sonntagsmesse vom Altar zur Gemeinde umgewandt und gerufen: „Singt richtig!"

Dabei stand er immer für die ihm Anvertrauten ein. Immer wieder war es schmerzlich für ihn, wenn er „seine" Jugend in den Krieg ziehen sah. Er litt mit ihnen und hatte Angst um sie, hatte er das Grauen eines Krieges doch selbst miterleben müssen. Auch um die in Dettingen untergebrachten französischen Kriegsgefangenen bemühte er sich. Er predigte – verbotenerweise – in Französisch und sagte ihnen manches tröstende Wort. Nur knapp entging er deswegen einer Anzeige.

Hitlers Terror

Während der nationalsozialistischen Herrschaft standen die Kirche und ihre Priester stets unter kritischer Beobachtung. Dümler hielt bereits 1931 zwei scharfe Predigten, in denen er die neue Bewegung als unvereinbar mit dem Christentum darstellte und setzte sich im Wahlkampf 1932 mit dem damaligen Bezirksamtmann Dr. Dengel heftig auseinander. Daraufhin schreibt unter dem Datum des 17. 5. 1932 ein Dettinger einen Leserbrief, den er allerdings vorab dem Ordinariat in Würzburg zuspielt. Hierin verwahrt sich der Schreiber, der vorgibt, für viele zu sprechen, gegen Propaganda von der Kanzel. Später wird Dümler gar aus dem Turnverein ausgeschlossen. Es wird deutlich, daß Dümler die Zeichen der Zeit erkannt und frühzeitig Stellung bezogen hat gegen die sich ankündigende kirchenfeindliche Politik der Nationalsozialisten.

Von vertrauter Seite gewarnt, stellte er jedoch zu seinem eigenen Schutz 1935 einen Aufnahmeantrag in die NSDAP. „Als ich aber merkte," so formuliert er in einem Schreiben vom 18. 10. 1945, „daß alle die schönen

Das Fotografieren gehörte zu den Leidenschaften Dümlers. Die Leica-Kamera, die er in dieser zwischen 1934 und 1937 entstandenen Aufnahme bei sich trägt, bekam später sein Patenkind – sie verbrannte beim Untergang Dresdens.

Pfarrer Dümler im Kreis eines Erstkommunionjahrgangs

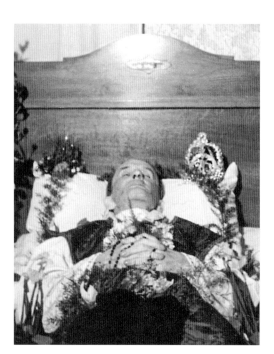

Pfarrer Dümler auf dem Totenbett

Reden etc. nichts als Bluff waren; als die Verfolgung der Kirche einsetzte und immer hemmungsloser wurde, erklärte ich wieder meinen Austritt, noch bevor die eigentliche Aufnahme erfolgt war."

Mit diesem Rückzug hatte er seine Stellung natürlich nicht gerade erleichtert und wurde von manchen Personen in der Öffentlichkeit gemieden. 1933 durchsuchte die Gendarmerie oberflächlich das Amtszimmer des Dettinger Pfarrers, und am 6. 9. 1939 wird Dümler anläßlich der Auflösung des Frauenhilfswerks für Priesterberufe im Auftrag der Gestapo verhört.[9]

Seit 1935 galt die staatliche Anordnung, daß die öffentlichen Gebäude, und dazu zählten auch die Kirchen, an bestimmten Tagen die Reichsflagge zu hissen haben. Einsprüche von Seiten der Kirche fruchteten nicht, und so mußte auch in Dettingen das Hakenkreuzbanner siebenmal im Jahr aufgezogen werden. Den Gemeinden wurde hierzu von den Kanzeln eine offizielle Stellungnahme des Ordinariats verkündet.

Wie in vielen Gemeinden des Bistums wurde auch in Dettingen an Fronleichnam 1941 entgegen staatlicher Anordnung ein Gottesdienst abgehalten. Es kam zu einer Vielzahl von Anzeigen, die zentral von einem von der Diözese beauftragten Rechtsanwalt bearbeitet wurden. Das Verfahren gegen Dümler wurde schließlich eingestellt.

Im Rahmen der Entnazifizierungskampagne der Alliierten gibt auch Dümler eine ausführliche Stellungnahme ab. Generalvikar Fuchs verteidigt ihn gegenüber dem zuständigen amerikanischen Offizier. Schließlich wird Dümler unter die Gruppe der „Mitläufer" eingestuft, denn sein Beruf als Pfarrer entlaste ihn, und muß 150 RM Strafe bezahlen. Seinerseits gab er im Rahmen der Entnazifizierung Stellungnahmen für seine Gemeindemitglieder ab, die vielen zugute kamen.

Sterben

Nach Krieg und Aufbauphase bleibt Dümler kaum Zeit, sich an ein geregeltes Leben in Dettingen zu gewöhnen. Am 5. 9. 1949 teilt er dem Ordinariat mit, daß er sich seit dem 14. August wegen Magenblutungen im Aschaffenburger Krankenhaus befindet. Wenig später bittet er um Enthebung vom Amt des Prokurators und am 17. 11. 1949 um Aushilfe. Am 1. Dezember kommt Kaplan Thomas Maier zu seiner Unterstützung nach Dettingen.

Dümler leidet an einem Krebs, der bereits Lunge und Magen angegriffen hat. Eine Operation am 6. 4. 1950 in der Aschaffenburger Hofgartenklinik kann ihn nicht mehr retten. Er stirbt sechzigjährig am 13. 4. 1950 gegen 22 Uhr in Dettingen.

Die Anteilnahme der Dettinger Bevölkerung an seinem Begräbnis und die Nachrufe zeigen, wie sehr Hugo Dümler in den fast dreißig Jahren seines Wirkens in Dettingen zur Zentralfigur dieser Gemeinde geworden war. Nicht nur, daß ohne ihn keine solche Kirche gebaut worden wäre, seine Persönlichkeit hat Dettingen geprägt, das ihm bis heute ein ehrendes Andenken bewahrt.

Begräbnis von Pfarrer Dümler

Grundsteinurkunde und Baunotizen

Aus der Denkschrift zur Einweihung

Über die Vorgeschichte des Kirchenbaues gibt die am 25. Juni 1922 in den Grundstein gelegte Urkunde Aufschluß. Sie hat folgenden Wortlaut:

Im Namen der heiligsten und ungeteilten Dreieinigkeit Amen.

Dettingen hat schon zur Zeit Karls des Großen eine Rolle gespielt. Damals war es ein besuchter Wallfahrtsort, der des öfteren auch von Karl d. Gr. und seinem Gefolge besucht worden sein soll. Ja, die jetzige Kirche, die dem hl. Hippolyt geweiht ist, soll sogar von Karl d. Gr. erbaut sein. Im Jahre 897 ging Dettingen an das Stift Aschaffenburg über. Wahrscheinlich blieb es dabei, bis es im Jahre 1814 mit dem Fürstentum Aschaffenburg an Bayern kam.

Dettingen, das damals 287 Seelen mit 80 Häusern und 82 Herden zählte, nahm in neuerer Zeit einen großen Aufschwung. Infolge seiner günstigen Lage an der Wasserstraße, am Main, und an einer der bedeutendsten Eisenbahnstrecken wuchs die Einwohnerzahl rasch empor. Heute zählt es rund 1 400 Einwohner, von denen 1 300 der katholischen Religion angehören. Pastoriert wurde Dettingen von altersher von einem Hilfsgeistlichen von Klein-Ostheim, in dessen Pfarrverband es gehörte. Infolge der Vergrößerung des Ortes wurde ein eigener Seelsorgsposten angestrebt und dieses wurde erreicht; am 2. Februar 1914 wurde Dettingen Expositur, am 22. September 1917 Lokalkaplanei und am 30. März 1922 schließlich zur Pfarrei erhoben.

Bei dieser Vermehrung der Bevölkerung wurde das alte Kirchlein natürlich zu klein und im Jahre 1902 wurde durch Hochw. H. Kaplan Johann Schuck ein Kirchenbauverein ins Leben gerufen, der sich den Bau eines neuen Gotteshauses zum Ziele gesetzt. Besondere Mühe gab sich in diesem Sinn H. H.

Der nebenstehende Urkundentext und die Notizen zum Fortschritt des Kirchenbaus wurden erstmals in der Denkschrift zur Einweihung der Dettinger Kirche veröffentlicht und werden hier vollständig wiedergegeben.

Ein Bild von der Prozession, die am Weihetag der neuen Kirche von St. Hippolyt kam und die Reliquien mit sich führte, die in den Altären bestattet werden sollten

Grundsteinurkunde und Baunotizen

Lokalkaplan Vinzenz Hofmann, der den Platz für den Neubau noch in günstiger Zeit erwarb und der außerdem das Vermögen des Vereins auf rund 100000 Mark brachte. Unsere Kirchennot wird jeden Tag empfindlicher und es läßt sich die Regelung dieser Frage im Interesse einer gedeihlichen Seelsorge nicht mehr länger hinausschieben. Und da eine Vergrößerung der schönen, alten Kirche aus vielen Gründen unmöglich ist, so gehen wir in Gottes Namen an den Neubau. Die Pläne sind gefertigt von den Herren Architekten Dominikus Böhm und Martin M. J. Weber in Offenbach, der Bau wird ausgeführt unter Leitung dieser Architekten und deren Bauführer Herrn Schmitt, Langen, von Herrn Maurermeister Ferdinand Stock von hier. Die Zimmerarbeiten stammen von Herrn Peter Heßberger, Groß-Welzheim. Die Kirche wird gebaut aus Bruchsteinen aus den Steinbrüchen bei Bürgstadt a. M., der Kalk wird geliefert von Karl Gottfried Schmitt, Somborn.

In außerordentlich schwerer Zeit unternehmen wir dieses Wagnis. Die Folgen des verlorenen Weltkrieges 1914 bis 1918 machen sich immer empfindlicher bemerkbar. Die Teuerung auf allen Gebieten ist geradezu unerhört. Zum Beweise dessen seien einige Zahlen hierhergesetzt:

1 Pfund Butter kostete 1914: 80 Pfg. jetzt 75 Mk.

1 Pfund Rindfleisch kostete 1914: 65 Pfg. jetzt 55 Mk.

1 Paar Schuhe kosteten 1914: 10–12 Mk. jetzt 800 Mk.

Maurer Stundenlohn betrug 1914: 50 Pfg., jetzt 30 Mk.

Wir sind so arm, daß alle Münzen aus Edelmetall eingezogen wurden; gegenwärtig gibt es nur noch Papiergeld und Münzen aus

Auf nebenstehendem Bild ist gut die ursprüngliche Portalanlage der Kirche zu erkennen (s. S. 70)

Zum Ritus der Kirchweihe gehörten Gebete vor dem Portal ebenso wie das dreimalige Umschreiten der Kirche und ihre Besprengung mit Weihwasser.
Nach jedem Umgang klopfte der Bischof mit seinem Stab an die Türen, die sich beim dritten Mal zum Einzug öffneten.

Blech, Eisen, Aluminium und Ton.

Wenn wir es trotzdem wagen, ein neues Gotteshaus zu bauen, so ist es die dringendste Not, die uns dazu veranlaßt. Trotz seiner Einfachheit wird es wohl in seinem Rohbau auf 700000 bis 800000 Mark zu stehen kommen.

Für alle Zeiten soll hier ein Denkmal gesetzt werden dem Opfergeist der Dettinger Bevölkerung, die seit Januar 1922 eine Summe von 100000 Mk aufgebracht, die die ungezählten Fuhren zum Neubau umsonst leistet; ein ehrendes Denkmal auch dem löblichen Gemeinderat, der das Bauholz unentgeltlich und dazu noch vorerst eine Summe von 50000 Mk. zur Verfügung stellte.

Nur nach diesen großen Opfern ist es uns heute, am 25. Juni 1922 möglich, den Grundstein zu legen, feierlich eingeweiht vom Vertreter der oberhirtlichen Stelle in Würzburg, dem Hochwürdigsten Herrn Dompropst Thaddäus Stahler, in Gegenwart der ganzen Gemeinde.

Dies geschieht unter dem gloreichen Pontifikate Seiner Heiligkeit des Papstes Pius XI.,

da den bischöflichen Stuhl in Würzburg inne hat Dr. Ferdinand von Schlör,

da sind: Herr Buchner Bezirks-Oberamtmann in Alzenau; Herr Leonhard, Pfarrer in Klein-Ostheim, Herr Franz Lang, erster Bürgermeister, Herr Alexander Stock, zweiter Bürgermeister, Jakob Kraft, Dismas Ritter, Gottfried Ehrenhart, Peter Herzog, Johann Jung II, Valentin Stock, Ignaz Rüfner, Ferdinand Jung, Kilian Eibeck, Leonhard Pistner, Johann Merget, Mitglieder des Gemeinderates, Ignaz Rüfner, Georg Trageser, Valentin Heilos, Franz Heinzmann, Mitglieder der Kirchenverwaltung.

Zur Bestätigung all dessen und zum ewigen Angedenken habe ich dieses Aktenstück eigenhändig unterschrieben und in den

Allein, allein,
Entblößt von allem Reize,
Ruhst aus du, Herr, am Kreuze,
Von aller Welt verlassen,
Mußt blutend du erblassen.

Allein, allein,
Auf weiter Erde einsam,
Mit Gott nurmehr gemeinsam,
Eh' dich der Tod umfaßt,
Hältst du die letzte Rast.

Allein, allein,
Hast du für mich gelitten,
Für mich den Sieg erstritten,
Da mir die Schuld erlassen,
Wie könnt' dein Bild in mir erblassen.

Allein, allein
Bei dir in Leidensstunden
Hab' stets ich Trost gefunden.
Mach' frei von Sündenlast
Mich, Herr, durch deine letzte Rast!

Die noch nur einseitig bebaute Luitpoldstraße mit Blick auf die Kirche, die an ihrem Weihetag noch auf freiem Feld steht

Grundstein gelegt. Wenn einmal in später Zeit diese Urkunde das Tageslicht wieder schaut, möge dann die Sonne ein besseres und glücklicheres Deutschland bescheinen als heute.

Dettingen, dom. III. p. Pent., 25. Juni 1922
Hugo Dümler, Lokalkaplan.

Der Verlauf der Bauarbeiten ging bei meist günstiger Witterung rüstig voran. Mit dem Aufführen der Mauern wurde anfangs Juni 1922 begonnen; bereits Ende September 1922 konnte das Dachwerk aufgeschlagen werden. Tünchermeister Josef Büchler aus Dettingen begann anfangs März 1923 mit dem inneren Verputz und die Dettinger Schreinermeister Jakob Merget, Johann Herzog und Martin Emge mit der Anfertigung der Türen, Treppen usw. Die Fenster führte Glasermeister Jakob Reuter aus. Die Schlosserarbeiten Alois Scherer, die Installation der elektrischen Beleuchtung Alois Weigand, alle aus Dettingen. Am 15. Juni wurde die letzte der drei Glocken im Turme hochgezogen. Diese sind auf es, ges und as gestimmt und haben ein Gesamtgewicht von rund 80 Zentner.

Unter welchen finanziellen Opfern der Bau entstanden ist, möge man daran ermessen, daß die in der Grundsteinurkunde erwähnten Preise für Butter, Fleisch und Schuhe mittlerweile von 75, 55 und 800 Mk. auf 20000, 20000 und 250000 Mk., der Arbeitsstundenlohn von 30 Mk. auf zirka 5000 Mk. gestiegen ist. Wenn das Gotteshaus trotzalledem nunmehr zur Einweihung fertiggestellt ist, so verdankt es das in erster Linie dem grenzenlosen Opfersinn der kath. Kirchengemeinde Dettingen und dann der tatkräftigen finanziellen Unterstützung der Dettinger Amerikaner. Nicht unerwähnt darf hier Herr Pfarrer Kilian Schott in Evansville, Indiana, bleiben, dem auch an dieser Stelle der ganz besondere Dank der Kirchengemeinde ausgesprochen werden soll.

Der größte Dank jedoch gebührt dem rührigen, nimmermüden Pfarrherrn der Dettinger Kirchengemeinde, der mit unerschütterlichem Mut und Gottvertrauen das Werk begann und über alle Klippen und Hindernisse hinweg zur endlichen Vollendung gebracht hat. Sein großer Seeleneifer, mit dem er die Gemeinde in Wort und Beispiel für sein ideales Ziel zu begeistern und hinzureißen wußte, ist bereits auch von seinen kirchlichen Vorgesetzten dadurch anerkannt worden, daß diese den bisherigen Lokalkaplan Hugo Dümler am 29. September 1922 bereits zum Pfarrer von Dettingen installierte.

Während der Bauperiode hat sich auch die Kirchenverwaltung geändert. Sie besteht jetzt aus den Herren Alois Stock, Georg Trageser, Philipp Herzog und Anton Reuter, die ebenfalls ihren nicht geringen Teil zur Vollendung des Neubaues beigetragen haben.

Edwin Hussi

Lebendige Steine

Aus der Geschichte der Pfarrei Dettingen

Über die Anfänge kirchlichen Lebens und die erste Kirche in Dettingen gibt es keine gesicherten Nachrichten. In der ersten Hälfte des 7. Jahrhunderts kamen irische Mönche, unter ihnen auch Kilian mit seinen Gefährten Kolonat und Totnan, in das Gebiet am unteren Main. In diese Zeit irischer Missionierung könnte ein großer Sandsteinfindling mit eingemeißelten Zeichen verweisen, der 1977 bei Isolierungsarbeiten im Fundament der Südwand des Langhauses der St.-Hippolyt-Kirche in Dettingen entdeckt wurde.

Dettingen – ein alter Pfarrort

In seiner Schrift ‚Translatio et Miracula SS. Marcellini et Petri' (Übertragung und Wunder der heiligen Marcellinus und Petrus)[1] aus dem Jahre 828 erwähnt Einhard, der Biograph Karls des Großen und Gründer des Klosters Seligenstadt, eine Martinskirche in Großostheim als Zwischenstation der Reliquienprozession auf dem Weg von Michelstadt im Odenwald nach Obermühlheim, dem heutigen Seligenstadt. Schriftlich bestätigt ist auch die Existenz einer Kirche im Jahre 747 in Großumstadt und einer Kapelle in Nilkheim zu Beginn des 8. Jahrhunderts, das bis in die Zeit des Dreißigjährigen Krieges Pfarrort war.

Auch Dettingen kann bereits in dieser Zeit Pfarrei gewesen sein, wenn dies auch nicht durch schriftliche Quellen nachgewiesen ist. Als Hinweis darf gelten, daß um die Kirche ein Friedhof bestand, hatten doch zu dieser Zeit nur Pfarrkirchen das Begräbnisrecht. Drei im Chorraum freigelegte Gräber und mehrere, teils sehr aufwendig bearbeitete Grabplatten aus rotem Sandstein lassen sogar auf hochgestellte, wohlhabende Personen schließen, die in Dettingen bestattet wurden.

Ein weiteres Indiz ist der Patron der Kirche, der hl. Hippolyt, der von den Franken besonders verehrt wurde. Der Legende zufolge ließ Karl der Große zum Dank für die Heilung eines seiner Gefolgsleute in Dettingen an der Stelle einer Kapelle eine Kirche bauen, die er alljährlich besucht haben soll, wenn er mit seinem Gefolge zur Jagd in den Spessart zog. Es wird auch von einem Privileg der Aschaffenburger Mainschiffer berichtet, deren Schiffe mit Pilgern aus dem Rhein-Main-Gebiet am ‚Karlstein', einem Gemarkungsstein zwischen Großwelzheim und Dettingen anlegen durften.[2] 1969 im Innern der Hippolyt-Kirche freigelegte Grundmauern bestätigen die Existenz eines Vorgängerbaus, der in die fränkische oder eine noch frühere Zeit reichen könnte.

Wallfahrten zum hl. Hippolyt in Dettingen sind für einen langen Zeitraum bestätigt. Der Jesuit Johannes Gamans, von dem auch die frühest bekannte Beschreibung der Kirche in Dettingen (etwa aus dem Jahre 1660) stammt, erwähnt die „einst berühmte Wallfahrt zum heiligen Hippolyt in Dettingen", die am Fest des Heiligen, dem 13. August, und am Sonn-

Eingemeißelte Zeichen auf einem Sandsteinfindling, der 1977 in den Fundamenten der St.-Hippolyt-Kirche freigelegt wurde

Münzen, die 1970 in St. Hippolyt entdeckt wurden (Originalgröße)

Archäologische Ausgrabungen in St. Hippolyt

tag nach Mariä Himmelfahrt bzw. in der Oktav des Patroziniums stattgefunden habe.[3] Die große Bedeutung und weite Ausstrahlung der Dettinger Wallfahrt wird auch durch mehr als siebzig kleine Silbermünzen bestätigt, die 1970 im Erdreich unter dem Fußboden der Sakristei entdeckt wurden. In der Zeit zwischen 1340 und 1655 geprägt, stammen sie nahezu aus dem gesamten deutschsprachigen Raum, unter anderem aus Tirol, Luzern und Chur, aus Erfurt, Braunschweig und Batenburg in den Niederlanden.[4] Ebenso lassen Reste einer Freikanzel über der Sakristeidecke der alten Kirche auf eine große Zahl von Pilgern schließen, die an besonderen Wallfahrtstagen nach Dettingen kamen.

Zugehörigkeit zur Pfarrei Kleinostheim

Obwohl die Wallfahrt große Bedeutung hatte, wird Dettingen um das Jahr 1300 nicht als Pfarrort, sondern als Filiale der Pfarrei Ossenheim (Kleinostheim) genannt, die bis zur Säkularisation Anfang des 19. Jahrhunderts zum Stift Aschaffenburg und damit zur Erzdiözese Mainz gehörte.

In der ersten Hälfte des 17. Jahrhunderts hatten Dreißigjähriger Krieg und Pest auch in Dettingen tiefe Spuren hinterlassen. Nur wenige Familien hatten überlebt,[5] und auch die Hippolyt-Kirche hatte Schäden davongetragen. Eine ausführliche Beschreibung ihres seinerzeitigen Zustands ist in einer Arbeit zur Geschichte des Mainzer Erzbistums enthalten, die der Jesuit Severus von Rodgau verfaßt hat.[6]

Langsam nimmt die Einwohnerzahl Dettingens wieder zu. In einem von Pfarrer Bozenhard 1719 auf Veranlassung der Erzdiözese Mainz eingereichten Fragebogen werden für das Dorf 235 und für den Heißerackerhof 6 Personen genannt, außerdem sind eine Kirche, ein Schulhaus mit einem Schulraum und ein Lehrer angegeben.

Eine besser geregelte Seelsorge in Dettingen wird erst dann möglich, als der Dettinger Schultheiß Johannes Steinbacher am 25. Februar 1749 „zur größeren Ehre Gottes und zur Beförderung der Seelsorg in Dettingen" seinen Besitz in Kleinostheim von 18 Morgen und 13 Ruthen (Äcker, Wiesen, Weinberge, Krautgärten), außerdem 200 Gulden in bar stiftet, „um alle Sonn- und Feyertäg eine heilige Messe in dem Gotteshaus in Dettingen unausgesetzt halten zu lassen." Nachdem auch die Gemeinde Dettingen 400 Gulden und 7 Morgen Äcker und Wiesen beisteuert und Pfarrer Heid von Kleinostheim testamentarisch eine Zuwendung von 500 Gulden verfügt, reichen die Mittel zum Unterhalt eines Kaplans für die Filiale Dettingen. Die 1764 in Kleinostheim eingerichtete Kaplanstelle wird 1767 kirchlich bestätigt, scheint aber zeitweise nicht besetzt gewesen zu sein, da sich erst seit 1822 eine lückenlose Folge der Kapläne feststellen läßt, die bis zum Jahre 1914 in Kleinostheim wohnten und von dort aus die Seelsorge in Dettingen ausübten. Das bischöfliche Ordinariat lehnt den Antrag auf Errichtung einer Lokalkaplanei wegen unzureichender Geldmittel zunächst noch ab.

Gegen Mitte des 18. Jahrhunderts kommt es wegen der Feier des Patroziniums zu teilweise sehr harten Auseinandersetzungen zwischen der Mutterpfarrei und der Filiale Dettingen, die endgültig erst 1801 von Pfarrer Schick mit der Festlegung der Kleinostheimer Kirchweih auf den Sonntag nach der Dettinger Wallfahrtskerb beigelegt werden.[7]

Dettingen zählt 624 Einwohner, als Pfarrer Adelmann von Kleinostheim mit Schreiben vom 15. Juli 1867 das königliche Bezirksamt Alzenau um Unterstützung für die dringend notwendige Errichtung einer selbständigen Seelsorgstelle in Dettingen bittet. An Gründen werden die rasche Zunahme der Bevölkerung, die eine zweite Schule notwendig mache, und vor allem die Gefahren genannt, denen die Jugend durch den negativen Einfluß der nahegelegenen Städte Hanau und Aschaffenburg ausgesetzt sei. Pfarrer Adelmann geht auch auf die guten finanziellen Verhältnisse der Gemeinde Dettingen ein, für die der Unterhalt eines Priesters leicht möglich sei. Sie habe keine Schulden, vielmehr 4000 Gulden rentierendes Kapital, einen Gemeindewald von ca. 7000 Tagwerk und außerdem noch Gemeindegründe, die nicht unbedeutendes Pachtgeld abwürfen. Die Bedürfnisse der Armenpflege könnten größtenteils aus den Erträgen der sogenannten Strichpfennige und mit den Zinsen des ziemlich starken Armenfonds gedeckt werden. Pfarrer Adelmann selbst, „von dem lebhaftesten Wunsch und der regsten Sorgfalt für das leibliche und geistige Wohl der Gemeinde Dettingen durchdrungen", ist bereit, alle Opfer zu bringen, insbesondere auch auf die berechtigten Bezüge von Dettingen mit Ausnahme des Pfarrholzes zu verzichten, um die Errichtung einer selbständigen Seelsorgstelle, vorläufig einer Lokalkaplanei, zu ermöglichen. Er fragt bei der königlichen Administration des Kaplaneifonds an, ob die bisher regelmäßig für die Kaplanstelle in Kleinostheim gewährten 50 Gulden bei Errichtung einer selbständigen Seelsorgstelle Dettingen erhöht werden können. Für diese wird ein Einkommen von mindestens 400 Gulden, unbelastet, etwas Holz und freie Wohnung benötigt. An verfügbaren Mitteln sind bereits 314 Gulden und 33 Kreuzer vorhanden, darin enthalten 18 Gulden $^{10}/_4$ Kreuzer für $1^7/_8$ Scheffel Quatemberkorn in natura zu je 9 Gulden $^{10}/_4$ Kreuzer und 4 Gulden für Ostereier.

1883 rufen Pfarrer Adelmann und Kaplan Windhausen einen „Verein zur Gründung einer selbständigen Seelsorgstelle in Dettingen" ins Leben, dessen Vermögen in drei Jahren aus Spenden und Monatsbeiträgen von 10 Pfennigen auf 1000 Gulden angewachsen ist. 1889 übergibt der Verein die inzwischen angesammelten 2102 Gulden der Kirchenverwaltung Dettingen zur Gründung einer Lokalkaplaneistiftung. Sie wird durch die Regierung von Unterfranken bestätigt, jedoch mit der Auflage, die Renditen des Stiftungsvermögens vorläufig anzusammeln.

Am 2. Februar 1914 wird schließlich durch Verfügung des bischöflichen Ordinariats die Kaplanstelle für Dettingen der Pfarrei Kleinostheim nach Dettingen exponiert (verlegt). Die Expositur übernimmt am 30. Oktober 1914 der seitherige Kaplan von Ochsenfurt Vinzenz Hofmann. Zu dieser Zeit leben in Dettingen 1120 Katholiken, es gibt mittlerweile eine Schule mit vier Klassen.

Mit Regierungsentschließung vom 22. September 1917 wird die Expositur zur Lokalkaplanei Dettingen erhoben.

Die Hippolyt-Kirche

Sichere Kunde von einem Gotteshaus in Dettingen haben wir durch das Testament des Stiftsscholasters Heilmann vom 12. Dezember 1340, mit dem er Zuwendungen an mehrere Kirchen verfügt, darunter auch die von Dettingen. Über den Ursprung und das weitere Schicksal dieser Kirche ist nichts bekannt.

Im 15. und der ersten Hälfte des 16. Jahrhunderts erhielt die Hippolyt-Kirche ihr heutiges Aussehen. Ob der 1447 fertiggestellte Chor an die von Heilmann erwähnte Kirche angebaut wurde, kann nicht mit Sicherheit entschieden werden. Das Wappen des Mainzer Erzbischofs Diether von Isenburg deutet darauf hin, daß während seiner Regierungszeit (1459–1461 und 1475–1482) mit dem Bau des nördlichen Seitenschiffs begonnen wurde. An Pfeilern und Diensten im Chor wurden Steinmetzzeichen nachgewiesen, die auch im Straßburger Münster begegnen. Der Eingang in der Südwand des Langhauses und der des Seitenschiffs wurden 1762 durch einen Westeingang ersetzt.

Über Jahrhunderte war die Hippolyt-Kirche Dettingens Mittelpunkt, ein Ort der Begegnung für die Einwohner, der ihr Leben von früher Kindheit und Jugend an geprägt hat. Der 1898 in Dettingen geborene Ferdinand

Ansicht von Alt-Dettingen mit der St.-Hippolyt-Kirche

Hermann hat dies in seinen Jugenderinnerungen ‚Das Alte Dettingen' folgendermaßen festgehalten: „Diese Kirche war mir einst das A und O meiner Erziehung und meiner Jugendträume im Hoffen und Vertrauen auf mein späteres Leben. In ihr wurde ich getauft und empfing ich die heilige Kommunion, und ich fungierte als Meßdiener, oft auch als schwer arbeitender Blasebalgtreter hinter der Orgel. Ich habe in dieser Kirche viele Kindstaufen, Kommunionen, Trauungen, hohe Festtage, schöne Christmetten, auch Trauermessen und Beerdigungen miterlebt. Ich kannte das Innere der Kirche vor und hinter den Altären, den Hauptaltar, den Marienaltar mit dem großen Marienbild, die Sakristei, die Kommunionbank vor dem Hauptaltar, all die Wandgemälde und Statuen der heiligen Jungfrau Maria, der Katharina und Barbara, die Kan-

Peter Joseph Seuffert, Pfarrer von Waldfenster, einer der Stifter der Pfarrei Dettingen. Darunter sein Bruder Anton Seuffert, der später nach Dettingen übersiedelte und lange Jahre den Mesnerdienst an St. Peter und Paul versah.

Inneres der Alten Kirche vor der Purifizierung in den fünfziger Jahren

zel, die Empore mit Orgel bis hinauf zum Glockenturm und nicht zuletzt die Beichtstühle, wo wir für unsere Jugendsünden um Absolution beteten. Und dann noch all die alten und ächzenden Bänke und Chorgestühle, auf deren zertretenen schmalen Leisten wir oft schmerzlich im Gebet verharren mußten."[8]

Für die stetig wachsende Gemeinde ist diese Kirche aber mittlerweile viel zu klein geworden. Wiederholt wendet sich Pfarrer Johannes Leonhard von Kleinostheim hilfesuchend an das Bezirksamt Alzenau und die Regierung von Unterfranken. Die Gemeinde Dettingen erinnert er an ihre Baupflicht und bittet dringend, eine Lösung des katastrophalen Zustands herbeizuführen. Selbst wenn die Kirche vollständig ausgeräumt werde und lauter Stehplätze geschaffen würden – so formuliert er in einem Brief aus dem Jahre 1913 – könnten gleichwohl mehr als 300 der mittlerweile 1113 Dettinger ihrer Christenpflicht nicht genügen. Leonhard schreibt weiter: „Der Notstand in Dettingen ist notorisch. Die Kirche ist gar zu klein, schmutzig und verwahrlost, weil jedermann die Notwendigkeit eines Neubaus oder einer Erweiterung einsieht." Für die durchschnittlich 570 Kirchenbesucher müßte der doppelte Flächenraum zur Verfügung stehen, und man könne unmöglich warten, bis das Vermögen des im Jahre 1902 von Kaplan Schuck gegründeten Kirchenbauvereins für eine Erweiterung der St.-Hippolyt-Kirche ausreiche.

Ein erster Entwurf einer Erweiterung nach Nordosten, der den Abbruch der alten Schule vorsieht, wird bereits im April 1907 vorgelegt und auf 40000 Mark veranschlagt. In den folgenden Jahren werden mehrere Gutachten für einen Um- bzw. Neubau erstellt. Erweiterungen nach Südosten oder nach dem Vorbild der Aschaffenburger Kapuzinerkirche – jedoch nicht gegen die Schule, sondern unter Verwendung des Anwesens des Wilhelm Ganz und eines weiteren Gebäudes – werden diskutiert. Auch ein völliger Abbruch von St. Hippolyt und der Bau einer neuen Kirche an der selben Stelle scheint möglich. Noch im Januar 1913 wird ein Kirchenneubau auf dem damaligen Friedhofsgelände (heutiger Standort von Apotheke und Feuerwehrgerätehaus) erwogen, als im Februar der überraschende Beschluß der Gemeindeverwaltung Dettingen bekanntgegeben wird, es solle eine Erweiterung der Kirche durch Anfügen eines weiteren Schiffes erfolgen. Der daraufhin beauftragte Professor Selzer legt einen Plan vor, nach dem nur der Turm der gotischen Kirche erhalten bliebe und Langhaus und Chor nach Osten zu stehen kämen. Wie bei den vorigen, kann sich die Gemeindeverwaltung auch für diese Baumaßnahme nicht entscheiden und beschließt am 28. September 1914, die Sache für die Kriegszeit ruhen zu lassen.

Mit ausschlaggebend für eine ganz neue Entwicklung sind nicht zuletzt die Genehmigungsbehörden, die sich entschieden für den Erhalt der Hippolyt-Kirche und den Neubau einer Kirche an anderer Stelle aussprechen. Am 29. September 1918 beschließt die Kirchenverwaltung Dettingen den Ankauf eines 7334 qm großen Geländes am Nordwestrand von Dettingen, das für den Bau einer Kirche, eines Pfarrhauses und einer Schwesternstation vorgesehen ist. Die Kaufsumme von 14668 Mark wird aus den von Kurat Hofmann angesammelten Spenden aufgebracht.

Dettingen wird Pfarrei

Am 23. August 1920 beschließt die Kirchenverwaltung die Loslösung von der Mutterpfarrei Kleinostheim und die Errichtung einer Pfarrei Dettingen. Pfarrer Leonhard von Kleinostheim bestätigt die Abtrennung der Tochterkirche Dettingen mit Heißerackerhof vom Pfarrsprengel Kleinostheim mit der Auflage einer Zahlung von 10000 Mark für den Wegfall der fassionsmäßigen Bezüge. Die Einkünfte des künftigen Dettinger Pfarrers sollen zum größten Teil aus der im Jahre 1908 mit einem

Grundkapital von 13000 Mark entstandenen Pfarreistiftung aufgebracht werden. Die Stifter dieser damals erheblichen Summe waren der mütterlicherseits aus Dettingen stammende Pfarrer von Waldfenster Peter Joseph Seuffert, seine Mutter Eva Seuffert geb. Hockmüller, seine Haushälterin Margarethe Luise Scherer und die Dienstmagd Marie Schmitt. Der ursprüngliche Betrag wurde später von den Stiftern noch aufgestockt, so daß bei Errichtung der Pfarrei, unter Einbezug anderer Spenden, ein Kapital von 50000 Mark vorhanden war. Am 8. Dezember 1920 reicht Kurat Hofmann die für die Errichtung einer Pfarrei notwendigen Unterlagen ein, darunter auch noch Pläne für eine Erweiterung der Hippolyt-Kirche. Am 30. März 1922 wird die Genehmigung zur Errichtung der katholischen Pfarrei Dettingen erteilt.

Kurat Hofmann war sieben Jahre in Dettingen als Seelsorger tätig. Als er am 1. Dezember 1922 seine neue Stelle in Westheim antritt, ist für seinen Nachfolger der Boden für einen neuen Abschnitt in der Geschichte des Dorfes Dettingen bereitet, auf dem sich eine lebendige Pfarrgemeinde entwickeln wird.

Kirchenbau

Am 1. Januar 1922 übernimmt der seitherige Kaplan von Sulzbach Hugo Dümler die Lokalkaplanei Dettingen. Er weiß um die Schwierigkeiten, die in seinem neuen Wirkungsbereich auf ihn warten, und er ist bereit, seine ganze Kraft für den Aufbau einer lebendigen Gemeinde einzusetzen. Ohne Zögern stellt er sich der zunächst größten Herausforderung: dem Bau einer neuen Kirche. Der junge Seelsorger ist voller Zuversicht, er glaubt an die Bereitschaft der Einwohner zur Mithilfe und wird nicht enttäuscht. Sehr bald zeigt sich, wie seine Begeisterung und Opferbereitschaft die ganze Gemeinde erfaßt und Männer, Frauen und Kinder zu einem Einsatz für den Kirchenbau befähigt, der alle Erwartungen übertrifft.

Als Hugo Dümler dem Architekten Dominikus Böhm den Auftrag zur Planung und zum Bau der Kirche erteilt, werden beide davon überzeugt gewesen sein, daß das Bauen im Dienst des Glaubens steht, daß ein Gotteshaus entstehen soll, das den Menschen auf ihrer Suche nach Gott Weg und Hoffnung sein kann.

Bereits am 30. März 1922 geht ein Schreiben Dümlers mit den Bauplänen zur Erwirkung der Genehmigung einer „neuen Notkirche" an das Bezirksamt Alzenau mit dem Bemerken, daß nach einem jetzt vorgelegten Gutachten des Landesamts für Denkmalpflege München die Hippolyt-Kirche zu den wertvolleren mittelalterlichen Bauten zählt und unverändert erhalten bleiben muß. Dümler schreibt: „So, wie die Verhältnisse heute liegen, kann es unmöglich weitergehen, wenn wir nicht tatenlos zusehen wollen. Der Bau wird nur mit Hilfe einer Landeskollekte und nur dann möglich sein, wenn die Pläne wegen der raschen Steigerung der Preise möglichst schnell genehmigt werden."

Die Architekten Böhm und Weber sprechen persönlich bei der Baubehörde im Innenministerium in München vor und erhalten den Bescheid, daß der Baukunstausschuß gegen die vorgelegten Pläne für den Neubau eines Notbetsaales nichts einzuwenden hat. Allerdings wird angeregt, den Turmhelm in Mauerwerk herzustellen und die seitlichen Schallöffnungen am Turm wegzulassen. Noch von München aus schickt Böhm das Genehmigungsschreiben an das Bezirksamt Alzenau mit der Bitte um möglichst schnelle Bearbeitung. Gleichzeitig versucht Dümler geradezu beschwörend auf die Regierung von Unterfranken einzuwirken, sehr schnell die Genehmigung für den Bau einer Notkirche in Dettingen zu erteilen, da an die Aufführung eines Kunstbaus unter den heutigen Verhältnissen nicht mehr zu denken sei. In dem Schreiben heißt es: „Auch für diesen Bau werden wir eine große Schuldenlast aufnehmen müssen. Die Notwendigkeit einer neuen Kirche ergibt sich aus der Tatsache, daß für 1300 Katholiken nur die kleine Kirche mit 130 Sitzplätzen zur Verfügung steht. Es wird mit einem Kostenaufwand von etwa 550000 Mark gerechnet. Der Kostenvoranschlag wird sich jedoch noch bedeutend verringern, da wir uns entschlossen haben, nicht mit Backsteinen, sondern mit Bruchsteinen zu bauen."

Schließlich wird eine Sammlung in allen Kirchen des Regierungsbezirks für den Kirchenbau in Dettingen genehmigt. Als das gesammelte Geld bereitgestellt wird, reicht die Summe inflationsbedingt aber gerade zum Kauf von 1000 Backsteinen. Überhaupt gibt es Schwierigkeiten bei der Beschaffung der benötigen Baumaterialien. So wird ein Antrag auf Zuweisung von 15 Tonnen Portlandzement von der Rohstoffwirtschaftsstelle wegen der „trostlosen" Lage auf dem Zementmarkt zunächst abgelehnt.

Noch einmal versucht Dümler, die Genehmigung zu einer Landeskirchensammlung zu

Kaplan Vinzenz Hofmann

Prozession zur Einweihung der neuen Kirche

erhalten. Er erklärt nun, daß die Kirche doch massiven Charakter bekommen soll, so daß es eine „Kirche für immer" sein wird. Sie werde im Rohbau auf mindestens 600000 Mark kommen, wenn die Preise weiter so stiegen, auch auf 700000 Mark. Obwohl seit Januar 1922 rund 80000 Mark Spendengelder eingegangen seien, sämtliche Fuhren umsonst geleistet würden und das Bauholz von der Gemeinde unentgeltlich zur Verfügung gestellt werde, könne der Fehlbetrag nicht aufgebracht werden. Dümler zeichnet ein bewußt düsteres Bild der Situation in Dettingen, wenn er schreibt: „Dettingen verdient es, daß ihm geholfen wird. Die Gemeinde ist arm. Sie hat nur einen kleinen Wald. Die Bewohner gehören zu 97% dem Arbeiterstand an, die Felder sind der reine Sand."

Am 24. Mai 1922 werden die Pläne für den Kirchenneubau in Dettingen endgültig genehmigt, und Anfang Juni beginnt man mit dem Ausheben der Fundamente. Als Dümler die Einwohner zur Mithilfe aufruft, steht kaum einer abseits. Jetzt zeigt sich, was Gemeinschaftsgeist bewirken kann. Die Einwohner Dettingens sind bereit, nicht nur große finanzielle Opfer zu bringen, sondern auch tatkräftig am Bau ihrer Kirche mitzuwirken. Schwerstarbeit ist beim Entladen der Schiffe nötig, die mit ihrer Fracht aus den Steinbrüchen bei Bürgstadt an der Entladestelle bei der Mainfähre anlegen. Nicht nur Männer beteiligen sich, auch viele Frauen und Mädchen schleppen die schweren Steine, die nach der Entladung noch ein großes Stück in kleinen Wagen auf einer Rollbahn bis zu der Stelle gebracht werden müssen, von der aus sie mit Kuh- und Pferdefuhrwerken zur Baustelle geschafft werden. Pfarrer Dümler schreibt später in einem Rückblick auf diese Zeit: „Jeden Abend, nachdem die jungen Arbeiter aus ihren Fabriken und von ihren anderen Arbeitsplätzen in Hanau, Frankfurt und Aschaffenburg heimgekehrt waren, ging es hinunter an den Main, und bis tief in die Nacht herrschte dort ein fröhliches und doch arbeitsames Treiben. Wagen für Wagen rollte die Bahn herauf und herunter, der eine beladen mit schweren Mauersteinen, der andere mit fröhlicher, singender Jugend – wahrlich, das Dorf war erfaßt von der einen großen Aufgabe, sich ein neues Gotteshaus zu schaffen."

Am 25. Juni 1922 versammeln sich die Einwohner um Domprobst Thaddäus Stahler aus Würzburg zur Grundsteinlegung für das neue Gotteshaus.

Die Bauarbeiten gehen zügig voran. Tag für Tag bringen die Bauern mit ihren Gespannen das benötigte Baumaterial herbei, allein 3000 Fuhren Erde werden zum Auffüllen benötigt. Wochenlang schaufeln 4–6 Männer täglich Kies aus einer Grube am Ortsrand Richtung Kahl. Während diese Arbeiten unentgeltlich geleistet werden, muß doch auch das Geld für die Baustoffe und für die am Bau selbst beschäftigen Arbeiter aufgebracht werden.

Nach nur einjähriger Bauzeit ist der 1. Juli 1923 für die Einwohner von Dettingen ein großer Festtag. Frauen, Männer und Kinder ziehen in der sicher längsten Prozession, die Dettingen je erlebt hat, durch die festlich geschmückten Straßen zu ihrem Gotteshaus, das an diesem Tag durch den Bamberger Weihbischof Adam Senger in Vertretung des Würzburger Bischofs Ferdinand von Schlör geweiht wird. Pfarrer Dümler hat eine Beobachtung von damals festgehalten: „Als die große schwere Glocke im Turm hochgezogen war und zum ersten Mal geläutet wurde, da blieben die Männer auf der Straße stehen und wischten sich die Augen. So groß war die Sehnsucht nach einem neuen geräumigen Gotteshaus und so groß war die Freude über die endliche Erfüllung."

Der Bau der Pfarrkirche Peter und Paul hatte von allen große Opfer abverlangt. Das Zusammenstehen in sehr schwerer Zeit hatte aber auch ein Zusammengehörigkeitsgefühl entstehen lassen, das weit über den Einweihungstag hinaus in den Alltag der Menschen hineinwirkte und die Bereitschaft wachhielt, am weiteren Aufbau einer lebendigen Gemeinde mitzuhelfen. Vieles kam in den nächsten Jahren in Bewegung. Vor allem bei Kindern und Jugendlichen entfalteten sich durch die Förderung von Pfarrer Dümler vielfältige Aktivitäten, es entstanden Jugendgruppen in der Pfarrei und auch das Vereinsleben bekam großen Auftrieb.

Schwesternstation

Obwohl die Pfarrgemeinde vor allem wegen der Innenausstattung der Pfarrkirche voll in Anspruch genommen ist, steuert Pfarrer Dümler bereits das nächste große Ziel an: die Gründung einer Schwesternstation. Auch dieser Schritt erfordert nicht geringen Mut, da die notwendigen finanziellen Mittel nicht vorhanden sind. Am 6. Dezember 1926 beschließt die Kirchenverwaltung den Verkauf des früheren Pfarrhauses und den Ankauf der ehemaligen Bürstenfabrik mit Villa und Nebengebäuden am Hörsteiner Weg. Auf dem Grundstück soll eine Schwesternstation mit ambulanter Krankenpflege, eine Kinderschule und eine Handarbeitsschule eingerichtet werden. Mit dem Mutterhaus der Schwestern von der Kongregation der Dienerinnen der heiligen Kindheit Jesu in Kloster Oberzell wird ein Vertrag über die Schwesterngestellung abgeschlossen. Am 8. Mai 1927 werden vier Schwestern mit Kreuz und Fahnen vom Bahnhof Dettingen abgeholt und an ihre künftige Wirkungsstätte geleitet. Es sind die Oberin Schwester Jukunda, die Krankenschwester Thekla, die Kinderschwester Damaris und die Handarbeitsschwester Syncletia.

Die Schwesternstation hat die Geschichte Dettingens wesentlich mitgeprägt. Die große Verbundenheit der Einwohner mit ihren Schwestern fand bei der Feier des 50jährigen Bestehens der Schwesternstation am 8. Mai 1977 ihren Ausdruck. Zu dem Jubiläum waren auch viele ehemals in Dettingen stationierte Schwestern und aus Dettingen stammende Schwestern gekommen. Trotz großer Bemühungen von Pfarrei und politischer Gemeinde um den Fortbestand der Schwesternstation mußte sie am 31. August 1986 aufgelöst werden.

Renovierung der Alten Kirche

Seine große Sorge gilt Pfarrer Dümler immer auch der alten Kirche. In ihr werden nach dem Bau der Pfarrkirche noch einige Jahre regelmäßig Gottesdienste gehalten, bis sich verstärkt Schäden, besonders an der Decke und am Dachstuhl zeigen, die Kirche schließlich für baufällig erklärt und polizeilich geschlossen wird.

Die Zerstörung der Kirche, die ihre Erweiterung bedeutet hätte, ist seit dem Bau der neuen Kirche abgewendet, nicht aber der drohende Verfall wegen Unterlassung der dringend notwendigen Instandsetzungsmaßnahmen. Die politische Gemeinde als Eigentümerin sieht sich nicht in der Lage, die Kosten hierfür zu übernehmen.

Im Juli 1942 bittet der Landrat von Alzenau das Landesamt für Denkmalpflege in Mün-

Schwester Damaris war bei den ersten Schwestern der Dettinger Station. Die Errichtung einer Kinderschule gehörte zu den primären Aufgaben der Schwestern in Dettingen.

chen um Stellungnahme, ob die Erhaltung der Kirche weiter angestrebt werden soll, oder es genügt, die vorhandenen Kunstwerke anderweitig unterzubringen. Das Landesamt nennt es in seiner Antwort unverantwortlich, ein Bauwerk von solcher Bedeutung vollkommen verfallen zu lassen, ganz abgesehen davon, daß durch einen Abbruch ein wesentlicher und integrierender Bestandteil des alten Ortsbildes von Dettingen unwiederbringlich verloren ginge. Es solle in letzter Stunde doch noch alles versucht werden, das wertvolle Bauwerk irgend einem geeigneten Zweck zuzuführen. Es wird vorgeschlagen, die Kirche für ein Gemeindemuseum und ein Gemeindearchiv für den „an geschichtlichen Geschehnissen so reichen Ort" zu verwenden. Am 27. Oktober 1942 stellt das Landbauamt Aschaffenburg in einem Schreiben an den Landrat von Alzenau schließlich fest, daß aus kriegswirtschaftlichen

Gründen die notwendige Gesamtinstandsetzung nicht verantwortet werden könne. Pfarrer Dümler schreibt damals: „Wenn es Gottes Wille ist, daß wir diesen Krieg überleben, so muß es die heilige und vordringliche Aufgabe der hiesigen katholischen Gemeinde sein, ihr schönes altehrwürdiges Kirchlein wieder würdig instandzusetzen. Der Ort, den unsere Vorfahren durch ihr Beten und Opfern geweiht haben, muß auch den Nachkommen als heilig und kostbar gelten."

1934 und nochmals 1942 bemühen sich die evangelischen Christen um die Übernahme der Hippolyt-Kirche. Doch erst später, nach Abschluß der Renovierungsarbeiten im Jahre 1950, wird der Raum auch regelmäßig für evangelische und griechisch-orthodoxe Gottesdienste genutzt.

Kurz nach Kriegsende wendet sich Dümler wegen der Renovierung an das Bürgermeisteramt Dettingen. Bürgermeister Seitz bittet daraufhin die amerikanische Militärregierung um Unterstützung bei der Behebung der Schäden an der Hippolyt-Kirche. Die notwendigen Reparaturen können jedoch zunächst nicht angeordnet werden, weil die Kirche in der amerikanischen Liste der Baudenkmäler nicht aufgeführt ist. Als am 27. Januar 1946 die Sanierungsarbeiten trotzdem genehmigt werden, ist bereits ein Teil des Daches eingestürzt. Erst 1948 gelingt es, das Dach zu sanieren. Die weitere grundlegende Renovierung erfordert umfangreiche Vorarbeiten, vor allem auch erhebliche finanzielle Mittel. Am 18. Juni 1948 fassen Kirchenverwaltung und Gemeinderat Dettingen den Beschluß, das Eigentumsrecht der Gemeinde an der Hippolyt-Kirche der katholischen Kirchenstiftung zu übertragen.

Noch drei Wochen vor seinem Tod bittet Pfarrer Dümler die Einwohner Dettingens um Unterstützung der weiteren Instandsetzung: „Meine lieben Pfarrkinder! Unser altes Kirchlein ist in seinem ehrwürdigen Alter, in seiner Schönheit und Einmaligkeit das Wahrzeichen unseres lieben alten Dettingen. Es wieder würdig instandzusetzen, muß unser aller Ehrensache sein."

Weitere Seelsorger in Dettingen

Am 13. April 1950 starb Pfarrer Dümler im Alter von sechzig Jahren. Bereits am 1. Dezember 1949 war Kaplan Thomas Maier nach Dettingen gekommen, um den erkrankten Pfarrer zu unterstützen. Maier übernahm die Pfarrei Schimborn, als am 3. September 1950 die Pfarrei Dettingen an Pfarrer Edmund Roeser verliehen wurde. Roeser führte die Renovierung der St.-Hippolyt-Kirche fort, die Dümler begonnen hatte. Entsprechend dem Zeitgeschmack und einer allgemeinen Verordnung von Bischof Julius Döpfner, ließ er die gesamte neugotische Ausstattung (Altäre, Kanzel, Kommunionbank, Beichtstühle, Kreuzwegstationen) entfernen. Obwohl das bischöfliche Bauamt empfohlen hatte, nach der Herausnahme der 1830 eingebauten Empore die barocke Orgel in die Nische im Turm einzusetzen, wurde auch sie mit den anderen Einrichtungsgegenständen vernichtet. Der Fortbestand der alten Hippolyt-Kirche war nun gesichert. Ihre wahre Bedeutung macht jedoch nicht ihr hohes Alter und ihr künstlerischer Wert aus, sondern vielmehr das, was sie für die Menschen im Laufe der Zeit bedeutete: ein Ort der Stille und Besinnung, der Begegnung von Menschen mit Gott, des gemeinsamen Betens und Singens, ein Ort, von dem unendlich viel Gutes ausging und noch immer ausgeht.

Pfarrer Roeser setzte auch neue Akzente in der Jugendarbeit und gründete einen Stamm der Pfadfinderschaft St. Georg. Er veranlaßte den Bau eines Jugendheims und eines neuen Kindergartens an der Hörsteiner Straße. 1956 übernahm er die Pfarrei Ochsenfurt. Er starb am 28. Januar 1968 in Würzburg.

Oben: Einführung von Pfarrer Roeser, rechts im Bild Kaplan Maier.
Unten: Einführung von Pfarrer Wombacher, im Vordergrund die Pfarrer Valentin Lippert aus Kahl und Josef Hepp aus Kleinostheim.

Kurat Alfred Seidel, der als Heimatvertriebener am 1. Februar 1951 in die Diözese Würzburg kam, wurde ein Jahr später von Bischof Julius Döpfner nach Dettingen berufen. Viele Jahre hindurch war er Altenseelsorger des Dekanates Alzenau. 1990 übersiedelte er nach Breisach am Rhein, wo er am 17. November 1993 verstarb.

Nur kurze Zeit, vom 1. Oktober 1956 bis zur Übernahme der Pfarrei Frickenhausen am 1. Juni 1958, war Karl Rohner Pfarrer in Dettingen.

Am 20. Juli 1958 bereiteten die Einwohner ihrem neuen Pfarrer Anton Wombacher einen freudigen Empfang. Sein segensreiches Wirken war von der Umbruchstimmung der nachkonziliaren Zeit geprägt, die auch in der Neugestaltung des Altarraums der Pfarrkirche und der Beseitigung der Kanzel ihren Ausdruck fand. Eine Renovierung der Pfarrkirche in Zusammenarbeit mit Reinhold Ewald fand zu seiner Zeit statt. Auch die Hippolytkirche wurde 1977 erneut renoviert.

Gefordert war Pfarrer Wombacher auch, als es galt, der Raumnot des Kindergartens zu begegnen. Der Erwerb der Grundstücke des ehemaligen Gasthauses zur Post und der Mützenfabrik Ritter ermöglichten einen Anbau an den bestehenden Kindergarten und die Errichtung eines Pfarr- und Jugendzentrums das heute seinen Namen trägt.

Er starb am 13. April 1985. Zuvor hatte er noch eine weitere Renovierung der Pfarrkirche veranlaßt.

Im Oktober 1983 wurde Norbert Emge zum Diakon geweiht. Während der Erkrankung von Pfarrer Wombacher und in der Zeit bis zur Neubesetzung der Pfarrei betreute er neben seinem Zivilberuf mit großem Einsatz zusammen mit Pfarrer Zimmermann aus Großwelzheim die Pfarrei.

Priester aus dem Ort

Ein besonderes Ereignis im Leben einer Pfarrei ist immer auch eine Primiz, die erste Meßfeier eines Neupriesters in seiner Heimatgemeinde. Viermal konnte in Dettingen seit Bestehen der Pfarrei eine Primiz gefeiert werden.

Im Jahre 1936 wurde Otto Schadler zum Priester geweiht. Seine Wirkungsbereiche in den folgenden drei Jahren waren Reckendorf, Großwallstadt, St. Michael in Aschaffenburg und St. Josef in Würzburg. Nach weiteren acht Jahren als Kurat in Trossenfurt wurde ihm 1947 die Pfarrei Mainaschaff übertragen, bis er 1960 als Pfarrer an das Juliusspital in Würzburg berufen wurde. Dort starb er nach 32 Jahren Priestertums im Alter von 59 Jahren.

Franz Huth feierte am 9. April 1939 Primiz in Dettingen, nachdem er als Pater Eberhard des Ordens des Heiligsten Herzen Jesu in Simpelveld (Niederlande) zum Priester geweiht worden war. In Niederlahnstein wirkte er als Lehrer am Gymnasium und als Oberer seines Klosters, später als Krankenhausseelsorger in Oberlahnstein. Er verstarb 1994.

Nach glücklicher Rückkehr aus dem zweiten Weltkrieg entschloß sich Anselm Rüfner zum Priesterberuf. Er trat in den Orden der Kapuziner ein und wurde am 29. Juni 1952 in

Links: Der Primiziant Franz Huth im Kreis seiner Verwandten.
Rechts: Prozession vom Elternhaus des Primizianten Anselm Rüfner in der Julius-Kleemann-Straße zur Pfarrkirche.
Unten: Bau des Jugendheims.

Einführung von Pfarrer Kraft

Eichstätt zum Priester geweiht. Als Pater Paulus wirkte er in den Klöstern seines Ordens in Altötting, Aschaffenburg, Mariabuchen und zuletzt als Guardian in Dillingen an der Donau. Pater Paulus starb am 30. September 1984 in München und wurde am 3. Oktober in Altötting beigesetzt.

Der vierte Primiziant seit Bestehen der Pfarrei Dettingen war Albert Gliesche, dem die Einwohner Dettingens im Juli 1955 einen herzlichen Empfang bereiteten. Nach seiner Kaplanszeit in Hofheim und Brückenau übernahm er im August 1964 die Pfarrei Karbach, deren Pfarrer er bis heute ist.

Dettingen – eine lebendige Gemeinde

Nach dem Tod von Pfarrer Wombacher bekommt Dettingen den Priestermangel in der Dözese besonders schmerzhaft zu spüren. Über ein Jahr ist die Pfarrei verwaist, bis die Einwohner am Ostermontag 1986 ihren neuen Pfarrer Franz Kraft dankbar begrüßen können. Das Bewußtsein der Laien für die Mitverantwortung in der Gemeinde ist in der Zeit der Not gewachsen. Viele spüren, daß sich eine Wandlung von der versorgten zur sorgenden Gemeinde vollziehen muß. Pfarrer Kraft gibt den Auftrag an uns alle, Glaube, Hoffnung und Liebe zu pflegen, vor Ort Kirche zu leben und von der Hoffnung Zeugnis zu geben. Seine besondere Zuwendung gilt den Kindern und Jugendlichen. Neben den kirchlichen Verbänden bilden sich Gruppen und Arbeitskreise, die nach Wegen suchen, wie der Glaube in unserer Zeit lebendig gelebt werden kann.

Die Übernahme der Dekanatsleitung am 1. Juli 1995 wird Pfarrer Kraft durch Diakon Norbert Emge und Pastoralreferentin Wiltrud Stoer erleichtert, die wichtige Aufgaben der Seelsorge in der Gemeinde selbständig in Zusammenarbeit mit engagierten Helferinnen und Helfern übernehmen. Die Mitarbeit der Laien, die Suche nach neuen Wegen der Glaubenserfahrung und Glaubensfestigung wird sich in Zukunft noch verstärken müssen, wenn nach einer Vorausberechnung im Jahre 2010 in der Diözese nur noch 140 anstatt jetzt 480 Priester aktiv ihren Dienst tun werden. Im Dekanat werden dann noch 6 anstatt heute 13 Pfarrer tätig sein, wobei die jetzigen Pfarreien Kahl, Großwelzheim und Dettingen als Einheit von nur einem Pfarrer verwaltet werden sollen. Diese Entwicklung muß keine Zukunftsangst auslösen oder in die Resignation führen. Sie kann vielmehr Herausforderung sein und neue Möglichkeiten eröffnen. Wo Raum für Austausch von Glaubenserfahrung ist, wird Kirche lebendig, wird Freude am Christsein entdeckt und erfahren.

Mit dem Bau eines Pfarrheims an der Pfarrkirche Peter und Paul, das 1999 fertiggestellt sein wird, verbindet sich die Hoffnung auf weitere Entfaltung pfarrlichen Lebens, die Hoffnung, daß in der Begegnung der Menschen viele Steine Glanz bekommen, zu lebendigen Begleitern werden auf dem Weg unseres Lebens mit Christus nach Hause, der Heimat bei Gott.

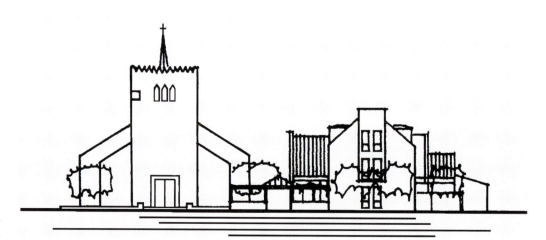

Skizze des neuen Pfarrheims neben der Kirche

Clemens Jöckle

Burg und Zelt

Die Baugestalt der Pfarrkirche St. Peter und Paul in Dettingen

Dominikus Böhm konnte für die ihm gemeinsam mit Martin Weber übertragene Planung der St.-Peter-und-Paul-Kirche in Dettingen aus einer Vielzahl zur Verfügung stehender stilistischer Möglichkeiten wählen.[1] Er hatte sich in seinem bisherigen Schaffen sowohl mit Entwürfen im Heimatstil, beispielsweise Landquart 1912, mit frühchristlichen, wie dem Projekt I „Horizontale und Vertikale" für Neu-Ulm 1915, neoromanischen, wie dem Idealprojekt einer Klosterkirche an einer Meeresbucht von 1919, oder einer spätgotischen Wandpfeilerkirche, wie beim Wettbewerbsentwurf Projekt I für Wriezen aus dem Jahr 1908, bis hin zu neobarocken Planungen bei dem Projekt für eine katholische Kirche in Krefeld-Uerdingen um 1911 bzw. Memmingen 1911/12 beschäftigt. Freilich blieben diese Erprobungen Planungen auf dem Papier. An eine Realisierung war kaum zu denken. Teilweise unterlag Dominikus Böhm in den Wettbewerben, teilweise verhinderte der Ausbruch des 1. Weltkriegs und die von Wirtschaftskrise und Inflation geprägte Nachkriegszeit deren Baubeginn.

In den frühen zwanziger Jahren entfalteten Böhms Kirchenbauentwürfe bevorzugt utopisch erscheinende Visionen. Der Architekt verzichtete auf überkommene Raumvorstellungen: So entstand 1923 das Idealprojekt „Circumstantes" als Zentralraum über einem kreisrunden Grundriß mit Rundbogenarkaden und einem von einem Ziborium überhöhten Altar (s. Abb. S. 156).

Die tatsächlich ausgeführten Kirchenbauten jener Jahre verraten dagegen noch ihre Ausrichtung an den tradierten längsgerichteten Baukörpern. Doch will man den Typus der jeweiligen Architekturform bestimmen, gerät man in Definitionsschwierigkeiten, weil Böhm keinen Typus im historischen Sinn gestaltete, sondern mit eigenen, schöpferischen Mitteln formte.

Diese Neigung – nach Holger Brülls „ein Hang zum Ungewöhnlichen"[2] – läßt sich bereits bei dem Wettbewerbsentwurf für Wriezen von 1908 ausmachen[3], denn die einschiffige Wandpfeilerkirche mit den in das Innere verlagerten Strebepfeilern wird von einer massigen, spitzbogig geschlossenen Tonne überwölbt, während der durch einen Triumphbogen abgesetzte Chorraum am Außenbau von Strebepfeilern gestützt wird. Merkwürdigerweise untergliedert ein statisch gar nicht notwendiger

Der Wehrkirchturm der Pfarrkirche Maria Himmelfahrt in Dettingens Nachbarort Hörstein aus der 2. Hälfte des 15. Jahrhunderts. Auf solche Gestaltungsmuster, die vermehrt in der Wetterau und in Rheinfranken anzutreffen sind, könnte sich der umlaufende Zackenkranz am Dettinger Portalbau beziehen, der auch wegen seiner Schwere und Massigkeit Assoziationen mit einer Burg weckt (s. Abb. S. 13)

St. Josef in Offenbach von Dominikus Böhm, 1919. Die Abbildungen illustrieren, wie sehr Dettingen eine Massivkonstruktion dieses 1947 abgebrochenen Offenbacher Vorbildes ist. Innen wie außen finden sich eine Vielzahl von Entsprechungen.

Das Portal der Offenbacher St.-Josef-Kirche. Die Türflügel zieren – auf dieser Reproduktion eines alten Fotos nur schwer erkennbar – Löwenköpfe in der Form, wie sie Böhm später auch in Dettingen und Neu-Ulm verwenden sollte.

Strebepfeiler auch an der Außenseite das von einem hoch aufragenden Hallendach überfangene Langhaus. Der Turm wurde dem Langhaus als mächtiger Querriegel vorgesetzt. An den Kanten wird er von zwei bis unter die Glockenstube reichenden, nicht abgetreppten Strebepfeilern gegliedert. Eigenwillig ragt auch die an ein Zweimastzelt erinnernde Turmbekrönung auf, gebildet aus einem aus dem Terassendach entwickelten Turmhelmstumpf, dem ein steil nach oben geführter schmaler Sattel aufgesetzt ist. Die Dachkanten sind beidseitig von schmalen fialenartigen Gebilden bekrönt. Im Inneren entstanden durch die mit Durchgängen versehenen Wandpfeiler sowohl ein einschiffiger Saalraum mit zum Langhaus hin orientierten flachtonnigen Nischenräumen als auch zu niedrigen Prozessionsgängen verbundene „Seitenschiffe".

St. Josef in Offenbach

Drei bereits 1908 in Wriezen von Böhm verwendete Elemente, das longitudinal ausgerichtete Kirchenschiff mit dem angefügten Chor, der als Querriegel vorgesetzte Turm und die gedrungen erscheinenden Proportionen werden in eine neue Stilform für die 1919 geplante und 1920 in Backstein und Holz verwirklichte Notkirche St. Josef in Offenbach am Main[4] und deren planerische Weiterentwicklung in Dettingen[5] transponiert. Dabei wird die Anbindung der Raumgestalt an eine konkrete Stilaussage, die noch in Wriezen vorhanden ist, vermieden. Böhm legt statt dessen die konstruktiven Elemente offen.

In Offenbach wird der danach auch für Dettingen maßgebliche Typus einer querschifflosen dreischiffigen Basilika mit rechteckigem Chor und blockhaftem Westtrakt erstmals im Werk des Architekten verwirklicht. Das schräg nach oben gerichtete Parallelgratsystem der von schmalen Stützen getragenen hölzernen Deckenschale über einem gemauerten Wandsockel bestimmt in Offenbach den Raumcharakter. In der aus diesem Gliederungsschema und entsprechend der Holzkonstruktion entwickelten Architektur ergibt sich konsequent das Dreiecksfenster des Obergadens, das zu diesem Zeitpunkt bereits einen symbolisch expressiven Charakter hat.

Außenbau

In der 1922–23 errichteten Kirche in Dettingen erscheint das Äußere der entsprechend der Straßenführung ausgerichteten Kirche gegenüber der Offenbacher Leichtbaukonstruktion blockhaft schwer und ist materialbetont in einem Wechsel von Mainsandstein und den gesamten Kirchenbau streifenartig umziehenden horizontalen Ziegelbändern aufgeführt. Die Einfügung von Ziegelbändern in das Werksteingefüge der Außenwände in Dettingen läßt Assoziationen an das aus der spätantik weströmischen Baupraxis des *opus mixtum* aufkommen. An den Kaiserthermen in Tier wurde unter rein konstruktiven Gesichtspunkten die Wandfläche im Wechsel von Natur- und Ziegelsteinen gemauert. Da diese Wände aber verkleidet waren, war dieser Materialwechsel dem Auge verborgen. Erst das polychrome Sichtmauerwerk byzantinischer und von Byzanz beeinflußter Bauten Südosteuropas wurde als Bauschmuck verstanden und ornamental eingesetzt.[6] Horizontale Ziegelbän-

der gliedern dort die unregelmäßig gesetzten Natursteinquader. Ohne daß dies quellenmäßig nachgewiesen werden kann, könnte Böhm von der byzantinischen Mauertechnik Anregungen für sein eigenes schöpferisches Gestalten bezogen haben. Der in immer gleichen Abständen sich vollziehende Wechsel der Steinlagen sowie die akkurate Versetzung und Abgrenzung der Mauerstreifen kann freilich nicht von den frühchristlich-byzantinischen Beispielen hergeleitet werden, ist doch deren Materialwechsel wesentlich unregelmäßiger ausgeführt. Vielmehr muß Böhm von der Streifenarchitektur mittelalterlicher italienischer Kirchen ausgegangen sein. So entsteht ein heiterer, von Italien kommender „sienesischer" oder „umbrischer" Eindruck.

Am Westwerk wird beim niedrigen Kirchturm mit dem aufgesetzten Zackenkranz ein wehrhafter Gedanke verwirklicht und so der Kirchenbau in die Landschaft eingebunden, kennzeichnet ein Wehrkirchturm doch beispielsweise die Kirche des Nachbarortes Hörstein. Dieser Zackenkranz mag als Reminiszenz an landschaftsgebundene Baugedanken im Geist des von Theodor Fischer propagierten Heimatstils[7] verstanden worden sein, wurde aber von Böhm stark umgeformt. Böhm hat diese Zinnen wohl als Reduktionsformen aus der mittelalterlichen Wehrarchitektur entwickelt. Es muß Spekulation bleiben, ob er von den horizontal die Traufgesimse umziehenden Zackenbändern an den Kuppeln byzantinischer Kirchen der Komnenen- und Palaiologenzeit (z. B. St. Johannes in Trullo in Konstantinopel aus dem 12. Jh. oder die Pammakaristos Klosterkirche aus dem 14. Jh.) stammende Anregungen verarbeitete oder die als „deutsches Band" bekannten Gesimszierformen an oberrheinischen Kirchen (z. B. an den Turmgeschossen des Speyerer Doms oder den Wänden des Wormser und Straßburger Doms) in seine Überlegungen bei der Planung dieses Baudetails einbezogen hat. Bei allen stilistischen Hinweisen handelt es sich um in Kennerschaft eigenstark umgeformte Assoziationen.

Klar zeichnen sich zudem am Außenbau die einzelnen Bauteile ab, die hier der liturgischen Raumsymbolik verpflichtet erscheinen. Wenn Romano Guardini und Hans Soeder aufgezeigt haben, daß Würfel, Längskubus und Rundbau das Stehen, Schreiten und Knien des Menschen symbolisieren[8], so ver-

Der Innenraum ist mit Malereien von Heinrich Holz dekoriert, der als Altarbild – anders als später Ewald in Dettingen – das Motiv der Auferstehung wählte (s. auch Abb. S. 143). Die Fensterformen des Obergadens und des Altarraums, die hier materialbedingte Form des abgetreppten Chorbogens, selbst die Muster des Kommuniongitters begegnen in Dettingen wieder.

Oben: eine Steinmetzarbeit an der Frontseite links des Turmes. Rechts: Das Mauerwerk der Dettinger Kirche besteht aus Bruchsteinlagen, die mit horizontalen Ziegelbändern abwechseln. Das grüne Dach steht in einem spannungsreichen Kontrast zum roten Bürgstädter Mainsandstein. Das Motiv der waagrechten Ziegelbänder ist erstmals an der großen Landmauer von Konstantinopel nachweisbar. Das nebenstehende Bild zeigt einen Anbau des dortigen Blachernen-Palastes aus dem 13. Jh., der stellenweise in die Mauer integriert ist. Ähnliche Streifenmuster – allerdings in gleichen Abständen – weisen beispielsweise umbrische Kirchen auf. Im Bild der Turm des Domes von Siena.

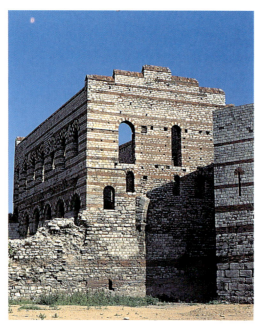

suchte Böhm in seinem Kirchenbau Zeichen zu schaffen, die schon am Außenbau die menschlichen Ausdrucksformen gläubiger Haltung unterstreichen.

Innenraum

Im Inneren der Kirche werden die 1919 in Offenbach verwirklichten Raumansätze und auch die Wandgliederungen weiterentwickelt. An den niederen, mit einer Empore versehenen Zugang mit den Beichtkapellen schließt sich das dreischiffige Langhaus an. Querhausartig sind über die Langhausbreite vortretende Bauteile plaziert, die seitlich des Altares angeordnete hochgelegene Nebenräume aufnehmen. Der Altarraum ist als „zentrale Mitte" (Böhm) des Kirchenraumes so gestaltet, daß seine überhöhten räumlichen Dimensionen nur beim direkten Betreten des Raumes erfaßt werden können, ansonsten erscheint der Raum besonders unmittelbar nach dem Betreten des niedrigen Turmuntergeschosses, aber auch vom Langhaus aus, wie Böhm formulierte, tatsächlich „entmaterialisiert".

Das Prinzip der Offenbacher Holzbauweise wird für Dettingen in das Material Stahlbeton transponiert. Böhm kann den Raum dadurch in den Proportionen steiler gestalten und durch die dichtere Aufeinanderfolge der dünnen Stützen und den schmaleren Obergaden und die plastisch strukturierte offene Deckenkonstruktion den Raum der Gemeinde vereinheitlichen. Das Parallelgratsystem kaschiert die in Offenbach noch sichtbare Sparrenfolge zwischen den Binderfeldern und dynamisiert durch die kristallin gebrochen wirkende Schalung die Deckengestalt im Langhaus. In einer Entwurfsskizze[1] hatte Böhm noch eine Verkleidung der gesamten Deckenkonstruktion und offenkundig, glaubt man der Skizze, bis zum Chor durchlaufende Längsbinder vorgesehen, wie sie als Charakteristika bei vielen Kirchenbauten Hans Herkommers (1887–1956) ein Jahrzehnt später verwendet worden waren.

Dazu hebt die unterschiedliche Gestalt, horizontalbewegt im Langhaus, Flachdecke mit quadratischen Gewölbezellen über dem Chor und grau eingefärbte Radialgewölbe aus Stampfbeton über den Beichtkapellen im Osten der Kirche, die verschiedenen Raumfunktionen im einheitlichen Kirchenbau heraus. Im Inneren legen sich die Außenwände wie eine schützende Schale um die Stützkonstruktion. Den Altarraum trennt eine trapezförmige Wand mit auf schmalen Stützen abgegrenzten seitlichen Durchgängen vom Lang-

haus ab. Die Seitenschiffe lehnen sich mit Pultdächern an das Langhaus mit seiner sichtbar belassenen Dachkonstruktion an. An der Ostwand wird der expressive Charakter des Kirchenbaus besonders deutlich. Spitzwinklig schlossen ursprünglich die Durchgänge und die Emporenöffnungen. Ebenso ragten drei Emporenbrüstungen in den Raum. Diese Anlage wurde 1960 umgebaut.

Absichten

Aus einem Erläuterungsbericht des Architekten vom 27. März 1922 geht hervor, daß dieser einen bescheidenen Neubau geplant hatte, der sich aber in der Umgebung der Kirche behaupten kann. Vor allem die breite Stirnfornt entfaltet genügend Masse. Aus Sparsamkeitsgründen sollte durch eine entsprechende Gliederung eine Steigerung der Höhenwirkung und eine würdige Raumwirkung erzielt werden. Der Raum sollte 500 Sitz- und 300 Stehplätze umfassen. Dünne Eisenbetonstützen ermöglichen im Inneren den freien Blick auf den Altar.

Ferner beabsichtigte Böhm, dem Raum Leichtigkeit zu geben, wozu auch die wohlüberlegte Durchlichtung durch die seitlichen Fenster des Mittelschiffs beitrage. Morgensonne könne durch die Fenster direkt auf den Altar fallen, gleichzeitig aber stelle er sicher, daß von keinem Platz aus das Licht störend blende. Das Tageslicht erzeuge vielmehr eine milde und ruhige Stimmung.[10]

Für Dominikus Böhm lag der Reiz seines Planes für Dettingen darin, in einem längsgerichtetem Bau eine Steigerung der räumlichen Wirkung auf den Hochaltar zu hervorzurufen. Die schmalen Seitenschiffe sind bestuhlt und dienen nicht als reine Prozessionswege, wie dies etwa in Wriezen vorgesehen war. Die kristallisch aufgelöste Chordecke soll die Räumlichkeit im Altarraum „entmaterialisieren". Zugleich wird der Raum in radikaler Abkehr von der Außenwelt abgeschlossen, um bergend die darin versammelte Gemeinde zu umschließen.[11] Die Vorstellung, die Johannes van Acken 1922 in die Worte „Ein Gott, eine Gemeinde, ein Raum, ein Gebet"[12] gekleidet hatte, soll die Glieder der Gemeinde zusammenfassen als Vereinigung in Christus. Böhms tiefes Eindringen in das Mysteriun der Liturgie führte nicht zu einer radikalen Verwirklichung einer abstrakten Idee, sondern Theorie und praktisch gebaute Architektur werden „in einem heiligen Mischkrug" (Böhm) gefiltert und durch funktionale und traditionelle Gesichtspunkte geläutert.

Stil?

Die St.-Peter-und-Paul-Kirche wurde von zeitgenössischen Kommentatoren als „erste moderne Kirche Deutschlands" bezeichnet[13] und verdankt ihre nachhaltige Wirkung der markanten Außenerscheinung mit dem blockhaften Turm, der im Inneren eine gerüsthafte Leichtigkeit gegenübersteht. Demonstrativ wird die Konstruktion vorgezeigt. Die Lichtführung wurde von Böhm selbst als eine „Verschmelzung von tiefernster Gotik und freudigstem Barock" gesehen.[14] Tatsächlich trifft, wie Holger Brülls festgestellt hat, jedoch für das Innere mit dem offenen Dachstuhl eher eine frühchristliche Assoziation zu, die dem historischen Vorbild allerdings nur noch typologisch

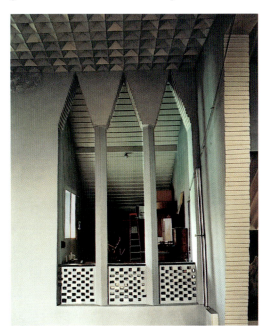

Der offene Dachstuhl faßt den Kirchenraum wie ein Zeltdach zusammen (links)
Die rechte „Sängerempore" im Chorraum (unten)

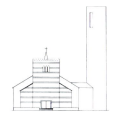
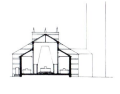
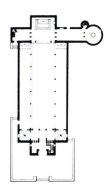

Grundriß-, Aufriß- und Schnittzeichnung aus dem Böhm-Band von 1962, die die fehlerhafte Lokalisierung der Taufkapelle (im Untergeschoß eines Campanile) der Habbel-Publikation von 1943 fortschreiben.

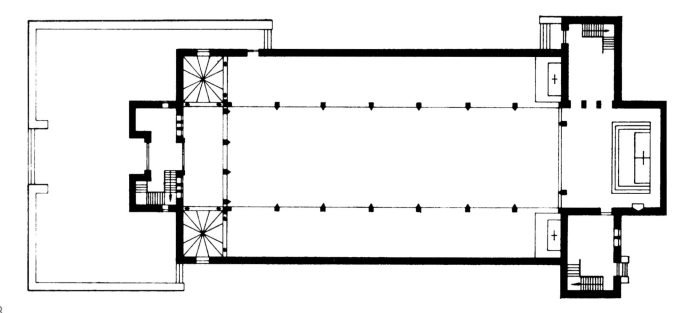

Grundriß aus dem Kirchenführer von 1973. Er berücksichtigt im Eingangsbereich sowie den Altarstufen die ursprüngliche Situation von 1923

verwandt erscheint[15], während der Außenbau eine „fast frühromanische Monumentalität"[16] vorzeigt. Dieser Kontrast, den man entsprechend dem Zeitgeist mit den Begriffen „Burg" und „Zelt" umschreiben kann, versteht sich nur vor dem Hintergrund der seit Pius X. verstärkten „defensiven Kräftekonzentration"[17], die zur Verfestigung und Verhärtung nach außen gegenüber dem Zeitgeist führte. Sichtbarer Ausdruck dafür ist der von allen Priestern seit 1910 geforderte „Antimodernisteneid", der in der seelsorglichen Praxis eine Verpflichtung zur Abwehr schädlicher äußerer und tatsächlich oder vermeintlich gegen die Kirche gerichteter Einflüsse bedeutete.[18] Das sichtbare Zeichen dieses Abschottens war beim Kirchenbau die verschlossene Monumentalität des Äußeren und zugleich der die Gläubigen bergende Schutzraum in seinem Inneren. Für Dominikus Böhm offenbarte sich gerade darin der zeitgemäße Ausdruck katholischer Gläubigkeit, wenn die Gemeinde sich dort auf den Weg zum Altar begab und damit den Heilsweg beschritt.[19] Der Sakralbau wird Ausdruck katholischer Gläubigkeit als „Cooperatio von Architektur und Mensch".[20] Für Böhm bedeutete dies auch, „durch die Macht des Raumes die Gemeinde in die zur Mitfeier des Opfers nötige Stimmung zu versetzen."[21] Er versammelt sie unter dem Zelt Gottes. So kann er das Hoffnungsfrohe des katholischen Bekenntnisses „in einer Zeit, die sich so weit von Gott entfernt hatte, daß sein Wort im Lärm der Welt verhallte"[22], ausdrücken. Böhm hat letztlich eine Stimmungsarchitektur geschaffen, deren expressive Formen erste Anzeichen einer gotischen Stilrezeption in seinem Schaffen andeutet, wobei mehr Einfühlung und Vergeistigung der Formen denn ein gotisch struktives Prinzip dominieren.

Michael Pfeifer

Semper reformanda

75 Jahre Veränderungen

Eine Kirche ist kein Museum, in dem schon bei der kleinsten Manipulation die Alarmanlage ansprechen kann. Ein Kirchenraum dient in erster Linie der Gemeinde, die sich hier versammelt. Ihr Tun, ihr Beten also, ihr Feiern, ihr Gedenken und ihr gemeinsames Bekenntnis des Glaubens ist sein Maß. Architektur und Einrichtung sind insofern dienend, als sie den Anforderungen an die Nutzung entsprechen müssen. Doch ist der Raumbedarf der Liturgie keineswegs statisch. Bestimmte Gottesdienste benötigen Veränderungen der Raumordnung: Bei einer Andacht wird eine Kniebank für den Vorbeter aufgestellt, bei feierlicher Konzelebration benötigt man mehr Sitze im Altarraum, bei einer Hochzeit Stühle für das Brautpaar, und der Platz für Musiker wird nicht selten erst geschaffen, indem die Sitzbänke verstellt werden. Neben solch punktuellen Variationen werden auch im Ablauf des Kirchenjahres zeitweilige Veränderungen im Raum vorgenommen: An Weihnachten stellt man eine Krippe auf, in der Passionszeit werden die Kreuze verhüllt, an den Kartagen gibt es mancherorts ein „Heiliges Grab", bis Pfingsten steht die Osterkerze im Altarraum oder Bilder der Gottesmutter oder anderer Heiliger werden besonders geschmückt.

Über solche temporären Eingriffe in die Raumkonstellation hinaus verändern sich manche Raumansprüche so dauerhaft, daß ein regelrechter Umbau nötig wird. Neue Bauteile kommen hinzu, andere werden überflüssig, nicht mehr oder anders genutzt und schließlich ganz entfernt. Auf diese Weise ist eine Kirche immer auch Zeugnis des Glaubenslebens der Gemeinde vor Ort, die den Raum mit Leben füllt und nicht zuletzt durch Anpassungen zu ihrem eigenen macht.

Die wichtigsten Veränderungen, die die Dettinger Kirche in ihrer nunmehr 75jährigen Geschichte erfuhr, werden nachfolgend skizziert. Manche Information zur Ausstattung, die heute noch zugänglich ist, soll damit vor dem Vergessen bewahrt werden. Vollständigkeit konnte bei der Fülle des Materials allerdings nicht erzielt werden.

Farbe

Die erste nachweisbare Veränderung läßt sich bereits für das Jahr 1926 ausmachen. Bereits drei Jahre nach der Weihe der Kirche wurden die Wände und Stützen getüncht.[1] Die ursprüngliche Musterung der Pfeiler ging bereits zu diesem Zeitpunkt verloren, konnte aber Anfang der sechziger Jahre wieder hergestellt werden. Restauratorische Voruntersuchungen haben 1997 Indizien für die originale Farbgebung der Raumschale erbracht. Dunkelgraublaue Sockelzonen für Wand und Pfeiler

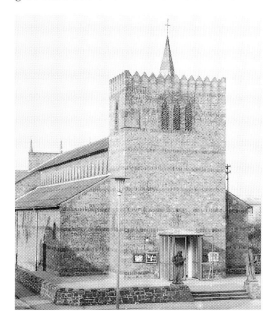

Die Fassade mit vorgeblendetem Windfang

Die Widmungssteine aus dem rechten Portalgewände tragen die Inschrift „Erbaut von Dominikus Böhm und Martin Weber Offenbach a. M. 1922/23"

Das Portal der Neu-Ulmer St.-Johann-Baptist-Kirche weist – ebenso wie zuvor das der Offenbacher Notkirche (s. Abb. S. 64) – zwei Löwenköpfe auf, die den heute wieder auf den Dettinger Türflügeln angebrachten gleichen

heben sich von helleren Tönungen in den oberen Bereichen ab. Die Dachbalken und die treppenartig spitz zulaufenden Arkaden bei den Beichtkapellen sowie der in gleicher Weise gefertigten Obergadenfenster waren in Ocker gehalten. Der Chorbogen war mit Gold bronziert und an den Brüstungen der Sängeremporen ließen sich blaue Farbtöne nachweisen.[2] Diese vielfarbige Fassung wurde vermutlich bereits 1926 stark vereinfacht.[3] Auch die Muster, die sich bis dahin zwischen den Bildern des Marienlebens befanden, gingen verloren (s. Abb. S. 74). Möglicherweise ist die neue Farbfassung des Kirchenraumes auf Veranlassung Reinhold Ewalds zurückzuführen, der zu diesem Zeitpunkt die Arbeiten an den Kreuzwegbildern abgeschlossen haben dürfte.[4] Die heute sichtbaren hellblauen und beigen Töne lassen zusammen mit der unterschiedslos weißen Wandfarbe die ursprüngliche Farbenfreude nicht mehr erahnen.

Eine Änderung des Farbeindrucks der Kirche geschah auch durch die Anfertigung neuer Kirchenbänke in den sechziger Jahren. Formal gehen sie auf Entwürfe Böhms zurück, der ihnen allerdings massigere Wangen und einen dunklen, fast schwarzen Farbton zudachte.[5] Die dunkle untere Ebene wirkte somit als Fundament für eine Halle, die durch Bilder und farbige Gestaltung emporzog.

Portal

Den häufigsten Veränderungen wurde der Eingangsbereich der Kirche unterworfen. Ursprünglich war die Kirchentür um etwa einen Meter nach innen versetzt, zudem etwas niedriger als der heutige Eingang. Es ergab sich dadurch eine Portalrahmung, die durch Ziegelsteine akzentuiert wurde. Ebenfalls durch Ziegelmauerwerk wurde im Zentrum des Türsturzes ornamental ein Schlußstein nachgeahmt, der sich dreigliedrig bis zum nächsthöheren horizontalen Ziegelband emporzog. Anhand der Fotos, die im Rahmen der Einweihungszeremonie angefertigt wurden, läßt sich die ursprüngliche Portalanlage recht präzise rekonstruieren (s. Abb. S. 48f). Jedoch kann die Frage nach den seinerzeitigen Türblättern nicht mit letzter Sicherheit beantwortet werden. Die senkrechte Gliederung, die man auf manchen Fotos zu erkennen glaubt, könnte auf eine Analogie zu den original erhaltenen Türen der Seiteneingänge hindeuten. Spätestens im Zusammenhang mit der Neugestaltung des Altars 1932 wird die Holztür mit diagonalen Aufflattungen angebracht worden sein.

Links oberhalb des Portals wurde eine kugelförmige Leuchte montiert und die Türblätter zierten fortan zwei Löwenköpfe. Böhm hatte diese Bronzegußarbeiten bereits für die Offenbacher Notkirche anfertigen lassen. Später verwendete er sie auch auf den Türflügeln der 1926 in Neu-Ulm errichteten St.-Johann-Baptist-Kirche. Da sie in Dettingen höchstwahrscheinlich nicht von Anfang an montiert waren, muß offen bleiben, ob es sich um Abgüsse oder gar um die Neu-Ulmer Exemplare handelt.[6]

Der so gestalteten Eingangstür wurde später ein weiteres Türblatt vorgeblendet. Es befand sich in einer Front mit der Außenwand des Turms und beraubte den Eingangsbereich somit des nach innen führenden Portals als Architekturattribut.

Der Emporenumbau des Jahres 1961 brachte eine weitere einschneidende Veränderung. Das eingezogene Portal wurde abgebrochen und gewissermaßen nach außen gestülpt, indem der Front ein Kubus aus Plexiglas als Windfang vorgebaut wurde.[7] Nun stand das gesamte Untergeschoß des Turmes zur Verfügung und konnte neben dem Treppenaufgang zur Empore auch einen Andachtsort aufnehmen. Bedingt durch das Absenken der Orgelbühne belichteten die seitlichen Turmfenster nun aber nicht mehr das Erdgeschoß, sondern das erste Stockwerk des Turmes. Um mehr Licht aus dem Kirchenschiff in den Eingangsraum gelangen zu lassen, ersetze man die originale Pendeltüre, die den Turmraum vom Hauptschiff trennt und zunächst ein feines Rautenmuster aufwies (s. Abb. S. 14), durch eine Holztür mit größeren Glasflächen.[8]

Diese Fassung des Eingangsbereiches hatte mehr als 25 Jahre Bestand. Der dem äußeren Erscheinungsbild der Kirche nicht eben zuträg-

Heutiger Zustand der Empore mit Weiß-Orgel von 1961 und neuer Eingangszone. Die *ursprüngliche* Anlage zeigt die Abbildung auf Seite 14.

liche Glaskubus wurde schließlich 1988 entfernt und abermals eine neue Tür, diesmal aus Kupfer, angeschafft. Sie füllte nun nicht die gesamte Portalhöhe, sondern ließ Platz für ein Oberlicht zur Beleuchtung des Vorraumes. Die verloren geglaubten Löwenköpfe wurden von den erhaltenen Türflügeln auf die neuen verbracht.[9] Neuerlich aber wurde dem originalen Befund keine Bedeutung beigemessen und das Portal mit bossierten Sandsteinprofilen verblendet. Selbst die Widmungssteine rechts innen im Portal brach man heraus und brachte sie im Turmraum museal an, da sie andernfalls hinter der Verblendung verschwunden wären. Auch die Pendeltüre zum Hauptraum wurde abermals ersetzt.

Spürbar bei dieser letzten Veränderung ist der Wunsch, den seit dem Emporenumbau sehr dunklen Vorraum stärker zu belichten, um ihn etwa zur Präsentation von Informationen nutzen zu können. Böhms Plan hingegen versteht den Vorraum als Einstimmung auf den Weg, den der Eintretende vor sich sieht: aus dem Dunkel des Alltags zum lichten Altar. Während der Vorraum sein spärliches Licht ursprünglich von den Seiten erhielt, flutet durch das neue Fenster über der Tür heute massiv Tageslicht in den Vorraum und beleuchtet ihn stärker als die nächste Zone auf dem Weg nach vorn. Hier hat unsensibles Ändern der von Böhm und Weber intendierten „Steigerung der räumlichen Wirkung mit der bestimmten und ausdrücklichen Richtung nach dem Hochaltar"[10] spürbaren Schaden zugefügt.

Empore

Auch durch den Emporenumbau 1961 verschwand eine gelungene architektonische Lösung. Abgetreppte Spitzarkaden – analog denen, die die Beichtkapellen von den Seitenschiffen trennen – hatte Böhm unter- und oberhalb der Empore konzipiert. Sie selbst schob sich mit drei flachdreieckig vorragenden Brüstungen mit Rautenmuster zwischen den Pfeilern in den Kirchenraum. Der unbezweifelbare architektonische Reiz dieser Anlage stand leider in keinem Verhältnis zu den akustischen Problemen, die sich dadurch für die Orgel ergaben.

Daher wurde 1961 die Empore abgesenkt und gleichsam als Querriegel in den Raum vorgezogen. Die unteren Arkaden verschwanden und die Brüstung wurde ohne Rücksicht auf den Originalbefund gestaltet. Zeitgleich mit dieser Baumaßnahme erfolgte eine Erweiterung der Sakristei.

Orgel

Für eine Orgel wurden im Herbst 1922 die ersten Angebote eingeholt. Nach Begutachtung durch den Würzburger Domkapellmeister Johann Strubel wurde schließlich ein Instrument aus der Werkstatt der renommierten Münchner Firma Willibald Siemann bestellt. Das Werk enthielt 19 selbständige Register und 2 kombinierte Stimmen. Klanglich präsentierte sich die Orgel noch ganz im romantischen Gewand, wozu auch die pneumatische Steuerung der Ventile für Register und Töne paßte.

Disposition der Siemann-Orgel von 1924		
Manual I *C–f3* (54 Töne)	**Manual II** *C–f3* (66 Töne, schwellbar)	**Pedal** *C–d1* (27 Töne)
Bordun 16'	Geigenprinzipal 8'	Violon 16'
Principal 8'	Lieblichgedeckt 8'	*(C-H akustisch)*
Gamba 8'	Salizional 8'	Subbaß 16'
Flöte 8'	Aeoline 8'	– Zartbaß 16' *(Subbaß-*
Dolce 8'	– Vox coelestis 2fach	*Abschwächung)*
Oktav 4'	*(Salizional+Aeoline)*	Octavbaß 8'
Gemshorn 4'	Quintatön 8'	
Mixtur 4fach 2²/₃'	Prästant 4'	3 NK
	Traversflöte 4'	II-I Super
	Hamonia aetherea 3fach 2²/₃'	II-I Sub
		II Super
		automat. Pianopedal
		4 feste Kombinationen

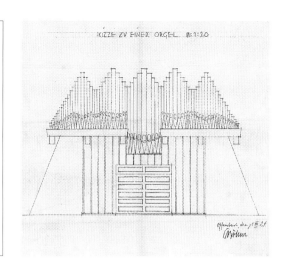

Entwurfskizze für einen Orgelprospekt von Dominikus Böhm, 15. 3. 1925

Wies das erste Angebot noch eine Millionensumme als Anschaffungspreis aus, wurde im Vertrag gleich der Dollarkurs als Sicherung gegen die Inflation benutzt, wonach die Orgel 1924 etwa 2325 Dollar gekostet hat.

Im Juni 1924 begann der Aufbau der Orgel. Von Anfang an war sie mit einem elektrischen Gebläse ausgestattet, doch erinnern sich heute noch viele ehemalige Ministranten an das Bälgetreten bei Stromausfall. Johann Strubel bemängelt bereits in seinem Abnahmegutachten die Schwachstellen des Gebläses: „Dasselbe muß nicht bloß wegen des in der Kirche laut hörbaren Geräusches, sondern auch wegen des starken Luftzuges, der der Orgel schädlich ist, möglichst geschlossen werden. Auch sollte der Motor gut eingebaut und der Kasten durch Stoffteppiche abgedämpft werden. Leise Register konnte man vor lauter Geräusch kaum vernehmen, noch weniger in ihrer Intonation kontrollieren."[11]

Allerdings scheint die Windversorgung allgemein nicht erstklassig gelöst gewesen zu sein, ergab doch der Test „beim Aufheben der Hände beim Spiel oder beim Anhalten einer einzelnen Taste einen unruhigen Ton. Bei vollen Akkorden war der Ton stark vibrierend. schuld daran sind die engen Räume über der Orgel, in dem sich die Tonmassen gegenseitig behindern, mehr aber der Motor, der nicht korrekt arbeitete."[12]

Der Entwurf für den Prospekt (Frontseite) der Orgel stammt von Dominikus Böhm und sieht einen frei vor dem Gehäuse stehenden Spieltisch mit Blickrichtung Altar vor.[13] Er nimmt überraschend wenig Bezug auf die vorgeblendete Architektur und berücksichtigt kaum die akustischen Erfordernisse. Während sich der Gutachter Strubel über die Arbeit der Orgelbauer lobend äußert, hat er für die Konstruktion der Empore keine guten Worte übrig: „Es ist aber beim Einbau der Empore auf die Orgel gar keine Rücksicht genommen worden. Das war ein Fehler seitens des Architekten. Die geringe Höhe bis zur Decke und die ganze Raumeinteilung ist der Akustik äußerst ungünstig. Viele Pfeifen mußten gekröpft werden, andere stehen zu eng beisammen – kurz man wird der Orgel nicht froh. Dieselbe Orgel von demselben Meister gebaut, die im nahen Johannesberg steht, wirkt wegen der schönen Aufstellung und der guten Akustik ganz günstig. So müßte auch in Dettingen die Wirkung sein."[14] In seinem Begleitschreiben bedauert Strubel nochmals die „unbegreifliche Anlage des Orgelraumes. Es war gut, daß der Architekt bei der Prüfung nicht da war und auch der Herr Pfarrer, der solches zuließ. An den Störungen trägt nicht Siemann die Schuld, sondern der Architekt. Eilig muß beim Motor nachgeschaut werden, weil da etwas nicht stimmt in der Windversorgung. Die Orgel ist sehr schön, die Register gut intonirt, die Wirkung aber nicht befriedigend. Von Dettingen ging ich unbefriedigt fort, von Johannesberg war ich entzückt; eine günstige Orgel."[15] Seine

Disposition der Weiß-Orgel von 1961		
Hauptwerk *C–g3* (56 Töne)	**Oberwerk** *C–g3* (56 Töne)	**Pedal** *C–f1* (30 Töne)
Bordun 16' *(alt)*	Salizional 8' *(alt)*	Prinzipalbaß 16'
Prinzipal 8' *(Prospekt neu, sonst alt)*	Gedeckt 8' *(alt)*	*(C-H akustisch, alt)*
Holzflöte 8' *(alt)*	Sing. Prinzipal 4' *(alt)*	Subbaß 16' *(alt)*
Oktave 4' *(alt)*	Rohrflöte 4'	– Zartbaß 16'
Gemshorn 4' *(alt)*	Oktave 2'	*(Abschwächung von Subbaß)*
Nasat 2²/₃'	Sifflöte 1¹/₃'	
Nachthorn 2'	Scharf 4fach 1'	Oktavbaß 8'
Mixtur 5fach 1¹/₃'	Trichterregal 8'	Gedacktbaß 8'
Trompete 8'	Kopftrompete 4'	Choralbaß 4'
		Hintersatz 4fach 2²/₃'
		Posaune 16'
	3 NK	
	2 freie Kombinationen	
	1 freie Pedalkombination	
	Registerwalze	

25 Mark Gebühr und die Kosten für die Fahrkarte stiftet Strubel der Kirche.

Die ungünstige Aufstellung der Orgel und die Schäden, die an ihr durch in den Turmraum eindringendes Wasser entstanden waren, ließ bereits Bischof Julius Döpfner anläßlich seiner Visitation am 10. 9. 1953 den Neubau einer Orgel empfehlen. Pfarrer Wombacher entschloß sich dazu bereits kurz nach seinem Amtsantritt in Dettingen. Im Rahmen der umfangreichen Neukonzeption des Eingangsbereiches und der Empore wurde Gustav Weiß aus Zellingen mit dem Umbau der Orgel beauftragt. Bei den Plänen, die Weiß im Juli 1960 vorlegte, kann man – obwohl große Teile der Siemann-Orgel verwendet wurden – nicht mehr von einem „Umbau" sprechen. Es entstand vielmehr ein neues Instrument, das in seinem Dispositionsaufbau mehr dem barocken Klangideal entsprach. Neben zehn Registern aus der alten Orgel wurden auch große Teile der Windladen wiederverwendet, die nun allerdings elektro-pneumatisch angesteuert wurden. Durch die Absenkung der Empore wurde mehr Platz für die Orgel geschaffen, was Möglichkeiten für eine neue Prospektgestaltung ließ. Die heute sichtbare Gliederung in vier gleichhohe Flachfelder und drei Spitztürme, die darüber hinausragen, paßt sich eleganter dem Architekturbefund an, als dies der Entwurf des Architekten selbst getan hatte.[16]

Im Sommer 1961 wurde die Siemann-Orgel abgebaut, die Empore abgebrochen und nach deren Umbau mit der Aufstellung der neuen Orgel begonnen. Mit ihren 26 klingenden Registern ist sie für den Kirchenraum großzügig dimensioniert und erlaubt farbige Registermischungen. Durch die Adaptierung der pneumatischen Anlage sind allerdings Schwächen und ein Mangel an Präzision in der Tonansprache vorprogrammiert. Auch die 1982 durchgeführte Überholung und gründliche Reinigung konnte hier keine Abhilfe schaffen. Zudem krankt das Instrument weiterhin an dem akustisch noch immer nicht voll befriedigenden Aufstellungsort.

Glocken

Die Glocken der Pfarrkirche wurden 1922 in der traditionsreichen thüringischen Glockenstadt Apolda gegossen. Die Glockengießerei Ulrich & Weule hatte sich zu dieser Zeit auf Stahlglocken spezialisiert und beispielsweise im gleichen Jahr wie das Dettinger Geläute auch die riesige St.-Petrus-Glocke für den Kölner Dom nach dem Vorbild der Erfurter „Glo-

riosa" gegossen. Die drei Dettinger Glocken wiegen zusammen etwa 4,3 Tonnen. Warum in der Korrespondenz zwischen der Gießerei und der Kirchenverwaltung immer wieder die Rede von vier Glocken ist, ist fraglich.[17] Die große Glocke hängt in der Mitte des Turmes, hat einen Durchmesser von 169 cm und den Schlagton *es'*. Die kleine Glocke hängt rechts oberhalb der großen, hat 140 cm Durchmesser und klingt auf *as'*. Die mittlere Glocke schließlich, die man von der Straße aus läuten sehen kann, hat 120 cm Durchmesser und den Schlagton *ges'*. Es handelt sich somit um ein klassisches Dreiergeläute *es–ges–as*, das man auch als Te-Deum-Geläute bezeichnet, weil es den ersten Tönen dieses lateinischen Gesanges entspricht.

Ein solches Geläute aus drei Glocken läßt naturgemäß wenig Gestaltungsraum für eine Läuteordnung, an der auch unterschiedliche gottesdienstliche Anlässe erkennbar sein sollten. Früher war es in Dettingen noch möglich, anhand von Erst- und Wandlungsläuten den Sonntag vom Hochfest zu unterscheiden. Auch kannte man noch einen Unterschied zwischen Tauf- und Wandlungsglocke. Überdies würde ein sensibler Glöckner nicht versuchen, alle Glocken gleichzeitig einsetzen zu lassen, sondern würde das Geläute sich organisch und in Ruhe von der Höhe nach der Tiefe hin entwickeln lassen.[18] Naturgemäß braucht eine kleine Glocke weniger Zeit zum Einschwingen und ist früher hörbar als eine große. Dies läßt sich auch mit modernen Läutemaschinen wirkungsvoll nachahmen, wenn man die ersten Anschläge einer Glocke abwartet, bevor die nächstgrößere zugeschaltet wird. Ein Geläute, das nicht minutenlang gleichmäßig tönt, sondern dem An- und Ausläuten Raum läßt, wirkt darüber hinaus wesentlich interessanter.[19]

Da Stahlglocken einen materialbedingt härteren Klang haben als die traditionellen Bronzeglocken, wurden 1982 kleine Bronzeballen

Die Glockengießerei Ulrich und Weule. Darstellung auf dem Firmenbriefpapier. Unten: Das Te-Deum-Motiv, an dessen ersten Tönen sich die Disposition des Dettinger Geläutes orientiert.

Der Marienaltar im *rechten* Seitenschiff. Die Gottesmutter trägt hier noch eine Krone. Auch die beiden Ampeln und die durchbrochene Verblendung der Leuchterbänke ist zu erkennen. Ferner zeigt die Aufnahme den ursprünglichen Zustand des Verputzes, auf den die Fresken gemalt wurden; zwischen den Szenen des Marienlebens finden sich dekorative Muster. Schließlich ist die Formung der Altarstufe aus Ziegeln zu bemerken; die Stufe endet anders als heute links vom Altar, zieht sich also nicht über die gesamte Kirchenbreite.

auf die Klöppel der beiden größeren Glocken aufgebracht. Bei der kleinsten Glocke wurde der zu schwere Klöppel ganz durch einen neuen aus Bronze ersetzt. Leider hat man weder damals noch im Rahmen der jüngsten Dachsanierung daran gedacht, die linke Schallluke analog den anderen zu verblenden. Der übermäßig direkte Klang hätte dadurch etwas abgefangen werden können. Stattdessen wurden dort und über dem Obergaden Nistkästen für Vögel angebracht, um den Lebensraum für Turmbewohner zu sichern.

Daß ursprünglich eine Kirchturmuhr vorgesehen war, belegt in Höhe der Glockenstube das bossierte Sandsteinfeld, das sich um die linke Turmecke herumzieht. Auch die Bohrungen für das Gestänge des Uhrwerks sind zu erkennen.

Altarwidmungen

Böhm und Weber erklären in der Einweihungsschrift: „Die beiden Seitenaltäre sind Maria und Josef geweiht; der erste soll als Pieta mit den zwei Ampeln der Erinnerung der im Kriege 1914 bis 1918 gefallenen Söhne Dettingens gewidmet sein. Der bildnerische Schmuck der Altäre stammt wie auch die beiden Portalfiguren Peter und Paul von dem bekannten Frankfurter Bildhauer Paul Seiler, der seine Aufgabe in großzügiger Weise löste."

Die heutige Gestalt der Seitenaltäre kann jedoch mit dem hier dargelegten Konzept nicht mehr viel gemein haben. Zum einen befand sich der der Marienaltar anfänglich im rechten Seitenschiff. Indizien auf einem Foto aus der Bauzeit dürften ferner dahingehend zu interpretieren sein, daß Seiler für die Seitenaltäre analog dem Apostelretabel am Hauptaltar jeweils eine in einem Dreieck mündende Relieftafel mit dem Motiv der Pieta und des hl. Josef anfertigte (s. Abb. S. 84). Die beiden Ampeln, die inzwischen auch verloren gegangen sind, laut Rechnung mit roten Gläsern versehen waren und der Form der Ewiglichtampel entsprochen haben, deuten später noch auf einen Gedächtnisort für die Gefallenen hin. Reinhold Ewalds Terracotta-Figur der Gottesmutter, einer seiner ersten bildhauerischen Versuche, fand jedenfalls schon bald zwischen ihnen ihren Platz am rechten Seitenaltar. Eine Krone auf dem Haupt verweist Maria auf ihren Sohn, der, die Linke (!) wie zum Segen erhoben, in den Gemeinderaum blickt. Durch die Verbringung der Statue an den linken Seitenaltar wurde eine leichte Drehung nötig; das Jesuskind blickt nun nur noch ins linke Seitenschiff und wendet sich von der Gemeinde ab. Gleichzeitig haben Maria und Jesus jeweils einen Nimbus erhalten, während die originale Krone verloren ging.[20]

Für den rechten Seitenaltar fertigt die Würzburger Bildhauerin Hede Rügemer im Jahre 1930 die Figur des hl. Josef. Nach einigen Kontroversen zwischen dem bischöflichen Ordinariat wird die Aufstellung erst am im September 1932 genehmigt. Die Auseinandersetzung steht vermutlich im Zusammenhang mit der ablehnenden Haltung der Würzburger Behörde zum Apostelaltar sowie weiteren Ausstattungsgegenständen und der Malerei. Hede Rügemer fertigt 1933 auch die Schnitzereien für die vier Tabernakeltüren, die beiden Kruzifixe sowie acht Leuchter.[21] Die ursprüngliche Verblendung der Leuchterbank, die – entsprechend dem christozentrischen Konzept – keine Tabernakel für die Seitenaltäre vorgesehen hatte und in ihrer Ornamentik noch im Jugendstil verhaftet gewesen war, verschwand.

Heiligenfiguren

Im Zusammenhang mit dem Figurenprogramm der Altäre wurde auch der Kirchenraum selbst durch Andachtsbilder bereichert. Der Steinheimer Bildhauer Wolfahrt renovierte 1931 die barocken Statuen der hll. Katharina und Barbara aus der St.-Hippolyt-Kirche.

Kreuz und Tabernakel vom Josefsaltar (Hede Rügemer, 1933). Der Davidstern weist auf den Stammvater Jesu hin.

Katharina mit dem Rad als Zeichen ihres Martyriums befindet sich heute wieder am hinteren linken Pfeiler, während Barbara, einen Turm zu ihren Füßen, die Märtyrerpalme und den Kelch als Sinnbild der Kommunionvermahnung in ihren Händen noch im Heimatmuseum aufbewahrt wird. Der gleiche Künstler schnitzte später auch die Statue des hl. Wendelin, des Patrons der Bauern und Hirten.[22]

Die Figuren des Konrad von Parzham und der Theresia von Lisieux wurden 1934/35 von Hede Rügemer geschaffen. Ihre Konsolen fertigte der Dettinger Schreiner Jakob Merget. Beide Heilige waren in dieser Zeit sehr populär. Bruder Konrad war im Mai 1934 heiliggesprochen worden. Als Pförtner des Altöttinger Kapuzinerklosters hatte er für Wallfahrer, Arme oder Kinder immer ein gutes Wort oder ein Stück Brot. Schlüssel, Buch und Brot sind daher seine Attribute. Die kleine Therese war Karmelitin und wurde 1925 heiliggesprochen. Ihr Attribut leitet sich von ihrem Versprechen ab, nach ihrem Tod vom Himmel aus Rosen auf die Erde zu streuen.

Der hl. Aloisius von Gonzaga starb 1591 im Alter von 23 Jahren bei der Pflege von Pestkranken. Obwohl bereits 1726 heiliggesprochen, wurde er 1926 als Patron der Jugend wieder in Erinnerung gerufen. Daher ist die Statue dieses Heiligen auch den Kinderbänken im vorderen Bereich der Kirche zugeordnet. Eine Lilie, die er ursprünglich als Symbol jugendlicher Reinheit in seinen Händen trug, ist verloren gegangen. Der Künstler konnte bislang nicht ermittelt werden.

Gleiches gilt für die Figur des hl. Antonius, der, im Volk stets hochverehrt, an einem der Pfeiler links seinen Platz gefunden hat.

Der Herz-Jesu-Verehrung wurde zeitweilig durch ein eigenes Andachtsbild unter der rechten Chorschräge Rechnung getragen. Vermutlich hat der Steinheimer Bildhauer Wolfahrt die dort aufgestellte Statue „vollständig umgearbeitet und polygramiert".[23] Eine dezentere Arbeit befindet sich heute an einem der rechten Pfeiler.

Wechselnde Aufstellungen der Figuren lassen sich anhand von Fotos nachvollziehen. Einzig die Position des hl. Aloisius scheint durch alle Jahre konstant geblieben zu sein.

Die „Säulenheiligen" können nicht im Sinne der Architekten gewesen sein, versuchten sie doch mittels der dünnen Stützen im Innern „einen freien Blick auf den Hochaltar zu gewährleisten und andererseits das Leichte, Schwebende des Innenraumes nicht zu stören."[24] Andererseits ließen Malerei und Architektur keine anderen Plätze für Andachtsbilder zu. Daß die Figuren als solche geschaffen wurden, zeigen die Ablagen an den Pfeilern, auf denen Kerzen und Blumen zu Füßen der Heiligen aufgestellt werden konnten. Eine solche „Dezentralisierung der Frömmigkeitsübungen" läuft selbstverständlich auch dem christozentrischen Konzept vom Einheitsraum zuwider. Auch heutiges Liturgieverständnis würde private Verehrung eher in Nebenräumen ansiedeln.

Der hl. Josef mit dem Jesusknaben (Hede Rügemer, 1930) am rechten Seitenaltar und der hl. Aloisius am rechten vorderen Pfeiler

Beleuchtung

Zur Zeit der Einweihung waren die kleinen Obergadenfenster sowie die langgestreckten Chorfenster nur mit schlichtem Glas versehen. Erst 1935 wurden die farbigen Fenster von der Firma G. Deppen & Söhne in Osnabrück nach Entwürfen Dominikus Böhms gefertigt. 1991 wurde an den Fenstern eine intensive Renovierungsmaßnahme durchgeführt.

Böhm und Weber stellen in der Denkschrift zur Einweihung fest, daß die gesamte Inneneinrichtung, darunter auch die Beleuchtungskörper, nach ihren Plänen gefertigt wurde. Diesem Entwurf entsprechend, liefert die Frankfurter Firma Zimmermann 17 Glasballons.[25] Diese wurden bereits in den dreißiger Jahren durch bienenkorbförmige Glas-

stürze ersetzt. Da zerbrochene Lampenschirme nicht mehr ausgewechselt werden konnten, erfolgte Anfang der neunziger Jahre eine Umstellung auf Energiesparlampen, die ihrer Form nach den ursprünglichen Leuchten nahekamen. Die Lampen, die seit 1997 stärkeres Licht spenden, sind im Raum allerdings eher störend. Bereits 1979 hatten Fachleute darauf hingewiesen, daß „eine allzu intensive Ausleuchtung den Raumeindruck bei Dunkelheit nachteilig verändern kann" und empfohlen, keine Veränderung an den Leuchten vorzunehmen, sondern zusätzliche verdeckte Strahler zu installieren, sei doch „in diesem delikaten Innenraum ... auch bei der Frage der Beleuchtung äußerste Sorgfalt geboten."[26]

Die große Ewiglichtampel (s. Abb. S. 111), die früher rechts im Chorraum hing, wurde in der Inflationszeit für den Betrag von knapp zwei Millionen Mark angeschafft. Das Licht wurde mit Strom betrieben, was möglicherweise Grund dafür war, daß sie einem kleinen Öllicht am rechten Chorpfeiler weichen mußte. Schwer beschädigt ist sie erhalten geblieben und könnte nach ihrer Instandsetzung im Rahmen einer Neuordnung des Altarraumes wieder angebracht werden.

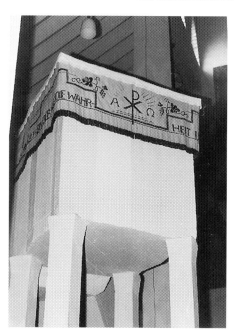

Kanzel, 1971 abgebrochen

Nachkonziliare Neuordnung

Die baulichen Veränderungen im Zuge der Liturgiereform beschränkten sich fast ausschließlich auf den Altarraum. Einzig die Kanzel, die zu dieser Zeit entfernt wurde, befand sich links zwischen den beiden vorderen Pfeilern. Noch heute gibt der Fußbodenbelag über ihren Standort Auskunft. Überhaupt ist der Belag aus gelbem Jura erst später – zwischen 1948 und 1961 – eingebracht worden. Das ursprüngliche Bodenmaterial waren Ziegelsteine, die in einem parkettähnlichen Muster verlegt worden waren.

Im Zuge der Umgestaltung im Oktober 1971 wurde der Altarraum mit Sandsteinplatten ausgelegt und die Altarstufen, die anfänglich auch aus Ziegel bestanden bis an die Chorschranke vorgezogen. Die dortige Kommunionbank mit dem typischen Rautenmuster, das Böhm übrigens auch bei Möbeln des Pfarrhauses wieder aufgriff, wurde entfernt.

Die neuen Ausstattungsstücke, Altar, Ambo, Vorstehersitz, Tabernakel, Kredenz und Osterleuchter wurden von Alois Hommrich angefertigt. Der Altar zeigt an seiner Stirnseite zwölf Flammen, die sich um das Christusmonogramm gruppieren und greift damit die Motivik des Apostelaltars auf. Trauben und Ähren als eucharistische Symbole zieren die Vorderseite, je sieben Schalen für die Gaben des Heiligen Geistes und die Werke der Barmherzigkeit die Rückseite des Stipes. Das Wappenfries zeigt neben dem Dettinger Wappen und dem fränkischen Rechen die der seinerzeitigen Bischöfe von Würzburg, Josef Stangl und Alfons Kempf. Das Caritaskreuz, das Gitter, das für Strafgefangene und die Steine, die für Nichtseßhafte steht, verweisen auf das Arbeitsfeld des Gestalters im diözesanen Caritasverband. Der Ambo zeigt die etwas unglücklich verzerrte Geisttaube, die Gesetzestafeln und Weinkrüge. Der Tabernakel wurde unverändert vom Hochaltar genommen und in Kupferblech gekleidet, das im Lindig-Wald auf Eichenrinde gehämmert wurde. Priestersitz und Kredenz zeigen das Dettinger Kreuz, den bekannten Schlußstein aus dem Choranbau in St. Hippolyt. Die Gestaltung des Osterleuchters lehnt sich stark an den Taufstein an und zeigt symbolische Mosaiken für Weihnachten, Ostern und Taufe. Später kamen weitere Ausstattungsstücke ähnlicher Manier hinzu: ein Siebenarmleuchter (1977), ein Aussetzungsthron, ein Gabentisch, Vasen und Leuchter.

Trotz ihrer inneren Bezüge zu Bestehendem werden die Arbeiten im Raum „als Fremdkörper" wahrgenommen. „Besonders der Sakramentstabernakel am linken Chorpfeiler ist für die Raumwirkung problematisch. Überhaupt macht der Chorraum in seinem jetzigen Zustand einen etwas ungeordnet vollgestellten Eindruck."[27] Nur wenig besser wäre sicherlich der Raumeindruck, wenn bei der Neuordnung die Pläne des bischöflichen Bauamtes berücksichtigt worden wären, da die Neusituierung von liturgischen Handlungsorten in einem auf die alte Altarstelle zentrierten Raum stets architekturprogrammatische Probleme aufwirft (s. Abb. S. 87 und 176).

Taufkapelle

Im Rahmen der Veränderungen in 75 Jahren ist schließlich auf Baumaßnahmen hinzuweisen, die nie verwirklicht wurden: die Errichtung einer Taufkapelle und die Aufstockung des Turmes. Die ersten Pläne für die Kirche

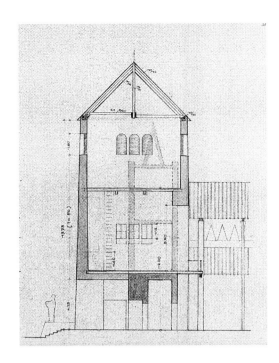
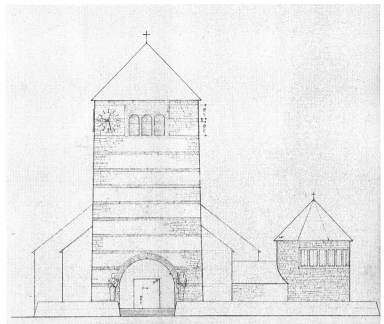

Frontalansicht des geplanten Turms mit Taufkapelle. Aus dem Längsschnitt geht die projektierte Vergrößerung des Turmes hervor.

sahen eine Taufkapelle als Rundbau rechts des Chorraums vor, mit diesem durch einen niederen Gang verbunden (s. Abb. S. 67). Sie kam wegen Geldmangels nicht zur Ausführung. Gleichwohl hat Böhm 1924 Pläne für ein Taufbecken aus Sandstein gefertigt.[28] Ob der Taufbrunnen aus Schmiedeeisen und Kupfer, der erst 1934 entstand, auf diese Pläne zurückgeht, ist ungewiß.[29]

1938 wurde ein weiterer Versuch unternommen, die Kirche um eine Taufkapelle zu erweitern. Die neuen Pläne Böhms sahen nun den Anbau an der rechten Beichtkapelle vor. Wieder war ein Rundbau mit dem Maß von 5,5 Metern als Durchmesser und Raumhöhe geplant. Die beiden Beichtstühle wären dann in den Verbindungsgang versetzt worden. Bis 1961 standen die von Frau Emma Hübner aus den USA gestifteten Beichtstühle überdies parallel zu den Bankreihen unter der Empore. Erst nach deren Umbau erhielten sie die heutige Ausrichtung an den Seitenwänden.

Gleichzeitig mit dem Anbau der Taufkapelle sollte der Turm um fünf Meter erhöht und fast bis zur Straße vorgezogen werden. Ein Foyer hätte sich unter den Portalbögen ergeben. Die Pläne wurden staatlicherseits mit Hinweis auf den Krieg jedoch abgelehnt.[30]

Auf die seinerzeitigen Planungen wurde nochmals im Rahmen der Diskussion um den Pfarrheimneubau in unmittelbarer Nähe der Kirche hingewiesen. Ein Rundbau – wenn auch in anderer Funktion – hätte einen „wohltuenden Gegensatz zu den kubischen Maßen des Gebäudes" dargestellt – so Böhm in seinem Erläuterungsbericht – und wäre eine Bereicherung für die Gesamtanlage gewesen.[31] Bereits in seinem Bebauungsplan für die unmittelbare Umgebung der Kirche aus dem Jahr 1925 sah Böhm einen solchen Rundbau vor (s. Abb. S. 172). Die Verwirklichung dieser Pläne ist mit dem Bau des Pfarrheims unmöglich geworden. Aufgetragen bleibt hingegen die Gestaltung des Kirchenvorplatzes und der unmittelbar angrenzenden Straßenzüge.

Krippe

Bei der Krippe handelt es sich um eine hochwertige Arbeit aus Oberammergau. Die Figuren aus Lindenholz sind etwa 40 cm hoch und farbig gefaßt. Seit 1928 wurde die Gestaltung von Erhard, später von Bertold und Jürgen Hofmann übernommen. Karl Huth fertigte die illusionistische Landschaftsmalerei als Hintergrund. Zunächst auf einem der Seitenaltäre aufgestellt, war der Platz der Krippe über viele Jahrzehnte hinweg der linke Nebenraum im Chor. Dieser Raum ließ große Gestaltungsmöglichkeiten für eine anspruchsvolle Landschaftskrippe.

Seit dieser Raum als Beichtzimmer genutzt wird, befindet sich die Krippe etwas unglücklich in der linken Beichtkapelle. Die Gestaltung wurde auf die Geburtsszene und die Huldigung durch die Weisen aus dem Morgenland reduziert. Die Darstellung des Herrn im Tempel und die Flucht nach Ägypten werden nicht mehr aufgebaut. Seit etlichen Jahren wird die Krippe nun von älteren und ehemaligen Ministranten gestaltet, die an Weihnachten 1992 Schlagzeilen durch eine provokante Krippenszene auslösten. Gerne gesucht wird auch der alljährlich an anderer Stelle versteckte Osterhase, der darauf verweist, daß Krippe und Kreuz aus gleichem Holz geschnitzt sind.

Lange hatte man Schwierigkeiten, sich den Blick für diesen Zusammenhang zu bewahren und verhüllte das Golgota-Geschehen des Hochaltarbildes in der Weihnachtszeit durch ein von hinten beleuchtbares Konstrukt aus Verdunklungspapier mit ausgesparten goldenen Sternen. Dieser Brauch wurde vermutlich bereits von Pfarrer Roeser abgeschafft. Daß vor einigen Jahren wieder eine „Verhüllung" durch einen monumentalen Christbaum eingesetzt hat, ist bedauerlich. Ebenso unzweckmäßig ist das Aufhängen eines sogenannten Hungertuches über dem Apostelaltar. Gerade das Kreuzesgeschehen sollte in der vorösterlichen Zeit unverstellt in den Blick genommen werden können.

zog die gesamte Dachfläche mit oxidiertem Kupfer. Während das Grün der Dachflächen zwar etwas gewöhnungsbedürftig erscheint, andererseits aber einen reizvollen Farbkontrast zum roten Mainsandstein des Mauerwerks bildet, ist die entstandene grüne Zinnenkrone am Turm unglücklich. Die Waagrechtenbetonung, die durch den Farbwechsel entsteht, läßt den Turm noch gedrückter erscheinen. Die Umhüllung der Fialen am Chorschluß und auf dem Turm lassen sie wie Zierrat und nicht wie organische Architekturelemente erscheinen.

Die Veränderungen, die die Peter-und-Paul-Kirche in den vergangenen 75 Jahren erfahren hat, sollten hier keineswegs einseitig als Vergehen im Sinne des Denkmalschutzes dargestellt werden. Vielmehr sind sie zumeist Reaktionen

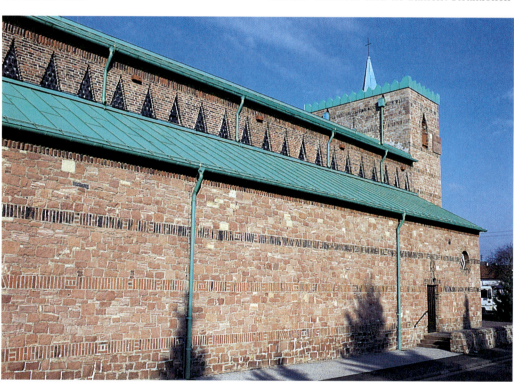

Das Dach aus grün oxidiertem Kupfer markiert die vorläufig letzte Veränderung an der Kirche

Dach

Zuletzt 1997 wurde der Gesamteindruck der Kirche nachhaltig verändert. Ein neuralgischer Punkt bei vielen großen Bauwerken ist das Dach. Immer wieder drang auch in die Dettinger Kirche Wasser ein, vor allem im Turmbereich, und beschädigte Fresken und Orgel. Alle bisherigen Abdichtungsversuche schlugen fehl. Zudem isolierte das Dach weder gegen Wärme noch gegen Kälte.

Aus all diesen Gründen entschloß man sich zu einer umfassenden Maßnahme und über-

auf praktische und liturgische Bedürfnisse und daher immer auch unter dem Blickwinkel der Pastoral zu sehen. Auch Kirchenräume sind nicht für die Ewigkeit geschaffen – in unserer kurzlebigen Zeit schon gar nicht. Aber es sind nicht Mauern und Dächer, es ist der Raum dazwischen, der zum Leben dient. Die Verwalter, die Gemeinde und die Sachverständigen sind aufgerufen, Räume in Übereinstimmung mit dem Glauben ihrer Väter und Mütter zu gestalten, die Kirche zu einem Haus aus lebendigen Steinen zu machen.

Franz Kraft

Leben im Licht Christi vor dem Dunkel der Welt

Erfahrungen mit St. Peter und Paul in Dettingen

„Der Pfingsttag kennt keinen Abend, denn seine Sonne, die Liebe, kennt keinen Untergang." (Inschrift auf dem Tabernakel der Klosterkirche von Marienthal am Niederrhein)

Die Kirche in Dettingen wird durch das Licht lebendig. Ihre Erbauer, Dominikus Böhm und Martin Weber, konzentrieren in ihr den Blick auf den Altar und auf die Kreuzesdarstellung an der Stirnwand. Während das Kirchenschiff im Halbdunkel bleibt, finden sich beim Altar hohe Fenster, die fast vom Boden bis zur Decke reichen: Der Altar sollte an der hellsten Stelle der Kirche stehen.

Ich entdecke darin eine Auffassung der Liturgischen Bewegung des beginnenden 20. Jahrhunderts: Alles soll auf Christus hingeordnet werden. Von Christus her und seinem Erlösertod am Kreuz fließt das Heil ganz besonders durch das Sakrament des Altares in die Gemeinde zu den Gläubigen. Wer zu Christus hält, der steht im Licht, wer zu Christus findet, der findet das Licht.

Reinhold Ewald, der die Kirche in so beeindruckender Weise ausgemalt hat, läßt in seiner Kreuzigungsdarstellung über dem Hochaltar die Menschen unter dem Kreuz, Maria, die Mutter Jesu, Maria von Magdala und den Jünger Johannes sowie den rechten Schächer im Lichte Jesu aus dem Dunkel Golgotas herausleuchten. Der linke Schächer wendet sich von Jesus ab, er findet nicht zum Glauben und stirbt in der Dunkelheit des Unglaubens, fern von Jesus, dem Licht der Welt.

„Der Pfingsttag kennt keinen Abend, denn seine Sonne, die Liebe, kennt keinen Untergang." Als ich im vergangenen Sommer diesen Spruch auf den Tabernakeltüren der Klosterkirche in Marienthal über dem von Dominikus Böhm entworfenen Altar entdeckt habe, wurde mir manches über unsere Kirche klarer. Das Licht des Pfingsttages, das uns vom auferstandenen und seiner Kirche ewig verbundenen Christus erzählt, scheint in unserer Kirche auf. An Pfingsten haben Maria und die Jünger die Glaubensgewißheit empfangen. Sie haben die Erfahrung machen dürfen, daß Jesus lebt. Jetzt ergreift sie der Geist Gottes und sie wissen: Alle Menschen sollen erfahren, daß seine Liebe allen Menschen gilt. Seine Sonne, die Liebe, kennt keinen Untergang. Sie taucht alles in das Licht seiner Gnade, die er niemals dem Menschen entzieht.

Wer unsere Kirche kennen- und schätzenlernen will, der muß mit ihr leben und sich

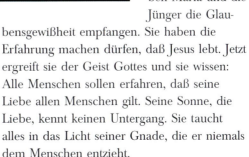

Rundfenster in der linken Beichkapelle

St. Johann Baptist in Neu Ulm von Dominikus Böhm, 1926, Oberlicht der Taufkapelle. Bauen mit Licht war für Böhm ein wichtiges Stilmittel (s. Abb. S. 20)

von ihrem Lichtspiel faszinieren lassen. Das Licht spricht in unserer Kirche seine ganz eigene und originelle Sprache. Unvergeßlich ist für mich mancher Sonntagsgottesdienst, wenn das Kreuzigungsfresko im Licht der Morgensonne aufleuchtet. Manchmal ist der Altarraum auch von der im Westen untergehenden Sonne in goldenes Licht getaucht, wenn ich zur Abendmesse in die Kirche trete. In der Messe wird dann lebendig, was das Licht schon ausdrückt: Christus ist erstanden, er ist da, hier bei uns.

Komme ich aber an einem trüben und wolkenverhangenen Tag in die Kirche, dann empfängt mich eine drückende Stimmung. Das Halbdunkel des Kirchenraumes und die massiven Kreuzwegstationen Reinhold Ewalds verleihen meinen Gefühlen Ausdruck und Farben. Sie erzählen von Erfahrungen der Niedergeschlagenheit und des Schmerzes. Ich kann Kranken und Trauernden viel besser nachfühlen, die um die Nähe und den Trost Gottes ringen. Ich höre ihre Fragen und ihre Not. Wie kann doch die Last des Lebens erdrücken, wie können Menschen leiden unter dem Dunkel der Welt und ihres eigenen Schicksals!

„Bei euch ist ja ständig der Karfreitag zu sehen!" so der spontane Kommentar eines Priesters, der zum ersten Mal unsere Kirche betreten hat. „Herr Pfarrer, in unserer Kirche fehlt mir die Darstellung der Auferstehung!" so die Klage einer Frau aus unserer Gemeinde. Ist es nicht auch so in unserem Leben? Manchmal sehe ich nur noch das Dunkel und mein Herz verdüstert sich. Da bleibt dann wenig zu spüren von Licht und Freude im Leben. Es kann lange dauern, bis es wieder heller wird in mir und Zuversicht und Hoffnung zurückkehren. Davon erzählt unsere Kirche an düsteren Tagen.

Das Zwielicht der Kirche, die massiv bedrängenden dunklen Farben des Kreuzweges und der Kreuzigungsdarstellung an der Stirnwand geben die Stimmung der Trauer wieder. Sicher hat Reinhold Ewald darin die Not und das Grauen des 1. Weltkrieges dargestellt, die er als Kriegsmaler miterleben mußte. Nur fünf Jahre waren seit dem Ende des Krieges vergangen, als er mit dem Ausmalen unserer Kirche begann. Die Schlachten und das Gemetzel in den Schützengräben vor Verdun und sonstwo in Europa waren noch nicht vergessen. Auch am rechten Seitenaltar unserer Kirche hingen zwei Ampeln zur Erinnerung an die Gefallenen. Sicher hat Ewald die schrecklichen Erlebnisse im Herzen getragen, als er den Kreuzweg unserer Kirche gestaltete.

Das Kreuz von Krieg und Vertreibung, aber auch das ganz persönliche Kreuz von Krankheit und Not in der Familie kann so sehr niederdrücken, daß kein Licht mehr zu entdecken ist. Es kann lange dauern, bis sich ein Mensch findet, der mir das Wort schenkt, das ich gerade brauche, um wieder froh zu werden. Es kann viel Kraft und Geduld kosten, bis ich zum Glauben zurückfinde. Es kann mich manche Stunde des Zweifels bedrängen, bis ich entdecke, daß ich nicht allein bin und Gottes Kraft und Geist mich nicht verlassen haben. Es kann manche Träne kosten und manche durchwachte Nacht hinter mir liegen, ehe ich den hellen Tag wieder sehe und die Freude am Leben von neuem erlange. Das Kreuz gehört zu meinem Leben, der Kreuzweg ist auch mein Weg. Davon erzählt mir beeindruckend unsere Kirche. Ja, sie läßt es mich durch ihre Stimmung erleben und nachfühlen.

Aber der Auferstandene ist nicht fern von mir. Ich kann ihn zwar nicht sehen, aber hin und wieder blitzt sein Glanz, seine Gegenwart in meinem Leben durch. So wie die warme Sonne durch die Fenster unserer Kirche scheint und alles in ein wunderbares Licht taucht. Dann erzählt mir unsere Kirche davon, daß die wahre Sonne, die Christus selbst ist, keinen Untergang kennt. Er lebt in mir. Mein Herz wird frei und ich staune über die Wandlung der Kirche. Kenne ich sie als den Raum, der meine niederdrückende Stimmung wiedergibt, so erlebe ich sie jetzt als Festsaal des himmlischen Mahles. Ich kann selbst staunen über die Wandlung meines Herzens. Das Licht, das die Stimmung wandelt, wird mir so zum Hinweis auf Jesus Christus, das Licht der Welt. Ich darf diese Erfahrung dankbar annehmen und tief im Herzen auskosten. Es wird einmal wieder eine andere Zeit kommen, in der ich dann von dieser Erfahrung zehren kann.

Ich glaube, wir brauchen keine eigene Osterdarstellung in unserer Kirche. Wer diese Kirche kennt, der weiß, daß in ihr Ostern erfahr- und erlebbar wird. Das strahlende Licht des Auferstandenen prägt dann auch die Feier unserer Gottesdienste. Im hellen Glanz des Lichtes, in dem unsere Kirche erstrahlen kann, klingen die Lieder gleich ganz anders, und die Atmosphäre unserer Liturgie erzählt dann vom auferstandenen Herrn, der im Glanz seiner Herrlichkeit wiederkommen wird. Das Dunkle und Düstere, das die Stimmung niederdrückt, weicht der Freude und der Helligkeit einer festlichen Gottesdienstgemeinde, die zusammen mit Engeln und Heiligen an der himmlischen Liturgie teilnimmt. Die tiefsten Geheimnisse unseres Glaubens werden somit lebendig in unserer Kirche (s. S. 91f).

Will man unserer Pfarrkirche gerecht werden, dann muß man ihr Zeit schenken. Man muß mit ihr leben, sich von ihr führen lassen. Man muß in ihr Gottesdienst feiern, mit unserer Gemeinde beten und singen. Man muß auf die Kirche hören, ihre Stimmung auskosten und mit ihr Geduld haben. Dann wird sie uns zum lebendigen Bau, der uns zum tiefen Glauben führen wird.

Dominikus Böhm und Martin Weber haben uns mit ihrer architektonischen Gestaltung dazu den Schlüssel gegeben. Reinhold Ewald konnte es auf seine künstlerische Art und Weise verdeutlichen: Unser Leben kennt das Dunkel und das Licht. Was siegen wird und was bleiben wird, ist das Licht. Es überstrahlt die Dunkelheit des Karfreitags, es wird zum Licht des Ostermorgens, das allen Menschen leuchten wird. Denn seine Sonne, die Liebe Christi, kennt keinen Untergang.

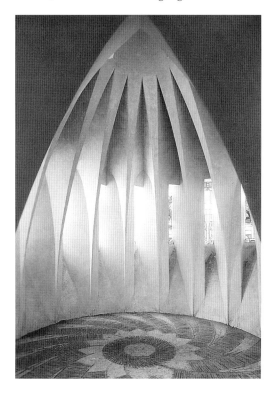

St. Johann Baptist in Neu-Ulm von Dominikus Böhm, 1926, Auferstehungskapelle

Du bist!
Nicht des Ohres Hören und des Auges Licht
Kann Dich erreichen.
Kein Wie, Warum und Wo
Haftet an Dir als Zeichen.

Du bist!
Dein Geheimnis ist verborgen:
Wer mag es ergründen!
So tief, so tief –
Wer kann es finden!

84

Innenraum der Kirche kurz vor der Fertigstellung 1923

Rudolf Voderholzer

„Deinen Tod, o Herr, verkünden wir ..."

Spirituell-theologische Überlegungen zu einer Neuinterpretation der Meßopferkirche als Gesamtkunstwerk

Wer die Kirche St. Peter und Paul in Dettingen betritt und noch vom Eingangsbereich her den Raum auf sich wirken läßt, dessen Blicke werden unwillkürlich auf das ausdrucksstarke Kreuzigungsbild der Chorwand hingeführt, das mit dem davorstehenden Apostelaltar an der Stirnseite der Kirche eine Einheit bildet. Die Sammlung auf den Altar hin entspricht ganz der Absicht des Baumeisters: „Das Raumsehen findet seine Erfüllung in der Opferstätte", hatte Dominikus Böhm geschrieben.[1] Damit war nicht nur ein Grundsatz Johannes van Ackens aufgegriffen, der in seiner für Dominikus Böhm maßgeblichen Programmschrift ein „christozentrisches Bauen" propagiert[2], sondern der Bedeutung des Altares für den katholischen Kirchenbau überhaupt Rechnung getragen. Denn eine Kirche wird zur Kirche nicht etwa durch den Turm, durch Kanzel oder Orgel, auch nicht durch viele Kerzen oder eine wie auch immer erzeugte „mystische Stimmung", sondern zuerst und allein durch den Altar.

Idealerweise besteht ein Altar aus einer Verbindung von Opferstein und Tischplatte.[3] Damit wird zum Ausdruck gebracht, daß die vielen Opfer, die jemals Gott dargebracht wurden, durch die Lebenshingabe des Gottessohnes überboten und abgelöst sind. Um den Altar versammelt sich die Kirche zur Feier der Eucharistie, in der die Hingabe Jesu gegenwärtig wird, der sein Leben auf dem „Altar des Kreuzes" dargebracht hat. In der Eucharistie empfängt die Kirche sich immer wieder neu als sie selbst, als Leib Christi. Der hl. Augustinus ruft den Gläubigen zu: „Ihr empfangt das Sakrament, das ihr selber seid".[4] Auf den Altar hin ist alles Geschehen der Eucharistiefeier konzentriert, ob nun, wie im klassischen römischen Ritus, der zur Zeit des Baues dieser Kirche zelebriert wurde, sich der Priester an der Spitze des Volkes dem Altar und damit Christus selbst zuwendet oder ob, wie in der erneuerten Liturgie, der Priester, nun deutlicher als Repräsentant Christi herausgehoben, dem Volk auf der anderen Seite des Altars gegenübersteht.

Der vom Baumeister angezielten Ausrichtung auf den Altar kann die Ausmalung der Kirche durch Reinhold Ewald durchaus zugeordnet werden. Die vierzehn monumentalen Kreuzwegstationen ziehen sich wie ein mächtiges Fries um die Außenwände der Kirche und bilden so neben den Stützen und den Gadenfenstern ein wichtiges Gliederungselement. Es ist, als wollten sie den Betrachter umarmen, seine noch zerstreuten Gedanken einsammeln, ihn einladen, den Kreuzweg Jesu mitzugehen, sein eigenes Leiden und Kreuz mit dem Weg Jesu zu verbinden und ihn schließlich unter das Kreuz an den Altar führen. Die Kreuzwegthematik, die das Langhaus prägt, wird unterbrochen durch die Darstellung der Verkündigung Mariens an der linken und der Geburt Christi an der rechten Chorschräge, sowie, ebenfalls zum Advents- und Weihnachtszyklus gehörig, die Szenen der Heimsuchung Mariens und der Flucht nach Ägypten in den Eckzwickeln über den Seitenaltären. Die Weihnachtsthematik steht somit senkrecht zur Karfreitagsthematik, Geburt und Tod kreuzen sich, sind ineinander verschränkt, wobei die inneren Bezüge auf der Hand liegen: Schon in der Geburt vor den Toren der Stadt in ärmlichsten Verhältnissen und dann in der Flucht vor den Nachstellungen des Königs Herodes zeichnet sich das Kreuzesschicksal ab. So nackt, wie er in der Krippe liegt, wird er am

Ende seines irdischen Weges auch am Kreuz hängen. Von der Krippe zum Kreuz geht ein kurzer und gerader Weg. „Er ist Mensch geworden, um für uns sterben zu können", sagten die Kirchenväter.[5] Eine andere Verbindung wird durch Maria hergestellt. Gottes Sohn wollte nicht Mensch werden ohne die freie Zustimmung Marias. Aus ihr hat der Logos die Menschennatur angenommen. Deshalb kann Elisabet sie bei der Heimsuchung die „Mutter meines Herrn" (kyrios = Gott) nennen. Maria ist nicht nur die Mutter des Herrn, sondern auch seine erste Jüngerin. Sie, der Simeon verheißen hatte, daß ihr ein Schwert durch die Seele dringen werde, geht den Weg ihres Sohnes mit und wird, zusammen mit anderen Jüngerinnen und Johannes, dem einzigen der Männer, der nicht die Flucht ergriffen hatte, unter dem Kreuz ausharren.

Die Kredenz rechts im Altarraum folgt der Formgebung der Altäre

Auffällig ist nun, daß bei der Ausmalung der Kirche die Weihnachts- und Karfreitagsthematik, nicht aber die Osterthematik ins Bild gebracht sind. Die Auferstehung Jesu ist Fundament des christlichen Glaubens zusammen mit der Kreuzigung, die diese erst ins rechte, nämlich österliche Licht rückt. Die Auferstehung Christi, Dreh- und Angelpunkt der Heilsgeschichte, Grund unserer eigenen Hoffnung über Grab und Tod hinaus, wird vom Bildprogramm offenbar in keiner Weise berücksichtigt. Fehlt dann aber nicht ein entscheidendes Element des Glaubens? Betrachtet man etwa die zahlreichen bayerischen Barockkirchen, die fast ausnahmslos die Aufnahme Mariens in den Himmel als die den Menschen durch Christi Tod und Auferstehung erwirkte Hoffnungsperspektive zeigen, so wird einem der Unterschied deutlich bewußt. Wie ist dieses Phänomen zu verstehen? Wie läßt es sich dennoch mit der Auferstehung als dem Stern und Kern unseres Glaubens verbinden?

Im folgenden wird zunächst den Gründen für die starke Betonung des Kreuz- und Opfermotivs nachgegangen. Sodann wird in einem zweiten Schritt die Wandlung im Eucharistieverständnis skizziert, die sich im Verlauf des 20. Jahrhunderts in der katholischen Kirche vollzog und die das Opfermotiv in den größeren Zusammenhang der Messe als Eucharistiefeier reintegrierte. Auf der Basis dieser Überlegungen und neuester Untersuchungen über den Ursprung der Eucharistiefeier kann dann die Frage nach dem Osterbild in der Dettinger Kirche neu gestellt werden.

Die Eucharistie als Meßopfer

Als die Kirche St. Peter und Paul in den zwanziger Jahren dieses Jahrhunderts geplant, gebaut und ausgestaltet wurde, herrschte in der katholischen Kirche, in ihrer Theologie sowie dementsprechend in der Verkündigung und Katechese ein Verständnis von der Messe als „Meßopfer" vor. Der Architekt sprach selbst ausdrücklich von „Meßopferkirchen", die es zu bauen gelte. In der weitverbreiteten „Christkatholischen Hauspostille" heißt es in enger Anlehnung an die Formulierung des Konzils von Trient: „Das heilige Meßopfer ist das immerwährende Opfer des Neuen Bundes, in welchem sich Christus der Herr unter den Gestalten des Brotes und Weines seinem himmlischen Vater durch die Hände des Priesters unblutigerweise opfert, wie er sich einst am Kreuze blutigerweise geopfert hat."[6]

Dieses Verständnis der Messe als Meßopfer ist nicht falsch oder heute ungültig, es ist nur einseitig. Dies hat theologiegeschichtliche Gründe, die mit der Kritik Martin Luthers an der katholischen Kirche und deren Eucharistieverständnis zusammenhängen.[7] Luther hatte von seiner Entdeckung der Rechtfertigung des Sünders „allein aus Gnade und Glauben" her die „Allgenugsamkeit" und Unwiederholbarkeit von Christi ein für allemal dargebrachtem Erlösungsopfer betont und in der Eucharistiepraxis der römischen Kirche einen Rückfall in ein heidnisches Opferverständnis vermutet, so als ob bei der Messe immer neu eine menschliche Gabe dargebracht würde, um Gottes Zuwendung zum Menschen zu erwirken. Aus der Rechtfer-

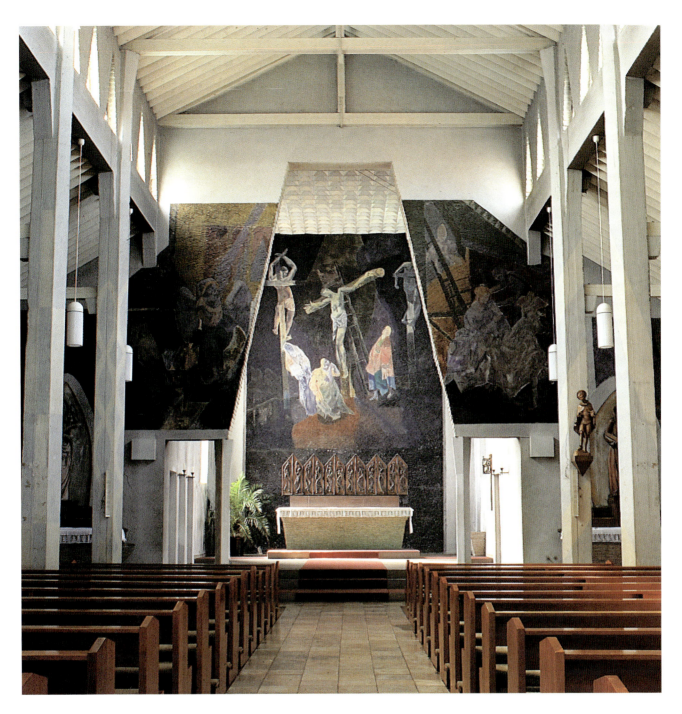

Der Altarraum ohne störende „Möblierung" zeigt, wie nachhaltig das Raumkonzept von Architekten und Maler noch immer wirkt: Der Apostelaltar ist zentraler Blickfang des gesamten Kirchenraumes.

tigung allein aus Gnade und im Glauben wären somit Selbstrechtfertigung und Selbstbegnadung geworden. Luther bezeichnete demgegenüber die zentrale gottesdienstliche Feier der Christen in unmittelbarem Rückgriff auf das biblische Zeugnis als „Abendmahl". In ihm werde bezeugt, daß wir durch Christi Kreuzesopfer die vollkommene Vergebung aller unserer Sünden haben. In ihm empfange der Christ im Glauben die Gabe Gottes und werde im Heiligen Geist Christus gewissermaßen einverleibt. Die katholische Kirche hat in ihrer Antwort auf die reformatorische Herausforderung auf dem Konzil von Trient keine umfassende Eucharistietheologie entwickelt, sondern nur auf einzelne Kritikpunkte Luthers reagiert und entsprechend einzelne Themen in einer gewissen Isolation stark in den Vordergrund gestellt, so vor allem die Lehre vom Opfercharakter der Messe. Das blutige Kreuzesopfer werde bis ans Ende der Zeiten in der Messe unblutig vergegenwärtigt, die Messe sei ein „wahres und eigentliches Opfer", ein „Sühnopfer", nicht nur ein Lob- oder Dankopfer, und nicht mit der Lehre der Kirche stimme überein, wer behauptet, es könne nicht auch „für Lebende und Verstorbene, für Sünden, Strafen, zur Genugtuung und für andere Nöte" dargebracht werden.[8] Die Hervorhebung dieser Aspekte – zudem noch die Betonung der Realpräsenz und die entschiedene Zurückweisung der Notwendigkeit des

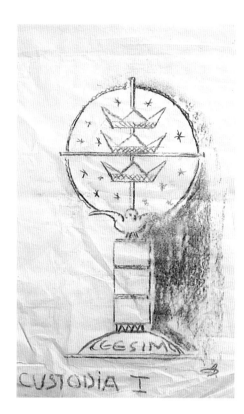

Entwurfszeichnung für eine Custodie

Laienkelches – führte in der Folgezeit dazu, das Gesamtverständnis von Eucharistie auf die genannten Elemente einzuengen, während das Konzil selbst gar nicht beabsichtigt hatte, sich in einem umfassenden Sinne zur Eucharistie zu äußern.

Es war die Rückbesinnung auf das Gesamtzeugnis der Heiligen Schrift und das Erbe der Vätertheologie, die anfänglich im 19. Jahrhundert und dann vor allem in der ersten Hälfte des 20. Jahrhunderts zu einer vertieften Sicht der Meßfeier führten und die isolierten Elemente in ein organisches Gesamtverständnis einordnen ließen. Das kirchliche Lehramt griff die neuen Einsichten auf. Vorbereitet durch die Enzyklika „Mediator Dei" Pius' XII. aus dem Jahre 1947, welche bereits die wichtigsten Erkenntnisse der Liturgischen Bewegung aufnahm und die Liturgie als Realgedächtnis sowie als Teilnahme an Leben, Tod und Auferstehung Jesu bezeichnete, beschrieb das 2. Vatikanische Konzil das Wesen der Eucharistiefeier mit folgenden Worten: „Unser Erlöser hat beim Letzten Abendmahl in der Nacht, da er überliefert wurde, das eucharistische Opfer seines Leibes und Blutes eingesetzt, um dadurch das Opfer des Kreuzes durch die Zeiten hindurch bis zu seiner Wiederkunft fortdauern zu lassen und so der Kirche, seiner geliebten Braut, eine Gedächtnisfeier seines Todes und seiner Auferstehung anzuvertrauen: das Sakrament huldvollen Erbarmens, das Zeichen der Einheit, das Band der Liebe, das Ostermahl, in dem Christus genossen, das Herz mit Gnade erfüllt und das Unterpfand der künftigen Herrlichkeit gegeben wird."[9]

Die Meßfeier ist nicht nur reale Vergegenwärtigung der Lebenshingabe Jesu am Kreuz, sondern des gesamten Paschamysteriums, also des Hindurchgangs Jesu durch Leiden, Tod und Auferstehung. Entsprechend proklamiert die feiernde Gemeinde nach den Einsetzungsworten als *das* Geheimnis des Glaubens: *„Deinen Tod, o Herr, verkünden wir, und deine Auferstehung preisen wir* bis du kommst in Herrlichkeit."

Nur nebenbei sei darauf hingewiesen, daß hinsichtlich des Opfercharakters der Messe im ökumenischen Gespräch die Mißverständnisse mittlerweile überwunden zu sein scheinen. Zwischen römisch-katholischer Kirche und den Kirchen der Reformation ist nicht mehr strittig, daß die Messe nicht Ergänzung oder Wiederholung einer (religionsgeschichtlich verstandenen) Opferung Christi ist, sondern Vergegenwärtigung der Hingabe des Lebens Jesu – ausgedrückt in Leib und Blut – in den von ihm selbst beim Abendmahl dafür bestimmten Elementen von Brot und Wein. Opfercharakter und Mahlcharakter schließen sich nicht aus, sondern gehören zusammen und verweisen aufeinander. In der tätigen Teilnahme an dem liturgischen Geschehen verbindet sich der Christ mit dem Lebensschicksal Jesu und nimmt teil am Prozeß der Verwandlung. Im Zuge der Diskussion stellte sich allerdings heraus, daß die Alternative *Opfercharakter oder Mahlcharakter* letztlich zu kurz greift und von einem nochmals vertieften Verständnis des Ursprungs der Eucharistiefeier her unterfangen werden muß. Denn wie der in diesem Zusammenhang hier schon ständig gebrauchte Begriff „Eucharistie" ja selbst besagt, ist die Grundgestalt der Feier die „Danksagung".

Eucharistia – Danksagung als Grundgestalt der Messe

Die Liturgie der Kirche wiederholt nicht einfach das letzte Abendmahl oder führt es gewissermaßen nur als ein „Heiliges Spiel" auf. Die Frage aber ist, worauf genau sich der Auftrag „Tut dies zu meinem Gedächtnis" bezieht. Christus hat beim letzten Abendmahl den ihm bevorstehenden blutigen Kreuzestod als die freiwillentliche Hingabe seines Lebens für die Vielen unblutig vorweggenommen, wenn er das Dankgebet gesprochen und sodann das Brot gebrochen und nach dem Mahl den Segenskelch gereicht hat, verbunden mit den Deuteworten „das ist mein Leib – das ist mein Blut". Entscheidend ist jedoch die tatsächliche Hingabe seines Leibes und das Vergießen seines Blutes am Holz des Kreuzes[10], worin Christus den Gehorsam zu seinem Vater und die Liebe zu den Menschen, denen das Reich Gottes definitiv anzusagen er gesandt war, gegen alle Widerstände durchhielt. Entscheidend ist ferner, daß sich Gott in der Auferweckung seines Sohnes am dritten Tag zu ihm bekannte und damit alle ins Unrecht setzte, die ihn wegen Gotteslästerung meinten zum Tod verurteilen zu müssen. Mit dem Tod und der Auferstehung Jesu ist die heilsgeschichtliche Wende eingetreten, der Bund neu geschlossen, alles in Christus erneuert. Das Wesen und die Gestalt der von Jesus initiierten Gedächtnisfeier muß darum einerseits in Kontinuität stehen zum letzten Abendmahl, andererseits aber durch das Ereignis von Tod und Auferstehung zuinnerst transformiert und geprägt sein. Wie schon das Neue Testament bezeugt, hat sich in der Praxis der Kirche die eucharistische Gedächtnisfeier vom Sättigungsmahl gelöst. In den Mittelpunkt rückt die Danksagung: „Das tragende Element ist die Eucharistia; da diese als Teilhabe am Danken Jesu auch den Tischdank für die Gaben der Erde mit einschließt, ist hier bereits ausgedrückt, was an Mahlgestalt im liturgischen Geschehen wirklich enthalten ist."[11] Im Licht des österlichen Sieges Jesu über die Mächte der Finsternis erkannte die Kirche in der Danksagung Jesu den entscheidenden Bezugspunkt für den Auftrag: „Tut dies zu meinem Gedächtnis".

Der Tübinger Alttestamentler Hartmut Gese hat in diesem Zusammenhang auf eine bislang kaum beachtete Möglichkeit aufmerksam gemacht, die innere Einheit von Opfer, Mahl und Danksagung noch tiefer zu verstehen.[12] Gese geht von der Beobachtung aus, daß der Passionsbericht in seiner vermutlich ältesten Fassung bei Markus in erheblichem Maße in Anlehnung an den Psalm 22 formuliert ist. Der Psalm, der mit den Worten „Mein Gott, mein Gott, warum hast du mich verlassen" beginnt, ist gewissermaßen das Textbuch des Passionsberichts. Zweierlei ist nun zu beachten. Psalm 22 gehört zur Gattung der Dankopferpsalmen. Sein Sitz im Leben ist das im Judentum praktizierte Dankopfermahl, das als *Todá* bezeichnet wird. Es wurde gefeiert von Menschen, die sich aus einer lebensbedrohlichen Situation durch Gottes Hilfe gerettet wußten und nun im Kreise von Freunden zum Dank für die Rettung aus Todesnot Brot und Wein darbrachten, ein unblutiges Opfer also.[13] „Ich will den Kelch des Heils erheben und anrufen den Namen des Herrn. ... Ich will dir ein Opfer des Dankes bringen und anrufen den Namen des Herrn", heißt es in einem anderen Dankopferpsalm.[14] Das Dankopfer kann auch als Erfüllung eines Gelübdes verstanden werden.[15] Im Zentrum der Dankopferfeier steht die erinnernde Vergegenwärtigung an die erlittene, nun jedoch bestandene Not, in Abwechslung mit Äußerungen tiefsten Vertrauens in die rettende Macht Gottes. Entsprechend ist Psalm 22 aufgebaut. Es wechseln sich in kunstvoller Steigerung Schilderung der Not und Äußerung des Vertrauens ab, bis der Psalm in Vers 23 plötzlich umschlägt in ein individuelles Danklied: „Ich will deinen Namen meinen Brüdern verkünden, inmitten der Gemeinde dich preisen." Der Grund ist die Rettungstat Gottes, auf die nun dankbar zurückgeblickt werden kann: „Denn er hat nicht verachtet, nicht verabscheut das Elend des Armen" (Vers 25). Zum Schluß wird der dankende Lobpreis gar in einen universalen Horizont gerückt: „Vom Herrn wird man dem künftigen Geschlecht erzählen, seine Heilstat verkündet man dem kommenden Volk; denn er hat das Werk getan" (Verse 31f). Gese macht darauf aufmerksam, daß die Praxis des Dankopfermahles nicht nur ein Randphänomen im Bereich der Frömmigkeitsformen Israels darstellte: „Daß die Toda im nachexilischen Kult eine kaum zu überschätzende Rolle gespielt hat, läßt sich am Psalter ablesen. Klage- und Danklieder des Einzelnen haben hier ihren ‚Sitz im Leben', und es entwickelt sich mit ihnen und im Rahmen der Toda geradezu *die* Form der individuellen Frömmigkeit (vgl. die aus den individuellen Klageliedern hervorgegangenen Vertrauenslieder). Man kann sagen, daß die Toda die kultische Basis für den Hauptbestand des Psalters gebildet hat. Eine Toda stellt nicht nur den Höhepunkt im menschlichen Leben dar, sondern in ihr läßt sich das Leben selbst begreifen als Überwindung der Grundsituation des Todes durch das ins Leben rettende Gottesheil."[16]

Wenn nun, und dies ist der zweite Gesichtspunkt, den es zu beachten und ernst zu nehmen gilt, die Passion Jesu in Worten überliefert wird, die bis in Details hinein dem Psalm 22 entstammen, dann liegt die Vermutung nahe, daß die Passion Jesu nicht anders als aus der Perspektive der Rettung, d. h. der Auferstehung überliefert wurde und daß der Ort der Verkündigung seines Todes das Dankopfermahl Jesu war. Das letzte Abendmahl wäre dementsprechend zu verstehen als

Entwurfszeichnung für einen Meßkelch

die dem „Tod vorausgehende Opferweihe Jesu"[17]. In einer bewußt offen gehaltenen Form war die „Einsetzung der Eucharistie" von innen her bereit, im Lichte der Ostererfahrung als ein Dankopfermahl Jesu aufgegriffen zu werden. Gese faßt zusammen: „Die Toda-Eucharistie ist der Gottesdienst, in dem die Gemeinde das Heilsereignis von Tod und Auferstehung Jesu im tiefsten Grund erfährt."[18] Die Feier der Eucharistie ist der Ort, an dem die österliche Freude in der Kirche gegenwärtig werden will. Vom gefeierten Ostersieg Jesu fällt dann auch Licht auf den vorausgehenden Kreuzweg, fällt Licht und Trost auch auf mein persönliches Kreuz, das nicht beschönigt wird. Es liegt auf der Hand, welche Konsequenzen dies für die Gestaltung der Liturgie hat.

Es bleibt in einem letzten Schritt zu zeigen, wie von Anfang an der Apostel bzw. die aus

Weihwasserbecken aus Beton im Eingangsbereich der Kirche. Ähnliche Formensprache darf man für Böhms Taufsteinentwurf erwarten, der leider verloren gegangen ist.

dem apostolischen Amt herausgewachsenen Ämter des Presbyters und Bischofs in ihrem Wesenskern als Ämter der Vergegenwärtigung Christi verstanden wurden, auch besonders im Zusammenhang mit der Feier der sonntäglichen Eucharistie.

Priestersein als Handeln in persona Christi

Es besteht kein Zweifel darüber, daß Jesus aus der Schar seiner Jüngerinnen und Jünger einen Kreis von Zwölfen ausgewählt hat, die er mit einer besonderen Aufgabe innerhalb der von ihm konstituierten Gemeinschaft betraute. In Mk 3,14 heißt es: „Und er setzte zwölf ein (wörtlich: er schuf), die er bei sich haben und die er dann aussenden wollte, damit sie predigten." Er schickt sie überall dorthin, wohin er selbst nicht gehen konnte. Nach dem orientalischen Gesandtschaftsprinzip repräsentiert der Gesandte vollgültig den Sendenden. Bei Lukas ist das Wort Jesu überliefert: „Wer euch hört, der hört mich" (10,16). Paulus schreibt an die Korinther: „Wir ermahnen euch an Christi statt *(hyper Christou – in persona Christi):* laßt euch mit Gott versöhnen" (2 Kor 5,21). Im apostolischen Amt bleibt die Vollmacht Jesu innerhalb seiner Kirche präsent, nicht zur persönlichen Privilegierung oder Bereicherung derer, die zu diesem Amt bestellt sind, sondern zur Auferbauung des Leibes Christi, der die Kirche ist, zum Dienst an Schwestern und Brüdern. Franz Kamphaus hat die Notwendigkeit des Gegenübers von Amt und Gemeinde im Rahmen einer Sicht von Kirche als Communio folgendermaßen begründet: „Kirche ist die Gemeinschaft derer, die sich das Wort Gottes gesagt sein lassen und aus den empfangenen Sakramenten lebt. Damit das geschehen kann, muß es innerhalb der einen Glaubensgemeinschaft das Gegenüber von Amt und Gemeinde geben. Wie sollte konkret werden, daß es zum Glauben gehört, sich das Wort sagen zu lassen, wenn die Gemeinde ein Parlament wäre? Wie sollte mit verbindlicher Vollmacht das Wort Gottes, daß wir absolut geliebt sind, gesagt und sakramental besiegelt werden, wenn es jeder Glaubende in absolut gleicher Weise jederzeit sich selbst sagen und spenden könnte? Wir können diesen Wesenszug von Kirche, an dem sich heute viele stoßen und reiben, nicht opfern, um den Glauben zu retten – wir würden ihn preisgeben."[19] Ohne das geistliche Amt wieder auf die Konsekrationsvollmacht innerhalb der Eucharistiefeier engführen zu wollen, ist doch von frühester Zeit an der Hirtendienst des apostolischen Amtes mit dem Vorsitz in der Eucharistiefeier verknüpft gewesen. So heißt es etwa in der Apostelgeschichte, Paulus habe in Troas am ersten Wochentag die Gemeinde versammelt, ihnen bis spät in die Nacht hinein das Wort Gottes ausgelegt und dann das Brot gebrochen (Apg 20,7–11).[20] Von einer erst nachträglichen Verknüpfung von Dienst am Wort und kultischer Funktion im christlichen Hirtenamt kann nicht die Rede sein. Zum Wesen des Bischofs- und Presbyteramtes gehörte es von Anfang auch ganz zentral, in der eucharistischen Versammlung „in persona Christi" den „Dienst am Wort" zu leisten und das Brot zu brechen, d. h. die von Jesus im Abendmahlssaal überlieferte Zeichenhandlung im Licht von Tod und Auferstehung Jesu als vergegenwärtigendes Gedächtnis des Paschamysteriums zu vollziehen. Theodor von Mopsuestia wird im 4. Jahrhundert in einer Eucharistiekatechese davon sprechen, der Priester sei „Typos" oder „Ikone Christi": „Da die Dinge nämlich schaudererregend sind, die unser Herr Christus für uns getan hat, deren vollkommene Vollendung wir in der kommenden Welt erwarten, die wir aber im Glauben [bereits] empfangen haben, und damit wir uns in dieser Welt bemühen, uns nur ja nicht in einem Punkt vom Glauben an diese Dinge zu entfernen, vergewissern wir uns durch diesen sakramentalen *(mystikos)* Dienst im Glauben an das, was uns gezeigt worden ist. Dabei lassen wir uns durch diesen [Dienst] zu dem anleiten, was kommen soll, gleichsam als ein gewisses Bild *(ikonê)* vom unaussprechlichen Heilswalten *(oikonomia)* in Christus, unserem Herrn, wodurch wir Schau und Schatten jener Geschehnisse erhalten. Deshalb bilden wir durch den Priester gleichsam in einem gewissen Bildnis *(ikonê)* Christus, unseren Herrn, in unserem Sinn ab, den wir als den ansehen, der uns im Selbstopfer erlöst und errettet hat."[21] Johannes Chrysostomus entwickelt, ähnlich wie Theodor, sein Verständnis von der Amtsgnade, die den Priester im Heiligen Geist zum Repräsentanten Christi macht, unter anderem aus einer Analyse des liturgischen Grußes, bei dem die Gemeinde auf den Zuruf des Priesters „Der Herr sei mit Euch" oder „Der Friede sei mit Euch" mit „Und mit Deinem Geiste" antwortet. Chrysostomus erklärt: „Durch diese Antwort ruft ihr euch selbst ins Gedächtnis, daß er, der [am Altar] dasteht, selbst nichts bewirkt, daß die daliegenden Gaben nicht ein Werk menschlicher Natur sind, sondern die Gnade des Heiligen Geistes, die gegenwärtig ist und auf alles herabkommt."[22] Und Augustinus erinnert im Zusammenhang mit unwürdigen Priestern: „Christus est qui baptizat – Christus ist es, der tauft."[23]

In der Priesterweihe wird der Weihekandidat durch Gebet und Handauflegung des Bischofs zum Dienst an der Kirche bestellt. Zur bleibenden Wirkung der Priesterweihe gehört, daß der Geweihte nicht nur für immer in der Vollmacht Christi handeln kann, sondern daß er in seiner Person und in seinem ganz leibhaftigen Dasein das personale Gegenüber Christi zu seiner Kirche zeichenhaft darstellt.

Den Gedanken, daß der Priester gewissermaßen eine lebendige Ikone Christi sei, hat jüngst erst wieder Joseph Ratzinger herausgestellt: „Die zwölf Männer, mit denen nach dem Glauben der Kirche der priesterliche Dienst in der Kirche Jesu Christi beginnt, wußte sie ihrerseits an das Geheimnis der Inkarnation gebunden, damit betraut, Christus darzustellen, gleichsam lebendige und wirkende Ikone des Herrn zu sein."[24] Die deutschen Bischöfe schließlich haben in einer glücklichen Formulierung hinsichtlich des priesterlichen Wirkens die Unterscheidung von herstellendem und darstellendem Handeln eingeführt: „Priesterliches Handeln kann nur darstellendes Handeln sein. Das heißt: wir sind in unserer Tätigkeit Zeichen für das, was wir nicht erwirken, sondern was uns von Christus her vorgegeben ist und ständig vorgegeben wird. Indem

Kelch aus dem Jahre 1764, der zeitgleich mit der Errichtung der Kaplanstelle für Dettingen in der Mutterpfarrei Kleinostheim gestiftet wurde. Die Inschrift unter dem Fuß des Kelches lautet: „S. Emmeranum Altarista 1764 Ad Dei Gloriam [...] Ecclesiae In Dettingen Calicem Hunc Legavit Ioannes Hepp Mogunti Et Ad S. Petrus Vic" Der genannte Stifter Johannes Hepp aus Mainz war also als Vikar dem Stift St. Peter und Alexander in Aschaffenburg zugeordnet.

wir das Tun Gottes verleiblichen und darstellen, machen wir es unter den Menschen zeichenhaft gegenwärtig und lassen es zur Auswirkung kommen, auf daß die in ihm angelegte Fülle die Welt erreichen kann."[25]

Eucharistie als das österliche Mahl des Auferstandenen

Sooft sich in der Kirche St. Peter und Paul in Dettingen die Gläubigen zur Messe versammeln, sei es am Sonntag als dem wöchentlichen Auferstehungstag, an einem Festtag oder an einem beliebigen Wochentag, praktizieren sie nicht einfach nur eine Gebetsform unter anderen, sondern sie verwirklichen in der Kraft des Heiligen Geistes je aufs neue das Wesen der Kirche, die als Volk Gottes, Leib Christi und Tempel des Heiligen Geistes „Zeichen und Werkzeug für die innigste Vereinigung Gottes mit den Menschen und der Menschen untereinander"[26] ist. Im Gegenüber von Priester und Gemeinde kommt sakramental-zeichenhaft das Gegenüber von Christus als Haupt und Christus als Leib in den vielen Gliedern der Kirche zur Darstellung.

Repräsentiert durch den zelebrierenden Priester tritt der auferstandene Herr selbst in die Mitte der Seinen, legt ihnen das Wort der Schrift aus und bricht ihnen das Brot. Das Bildprogramm, das die feiernde Gemeinde umgibt und das in der Kreuzigungsdarstellung über dem Hochaltar kulminiert, bringt das Leben und Sterben Jesu in Erinnerung, vergegenwärtigt es. Dieses Leben und Sterben ist durch und durch geprägt von Jesu *Da-Sein für die Menschen*. Man hat in diesem Zusammenhang treffend von seiner Pro-Existenz gesprochen. All seine Zuwendung zu den Kranken, zu den Ausgestoßenen und zu den Sündern, denen er im gemeisamen Mahl die unwiederrufliche Annahme durch Gott vermittelte, verdichtet sich im Hingabewort „für euch" im Abendmahlssaal und realisiert sich definitiv im Kreuzestod, „denn der Menschensohn ist nicht gekommen, um sich dienen zu lassen, sondern um zu dienen und sein Leben hinzugeben als Lösegeld für viele" (Mk 10,45). In der Eucharistiefeier schließlich tritt in Gestalt des Priesters und durch ihn vergegenwärtigt der auferstandene Christus aus den Bildern heraus, ergänzt und verlebendigt somit das Bildprogramm und bringt zusammen mit der feiernden Gemeinde, deren Glied er zugleich ist und bleibt, die Kirche St. Peter und Paul zu ihrer wahren Bestimmung. In der Feier der Eucharistie verbindet sich die gläubige Gemeinschaft je neu mit ihrem Herrn, nimmt sie teil an seiner Hingabehaltung Gott und den Menschen gegenüber und bittet um die Gnade, im Heiligen Geist immer wieder verwandelt zu werden in den neuen Menschen. Im Brot des Lebens empfängt sie nicht nur als Zeichen der Liebe den Herrn selbst, sondern auch das Unterpfand des ewigen Lebens. Denn: Seinen Tod verkünden wir, seine Auferstehung preisen wir, *bis er kommt in Herrlichkeit.*

Michael Pfeifer

Im Schnittpunkt der Welten

Ist die Dettinger Kirche ein Sakralbau?

Wer eine Kirche betritt, hat zumeist eine ungefähre Vorstellung von dem, was ihn erwartet. Ein Raum, der zu gottesdienstlichen Zwecken errichtet wurde, sieht anders aus als ein Wohnhaus, eine Fabrik oder ein Bankgebäude. Dem Kirchenraum eignet eine Qualität, die ihn von anderen Gebäuden unterscheidet. Er ist sakraler Raum.

Das Wort „sakral" wurde erst im 19. Jahrhundert aus dem lateinischen „sacer – heilig" gebildet und bezeichnet zunächst eine *ästhetische* Kategorie.[1] Auch wenn im Städtebau unserer Zeit vielfach Museen die Rolle von Kirchen als Architekturschwerpunkten übernommen haben und dabei nicht selten ihre Ausstellungsräume auch sakral anmuten,[2] geht es im Folgenden nicht um *ästhetische*, sondern um *wesentliche* Sakralität. Bei der Frage, was einen Kirchenraum zum Sakralraum macht, ist also nicht zuerst der Gestaltungswillen des Architekten zu befragen, sondern die Funktion, die dem Raum zukommt und für die er entworfen wurde.

Schauder und Faszination

Das Phänomen des Heiligen hat Rudolf Otto in seiner philosophischen Schrift aus dem Jahre 1917 eindrücklich beschrieben.[3] Zwei wesentliche Aspekte machen ihm zufolge die Erfahrung des Heiligen aus: der Schauder (tremendum) und die Faszination (fascinosum). Diese an sich widersprüchlichen Erfahrungen umreißen ein Spannungsfeld der Gefühle zwischen dessen Polen der Kontakt mit dem Heiligen sich vollzieht. Einerseits empfindet man Grauen vor dem Unsagbaren und Ungeheuerlichen, andererseits fühlt man sich aber gleichzeitig davon unwiderstehlich angezogen. „Grauen" ist dabei keine gewöhnliche Furcht, sondern ein „Wittern des Mysteriösen",[4] womit Otto ausdrückt, daß es sich nicht um eine rational erklärbare Furcht handelt, sondern um eine instinktive Scheu. Andererseits spürt man beispielsweise in den Worten des Apostels Paulus „Was kein Auge je gesehen, was kein Ohr je gehört"[5], die an sich unüberbrückbare Distanz beschreiben, gleichzeitig schon die Anziehungskraft, die von dem Unnahbaren ausgeht. Diese Sehnsucht ist irrational und hat etwas „Bestrickendes", in dem man sich verfängt, etwas „Entzückendes", das einen in Ekstase zu versetzen vermag. Diese widersprüchlichen Gefühle des Schauders und der Faszination kennzeichnen die Begegnung mit dem „Numinosen", wie Otto das Heilige bezeichnet. Sie sind unmittelbare Wirkungen von Gotteserscheinungen, wie bereits ein Blick in die Bibel zeigt.[6]

In Dettingen wird der Kirchenraum vom riesigen Kreuzigungsbild Ewalds dominiert. Die Drastik und Brutalität in der Darstellung des Golgotageschehens sind immer wieder herausgestellt worden. Die verkrampften Hände des Herrn, die in namenlosem Schmerz hingeworfenen Gestalten der Frauen unter dem Kreuz stehen für die Polarität von *tremendum* und *fascinosum*. Es ist ein schauerliches Geheimnis, das hier vergegenwärtigt wird. Das Kreuz, eigentlich brutales Marterinstrument, wird zum Baum des Lebens. So sehr das grausame Geschehen auch Schauder einflößt, so sehr wendet der Gläubige sich doch immer wieder diesem Geschehen zu, weil in ihm das Heil begründet ist.

Dunkel und Stille

Dominikus Böhm versucht mit seinen Kirchenbauten, einen gestimmten Raum für die Begegnung des Menschen mit dem Numinosen zu schaffen. Seine Baugedanken treffen sich dabei mit den Überlegungen Ottos, wenn dieser formuliert, daß es für das Numinose nur negative Ausdrucksmittel gibt, beispielsweise das Dunkel und das Schweigen. Dabei muß das Dunkel so sein, „daß es durch einen Kontrast gehoben und dadurch wahrnehmbar gemacht wird. ... Erst das Halbdunkel ist ‚mystisch'."[7]

Diese Überlegungen finden sich augenfällig auch in der Lichtarchitektur der Kirche in Dettingen, die aus dem Halbdunkel des Raumes auf einen hell durchlichteten Altarraum zuläuft. Es ist gewissermaßen eine „Lichtschranke", die Gemeinderaum und Altarraum voneinander trennen. Im Hintergrund steht dabei die Vorstellung von Gott, der in unzugänglichem Licht wohnt.[8]

weil sie eine Geschichte haben. Dieser Stein ist nicht mehr nur irgendwann von Menschen aufgerichtet worden, um einen Kultplatz zu markieren, er ist von den Göttern zur Erde geschleudert worden. Diese Eiche ist nicht ein gewöhnlicher Baum, sondern ein Gott ist in ihn verwandelt. Es wird offenkundig, daß die Mythen ganz entscheidend sind für die Sakralität, die den Dingen beigelegt wird. Dieses Phänomen ist auch dem heutigen unreligiösen Menschen vertraut. Ihn erinnert beispielsweise eine Muschel an den letztjährigen Urlaub am Meer, oder er führt das Bild eines lieben Menschen stets in seiner Brieftasche mit. Es ist dabei nicht die Muschel von Bedeutung, sondern die Imagination eines bestimmten Erlebnisses. Es ist nicht das Foto, sondern der Mensch selbst, dessen Nähe gewünscht wird. Dinge, die eine Geschichte haben, werden

Die Ortsansicht von Alt-Dettingen zeigt, welch sammelnde Funktion ein vertikal aufragender Kirchturm für die umliegenden Häuser besitzt

Paradox des Sakralen

Ähnlich wie für Otto, für den das Heilige immer Züge des Irrationalen in sich trägt, ist für den Religionsgeschichtler Mircea Eliade Sakralität naturgemäß ein Paradoxon.[9] Denn ein sakraler Gegenstand bleibt einerseits Teil der Natur seiner Umgebung, andererseits werden ihm neue Bedeutungen beigelegt.[10] So sind die heiligen Zeichen der Religionen für Außenstehende meist banal. Ein keltischer Menhir bleibt ein Stein, eine germanische Donareiche ein Baum. Für den Gläubigen hingegen werden sie zu Objekten der Verehrung,

über ihren Materialwert hinausgehoben und schließlich zum Zeichen für eine andere Wirklichkeit. Das ist es, was die christliche Theologie mit dem Begriff Sakrament auszudrücken versucht.

Eine Kirche kann demzufolge nur sakral sein, wenn sie zu einer anderen Wirklichkeit hinführt. Sie ist in diesem Sinne „sakramentales Sediment", wie es der Grazer Theologe Peter Ebenbauer ausdrückt, gewissermaßen steingewordener Glaube. Im Bild der profanen Stadt bezeugt sie den Glauben an die Transzendenz.

Inhomogenität des Raumes

Nach Eliade erfährt der Mensch den Raum, der ihn umgibt, nicht als gleichförmig. Es gibt in ihm qualitativ verschiedene Bereiche.[11] Es muß sich dabei nicht um als „heilig" bezeichnete Orte handeln, auch der Wohnort, die Heimat, die Landschaft der ersten Liebe stehen für diese verschiedenen Raumqualitäten und werden zu „Heiligen Stätten des privaten Universums".[12] Eliade betreibt damit gewissermaßen eine unterschwellige Sakralisierung des Profanen. Demgegenüber verzichtet Michel Foucault bei seinen Überlegungen ganz auf die Kategorie des Heiligen und spricht von einer „stummen Sakralisierung", die in einer Gegenüberstellung von privat–öffentlich, kulturell–nützlich, Freizeit–Arbeit besteht.[13] Auch in profaner Umwelt zeigt sich demnach die Heterogenität: Friedhof, Theater, Bibliothek, Museum, Garten, Festwiese, Kaserne oder Gefängnis haben ganz eigene Qualitäten. Foucaults Ansatz ermöglicht „Gegen-Orte" jenseits von Sakralität. Erst durch solche unterschiedlichen Raumqualitäten – Eliade spricht von „gebrochenem Raum" – ist überhaupt eine Orientierung in der Welt möglich.

Vor diesem Hintergrund ist auch die Allgegenwart Gottes kein Widerspruch zur Inhomogenität des erlebten Raumes. Vielmehr gibt es Orte, die für die Begegnung mit Gott in besonderer Weise reserviert sind. Dafür ist der heilige Raum zunächst ausgegrenzt vom profanen Umfeld. Es entsteht Raum, in dem die lärmende Geschäftigkeit der Straßen nichts zu suchen hat, der still ist zum Hören.

Böhm hat in Dettingen die Wände mit Absicht fensterlos errichtet, „um die Gemeinde durch die vollkommene Geschlossenheit des Raumes zur Abkehr von der Außenwelt und zur Sammlung und Andacht zu führen."[14] Er schafft einen stillen und dunklen Raum, der gegenüber den Wichtigkeiten der Welt abgeschieden ist. Er entwirft eine Fluchtburg, die eine Zuflucht im Getriebe der Zeit sein will.

Mitte der Welt

Raumbrüche und Grenzen schaffen demnach erst ein Orientierungssystem für die als Chaos erfahrene Gleichförmigkeit. Jeder Mensch trägt zunächst einen „Nullpunkt" des Raumes in sich. Er definiert von seinem jeweiligen Standort aus, was vorn, hinten, was oben und unten ist. Damit bestimmt er zwar seine momentane Stellung im Raum, vermag aber keine Aussage über den Raum selbst zu machen. Der Philosoph Otto Friedrich Bollnow hat auf die Bedeutung des Fortgehens und Zurückkehrens aufmerksam gemacht. Da man je nach Situation an vielerlei Ausgangsorte zurückkehren kann – etwa in sein Hotel in der fremden Stadt, in seine eigene Wohnung, in die Heimat der Kindertage, in eine selbstgeschaffene „neue" oder gar die „ewige Heimat" –, ergibt sich eine Hierarchie von Bezugspunkten.[15]

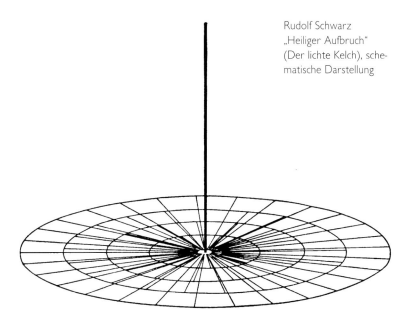

Rudolf Schwarz „Heiliger Aufbruch" (Der lichte Kelch), schematische Darstellung

Um dieser Situation zu entgehen, haben alle Kulturen ihre „eigene Welt" gegründet und sie von der Umgebung geschieden. In den Mythen der Völker von der Gründung der Welt spiegeln sich diese Vorgänge auf vielfältige Weise.[16] Die Völker sahen in ihren heiligen Orten die Mitte ihrer Welt und damit – weil in der Umwelt nur Chaos zu erkennen war – der Welt überhaupt. Man denke nur an den „Nabel der Welt" im griechischen Delphi. Auch Kirchtürme übernehmen diese Funktion der Sammlung von Gemeinschaften. Dies wird bereits augenfällig, wenn man kleine Dörfer in der Landschaft wahrnimmt, die sich um einen Kirchturm scharen. Zur horizontalen Ausbreitung tritt die vertikale Verankerung, die Mitte. Für die religiöse Gemeinde ist der heilige Ort der Fixpunkt ihrer Welt.

Die Aufrichtung einer Senkrechten ist sichtbares Zeichen dafür, daß diese heiligen Orte eine Verbindung zu einer anderen Wirklichkeit herstellen. Diese transzendente Welt wird „oben" gedacht, und daher befinden sich die Heiligtümer zumeist auf Anhöhen oder stellen diese künstlich her. Die Kultplätze der Stämme Israels, und auch der Jerusalemer Tempel befinden sich auf Anhöhen. Die Zikkurat altorientalischer Städte, die ägyptischen Pyramiden oder die Stufentempel der mittelamerikanischen Völker stellen den Berg mit architektonischen Mitteln dar. Vertikale Markierungen, die die Verbindung von Himmel und Erde andeuten, gab es bei vielen Völkern. Obelisken und Menhire, Pagoden und eben Kirchtürme sind ebenso Beispiele hierfür wie der Kultpfahl, den eine Nomadensippe stets in ihrem Lager aufrichtet oder die Säule Irminsul, die Karl der Große in den Sachsenkriegen zerstörte. Die Hadriansäule in Rom ist Beispiel für den römischen Brauch, Siegessäulen zu errichten, und Kaiser Konstantin ließ solche mit einem Kreuz gekrönt an heiligen Stätten in Palästina aufstellen. Die Bernwardsäule in Hildesheim war ursprünglich inmitten der dortigen St. Michaelskirche aufgestellt und zeugt dadurch von kultischer Bedeutung. Die Mariensäule in München ist gleichzeitig Null-Kilo-

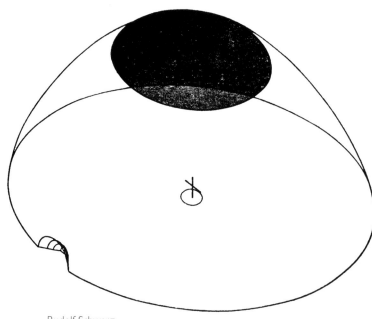

Rudolf Schwarz
„Heiliger Aufbruch"
(Der lichte Kelch)

meterstein der Stadt und somit gewissermaßen der „Nabel der Welt". Der Nullpunkt der Raumkoordinaten liegt für den religiösen Menschen also nicht in ihm selbst, sondern im Zentrum, das dort gesucht wird, wo sich Welten begegnen.

Schnittpunkt der Welten

Ein eindrucksvolles biblisches Bild für diese Verbindung zwischen den Welten ist die Jakobsleiter.[17] Im Traum sieht Jakob eine Leiter, deren Spitze den Himmel berührt und auf der die Engel Gottes auf- und niedersteigen. Am oberen Ende der Leiter steht Gott. Jakob erkennt: „Wie furchtbar ist dieser Ort! Dies ist nichts anderes als das Haus Gottes und die Pforte des Himmels".

Mit diesen Worten, die auch bei der Grundsteinlegung einer Kirche gesungen wurden, wird nicht nur auf die furchterregende Dimension des Heiligen angespielt, sondern auch das Haus Gottes als Pforte des Himmels bezeichnet. Eine Kirche hat demnach nicht nur eine Tür zur Welt, sondern auch eine zur Überwelt. Sakraler Raum ist bestimmungsgemäß als ganzer „Zwischenraum" und Schwelle. Er ist damit Grenze und Berührungspunkt gleichermaßen. Nicht die Ausgrenzung des Heiligen aus dem Profanen macht einen Ort sakral, vielmehr bietet die Umfriedung Raum für die Inszenierung des Übergangs. Die Gotteserscheinung, die in ihm geschieht, heiligt den Ort eben dadurch, daß sie ihn nach oben „offen" macht, ihn in Verbindung mit dem Himmel bringt.

Die idealisierten Pläne, die der Architekt Rudolf Schwarz für den Bau der Kirche entworfen hat, bringen diese Öffnung zur Sprache. Den Versammelten wird eine gemeinsame Perspektive auf die Transzendenz eröffnet. Auch wenn ihre tatsächliche künstlerische Formung nicht vorgegeben werden kann, auch wenn sie schwerfällt und oftmals mißlingt (s. S. 150f), ist damit ausgesagt, was alle Kultplätze erreichen wollen. Nicht nur Umgrenzung und Ausgrenzung aus dem Gewöhnlichen, sondern auch Öffnung nach oben. Die Grenze schafft nur Raum für die Begegnung von Himmel und Erde. Diese Begegnung kulminiert im Zentrum des Raumes, dem Altar. Auf ihn richtet sich die Aufmerksamkeit der Versammelten aus und von dort her empfangen sie die erbetenen Gaben. So heißt es im römischen Meßkanon „Dein heiliger Engel trage diese Opfergabe auf deinen himmlischen Altar vor deine göttliche Herrlichkeit; und wenn wir durch unsere Teilnahme am Altar den heiligen Leib und das Blut deines Sohnes empfangen, erfülle uns mit aller Gnade und allem Segen des Himmels."

Die Architektur der Dettinger Kirche unterstreicht diesen Schwellencharakter sehr deutlich. Die Altarraumdecke mutet an wie ein nach oben durchbrochener Raum. Es kann sich unter dem Himmel der heilige Tausch vollziehen, von dem die Liturgie immer wieder spricht: Gabe, die die Welt darbringt, Gnade die von oben kommt. Böhm und Weber formulieren es so: Die kristallisch aufgelöste Chordecke ist „in Form und Farbe Mittel, die Entmaterialisierung dieses Altarraumes zu erwirken. Hier finden unsere Opfer, unsere Gebete den Mittler zwischen Gottheit und

Menschheit in Christus, dem Herrn."[18] Überdies wird der Altar von großen Fenstern belichtet, während im Gemeinderaum ein Halbdunkel herrscht. Als hätte er diese Situation der Dettinger Kirche mit ihrer Lichtarchitektur vor Augen gehabt, formuliert Rudolf Schwarz: „Die Stelle, auf der der Altar steht, gehört zwei Welten zu gleicher Zeit an. ... Das Volk, das in Ringen herumsteht, sieht in den lichtesten Punkt der Erde. ... Aber diese Stelle ist nicht aus sich hell, sie vermittelt Licht, aber sie bringt keines hervor. Sie empfängt es früher und reichlicher als die übrige Erde, aber es kommt ihr von oben, und so lebt sie aus diesem Oben als aus einer andern Welt, die heller ist als die Erde und die dieser das Licht schenkt. Sie ist nach oben hin offen, verkehrt mit Dingen, die dort sind, und vermittelt sie an die Erde."[19]

Obwohl das Transzendente selbst immer ungestaltbar bleibt, verhilft in Dettingen die Malerei Reinhold Ewalds diesem architektonisch gefaßten theologischen Konzept vollends zum Durchbruch. Das monumentale Kreuz ist die gewaltige vertikale Verbindung zwischen Himmel und Erde. Es ragt über dem Altar empor, auf dem Gott gegenwärtig wird. Durch seinen Tod hat Christus den Tod zertreten und die Tür zum Leben aufgestoßen. Der Vorhang des Tempels riß mitten entzwei, berichtet das Evangelium.[20] Die Trennung zwischen dem *sacrum* und dem *profanum* ist aufgehoben, Gottesbegegnung ist möglich geworden. Die Dettinger Chorschrägen könnte man mit diesem zerrissenen Vorhang vergleichen, sie deuten die Trennung zwar an, öffnen aber auch Zugang zum Heiligen. Schließlich tritt zum Kreuz ein weiteres Symbol, das die Schwellenfunktion dieses Ortes unterstreicht. Am Kreuz lehnt eine Leiter, die sich in gleichem Winkel auf dem Bild der Geburt Christi an der rechten Chorschräge wiederfindet. Durch diese Darstellung sowohl auf dem Bild der Inkarnation wie auch auf dem der Passion schafft Ewald eine geniale Zusammenschau des Erlösungsgeschehens. An Weihnachten steigt das göttliche Wort vom Himmel herab. An Karfreitag öffnet Christus uns das Tor zum Paradies. Im Bild der Leiter wird die Durchlässigkeit des Kirchenraumes ins Bild gesetzt. Der Rückverweis auf die Jakobsleiter kommt dabei sicher nicht von ungefähr: In der Feier von Menschwerdung, Tod und Auferstehung Jesu wird das Haus Gottes zur wahrhaftigen Pforte des Himmels.

Der sakrale Raum

Nach diesen Überlegungen läßt sich als Bestimmung des Sakralraums festhalten, daß er wesentlich Zone des Übergangs ist, daß er Raum schafft für den Ort der Begegnung von Gott und Mensch. Es war zu sehen, daß Architektur und Ausgestaltung Räume zu solcher Schwellenfunktion vorbereiten können. Doch bewirken können sie sie nicht. Auch ist Gottesbegegnung nicht an einen solchermaßen gestalteten Ort gebunden.

Christliches Verständnis verbietet überhaupt eine dualistische Aufspaltung zwischen Zonen von Gottesnähe und -ferne. Nach dem Zeugnis des Neuen Testaments ist die Verehrung Gottes nicht an einen Ort gebunden, sondern

Das Altarbild zusammen mit den Chorschrägen, die wie die beiden Teile eines gerafften Vorhangs den Blick auf das Heilige freigeben. Das auf jedem Bild von oben einfallende Licht, der senkrecht aufragende Baum des Kreuzes und die Leiter auf Kreuzigungs- und Geburtsfresko setzen die primäre Funktion des Sakralraumes in Bild: Schwelle zu sein zwischen Himmel und Erde.

geschieht in Geist und Wahrheit.[21] Gebet braucht keinen besonderen Ort. Gott ist allgegenwärtig.

Noch drastischer zeigt die Szene der Tempelreinigung[22], daß der Tempelkult am Ende ist. Jesus traf mit seiner Zeichenhandlung nämlich nicht nur Wechsler und Händler, sondern den Kult als Ganzes. War es nicht mehr möglich, Opfergaben für die Riten bereitzuhalten und zu erwerben, war der Tempel seiner primären Funktion beraubt. Jesus bestreitet mit der Tempelreinigung also die Notwendigkeit des Tempels überhaupt. Mit ihm hat aller Kult ein Ende. Statt dessen übernimmt der auferweckte Christus die Wesensbestimmung des Tempels. Er ist der Ort der Einwohnung Gottes in der Welt. Paulus sieht die christliche Gemeinde selbst als Tempel Gottes (1 Kor 2,16), und das endzeitliche Jerusalem hat keinen Tempel mehr (Offb 21,22).[23]

Zwar ist die Frage nach dem Kirchenbau nicht durch Rekurs auf Evangelium zu lösen – sie spielt in Urchristentum keine Rolle – dennoch wird klar, daß die Sakralität eines Raumes nur aus der Feier der Gemeinde zu begründen ist, die sich in ihm vollzieht. Hatte noch Josef Pieper die Kirchweihe als eine Wesensumwandlung bezeichnet,[24] die das Bauwerk zu einer res sacra mache, wird schon aus den rechtlichen Vorschriften zur Kirchweihe deutlich, daß der Vollzug der Liturgie in einer Kirche ihrer Weihe vorgängig ist. Es heißt:

„*Wenn* ein Kirchenbau ausschließlich und auf Dauer dazu bestimmt ist, daß das Volk Gottes sich darin versammelt, um den Gottesdienst zu feiern, *dann* soll er gemäß altem christlichem Brauch in einer besonderen Feier dem Herrn geweiht werden."[25] Ein Bauwerk wird nicht durch die Weihe zur Kirche, sondern es wird geweiht, weil es Kirche sein soll.

Insofern ist Sakralität immer eine handlungsbezogene Kategorie.[26] Zur Liturgiefeier ist kein sakraler Raum notwendig, vielmehr schafft die konkrete gottesdienstliche Versammlung den sakralen Raum um sich. Damit ist auch gesagt, daß sakrales Bauen an sich nicht möglich ist. Gebaut werden kann nur für eine sakrale Nutzung. Je tiefer ein Künstler in das Wesen der Liturgie eindringt, desto besser wird die Raumaussage auf die Funktion des Raumes abgestimmt sein. Dann ist die „Raumstimmung" keine Frage der sakralen Ästhetik mehr, sondern der Versuch, den Menschen auf das einzustimmen, was im Raum geschieht. Der gestimmte Raum unterstützt, was am Glaubensvollzug der Akteure sakral ist. Baugestalt, Lichtarchitektur und Malerei der Kirche in Dettingen drücken aus, was bei der Feier des Pascha-Mysteriums wirklich geschieht: Durchgang durch Welt und Zeit zur Begegnung mit dem Heiligen. St. Peter und Paul ist in diesem Sinne ein wirklich sakraler Raum.

Michael Pfeifer

„O Zierde der Apostelschar ..."

Biographische und ikonographische Notizen zu den Dettinger Kirchenpatronen

Petrus und Paulus als Kirchenpatrone in Dettingen

In der schweren Zeit der Weltwirtschaftskrise war es sicher nicht zufällig, daß gerade Petrus und Paulus als Patrone für die neue Dettinger Kirche erwählt wurden. Der Krieg hatte neue politische Ordnungen entstehen lassen, der Kaiser hatte abgedankt. Allenthalben suchte man vergeblich nach Halt und Orientierung. Vor diesen Vorgängen konnte die Kirche nicht die Augen verschließen. Sie wurde hineingezogen in den Strudel eines zu Ende gehenden Zeitalters. Petrus und Paulus stehen symbolisch für den festen Grund, den unverrückbaren Glauben an Christus Jesus als den Sohn Gottes, auf dem die Kirche sich ihrer selbst sicher sein kann. Als erwiesen kann gelten, daß Pfarrer Dümler selbst die Kirchenpatrone ausgewählt hat. Noch am 17. 4. 1923 fragt das Ordinariat an, welchen Titel man der neuen Kirche zu geben gedenke.

Eine Kirche nach Heiligen zu benennen, hat eine lange Tradition. Anfänglich erhielt sie den Namen des Heiligen, über dessen Grab sie errichtet wurde. Als die Heiligenverehrung zunahm und nicht nur Märtyrer verehrt wurden, benannte man Kirchen vermehrt nach Heiligen, auch wenn sich deren Grabstätten nicht in der Nähe befanden. Man stellte sie damit unter den besonderen Schutz dieses Heiligen, der von nun an die Rolle des Patrons übernehmen sollte.

Der Begriff ‚Patron' ist aus dem lateinischen ‚pater – Vater' gebildet und wurde in der Antike im Sinn von ‚Schutzherr, Beschützer, Vertreter, Verteidiger, Advokat' verwendet. Ambrosius von Mailand († 387) verwendet in einem seiner Briefe den Begriff *patronus* bereits in der heute geläufigen Bedeutung.¹

Daß die Rolle des Patrons als eines Schutzherrn keine reine Ableitung aus dem römischen Rechtswesen darstellt, zeigt ein Blick in die Bibel. Dem Volk Israel gilt beispielsweise der Erzengel Michael als Patron.² Da die Kirche sich als das auserwählte Volk des neuen Bundes versteht, übernimmt sie auch den Patron Israels, wie die Offenbarung des Johannes berichtet.³ Bezeichnend ist in diesem Zusammenhang, daß sich auch Deutschland unter das gleiche Patronat gestellt hat. Lebendig ist diese Vorstellung heute noch in der Figur des ‚Deutschen Michel', der als Personifikation des deutschen Volkes vor allem in Karikaturen eine Rolle spielt.

Seit dem Mittelalter war das Patrozinium einer Kirche wichtiger Termin im Jahreslauf der Ortschaft. Vor allem in bäuerlichen Gesellschaften behielt er seine Bedeutung als Los- und Zahltag bis in unser Jahrhundert hinein. Auffällig ist dabei die Zähigkeit, mit der am überlieferten Termin festgehalten wird, auch wenn es beispielsweise zu einem Patronatswechsel kam. Welche Bedeutung dem Patrozinium auch in Dettingen zugemessen wurde, zeigt die im 18. Jahrhundert teils

Die älteste Darstellung des Apostels Petrus aus der Hauskirche von Dura-Europos in Syrien (232/33). Die Umrißskizze des originalen Freskos zeigt, wie Petrus bei seinem Gang über das Wasser des Sees in den Fluten zu versinken droht und vom Herrn gerettet wird.

Petrus Statue am Kirchenvorplatz in Dettingen

heftig geführte Auseinandersetzung mit der Mutterpfarrei Kleinostheim über den Patroziniumstermin.[4] Auch heute noch wird die Dettinger Kerb am Sonntag nach dem Fest des hl. Hippolyt gefeiert, des Patrons der alten Kirche.

Das Pfarrfest hingegen folgt dem Termin nach dem Patrozinium (und Kirchweihfest) der Peter-und-Paul-Kirche und wird am ersten Julisonntag gefeiert.

Die Bedeutung des Patronatsfestes, die sich hier beispielhaft zeigt, läßt es angebracht erscheinen, sich mit den beiden Kirchenpatronen etwas näher zu beschäftigen.

Petrus

Petrus – sein eigentlicher Name war Simon – stammte aus Betsaida, einem Fischerdorf am See Genesaret.[5] Sein Vater hieß Johannes bzw. auf Aramäisch Jona.[6] Nach seiner Heirat zog er nach Kafarnaum, ins Elternhaus seiner Frau.[7] Von Beruf war Simon Fischer, und als Jesus ihm zum ersten Mal begegnete, warf er gerade zusammen mit seinem Bruder Andreas die Netze aus.[8] Auf den Beruf der Brüder spielt Jesus an, wenn er sie mit den Worten „... ich will euch zu Menschenfischern machen" in seine Nachfolge ruft.[9] Ob Petrus auf den Ruf Jesu hin seine Netze zurückließ und ihm nachfolgte, wie Markus und Matthäus berichten, oder weil ihn der Erfolg beim abermaligen Auswerfen der Netze auf Jesu Wort hin überzeugte, wie Lukas erzählt, muß offen bleiben.[10] Folgt man dem Johannesevangelium, führte Andreas seinen Bruder Simon zu Jesus. Dieser blickte ihn an, nannte ihn bei seinem Namen Simon und gab ihm einen neuen Namen: Kefa, der Fels, was auch als Kephas, Petros oder Petrus begegnet.[11]

Zwar redet nach allen vier Evangelien Jesus seinen Apostel immer nur mit seinem wirklichen Namen Simon an, dennoch hat sich schließlich der Name Petrus durchgesetzt. Schon die Evangelisten stimmen darin überein, daß der Beiname Kefa auf Jesus selbst zurückgeht. Markus und Lukas machen dazu nur jeweils eine kurze Bemerkung im Rahmen ihrer Apostellisten,[12] während Johannes die Namensgebung bereits im Rahmen der Berufung ansiedelt.[13] Möglicherweise war die Namensgebung auch mit einem Deutewort verbunden; so berichtet es Matthäus, der den Vorgang in die bekannte Geschichte des Messiasbekenntnisses integriert.[14] Bei all dem ist sicher, daß Jesus die Neubenennung des Simon einmal erklärt haben muß, ist doch Kefa im Hebräischen eine Sachbezeichnung, die nicht ohne weiteres als Name verwendet werden kann.

In der Folgezeit wurde Petrus zum Sprecher der Apostel. Als solcher bekannte er Jesus als Messias,[15] und erhielt die Verheißung, auf ihn werde die Kirche gegründet.[16] Er war es aber auch, der Jesus unmittelbar danach widersprach, als dieser sein Leiden ankündigte; hierfür mußte er eine scharfe Rüge einstecken: „Weg mit dir, Satan, geh mir aus den Augen!"[17] Petrus redete, als keiner der drei Jünger auf dem Berg der Verklärung etwas zu sagen gewußt hat.[18] Er sprach aus, was vielleicht alle anderen im Abendmahlssaal gedacht haben: „Du Herr willst mir die Füße waschen?"[19] Er wollte wissen, wer der Verräter aus ihrem Kreis sei,[20] hätte er ihn gekannt, so schreiben die Kirchenväter, hätte er ihn augenblicklich getötet.[21]

Petrus war überzeugt von Jesus: Er wagte den Gang über Wasser[22] und verteidigte Jesus bei seiner Verhaftung mit dem Schwert.[23] Gleichwohl versank er in den Fluten des Sees[24] und verleugnete Jesus im Hof des Hohenpriester[25]. Ein Fels an Charakterstärke war Petrus jedenfalls nicht. Jesus kannte seinen Simon. Wenn er ihm auch große Verantwortung übertrug, betete er gleichzeitig dafür, daß sein Glaube nicht schwach werde.[26]

Petrus durfte – wie Augustinus († 430) schreibt – bei vielen Gelegenheiten die Kirche vertreten. Darum werden ihm die Schlüssel der Binde- und Lösegewalt verliehen[27] und – unter Rückgriff auf ein schon alttestamentliches Bild – die Hirtenvollmacht übertragen.[28] Ihm wird übergeben, was allen gemeinsam anvertraut wurde.[29]

Nicht nur zu Jesu Lebzeiten war Petrus die Zentralfigur der Apostel. Auch nachösterlich spielte er im Kreis der Zwölf eine wichtige Rolle. So war er der erste Auferstehungszeuge aus diesem Kreis, wie Paulus im 1. Korintherbrief mit den Worten einer noch älteren Formel bezeugt.[30] Er ist nach Pfingsten der wortgewandte Redner der Apostelgeschichte.[31] Zwar wurde Jakobus, der Herrenbruder, wie er genannt wird, und nicht Petrus Leiter der Jerusalemer Gemeinde.[32] Doch als im Jahre 37 Paulus die Stadt besuchte, tat er dies erklärtermaßen, um Kephas kennenzulernen.[33] Jakobus, Kephas und Johannes galten als die „Säulen der Gemeinde"[34], als Paulus vierzehn Jahre später wieder in Jerusalem weilte, um die Frage der Heidenmission zu klären.[35]

Es ist nicht möglich, für Petrus ähnlich detailliert Reiserouten anzugeben, wie für Paulus. Die Apostelgeschichte weiß Petrus in Lydda und Joppe, in Cäserea und Samaria.[36] Doch mit der Verfolgung unter Herodes Agrippa um 44, mit der sich die Christengemeinde Jerusalems weitgehend zerstreute,[37] begann sicher auch für Petrus ein bewegterer Abschnitt in seinem Leben, der ihn über Palästina hinausführte.

Seine Missionsreisen, auf denen ihn seine Frau begleitete,[38] führten ihn nach Antiochia und Kleinasien. Er war beim Apostelkonvent um 48/49 in Jerusalem anzutreffen und gelangte schließlich nach Rom. Ob Petrus auch in Korinth war, ist aus der Bemerkung im 1. Korintherbrief, es habe dort neben anderen christlichen Gruppen auch eine Kephaspartei gegeben[39], nicht eindeutig zu schließen. Doch veranschaulicht dies immerhin die Bedeutung, die Petrus für die gesamte Urkirche hatte.

Die sichere Tradition, daß sich Petrus in Rom aufgehalten habe, schlägt sich bereits im Schluß des 1. Petrusbriefes nieder.[40] Ende der fünfziger Jahre – zur Zeit der Abfassung des Römerbriefes – scheint Petrus allerdings noch nicht in Rom gewesen zu sein. Paulus hätte in seinem ausführlichen Postskript sicher auch Grüße an ihn bestellen lassen. Doch auch die Zeugnisse der apostolischen Väter, wie der um 96 entstandene 1. Clemensbrief, weisen auf den Romaufenthalt des Petrus hin.[41] Seit der 2. Hälfte des 2. Jahrhunderts vermischt sich die Kunde auch mit apokryphen und legendarischen Berichten[42]

Die Legendensammlungen des späten Mittelalters kennen noch andere Quellen zum Leben des Petrus. Dort ist neben vielen Wundererzählungen auch die bekannte Szene der Begegnung mit Jesus vor den Toren Roms aufgezeichnet: Während der neronischen Christenverfolgung bat die Gemeinde Petrus, die Stadt zu seiner eigenen Sicherheit zu verlassen. Nach anfänglicher Weigerung ließ er sich schließlich überreden und floh aus Rom. Am Stadttor, an dem die Via Appia begann, sah er Christus auf sich zukommen und fragte ihn: „Quo vadis Domine – Wohin gehst Du, Herr?" Er antwortete: „Nach Rom, um ein zweites Mal gekreuzigt zu werden." Da erkannte Petrus, daß er sein Bekenntnis zu Christus nun vollenden sollte, und kehrte um. Er ließ sich ergreifen und wurde zum Tode verurteilt. Vor seiner Kreuzigung erbat er, mit den Füßen nach oben ans Kreuz geheftet zu werden, denn „Christus, der vom Himmel zur Erde kam, wurde aufrecht am Kreuz erhöht, ich aber werde von der Erde zum Himmel kommen und bin unwürdig, am Kreuz zu sterben wie mein Herr".[43] Einen Hinweis auf diese Todesart sieht die Bibelwissenschaft im Johannesevangelium. Dort prophezeit Jesus dem Petrus „du wirst deine Hände ausstrecken, und man wird dich führen, wohin du nicht willst".[44] Das Ausstrecken der Hände, das Binden und Fortführen beschreiben die Vorbereitung zur Kreuzigung. Den Verurteilten wurde der Querbalken an die ausgestreckten Arme gebunden, bevor sie zur Hinrichtung getrieben wurden.[45]

Neuere Untersuchungen haben ergeben, daß das Martyrium des Petrus nicht in die Zeit der neronischen Christenverfolgung fällt. Bereits die ältesten Petruslegenden bringen dessen Tod nicht mit Nero, sondern mit dem Präfekten Agrippa in Verbindung. Auch so frühe Schriftsteller wie Hieronymus und Eusebius setzen die Todesdaten von Petrus und Paulus von der Verfolgung des Jahres 64 ab. Interessant ist dabei, daß, wenn vom Martyrium der beiden Apostel gesprochen wird, Paulus immer zuerst genannt wird. Man schließt daraus, daß Petrus erst nach Paulus, vermutlich im Jahr 67, in Rom gestorben ist.

Casel (Meßgewand) mit gestickten Bildern der Apostelfürsten

Titelblatt des Dettinger Pfarrbriefes Nr. 2 aus dem Jahr 1967

Paulus

Sucht man Informationen zur Biographie des Völkerapostels, ist man zunächst auf die Apostelgeschichte des Lukas verwiesen. Weit anschaulicher wird diese zentrale Persönlichkeit des Urchristentums jedoch durch seine Briefe an die von ihm besuchten Gemeinden.

Paulus wurde etwa 10 n. Chr. in Tarsus in Kilikien (der heutigen südtürkischen Küste) geboren.[46] Seine Familie stammte vermutlich aus Giskala in Galiläa,[47] jedenfalls gehörte sie zum Stamm Benjamin.[48] In seinem pharisäisch geprägten Vaterhaus wurde zwar aramäisch gesprochen,[49] doch war die Verkehrssprache in Kleinasien das Koine-Griechisch, für das Paulus eine erstaunliche Stilsicherheit mitbringt, wie seine späteren Briefe belegen. Auch die Bibel wurde im Haus der Familie wohl nicht auf Hebräisch, sondern in ihrer griechischen Übersetzung gelesen. Da der Vater römisches Bürgerrecht besaß, das sich auch auf den Sohn vererbte, trug dieser zum aramäischen Namen Saul auch den lateinischen Namen Paulus. Paulus war Zeltmacher und gehörte damit eher zur oberen Schicht seiner Heimatstadt. Er verweist später ausdrücklich darauf, daß er sich durch sein Handwerk seinen Lebensunterhalt verdienen kann.[50] Bereits in Tarsus kam er in Kontakt mit griechischer Bildung. Allerdings beschäftigte er sich nicht mit klassischer Philosophie und Dichtung. Was er in diesen Gebieten kennt, gehörte mehr oder weniger zur Allgemeinbildung. Den Stadtmenschen spürt man noch in den Vergleichen aus den Bereichen des Rechtswesens und des Sports, die er in seinen Briefen heranzieht.[51]

Im Alter von 18–20 Jahren – sicher aber erst nach Jesu Tod – kam Paulus zum Studium nach Jerusalem. Höchstwahrscheinlich war einer der berühmtesten Pharisäer der damaligen Zeit, Gamaliel, sein Lehrer. Er wurde dort in palästinensisch-rabbinischer Exegese unterrichtet. Doch ist Paulus auch die hellenistisch-jüdische Typologie vertraut.[52] Auch Elemente jüdischer Apokalyptik finden ihren Niederschlag in seinen Briefen. Zweifellos war Paulus gebildeter als alle Apostel, die zum vorösterlichen Jüngerkreis Jesu gehörten.

Der Eifer für die Religion des Vaters und ein scharfer Blick für die Gefahr, die ihr durch die Christen drohte, ließ ihn mit Empfehlungsschreiben nach Damaskus aufbrechen, um die dortige Christengemeinde zu bekämpfen. In der sensiblen politischen Lage, die das von den Römern besetzte Jerusalem bot, wäre ein ähnliches Vorhaben dort sicher weit gefährlicher gewesen.

Auf dem Weg nach Damaskus traf ihn die Erkenntnis Christi mit aller Macht. Er sieht sich mit der Frage konfrontiert „Warum verfolgst du mich?" Die Antwort, die Paulus, vorübergehend erblindet, gab, war seine Bekehrung. In Damaskus angekommen, wurde der gewendete Verfolger zunächst argwöhnisch aufgenommen, dann aber doch von Annanias getauft. Seine Bekehung war so radikal, daß er von dem, was bisher sein Ideal darstellte, jetzt wie von „Dreck" sprechen kann.[53] Nun reiste Paulus nicht – wie es vielleicht zu erwarten wäre – nach Jerusalem zurück, um sich dem Kreis der Apostel anzuschließen, sondern er begab sich zunächst in die Provinz Arabia, das heißt in das Land der Nabatäer südlich von Damaskus, wo er wohl auch schon missionierte.[54] Nach Damaskus zurückgekehrt, wurde er vom aufgebrachten jüdischen Mob von dort vertrieben.[55] Als er zu einem zweiwöchigen Besuch in Jerusalem eintraf, waren seit seinem Berufungserlebnis drei Jahre vergangen. Paulus betont, daß er nach Jerusalem kam, um Kephas kennenzulernen, und nicht, sich für die Mission instruieren zu lassen.[56] Die Vision vor den Toren von Damaskus muß eine solche Offenbarungsqualität gehabt haben, daß er das Evangelium predigen konnte, ohne die Zeugnisse der Apostel jemals gehört zu haben.

Nach dem Besuch in Jerusalem geht er zurück nach Syrien und seine Heimat Kilikien.[57] Auch später kommt er nur noch zweimal nach Jerusalem und auch dann nur, um mit den Aposteln die Frage der Heidenmission zu klären und die vereinbarte Kollekte als Zeichen der weltumspannenden Solidarität der Kirche zu überbringen.

Barnabas holte Paulus im Jahre 44 ins syrische Antiochia.[58] Die dortige Gemeinde sandte die beiden zur Mission in nichtjüdische Gebiete aus. Sie gelangten nach Zypern und Galatien bis Derbe.[59] Beide vertraten die antiochenische Gemeinde im Jahre 49/50 auch in Jerusalem beim sogenannten Apostelkonvent.[60]

In den Jahren 50–53 begab sich Paulus auf seine zweite Reise. Er besuchte zunächst von ihm gegründete Gemeinden, zieht dann aber weiter nach Makedonien. In Philippi, wo Paulus die Purpurhändlerin Lydia taufte, entstand die erste christliche Gemeinde in Europa. In der Hafenstadt Thessaloniki predigte Paulus ebenso wie in Beroia. Schließlich gelangte er über Athen, wo er erfolglos auf dem Areopag predigte, bis Korinth. Dort blieb er anderthalb Jahre[61] und schrieb die beiden Briefe an die Christen in Thessaloniki.

Seine dritte Reise führte Paulus nach Ephesus, wo er 2½ Jahre erfolgreich wirkt.[62] Hier entstanden einige Briefe an die Gemeinde von Korinth – mehr als die beiden, die uns heute noch bekannt sind. Auch an die Gemeinde Philippi und die Christen in Galatien wandte sich Paulus während seiner Zeit in Ephesus.

Die Christengemeinden dieser Zeit darf man sich nicht groß vorstellen. Paulus ging bei seiner Missionstätigkeit immer von der jüdischen Synagoge aus und sammelte Juden oder Gottesfürchtige um sich, meist Menschen unterer Schichten, Freigelassene und sogar Sklaven. Er besuchte dabei nur Orte, in denen die Menschen Christus noch nicht kennen. Erklärtermaßen will er nicht auf dem Fundament, das ein anderer gelegt hat, weiterbauen.[63] Vielleicht konnte er gerade deshalb andere Missionare ohne Neid akzeptieren.[64] Dabei besucht er nur große Städte und rechnete mit einer selbständigen Ausbreitung des Evangeliums ins Hinterland, was sich zumindest zu seinen Lebzeiten und lange darüber hinaus jedoch als vergebliche Hoffnung erwies. Erst als das Christentum im 4. Jahrhundert Staatsreligion wurde, entstanden auch in ländlichen Gebieten Gemeinden. Doch Paulus arbeitete unter Zeitdruck. Er rechnete mit der baldigen Wiederkunft Christi und versuchte bis dahin die „ganze Welt" zu erreichen. Dennoch vergaß er bei seiner Mission nicht, sich auch um einzelne zu kümmern.[65] Berührendes Zeugnis hierfür ist der Philemonbrief, in dem er sich behutsam und diplomatisch, aber doch nachdrücklich für einen entlaufenen Sklaven einsetzt.

Im Frühjahr 58 brachte Paulus die Kollekte nach Jerusalem, die auf dem Apostelkonvent als Zeichen der Verbundenheit und Zusammengehörigkeit aller Christengemeinden beschlossen worden war. Er plante, nach Spanien zu reisen.[66] Doch in Jerusalem wurde er verhaftet und von Cäserea aus nach Rom transportiert. Nach gefahrvoller Reise – er erlitt Schiffbruch bei Malta – erreichte er erst im Frühjahr 61 Rom, wo er zwei Jahre in Hausarrest verbrachte.[67] In dieser Zeit entstanden die Briefe an die Kolosser und Epheser sowie der Philemonbrief.

Wenn Paulus bereits als Gefangener nach Rom gebracht wurde, ist er dort in einem regelrechten Prozeß verurteilt worden und nicht den neronischen Christenverfolgungen zum Opfer gefallen. Seine Hinrichtung – als römischer Bürger ist Paulus vermutlich enthauptet worden – könnte Ende 63, Anfang 64 stattgefunden haben.[68]

Paulus war ein leidenschaftlicher Mann. Er konnte heftig polemisieren und unerbittlich sein gegen Fehler. Doch zeigt sich bei ihm immer wieder auch die Rücksicht gegenüber den Schwachen. Sein großes Selbstbewußtsein gründet in seinem Sendungsbewußtsein.[69] Er ist durchaus nicht gefallsüchtig, sondern ver-

Die Stickerei auf einem Pluviale (Chormantel) zeigt die Bekehrung des Apostels Paulus

Fresko der Bekehrung des Apostels Paulus an der Emporenwand links über dem Chor. Der Überlieferung nach wurde dieses Bild von Ewalds Schülerin und späterer Frau Clara gemalt.

tritt die klare Linie des Evangeliums, das sich ihm vor Damaskus offenbarte.[70] In all den erfüllten Jahren hatte Paulus stets mit einer Krankheit zu kämpfen, die er als „Stachel im Fleisch" bezeichnet und unter der er sehr litt. Es ist allerdings nicht zu ergründen, um welches Leiden es sich handelte.

Paulus war sicher die bedeutendste Persönlichkeit der apostolischen Zeit. Sein Lebenswerk hat die Kirche davor bewahrt, als jüdische Sekte in Vergessenheit zu geraten.

Kontrahenten und Partner

Durch lange Jahrhunderte kirchlicher Tradition sind wir es gewohnt, Petrus und Paulus als Paar zu verstehen. Dennoch sind sich die historischen Apostel nur dreimal und jedesmal nur für recht kurze Zeit begegnet. Es wird darüber hinaus bereits in den Schriften des Neuen Testaments deutlich, daß sie nicht unbedingt „ein Herz und eine Seele" waren. Ja, es kam sogar zu einer heftigen Auseinandersetzung zwischen beiden im syrischen Antiochien.

Paulus nennt Petrus in seinen Briefen fast immer *Kephas*. Schon im Urchristentum hatte sich aber die griechische Form *Petros* durchgesetzt. Paulus erreicht damit sowohl bei seinen Adressaten damals wie heute einen Verfremdungseffekt. Wenn er *Kephas* statt *Petros* benutzt, signalisiert er eine Distanz zum Mitapostel. Dies wird offenkundig, wenn es ihm in besonderen Argumentationszusammenhängen auf seine Verbundenheit und Einheit mit Petrus ankommt: Paulus wählt dann bewußt die griechische Namensform.

Die Unterschiede des von Paulus und von den übrigen Aposteln verkündeten Evangeliums treten auf dem Jerusalemer Apostelkonvent zutage. Zwar wird die paulinische Verkündigung eines gesetzesfreien „Evangeliums für die Heiden" anerkannt, doch bleibt für Judenchristen das mosaische Gesetz in Kraft. Solange es nur rein judenchristliche oder rein heidenchristliche Gemeinden gab, stellte dies kein Problem dar. Spannungen waren allerdings unvermeidlich, als Jerusalemer Judenchristen die heidenchristliche Gemeinde im syrischen Antiochien aufsuchten. Petrus, der zuvor in Antiochien Tischgemeinschaft mit den Heidenchristen gepflegt hatte, was ihm als Juden natürlich verboten war, zieht sich nun davon zurück, um keinen Anstoß bei der judenchristlichen Gruppe zu erregen. Paulus stellt ihn daraufhin zur Rede und wirft ihm sein schwankendes Verhalten vor. Mit seinem „Rückfall ins Gesetz" suggeriere er der antiochenischen Heidenchristengemeinde, daß Christentum nur in Bindung an das jüdische Gesetz möglich sei und nötige sie somit in letzter Konsequenz zur Übernahme der Beschneidung. Offenbar konnte sich Paulus mit seinen Argumenten im antiochenischen Konflikt aber nicht durchsetzen – sogar sein Begleiter Barnabas wechselt ins andere Lager –, und er verließ die Gemeinde endgültig.

Petrus ist sicher kein radikaler Vertreter einer judenchristlichen Linie. Seine Absicht ist es, die Einheit mit Jerusalem zu wahren. Er hat sozusagen eine gesamtkirchliche Perspektive. Letztlich müssen die Heidenchristen auf bestimmte Kennzeichen jüdischer Identität verpflichtet werden, damit die Einheit gewahrt werden kann. Möglicherweise finden sich die antiochenischen Abmachungen in den sogenannten ‚Jakobusklauseln' wieder, wie sie die Apostelgeschichte überliefert. Der Konflikt kann als Zeugnis dafür gelten, daß die getrennten Missionen der Anfangszeit, mit denen auch eine inhaltliche Differenzierung einherging, mehr und mehr zusammenwachsen. Von den plakativen Positionen – Paulus will zu einem gesetzesfreien Evangelium hinführen, Petrus ein gesetzliches Christentum etablieren – gehen mit Rücksicht auf die Einheit immer mehr paulinische Elemente verloren.

Martyrium und Verehrung

Petrus und Paulus sind in Rom als Märtyrer gestorben. Allerdings sind sie vermutlich nicht Opfer der Christenverfolgung unter Nero, denn schon so frühe Schriftsteller wie Hieronymus und Eusebius setzen ihr Todesdatum von der Verfolgungswelle ab. Paulus ist in Jerusalem verhaftet und in Rom in einem regulären Prozeß zum Tode verurteilt worden. Dies geschah vermutlich bereits Anfang der sechziger Jahre, noch vor 64 n. Chr. Auch das Martyrium des Petrus fällt vermutlich nicht in die Verfolgung des Jahres 64, sondern wird heute meist mit 67/68 n. Chr. angegeben.

Die Hinrichtungsstätten der Apostelfürsten sind zwar nicht bekannt, doch weiß die Tradition von ihren Gräbern am Vatikan und der Straße nach Ostia. Diese beiden auseinanderliegenden Orte belegen, daß Petrus und Paulus nicht gemeinsam starben – sie wären sonst wahrscheinlich auch gemeinsam bestattet worden. Des weiteren muß man davon ausgehen, daß auch ihre Verehrung unabhängig voneinander entstand, gehen doch die Heiligenkulte in der Regel von ihren Gräbern aus.

In konstantinischer Zeit entstanden die großen Basiliken über den Apostelgräbern. Während das Grab Petri durch die Ausgrabungen unter der heutigen Peterskirche als recht wahrscheinlich angesehen werden muß, stehen vergleichbare archäologische Untersuchungen in St. Paul vor den Mauern noch aus. Die Häupter der Apostelfürsten befinden sich wohl seit dem 9. Jahrhundert im Lateran und werden seit dem 16. April 1370 im Ciborium über dem Hauptaltar der dortigen Basilika aufbewahrt. Außerhalb Roms gab es kaum Körperreliquien der beiden römischen Heiligen. Einzig aus der Hagia Sophia zu Konstantinopel, dem neuen Rom, gibt es Berichte über die Verehrung von Petrus- und Paulus-Reliquien.

Über die eigentlichen Reliquien hinaus existieren etliche Gegenstände, die mit Petrus in Verbindung gebracht werden. Zunächst ist dies die Kathedra Petri, die heute den zentralen Platz im glanzvollen Altarretabel der Peterskirche hat. Teile des Bischofsstabes des Apostels befinden sich nach wechselvoller Geschichte heute in Köln und Limburg. Viele Schlüssel werden mit Petrus in Verbindung gebracht und veranschaulichen seine Binde- und Lösegewalt. Eine Kette, mit der Petrus gefesselt gewesen sein soll, ist seit 432 nachweisbar. Sie befand sich in der Kirche, die seit dem 4. Jahrhundert an der Stelle der heutigen Kirche S. Pietro in vincoli stand.

Martyrium der Apostel Petrus und Paulus, karolingisches Fresko in Müstair/Schweiz

Festtage und Festliturgien

Eine Eintragung in einem römischen Kalendarium aus dem Jahr 354 wird man so verstehen dürfen, daß seit dem 29. Juni 258 bei den Katakomben an der Via Appia Petrus und Paulus gemeinsam verehrt wurden. Auf dieses gemeinsame Gedächtnis der Stadtpatrone deutet eine Vielzahl von Graffiti in der Krypta der heutigen Kirche San Sebastiano hin. Dort gedachte eine Gruppe der römischen Gemeinde unabhängig von ihren Gräbern der Apostelfürsten, hatte doch in dieser Zeit Reliquienverehrung noch nicht die Bedeutung, die sie etwa ein Jahrhundert später bekommen sollte.

Auf ein solches Totengedächtnis geht auch das Fest *Kathedra Petri* zurück. Nach römischer Sitte feierte die Familie am 22. Februar ein Mahl an den Gräbern, wobei ein Platz für den Verstorbenen freiblieb. Dieser Sessel, die sogenannte ‚Kathedra' gab der ganzen Gedächtnisfeier den Namen, die auch Eingang in die frühen Kalender der stadtrömischen Kirche. Für die Christen hatte ‚Kathedra' damals aber sicher schon die Bedeutung ‚Bischofsstuhl'. Man gedachte am Zeitpunkt des heidnischen Totenmahls also der Übernahme des Bischofsamtes durch Petrus.

Terracottarelief, das zur Finanzierung des Kirchenbaus in Dettingen verkauft wurde und noch heute in vielen Familien vorhanden ist. Am Fuß der Apostel erkennt man deutlich die Dettinger Kirche mit den dreieckigen Gadenfenstern, den Fialen am Turm und den Apostelmonumenten vor dem Kirchenportal. Der Turm selbst entspricht den Ausbauplänen von 1938, weshalb die Entstehung der Reliefserie vermutlich auch in dieser Zeit anzusiedeln ist (s. S. 106).

Während in der römischen Kirche San Sebastiano Petrus und Paulus gemeinsame Verehrung erfuhren, feierte man an ihren Gräbern natürlich zunächst nur den dort bestatteten Märtyrer. Um des jeweils anderen Apostels ebenfalls zu gedenken, entwickelten sich sogenannte *Mitfeste*. In St. Peter wurde am 30. Juni des Apostels Paulus gedacht und in St. Paul an diesem Tag umgekehrt Petrus memoriert. Da sich die Bräuche der Peterskirche in der Christenheit durchsetzten, war das Apostelfest am 29. Juni bis zur jüngsten Liturgiereform in seinen Texten stark auf Petrus zugeschnitten, während am 30. Juni ein Mitfest des hl. Paulus im Kalender stand. Die alten Lesungen für den 29. Juni blieben zwar erhalten, wurden aber durch Abschnitte aus Paulusbriefen ergänzt. Die übrigen Meßtexte sind zumeist Neuschöpfungen bzw. stammen aus anderen Zusammenhängen und bringen nun deutlicher *beide* Apostel zur Sprache. Für die Liturgie ist der Prozeß der Zusammenlegung der Apostelgedächtnisse somit erst in jüngster Zeit zu einem Abschluß gekommen.

Ein eigenes Paulusgedächtnis hat nun, nach einem gemeinsamen Petrus-und-Paulus-Fest am 29. Juni, eigentlich seinen Sinn verloren und wurde konsequenterweise durch das neue *Gedächtnis der ersten Märtyrer der Stadt Rom* ersetzt. Dagegen hat das Fest *Pauli Bekehrung* am 25. Januar einen höheren Stellenwert bekommen. Andere Feste wie *Petri Stuhl-* und *Kettenfeier* sind dagegen heute im Kalender nicht mehr berücksichtigt.

Die römische Liturgie orientiert sich in ihren Dichtungen meist stark an biblischen Texten, die in neuer Weise zusammengestellt, teils wörtlich zitiert, teils auch nur parapharsiert werden und damit neue Deutungshorizonte erschließen. In einem Responsorium eines alten Breviers heißt es beispielsweise: „Simon Petrus, ehe ich dich vom Schiff berief, kannte ich dich[71] und setzte dich als Fürsten über mein Volk[72] und ich gab dir die Schlüssel des Himmelreichs. Was du auf Erden bindest, soll auch im Himmel gebunden sein, was du auf Erden löst, soll auch im Himmel gelöst sein[73]." Ein anderes Responsorium lautet: „Steh auf, Petrus, zieh deine Kleider an[74] und empfange die Kraft, die Völker zu retten[75], denn die Ketten sind dir von den Händen gefallen[76]. Der Engel des Herrn trat auf und Licht erstrahlte in der Kerkerzelle. Er stieß den Petrus in die Seite, weckte ihn und sprach: Steh schnell auf[77]." Freie Poesie begegnet in der lateinischen Kirche meist nur in den Hymnen des Stundengebets. Spätestens im 10. Jahrhundert ist der Hymnus zum Fest Peter und Paul nachweisbar, der Rom glücklich preist und die Apostel „Väter Roms", „Leuchten des Weltalls", „Richter der Völker" und „Fürsten" nennt. Die reichere Hymnik der Ostkirchen bezeichnet sie darüber hinaus als „Hände des Evangeliums" und „Füße der Wahrheit", als „leuchtende Zierde Roms" und „großen Leuchten der Kirche", als „Lehrer des Erdkreises" und in Rückgriff auf die mosaischen

Gesetzestafeln als die „von Gott beschriebenen Tafeln des Neuen Bundes". Das beliebte Lied, das auch in Dettingen gerne zum Fest gesungen wird, beginnt mit den Versen „O Zierde der Apostelschar, du gottgeweihtes Heldenpaar" und geht auf eine Dichtung aus der Mitte des 19. Jahrhunderts zurück.

Wie werden Petrus und Paulus dargestellt?

Abbildungen des Petrus finden sich früher als solche des Paulus, und sie bleiben auch zahlreicher. Die erste erhaltene Darstellung aus den Jahren 232/233 begegnet in den Wandgemälden der Kirche in Dura Europos am Euphrat. Dort ist Petrus nur aus dem Zusammenhang der Szene erkenntlich. Bereits Anfang des 4. Jahrhunderts kommen die ersten Doppelbildnisse der Apostel Petrus und Paulus auf, wie Eusebius weiß. Aus der Notwendigkeit heraus, beide zu unterscheiden, entwickelte sich ein Typus für beide, der sich seinerseits auf antike Philosophendarstellungen zurückführen läßt.[78] Petrus ist von nun an durch einen breiten, runden Schädel gekennzeichnet, trägt graues, krauses Haar und einen kurzen, vollen, oft kastenförmigen Bart. Seit dem 4. Jahrhundert ist die Entwicklung des Portraittypus im Prinzip abgeschlossen und bliebt – verglichen mit ähnlichen Entwicklungen bei den anderen Aposteln – am genauesten festgelegt. Westlicher Sitte zufolge wird er allerdings auch mit tonsurartigem Haarkranz abgebildet. Im späten Mittelalter kommt oft noch eine Stirnlocke hinzu. Als Attribute werden dem Petrus in erster Linie die beiden Schlüssel als Zeichen der Binde- und Lösegewalt beigegeben. Dazu kommt das Insignium der Apostel, die Schriftrolle oder späterhin das Buch. Die biblischen Berichte gaben Anlaß für zahlreiche szenische Petrus-Darstellungen.

Auch für Paulus bildet sich sehr früh ein fester Typus der Darstellung heraus. Um 400 sind die traditionellen Züge ausgeprägt, die Paulus klein, mit Glatze und langem Bart, stark hervortretender Stirn und gebogener Nase zeigen. Spätere Darstellungen, die ihn hochgewachsen und kräftig abbilden, entsprechen eher dem in der Apostelgeschichte vermittelten Eindruck. Charakteristisch bleibt der oft zweigeteilte lange Bart, der sein Vorbild in antiken Philosophendarstellungen hat. So tradiert ihn noch das Malerhandbuch vom Athos und das Handbuch der Ikonenmalerfamilie Stroganov. Keine nennenswerten Alternativen haben sich bei den Attributen herausgebildet. Paulus trägt das Schwert zusätzlich zum Buch oder der Schriftrolle. Manchmal wird Paulus auch als Evangelistentypus gezeigt. Er sitzt am Pult und schreibt an seinen Briefen. Unter den zahlreichen szenischen Darstellungen, die auf der Apostelgeschichte basieren, verdient vor allem die Bekehrung vor Damaskus Erwähnung. Es begegnen oft Darstellungen, die die aufeinander folgenden Ereignisse in einem Bild festhalten. In Dettingen ist das im Kirchenraum nicht sichtbare Fresko Pauli Bekehrung auf der linken Chorempore der einzige Bezug, den die Malerei zu den Kirchenpatronen herstellt. Örtlicher Überlieferung zufolge stammt das Bild von Reinhold Ewalds damaliger Schülerin und späteren Frau Clara Weinhold.

Petrus und Paulus in Dettingen

Die monumentalen Apostelfiguren, die den Eingang zum Vorplatz der Kirche in Dettingen flankieren und damit gewissermaßen ein Atrium vor dem Kirchenportal markieren, lehnen sich eng an die beschriebene frühchristliche Typologie an. Auch die Aufstellung, Petrus links, Paulus rechts vom Eingang, entspricht

Byzantinische Ikone aus Patmos. Sie zeigt die beiden Apostel – deutlich an Haartracht und Physiognomie kenntlich – in brüderlicher Umarmung.

der überlieferten Ikonographie. Beide Apostel tragen in ihrer Linken das aufgeschlagene Buch. Darin ist das Evangelium zu sehen, das Christus seinen Aposteln als das neue Gesetz anvertraut hat. Gleichzeitig ist die in der altchristlichen Ikonographie häufig anzutreffende Übergabe des Gesetzes durch Christus auch als eine Übertragung von Hirtengewalt zu verstehen. Als persönliches Attribut trägt Petrus, der sein Gesicht dem Eintretenden zuwendet, die zwei Schlüssel. Paulus hält das Schwert in der Rechten.

Die Plastiken wurden von Paul Seiler aus Frankfurt entworfen. Im November 1922 stellte sie Steinmetz Karl Weidner aus Dietesheim in Rechnung. Der Künstler erhielt den Auftrag nach der Präsentation von etwa einem Meter großen Prototypen aus Gips, die sich heute im Heimatmuseum befinden.

Paulus, dessen Verkündigung vom Kreuz Christi ausgeht, steht in enger Beziehung zum Innenraum der Dettinger Kirche, seinem Kreuzweg und dem Altarbild, das wie eine Vergegenwärtigung paulinischer Theologie angesehen werden kann. Zu Petrus hingegen vermag man eine Beziehung zum äußeren Erscheinungsbild herzustellen, wenn man den massigen und gedrungenen Baukörper und die die Materialität des Steins nicht vertuschenden Mauern als Hinweis auf Petrus, den Fels versteht. Die Apostel sind das Fundament, auf dem die Christen heute ein Haus aus lebendigen Steinen aufbauen. Der Schlußstein ist Christus Jesus selbst.[79]

Michael Pfeifer

„Der Apostel heilger Chor"

Neue Erkenntnisse über den Apostelaltar in Dettingen

Dominikus Böhm und Martin Weber schufen den Innenraum der Dettinger Kirche mit „bestimmter und ausdrücklicher Richtung nach dem Hochaltar". Der Altar sollte im christozentrischen Konzept die Mitte sein, nicht die geometrische zwar, aber „der Ort, dem sich die Aufmerksamkeit der Versammlung wie von selbst zuwendet", wie van Acken schreibt. Nicht zuletzt deswegen, sondern auch weil er bereits wenige Jahre nach der Kircheneinweihung verändert wurde und die nunmehrige Wiederherstellung des Urzustandes nur auf den ersten Blick gelungen ist, lohnt sich eine nähere Betrachtung des Dettinger Apostelaltars.

So unübersehbar die beiden lebensgroßen Monumente der Apostelfürsten im Zugangsbereich der Kirche sind, so sehr fällt auf, daß die Kirchenpatrone in ihrem Innern keine besondere Rolle spielen. Beherrscht vom Kreuzigungsbild, in das der Kreuzweg mündet, findet man die Bildwerke der Apostel nur mit Mühe. Als Andachtsbilder fehlen sie ganz. Nur recht entfernt von den Plätzen der Gemeinde am Retabel (Aufsatz) des Hauptaltars finden sich Reliefs, die Petrus und Paulus im Kreise der zwölf Apostel zeigen.

Doch so selbstverständlich ist die Einbeziehung des Völkerapostels Paulus in die Gruppe der Zwölf beileibe nicht, wie ein Blick in die Bibel zeigt.

Welche Apostel werden dargestellt?

In den Zwölferkreis beruft Jesus neben Simon, dem er den Namen Petrus beilegt, Andreas, dessen Bruder und die Söhne des Zebedäus, Jakobus und Johannes. Auch Philippus, Bartolomäus, Tomas und Mattäus, Jakobus, Sohn des Alphäus, Simon der Zelot aus Kana und Judas Iskariot gehören dieser Gruppe an. Hinzu kommt Judas Taddäus, dessen traditioneller Name eine Kompilation aus dem Taddäus bei Markus und Matthäus und dem Judas des Lukasevangeliums darstellt (Mt 10,1–4; Mk 3,13–19; Lk 6,12–16). Daran, daß die Listen nicht genau übereinstimmen, läßt sich ablesen, daß es den Evangelisten nicht auf die Einzelpersonen, sondern vielmehr auf die Zwölfzahl ankommt. Die Bezeichnung „Apostel" hingegen ist zunächst nicht fest auf diese Zwölfergruppe eingegrenzt. Zwar vermeidet es die Apostelgeschichte, Paulus und Barnabas mit diesem Titel zu belegen, doch

Himmelfahrtsmosaik in der Kuppel der Hagia Sophia in Thessaloniki. Der thronende Christus wird von Engeln emporgetragen. Die Apostel umstehen zusammen mit Maria und den beiden Engeln die Szene. Deutlich sind die traditionellen Physiognomien der Apostel Petrus und Paulus zu erkennen, die der Gottesmutter am nächsten stehen.

versteht sich Paulus selbst als Apostel und legt auch etlichen seiner Mitarbeiterinnen und Mitarbeiter den Ehrentitel „Apostel" bei.

Bei der Darstellung des Zwölferkreises wird schon früh auf den anstelle des Verräters Judas neugewählten Mattias verzichtet, um Paulus im Rahmen der Gruppe zeigen zu können. Solchen Anordnungen kommt es demnach weniger auf den historischen Gehalt, sondern mehr auf die theologische Bedeutung an. Immerhin hat schon mit der Auswahl Jesus selbst auf die zwölf Stämme Israels Bezug genommen und damit eine theologische Aussage getroffen. In diesem Sinne ist im Rahmen der Darstellung von Ereignissen wie der Himmelfahrt Christi oder des Pfingstwunders Paulus im Kreis der Zwölf nicht als Augen-, wohl aber als Glaubenszeuge abgebildet. Noch weiter geht man in der byzantinischen Tradition,

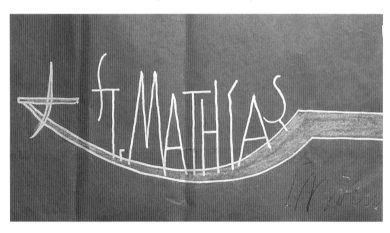

Entwurfszeichnung für einen Apostelleuchter. Dominikus Böhm hat die Leuchter zunächst für die 1926 erbaute Christkönigskirche in Mainz-Bischofsheim geschaffen und sie für Dettingen ein weiteres Mal anfertigen lassen.

die auch Markus und Lukas neben Paulus in der Reihe der Zwölf abbildet. Es fehlen Jakobus der Jüngere und Judas Taddäus. Bereits im 6. Jahrhundert trägt das Grabmal Theoderichs in Ravenna diese zwölf Namen, die zum Apostelkanon der Ostkirche werden sollten.

Wie werden die Apostel dargestellt?

Anders als für Petrus und Paulus bestand zunächst kein Bedarf, die übrigen Apostel physiognomisch zu unterscheiden. Anfänglich trugen sie alle mehr oder weniger einheitliche Kleidung und ein Buch oder eine Schriftrolle in Händen. Noch das Malerhandbuch vom Berge Athos aus dem 18. Jahrhundert beschreibt die Physiognomien recht stereotyp. Neben Petrus („ein Greis mit rundem Bart, hält einen Brief, auf dem zu lesen ist: ‚Petrus, Apostel Jesu Christi' [1 Petr 1,1]") und Paulus („kahlköpfig mit starrem Bart und grauem Haar, hält seine vierzehn Briefe gerollt und zusammengebunden") ist am ehesten noch Andreas auffällig im Typus („ein Greis mit Lockenhaar, hat den Bart zweigespalten, hält das Kreuz und ein zusammengerolltes Blatt"). Mit der Zeit prägten sich weitere Typologien aus und persönliche Attribute traten hinzu, die allerdings nicht in allen Fällen eindeutig zugeordnet werden können.

Wo werden die Apostel dargestellt?

Entsprechend ihrer herausragenden Rolle in der frühen Kirche erhalten die Apostel auch vornehme Plätze, wenn es um ihre Darstellung im Kirchenraum geht. So finden sie sich zunächst in der Apsismuschel. Dort umgeben sie Christus, der ihnen das Gesetz übergibt oder als Herrscher thront. An der gleichen Stelle begegnen auch sehr früh Darstellungen der Himmelfahrt Christi. In der Apsis stehen die Apostel, oft mit Maria als Zentralfigur, und schauen zur Apsismuschel empor, wo Christus als Allherrscher in einer Mandorla aufleuchtet. Die Elemente dieser Darstellung verselbständigen sich später. Das Bild des Pantokrators wandert weiter ins Kirchenschiff und bekommt seinen Platz in der Hauptkuppel. Die Mutter Gottes erhält den Platz in der Apsismuschel. Im Apsiszylinder umstehen die Apostel den Altar gleichsam als Garanten der Welt und Zeit umspannenden Kirche.

In Kuppelkirchen finden die Apostel zuweilen einen herausragenden Platz, wenn sie – zumeist zusammen mit Maria – den Allherrscher in der Wölbung der Hauptkuppel umstehen. Auch begegnen Brustbilder im Triumphbogen, in dessen Scheitel Christus abgebildet oder durch sein Monogramm symbolisiert ist; so schon im 6. Jahrhundert in San Vitale und der erzbischöflichen Kapelle zu Ravenna.

In basilikalen Räumen – wie etwa der Laterankirche in Rom oder der Einhardsbasilika in Seligenstadt – tragen die Pfeiler oftmals Bilder oder Namen der Apostel. Es soll dadurch deutlich werden, was Paulus im Brief an die Christen in Ephesus schreibt: „Ihr seid auf das Fundament der Apostel und Propheten gebaut; der Schlußstein ist Christus Jesus selbst" (Eph 2,20). Oft sind an den Wänden auch die sogenannten Apostelleuchter angebracht, die die Stellen der Salbung der Kirche im Rahmen ihrer Weihe bezeichnen.

Zum Schutz der Fresken waren in Dettingen die Apostelleucher an den Pfeilern montiert, während die hölzernen Salbungskreuze in die Wand eingelassen sind. Die Leuchter, entsprechend der Rechnung „aus Messing gefertigt, roh mit Schrift, Arme gehämmert",

Der Hochaltar in der Zeit zwischen 1932 und 1971. Der Tabernakel wird von Engeln und Evangelisten flankiert. Unten ein Detail.

ragten nach außen; die Dübellöcher sind noch heute zu erkennen. Die Zeichnungen sind von Böhm ursprünglich für Mainz-Bischofsheim entwickelt worden, was auch ihre verhältnismäßig späte Fertigung im Januar 1927 erklärt. Folgt man einer Erfassungsliste aus dem Jahre 1943, die das Entstehungsjahr der Leuchter allerdings mit 1923 angibt, sind sie als kriegswichtige Rohstoffe abgeliefert und eingeschmolzen worden.

Der Apostelaltar in Dettingen

In einem frühen Entwurf des Innenraumes war von Böhm anstelle des monumentalen Freskos ein hochaufragendes Tryptichon projektiert, dessen ikonographischer Gehalt jedoch nicht rekonstruiert werden kann. Obwohl Ewalds Kreuzigungsdarstellung nun als überdimensionales Altarbild fungiert, verzichtete Böhm dennoch nicht ganz auf einen Altaraufsatz, wenn er nun auch keine den Raumeindruck beherrschende Stellung mehr hatte. Das Altarretabel wirkt wie eine Abstraktion mehrgliedriger gotischer Flügelaltäre. Es zeigt die Apostel und stellt sie damit an den Platz, den sie seit der frühchristlichen Ikonographie inne haben. Wie in einer Apsis umstehen sie den Altar.

Die älteste Fotografie des Innenraums, noch vor der Fertigstellung aufgenommen, zeigt vierzehn einzelne Retabelreliefs. Die beiden nach außen offenen Tafeln verstärkten die Anmutung von Altarflügeln. Hinzu kommt, daß die Aufstellung durchaus nicht – wie seit der letzten Umgestaltung 1971 – einer geraden Linie folgte, sondern in leichter Zick-Zack-Bewegung verlief. Dabei stand die hohe Seite jeder Tafel weiter vorne, während die niedrigere zurückschwang. Damit wurde eine Plastizität des gesamten Retabels und die reichere Konturierung der Reliefs durch Licht- und Schattenwirkung erzielt.

Das Apostelretabel im heutigen Zustand

Die vierzehn Tafeln zeigten allerdings nicht die vierzehn im römischen Meßkanon als Apostel Bezeichneten, wie man bislang annehemen mußte. Vielmehr umstehen zwölf Apostel die auf den beiden Mittelflügeln thronende Dreifaltigkeit. Auf dem linken Mittelflügel ist Gott Vater mit Tiara und Weltkugel abgebildet, ihm zunächst steht Petrus. Auf dem rechten Flügel ist Christus mit langem Kreuzstab und zu seinen Häupten die Taube als Bild des Heiligen Geistes zu erkennen. Die angrenzende Tafel ist Paulus gewidmet. In gewisser Weise läßt sich an der Gestaltung des Retabels der Grundgedanke byzantinischer Deesisgruppen (Fürbittgruppen) erkennen, bei denen sich dem Thron Christi von links Maria, der Erzengel Michael, Petrus und fünf weitere Apostel und von rechts Johannes der Täufer, der Erzengel Gabriel, Paulus und die übrigen Apostel mit bittendem Gestus nähern. Diese Darstellung, in Dettingen trinitarisch statt christologisch formuliert, hat ihre Entsprechung in den sogenannten Interzessionen des Hochgebetes, in dem die Gemeinschaft der irdischen mit der himmlischen feiernden Gemeinde vergegenwärtigt und für Lebende und Verstorbene gebetet wird. Somit wird deutlich, daß das Dettinger Apostelretabel auf seine Weise einen ähnlich engen Bezug zum Geschehen auf dem Altar herstellt, wie das das Kreuzigungsfresko Ewalds tut (s. S. 85–88).

Beides betont die Altarstelle nicht durch sekundären Zierrat wie Leuchter oder Baldachine. Vielmehr werden zentrale Aspekte des Altars ganz im Sinne recht verstandener Christozentrik veranschaulicht.

Diese theologische Stringenz ist heute leider weitgehend zerstört. Im Zuge der Aufstellung eines sogenannten Volksaltars 1971 veranlaßte Pfarrer Wombacher die Rückführung der Apostelntafeln auf den Altar, von wo sie bereits 1932 – wohl auf Druck der bischöflichen Behörde (s.u.) – entfernt wurden. Seither hingen die Tafeln seitlich in je drei Zweiergruppen an den Seitenwänden des Chorraumes, unterbrochen von den heute noch dort befindlichen Leuchtern. Für die Mitteltafeln mit der Darstellung der Dreifaltigkeit gab es dabei keine sinnvolle Verwendung. Sie müssen heute als verschollen angesehen werden. Bereits im Rahmen der Resituierung 1971 konstatierte man das Fehlen „der beiden äußeren Flügel", nicht wissend, daß es eigentlich die mittleren Nischen waren, die abhanden gekommen waren. Auch war – wohl aus Unachtsamkeit bereits bei der Befestigung an den Seitenwänden – die Reihenfolge der Apostel verändert worden. Kaum eine Tafel befindet sich heute an dem Platz, der ihr 1923 eigen war. Zugegebenermaßen ist die Identifizierung der Personen auch kein leichtes Unterfangen. Heute finden wir von links nach rechts 1. Judas Taddäus mit Keule, 2. Paulus mit Schwert und Buch, 3. Tomas mit Schwert, 4. Andreas mit charakteristischem Kreuz, 5. Petrus mit Schlüssel und Buch, 6. Jakobus d. Ä. (?) mit Buch, 7. Johannes mit vergiftetem Weinbecher, 8. Philippus mit T-Kreuz, 9. Mattäus mit Beil,' 10. Simon mit Säge, 11. Bartolomäus mit seiner Haut und 12. Jakobus d. J. (?) mit Buch. Hierbei sind zunächst die nur durch ein Buch charakterisierten Apostel nicht zuordenbar. Aber auch deutliche Attribute wie Keule oder Beil

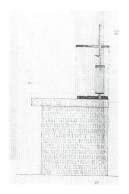
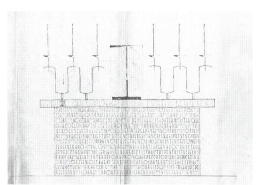

Dominikus Böhms dachte 1928 bei seinen Überlegungen zur Umgestaltung des Hochaltars an eine völlige Neuschöpfung

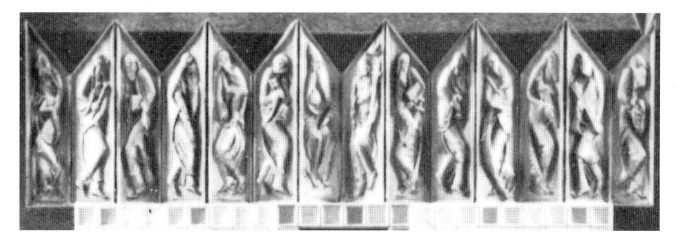

sind mehrdeutig. Zwischen Tomas und Paulus läßt sich nur aufgrund des fotografischen Befundes der Aufstellung von 1923 entscheiden: Paulus stand damals selbstverständlich möglichst weit in der Mitte. Die damalige Anordnung geht aus obiger Abbildung hervor.

Entworfen wurden die Apostelreliefs vom Bildhauer Paul Seiler (1873–1934). Die Plastiken Seilers und seine zwei Modelle der Nischen wurden zunächst von Johann Wachendörfer, dem Formator der Frankfurter Kunstgewerbeschule, in Hartgips gegossen. Diese Arbeiten dienten ihrerseits zum Vorbereiten der Form bei Fischer & Warmuth in Frankfurt und der Modellierung in Terracotta. Die ausgeführte Arbeit wurde am 19. 3. 1923 in Rechnung gestellt. Eine dezente farbliche Fassung vollendete das Retabel.

Die Predella war zweistufig in quadratische Zellen von etwa 12,5 cm Seitenlänge gegliedert und korrespondierte so mit der Chordecke. Die Bemerkung in der Einweihungsschrift, der Altar sei „als geistiger Mittelpunkt des Raumes durch reiches Gold besonders hervorgehoben" wird man als Hinweis auf die in unterschiedlichen Nuancen erfolgte Vergoldung der Predella verstehen dürfen. In ihr befand sich auch der unscheinbare Tabernakel, über dem auf einem Podest die Monstranz ausgesetzt werden konnte. Seitlich rechts im Altarraum hing eine hochaufragende Ewiglichtampel von der Decke herab.

Es ist festzuhalten, daß sich Böhm mit der Anlage des Altars eng an die damals gültigen liturgischen Bestimmungen anschloß. Der Tabernakel sollte „aus der Opferstätte herauswachsen, deren Frucht er bergen sollte"[1]. Die Reste des heiligen Mahles blieben also praktisch auf dem Altar stehen, wurden gewissermaßen nur hinter verschließbare Türen verschoben. Ausdrücklich hat die päpstliche Ritenkongregation im Jahre 1911 die Form des „Doppeltabernakels" verboten, bei der oberhalb des eigentlichen Tabernakels ein mit Türen verschließbarer Aussetzungsthronus fest installiert wird. Ein solcher ist nur für die Zeit der Aussetzung aufzustellen, bestimmt die Vorschrift.[2]

Insofern ist es schwer verständlich, weshalb die bischöfliche Behörde den Dettinger Altar beanstandete.[3] Denn keine andere Ursache konnte der Austausch des Altaraufbaus nach nicht einmal zehn Jahren haben. Anläßlich einer kanonischen Visitation am 3. November 1935 klingt dies noch in den Worten Bischof Matthias Ehrenfrieds an, wenn er formuliert: „Leider kann die Kirche nach Architektur und Innenausstattung nicht unseren Beifall finden. Zwar hat sich durch die letzte Renovierung und durch die Beschaffung eines eigenen Altaraufbaus der Gesamteindruck gehoben. Aber auf Grund des can. 1279 CIC müssen wir nach wie vor die meisten der Kreuzwegstationen und die zwei Statuen der Apostel Petrus und Paulus vor der Kirche beanstanden."

Zentrum des neu beschafften Altaraufbaus bildete nun ein goldglänzender Doppeltabernakel, flankiert von einem Terracottaband, das in kreisrunde Formen einbeschriebene Evangelistensymbole und anbetende Engel im Wechsel zeigte. Er geht auf einen Entwurf der Würzburger Künstlerin Hede Rügemer zu-

Das Apostelretabel im ursprünglichen Zustand. Auf der Ausschnittsvergrößerung ist die Anordnung der Tafeln noch gut zu erkennen. Auch die Dreifaltigkeitsdarstellung auf den beiden Mittelflügeln läßt sich ausmachen. Es zeigt v. l. n. r.:
1. Jakobus d. Ä. (?) mit Buch,
2. Mattäus mit Beil,
3. Jakobus d. J. (?) mit Buch
4. Judas Taddäus mit Keule,
5. Philippus mit T-Kreuz,
6. Petrus mit Schlüssel und Buch,
7. Gott Vater mit Tiara und Reichsapfel,
8. Gott Sohn mit Kreuzstab und dem Heiligen Geist über seinem Haupt,
9. Paulus mit Schwert und Buch,
10. Johannes mit vergiftetem Weinbecher,
11. Simon mit Säge,
12. Tomas mit Schwert,
13. Andreas mit charakteristischem Kreuz,
14. Bartolomäus mit seiner Haut.

Anonyme Skizze für eine mögliche Umgestaltung des Apostelaltars zur Einbindung eines festen Aussetzungsthrons oberhalb des Tabernakels.

O Roma felix!
Der Apostelfürsten Tod
hat mit Purpur
ihres Blutes dich geschmückt.
Ihr großes Leben,
nicht dein Ruhm und deine Macht,
gibt dir den Vorrang
vor den Städten dieser Welt.

Pförtner des Himmels,
Petrus, der die Schlüssel trägt,
Völkerapostel,
Paulus, der die Heiden ruft:
Leuchten des Weltalls,
habt den Glauben ihr bezeugt –
einer am Kreuze
und der andre unterm Schwert.

Goldenes Leuchten
strahlt vom Himmel heut herab,
Vater des Lichtes,
du erfüllst die Welt mit Glanz,
zierest den Himmel,
da im Feste wir begehn
deiner Apostel
herrliches Martyrium.

Heiliger Petrus,
Fels, auf dem die Kirche steht,
Hüter der Herde,
die dir Christus anvertraut,
einst hast du weinend
den Verrat am Herrn bereut,
zeigst nun im Tode,
daß du wirklich ihn geliebt.

Heiliger Paulus,
Bote du des neuen Heils,
Künder des Wortes,
der die Völker Wahrheit lehrt,
einst hast du eifernd
Christi Jüngern nachgestellt,
legst nun im Sterben
Zeugnis ab mit deinem Blut.

Göttliche Dreiheit,
Vater, Sohn und Heil'ger Geist,
höre den Lobpreis,
den wir deiner Größe weihn,
da das Gedächtnis
deiner Zeugen uns erfreut.
Gib uns wie ihnen
einst den Thron der Seligkeit.

115

rück, von der auch Ausstattung der Seitenaltäre sowie einige Heiligenfiguren im Kirchenraum stammen. Seitens des Ordinariats wurden zunächst die Entwürfe Josef Ambergs favorisiert, doch kamen diese nicht zur Ausführung. Auch von Dominikus Böhm selbst ist im Pfarrachiv Dettingen ein Plan aus dem Oktober 1928 für einen neuen Hauptaltar erhalten. Der Stipes sollte durch mit Texten der Liturgie überzogene Messingplatten verkleidet werden. Außer Tabernakel und Leuchter sah Böhm kein weiteres Retabel vor. Wessen Versuche einer Synthese zwischen Apostelretabel und Aussetzungsthronus sich in der Bleistiftskizze niederschlägt, die im Pfarrarchiv erhalten ist, kann nicht beantwortet werden. Die Überlegungen haben sich jedenfalls nicht durchsetzen können. Anfang 1932, vielleicht auch schon vor Weihnachten, wurde der neue Altaraufbau installiert.

Wie ein Riegel zog sich nun das Reliefband weit über den Altar hinaus, fast von Wand zu Wand, und integrierte – viel stärker als zuvor das mehr auf Selbständigkeit bedachte Apostelfries – das riesige Fresko zu einem monumentalen Retabel. Entscheidende Veränderung aber war, daß nun nicht mehr der Altar im Zentrum stand, sondern der Tabernakel. Er wuchs jetzt nicht mehr aus der Mensa empor, sondern stand zusammen mit Leuchtern und Blumen auf einem aus Tonplatten errichteten Podest, das heute noch die Predella des Apostelretabels bildet. Die Flügel rahmten den Aussetzungsthron und standen in keiner erkennbaren Beziehung zum Geschehen auf dem Altar. Mitte des Raumes war nicht mehr die dynamische Vergegenwärtigung von Tod und Auferstehung Jesu in der Feier der Messe, sondern die statische Gegenwart Gottes.

Es entsprach also nicht nur denkmalpflegerischen Überlegungen, sondern auch neuem Gemeinde- und Sakramentsverständnis, wenn im Rahmen der liturgischen Neuordnung nach dem 2. Vatikanischen Konzil die ursprüngliche Gestalt des Apostelaltars wieder herzustellen versucht wurde. Solange der Altar jedoch nicht als Altar, sondern nur als Rückwand des Altarraumes, als Blumen und Leuchterbank benutzt wird, läßt sich die Böhmsche Konzeption nicht einholen. Pläne, den Altar vollständig abzutragen und das Retabel auf einem Gesims unterhalb des Kreuzigungsfreskos anzubringen, sind glücklicherweise nicht umgesetzt worden.

Einer zukünftigen Neuordnung, die sich keinesfalls wie die vorangegangene nur auf die Möblierung des Altarraumes beschränken kann, sondern den Gesamtraum in Blick nehmen muß, könnte sich die oben dargelegten Ergebnisse zunutze machen und das Aufeinander-Bezogensein der Altaranlage von Böhm und des Ewaldschen Freskos im Kontext des liturgischen Vollzuges wieder herstellen. Möglicherweise ist bis dahin auch die Zeit reif, vorurteilsfrei über die Nutzung des Apostelaltars als einzigem Altar der Pfarrkirche St. Peter und Paul nachzudenken.

Reinhold Ewald

Die Pfarrkirche aus Sicht des Malers

Aus: Die Kirchen in Dettingen am Main

*Das Kosmische hat alles Gewicht
und „Gewichtige" in sich –
also keine Abhängigkeit von Erdenschwere
und empirischer Realität.*

Als ich 1923, etwa drei Monate vor der Einweihung, zum ersten Mal die im Rohbau befindliche Kirche betrat, kam sie mir zu eng und maßlich zu festgelegt vor, das heißt: alle Teile waren zu stofflich und tatsächlich meßbar – ob Säulen oder Abstände oder auch Materialverwendung in Betracht kamen. Ich muß dies aussprechen, da ich durch Italienreisen, Dom- und Münsterbesichtigungen ungeheure Festigkeit der Säulenwälder (Mailänder Dom), Stabilität des klaren Hohl- und Kuppelraumes, die klare Stabilität der Basiliken (St. Croce etc.) gewöhnt war. Das etwas verspielte Dekorative (Dreieck, Backsteinzacken) mußte durch dynamische Raumwirkung der Malerei überspielt werden.

Ich sollte einen Entwurf machen. Ich sollte außerdem mich mit einer von Böhm gewünschten rein illustrativen Darstellung der Malerei in ablaufenden Themen der Stationen auf Rauhputz mit großen, mehr linearen (gewissermaßen das Thema illustrierenden) Darstellungen abfinden. Dieses Konzept zu akzeptieren, war mir unmöglich. Zu meinem Glück war Herr Pfarrer Dümler nach Besichtigung der Skizze des Hauptaltarbildes (Kreuzigung), das nicht auf Rauhputz gedacht, sondern in italienischem Sinne als Fresko entworfen war, so begeistert, daß ich eine gewisse Freiheit der Disposition meiner Vorstellung der Malerei erhielt.

Für mich war es unbedingt notwendig, die dünnbauliche Architektur durch eine suggestiv wirkende, raumausweitende Malerei in italienischem Sinne (Arezzo) zu übertönen, diese Wand- und Raumteile (kleine Säulen etc.) nur als Stütze eines absolut anderen Wirkungsphänomens zu benutzen und den Hohlraum der Kirche, der real maßlich war, in eine höhere geistige Bindung mit zentraler Energieausstrahlung umzusetzen. Hierzu kam mir der Gedanke, alle illustrationsmäßig gewünschte Erzählungsmalerei zu ignorieren und nach eigenem Ermessen eine kosmische Raumbildung entstehen zu lassen, die durch Ausweitung des

Der nebenstehende Beitrag wurde von Reinhold Ewald im März 1967 verfaßt und erstmals im Kirchenführer von 1973 veröffentlicht. Er wird hier vollständig wiedergegeben.

Blick ins rechte Seitenschiff

Die beiden äußeren Fresken des Marienlebens: Ruhe auf der Flucht nach Ägypten und „Heimsuchung", die Begegnung von Maria und Elisabet (Ausschnitt)

Innenraumes durch räumlich wandvertiefende Malerei und durch gegenwirkende Zurückstrahlung der gesamten Malerei nach dem Innern des Kirchenraumes eine doppelte Federung der Länge und der Breite des Kirchenraumes erzielt.

Die Forderung an mich war somit: Die Seitenbilder, die sich in mittlerer Höhe des Kirchenraumes befinden, suggestiv bis in die Mitte des Raumes durch Säulen hindurch eine Wirkung ausstrahlen zu lassen, den dünnwandigen, den Chor abschließenden Schrägwandungen durch die Illusion ihrer Tiefen-Motive (Geburt und Verkündigung) eine vielfache, federnde Raumausweitung – besonders mit dem großen (wichtigsten) Altarbild – zu geben, den gesamten Kirchenraum in der Illusion (seiner Wirkung) etwa um das Doppelte in Länge und Breite zu erweitern, jedoch nur so und dergestalt, daß die Rückwirkung dieser Raumbilder und Themen bis zum Eingang und insbesondere zur Mitte (Kanzel) die Gemeinde religiös erfaßt und der Realität entzieht. Deshalb unterscheidet sich meine – der Architektur nur helfende – Disposition durch ihre geistige Wirkung grundsätzlich von malerischer Teildekoration und deren Stoffbehangenheit. Die Lösung für mich war die konsequente Totalwirkung der Ausstrahlung der federnden Wände auf die Mitte des Raumes. Was das Unbedingte (nicht an Dinglichem haftende) – wie etwa die Vergeistigung des Außenwelt-Lichtes durch (Kathedralen)-Glasfenster, Rosen – ausmacht (St. Chapelle, Notre Dame), was dem Weihrauch und dem schwingenden Kerzenlicht der Anbetung seine Wirkung gibt, was der Schall im Raum durch Liturgie erfährt, was das Gewichtbehaftete der Außenwelt in einem Kirchenraum ausschließt, was einem echten heiligen Raum eine Stimme gibt, die göttlich vor aller Raumwerdung den Schöpfer preist, sollte hier mit den relativ primitiven Mitteln auszudrücken versucht werden.

Die Zeit, die vergangen ist, hat wohl durch eine gewisse weiter ausgedehnte Anerkennung bewiesen, daß nach bestem Gewissen gearbeitet worden ist. Ich bin Dominikus Böhm, der sich überzeugen ließ, dankbar und vor allem Herrn Pfarrer Dümler und S. Hw. Herrn Pater Wiesebach, deren Unterstützung ich gnädig erhielt.

Es war selbstverständlich, daß ich alles damalige Können aufbot, um die hochdramatischen und innerlich menschlichen Erregungen durch Malerei auszudrücken, und zwar in der Spannweite der Vorstellungen von „Verkündigung" und „Geburt" im Gegensatz zum Leid Jesu.

Was bei aller Realistik angestrebt wurde, war das jeweilig erhöhte menschliche Empfinden des großen Auftrags.

Alois Kölbl

Kosmische Raumbildung

Reinhold Ewalds Freskenzyklus in Dettingen

Es mag überraschen, daß in einem Dorf mit 1300 Einwohnern der Auftrag zur Ausmalung der katholischen Kirche einem evangelischen Künstler erteilt wurde, noch dazu einem, der in einem damals keineswegs allgemein anerkannten Stil malte. Der Hanauer Maler Reinhold Ewald war bei Auftragsvergabe durchaus kein Unbekannter mehr. Daß er heute nahezu in Vergessenheit geraten ist, kann nur teilweise aus den Irritationen, die eine Beschäftigung mit seiner Biographie hinterläßt, und den stilistischen Spannungen innerhalb seines Werkes erklärt werden. Ewald teilt die nachmalige Verschollenheit mit vielen Künstlern seiner Generation.[1] Seine schon früh erfolgte künstlerische Anerkennung jedenfalls wies in ganz andere Bahnen.

Der Künstler Reinhold Ewald: ‚Formaler Expressionist'

Reinhold Ewald wurde am 30. März 1890 als Sohn des Buchhalters Werner Ewald in Hanau geboren. 1905 begann der Fünfzehnjährige eine Lehre als Dekorationsmaler und setzte ab 1906 diese handwerkliche Ausbildung mit dem Studium an der Königlichen Zeichenakademie Hanau fort. Da man sein besonderes malerisches Talent erkannte, wurde ihm mit einem Staatsstipendium das Studium an der Berliner Kunstgewerbeschule ermöglicht. Wichtiger als das Studium, das bei den Lehrern Richard Böhland und Max Koch in traditionellen akademischen Bahnen verlief, waren die neuesten künstlerischen Richtungen, mit denen er in Berlin konfrontiert wurde. Neben den französischen Impressionisten, die der innovative Direktor Hugo von Tschudi in der Nationalgalerie zeigte, waren es vor allem die Werke von Cézanne, Matisse und van Gogh, die einen nachhaltigen Eindruck bei dem jungen Künstler hinterließen. In Berlin lernte Ewald in den Jahren nach 1910 neben den Bildern der Fauvisten, die Herwarth Walden in seiner Galerie ‚Der Sturm' zeigte, auch die revolutionären Bilder von Braque und Picasso kennen, die von der Berliner Sezession ausgestellt wurden. Es waren aber vor allem die Form- und Raumprobleme Cézannes, an denen sich sein eigenes künstlerisches Wollen entzündete. Entscheidend für Ewalds weitere künstlerische Entwicklung war eine Italienreise 1913, von der er tief beeindruckt von den Fresken Giottos in der Scrovegnikapelle in Padua und Piero della Francescas Fresken in S. Francesco in Arezzo zurückkehrte. Noch Ewalds Kreuzweg in der Dettinger Kirche zeigt sich nachhaltig von diesen Impressionen beeinflußt. Der in der Auseinandersetzung mit Cézanne begonnene Weg zur Geometrisierung und Formvereinfachung, der in den Anfängen noch in eine sehr differenzierte, nahe an das Naturvorbild gebundene Malweise gekleidet war, gelangte in der Begegnung mit der formalen Strenge der frühen Italiener zum Durchbruch zu einem persönlichen künstlerischen Stil. Vereinfachung des Naturvorbildes und Betonung der Konturlinie, Festigung der körperlichen Elemente zu kubischen Gebilden und gereinigte Farben lassen Werke von ungeheurer Klarheit

Reinhold Ewald

und Harmonie entstehen. Die Bilder, die Ewald aus Italien mitbrachte, markieren aber nicht nur den Beginn innovativer Eigenständigkeit in seiner künstlerischen Entwicklung, ihre Präsentation 1914 im angesehenen Frankfurter Kunstsalon Schames und die positive Kritik des einflußreichen Kunsthistorikers Alfred Wolters stehen auch am Anfang breiterer künstlerischer Anerkennung und Beachtung.

Der Ausbruch des Krieges unterbrach zunächst weitere künstlerische Entwicklungsmöglichkeiten. Ewald begann den Kriegsdienst als Landsturmrekrut. Nach einem von ihm gestellten Antrag, dem er eine Unterstützungserklärung von Alfred Wolters beilegen konnte, wurde er mit der Aufgabe eines Kriegsmalers mit Status eines Kriegsberichterstatters betraut. Es waren jedoch nicht die Schrecken der Front, die Ewald in seinen Bildern verewigte,

Reinhold Ewald mit Schülern der Zeichenakademie, Mitte der zwanziger Jahre

sondern Pferdefuhrwerke von Versorgungseinheiten oder fast idyllisch anmutende Szenen aus Heereslagern, in denen sich keinerlei Andeutung von den Grauen des 1. Weltkrieges findet. Auch nach Kriegsende blieb Ewalds künstlerisches Schaffen im Gegensatz zu vielen seiner Zeitgenossen wie Otto Dix oder George Grosz, in deren Werken sich die Kriegserfahrung als existentielle Erschütterung spiegelt, unberührt von den Schrecken der Front. Ewald bringt in den politisch angespannten Jahren nach dem Krieg das Leben im Kaffehaus oder auf Tanzveranstaltungen, Jahrmarkt- oder Flanierszenen ins Bild. Doch auch wenn sich die Kriegserfahrungen und die unruhigen Nachkriegsjahre nicht unmittelbar thematisch in der Bildwelt des Künstlers niederschlagen, so bleibt die formale Entwicklung von der aufgewühlten und instabilen Zeit nicht unberührt. Alfred Wolters hat die durch die Zäsur der Kriegsereignisse veränderte bildkünstlerische Gestaltung des Augenerlebnisses, das sich bei Ewald als unaufgebbarer Ausgangspunkt formal unterschiedlichster Schöpfungen durchhielt, zuerst gesehen und beschrieben. Wurde in den Werken nach dem Italienaufenthalt ein Bild durch Abstraktion im Sinn von Formvereinfachung, Flächendisziplinierung und Farbsteigerung komponiert, blieb also letztlich formaler Selbstzweck, so stellte Ewald den Einsatz formaler Mittel in den Nachkriegsjahren unter entgegengesetzte Vorzeichen: die Form erfüllte hinfort den Zweck psychischer Wirkung, wurde zum Ausdrucksträger. Es ging nicht mehr um die bildkünstlerisch abstrahierte Wiedergabe eines Naturvorbildes, also letztlich Impressionismus, sondern um Expressionismus eines seelischen Erlebnisses. Die hier wie dort sich durchhaltende Grundkonstante der Bildentwicklung allein aus dem Augenerlebnis, dem „reinen ‚Netzhauteindruck'"[2], unterscheidet ihn von Künstlern des Expressionismus; dennoch ist klar, daß das Verhältnis des Künstlers zur Natur ein völlig anderes geworden ist. Das Bild entsteht nicht mehr durch Stilisierung der Natur durch ein künstlerisches Temperament, sondern das Naturvorbild hat nunmehr nur noch den Wert als ein den Gestaltungswillen des Künstlers anregender Faktor: „Gewisse zufällige Konstellationen in der Natur, meist solche von besonders ausdrucksvoller, erregender Gegensätzlichkeit – etwa saugender Hohlräume und vorstoßender entgegenprallender Vollräume oder sonderbarer Knickungen, Verschiebungen – fast immer aber solche, die durch die Energie ihrer Gegensätze ruhelos, ewig bewegt wirken, deren Wesen man ‚motorisch' nennen könnte, solche formalen Ereignisse in der Natur überfallen den Künstler gewissermaßen, reißen ihn mit in ihre Aktion, zwingen ihn zur Gestaltung dieses formalen Geschehens."[3] Die Form – bei Ewald insbesondere die formale Lösung des Raumes – wird zum Träger psychischer Wirkung. Kann man den Künstler auch nicht einfach dem Expressionismus zurechnen, so läßt sich doch sein künstlerisches Wollen der Jahre nach dem 1. Weltkrieg mit Alfred Wolters mit dem Schlagwort „Formaler Expressionismus"[4] umschreiben.

1921 nimmt Ewald seine Lehrtätigkeit an der Hanauer Zeichenakademie auf, wo er bald zu einem der beliebtesten Lehrer wird, und er ist damit auch finanziell abgesichert. In den frühen zwanziger Jahren beginnt er sich vom kubistisch-expressiven Stil der Jahre davor zugunsten einer mehr realistischen Darstellungsweise zu lösen. Wahrscheinlich über Vermittlung seines Freundes Kay Nebel setzt er sich mit der eine Vielfalt gegenstandsnaher Malerei subsumierenden ‚Neuen Sachlichkeit' auseinander. Unter den 32 Künstlern der legendären, von G. F. Hartlaub organisierten Ausstellung ‚Neue Sachlichkeit. Deutsche Malerei seit dem Expressionismus', die 1925 in der Mannheimer Kunsthalle stattfand, war auch Reinhold Ewald vertreten. Für den Hanauer Künstler, der sich dem Expressionismus nie wirklich zugehörig gefühlt hatte, bedeutete diese Annäherung an eine rigid anti-expressionistische Richtung wohl Akzentuierung, nicht aber prinzipielle Kurskorrektur seiner künstlerischen Formenwelt. Im Zentrum bleibt für Ewald die immer wieder auch theoretisch bedachte Gestaltung des Bildraumes. In dem 1922 entstandenen Schlüsselbild ‚Der Nürnberger Erker' verfestigen sich die drei im Vordergrund dargestellten Personen zwar im Sinn der Neuen Sachlichkeit, die künstlerische Spannung des Bildes ergibt sich aber allein aus der Gestaltung des Bildgrundes: eine verwirrende Fensterarchitektur läßt den immer wieder durch Bildachsen gebremsten und durch verschiedene Perspektiven irritierten Blick ins Freie gleiten, ja die Fluchtachsen von Wand- und Fußbodenpaneele ziehen ihn förmlich in die Tiefe. Der vom Künstler selbst geprägte Begriff vom ‚Saugenden Hohlraum'

umschreibt diese Anordnung bestens. Die in diesen Kontext postierten Personen wirken gefangen und isoliert. Ewald gelingt es, expressionistische, neusachliche und kubistische Tendenzen in diesem Schlüsselbild auf individuell-eigenartige Weise zu verschmelzen.

Auf einer anderen Ebene und mit anderen Vorzeichen, aber in direkter Weiterarbeit an seinem künstlerischen Grundproblem führt uns dieses Bild zu dem Dettinger Freskenzyklus:

Kosmische Raumbildung im Kirchenraum: Die Dettinger Fresken

Als Reinhold Ewald mit der Ausmalung der Dettinger St.-Peter-und-Paul-Kirche beauftragt wurde, war die Architektur schon weit gediehen. Ewald stand der im Rohbau befindlichen architektonischen Lösung Dominikus Böhms als für sein Gefühl zu stofflich, zu eng, zu sehr meßbar und irdisch festgelegt[5] zunächst reserviert gegenüber. Durch die von diesem geforderte rein illustrierende, im Linearen haftende Malerei glaubte er dem Raum nichts Positiv-Notwendiges hinzufügen zu können. Die Kirchenarchitektur Böhms verlangte nach raumausweitender Malerei, die „den Hohlraum der Kirche, der real maßlich war, in eine höhere geistige Bindung mit zentraler Energieausstrahlung umzusetzen"[6] vermochte. Das formal Entscheidende der Dettinger Fresken liegt also primär nicht in der jeweils geglückten Form der einzelnen Wandkompartimente, sondern in der Wirkung, die die Fresken insgesamt auf das Kircheninnere haben. Ewald versteht es in Dettingen – ohne gegenständlich zu werden und damit vom Wesentlichen abzulenken – die Szenen der Fresken mit nicht genau faßbaren Raumschichten zu hinterlegen, den Bildraum diffus zu weiten. Als Mittel dienen ihm in erster Linie Farbflächen; manchmal linear-perspektivisch eingesetzt, manchmal allein durch die Intensität der Farbe Vorder- oder Hintergrund andeutend, nie aber eindeutig faßbar: ‚kosmischen Raum' erzeugend.

Formal wie inhaltlich bildet das Zentrum der Dettinger Fresken das monumentale Altarbild mit der Kreuzigung. Mit dieser Konzentration auf das Altarbild und damit letztlich auf den in Einheit mit dem Bild stehenden Altar entspricht Ewald dem auf Johannes van Acken fußenden und von Dominikus Böhm in

Reinhold Ewald, Mann am Wirtshaustisch, 1923 (oben) Nürnberger Erker, 1922 (links)

Anspruch genommenen Grundsatz christozentrischen Bauens.[7] Davor sind an den ins Kirchenschiff ragenden Wänden des Triumphbogens die Verkündigung und die Geburt Christi dargestellt. Inhaltlich darf dies als Vorausverweis auf das Kreuzesgeschehen gelesen werden, Inkarnation als Zeichen, daß Erhöhung nur durch Erniedrigung geschehen kann. Formal wirkt der Triumphbogen wie eine Ikonostase[8], die der dramatischen Darstellung des Kreuzesgeschehens einen Teil ihrer Drastik nimmt. Dazu treten vergleichbar der Prozessionsbewegung frühchristlicher Langhausmosaiken zur Hinführung auf das zentrale Geschehen die Bilder des Kreuzweges an den Wänden der Kirche, die gleichzeitig das im Altarbild in seiner dichtesten Form gegebene Geheimnis am Kreuz von Golgotha zur Meditation entfalten.

Von einem zentralen Lichtkegel erhellt erscheint an der Chorwand das Geschehen auf Golgotha: Den Gekreuzigten, Maria, Maria Magdalena und Johannes, dessen leuchtend rotes Gewand die Blicke vieler zeitgenössischer Betrachter auf sich zog, umstrahlt ein vom oberen Bildrand sich weitender Lichtschein, während die beiden Schächer, deren verrenkte Leiber gleich hell wie die Figuren im Lichtkegel erscheinen, sich scharf konturiert vor dunklem Bildgrund abheben. Allein der Lichtschein verbindet die Gestalten zu einer Gruppe. Die Figuren als solche betrachtet fallen auseinander, scheinen den Bildraum auf den Betrachter hin aufzureißen. Verstärkt wird diese Tendenz durch die unruhig-dynamische Schrägstellung des Kreuzes; nicht frontal ist der Gekreuzigte gezeigt, sondern sein verzerrt-überlängter Arm scheint weit in den Kirchenraum hereinzuragen. Wie bei Grünewalds Isenheimer Kreuzigung ist Jesus nicht hängend, sondern in der Spannfolter, der Dehnung der Arme dargestellt. Die schräg ans Kreuz gelehnte Leiter unterstreicht die Instabilität der Komposition, scheint darüber hinaus aber auch von inhaltlicher Bedeutung zu sein. Was auf den ersten Blick wie ein achtlos vergessenes, belangloses Werkzeug anmutet, wird auf den zweiten Blick zu einem visionären theologischen Bild: als ‚Himmelsleiter' erscheint sie wie ein Pendant zum von oben sich öffnenden Lichtkegel von unten her (s. S. 96f). Christus ist durch die Schrägstellung des Kreuzes dem rechten Schächer zugewandt, der im Gegensatz zum von Christus abgewandten linken noch teilweise im Lichtkegel ist. Es ist der reuige, in der Tradition Dismas genannte Schächer, den Ewald mit seinen an den Kreuzesbalken gebundenen Armen das Lebenssymbol des Henkelkreuzes formen läßt.[9]

Die Gestalten unter dem Kreuz sind in einigen Details und in ihrer Drehung zueinander in Auseinandersetzung mit Grünewald gestaltet. Die Haltung Mariens und der Maria Magdalena wie ihre flehentlichen Handstellungen entwickeln Motive des Isenheimer Altars weiter wie das auf alle drei Gestalten zu beziehende und im Passionszyklus noch mehrfach auftauchende Compassio-Motiv, der Potenzierung des dargestellten Leids durch das ins Bild gebrachte Mitleid weiterer Personen. Dieses den Evangelien unbekannte Motiv – lediglich die Weissagung Simeons: ‚... und es wird ein Schwert durch deine Seele dringen' (Lk 2,34), konnte auf Maria bezogen werden – wird in der mittelalterlichen Theologie und Dichtung breit entfaltet. Ewald gestaltet die Leiderfahrung analog zu Grünewald, bei dem sich auf der mittelalterlichen Frömmigkeit fußend, zwei Dimensionen dieses Mitleids unterscheiden lassen: das ohnmächtige Leid, die *agonia* und die Leidensklage, die *lamentatio*. Wie beim Meister des Isenheimer Altars ringt Maria Magdalena in der Lamentatio die Hände, während die Gottesmutter in Agonie nach hinten zu fallen droht. Gerade diese Ohnmacht hatte das Mittelalter immer als die eigentliche Compas-

Kreuzigung, Ausschnitt: Die beiden Marien unter dem Kreuz Jesu

sio gedeutet, die sich in der mystischen Betrachtung zur ekstatischen Ohnmacht steigert.[10]

Ebenfalls an Grünewald geschult scheint die Maria der Dettinger Verkündigung.[11] Wie im Isenheimer Altar hat die Madonna mit scheuem Blick das Gesicht mehr dem Betrachter als dem Verkündigungsengel zugewandt. Mit gefalteten Händen kniet sie vor einem Betschemel, hinter dem der Engel in manierierter Drehung erscheint (s. S. 134). Auf der gegenüberliegenden Wand ist die Geburtsszene mit der Jungfrau in barock-überbordendem Kleid vor der lichtvollen Gestalt ihres Sohnes, der von Engeln umgeben ist, gezeigt. Josef bleibt bescheiden im Hintergrund bei der Arbeit; Ewald hat ihm die Porträtzüge des Architekten Dominikus Böhm gegeben. In den Eckzwickeln über dem Marien- bzw. Josefsaltar sind die Begegnung zwischen Maria und Elisabet bzw. die Ruhe auf der Flucht dargestellt.

Reinhold Ewalds Formenwelt bleibt in den Dettinger Fresken keineswegs einheitlich. Von an Giotto geschulten Figuren mit festen Standmotiven und ruhig ausbalancierter Körperlichkeit reichen die Darstellungen zu weit über die Expressivität Grünewalds hinausgehenden Verzerrungen und Verrenkungen der Dargestellten. Daß Ewalds Darstellungsweise in eigenartiger dialektischer Spannung zwischen kühl-objektivierter Entzogenheit und durch Deformationen nahekommender beseelter Unruhe bleibt, entspricht besonders der Form des Kreuzwegs in der Schwebe zwischen narrativer Erzählfolge und kontemplativem Andachtsbild.

Der Kreuzwegzyklus umzieht in einer monumentalen Bildfolge (die Darstellungen sind

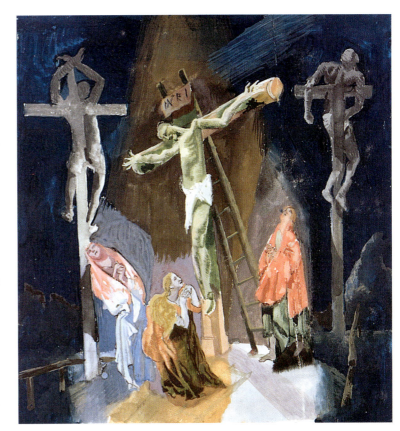

einheitlich 2,80 m hoch, jedoch von unterschiedlicher Breite) die Seitenwände der Kirchenschiffe. Ein Schriftband unter den Bildern erleichterte ursprünglich deren Lesbarkeit. Zur Bemalung war ein Gerüst notwendig, das aber wohl so einfach gestaltet war, daß es jederzeit verschoben werden konnte und damit die Reihenfolge der Ausführung der einzelnen Freskenfelder nicht unbedingt an deren Abfolge an der Wand gebunden war, was Stilvergleiche der Bilder zu belegen scheinen.

Die *1. Station:* ‚Jesus wird zum Tod verurteilt' hat mit 4 Metern von allen Kreuzwegfresken die größte Breitenausdehnung. Die Szene erhält durch die auf Jesus bzw. auf Pilatus gerichteten expressiv überlängten Arme der Ankläger eine dynamische Bewegungsrichtung, die von den Blickbahnen zwischen dem römischen Statthalter und den Juden noch zusätzlich betont wird. In der Bildmitte streckt der als einzige Person der Darstellung in Frontalität gezeigte wehrlose Heiland dem Betrachter seine gefesselten Hände entgegen. Fast wie ein von der übrigen Szenerie ablösbares Andachtsbild blickt er aus dem Bild heraus und fordert den Schauenden zum betrachtenden Mitleiden auf. Der frei über ihm schwebende Nimbus weist ihn zusätzlich als den eigentlich souveränen Beherrscher der Vorgänge um ihn herum aus. Rechts im Bild thront der im Profil wiedergegebene Pilatus

Kreuzigung, Entwurfszeichnungen: Gouache auf Karton (oben) Bleistift auf Papier (unten)

Erste Station: Jesus wird zum Tode verurteilt (oben)
Zweite Station: Jesus nimmt das Kreuz auf seine Schultern (unten)

Die Abbildungen der Fresken finden sich auf folgenden Seiten:
Kreuzigung: 19 (122, 123, 131)
1. Station: 124
2. Station: 124
3. Station: 125
4. Station: 138
5. Station: 139
6. Station: 128
7. Station: 143
8. Station: 139 (138)
9. Station: 126
10. Station: 127
11. Station: 51 (144)
12. Station: 127
13. Station: 147 (136)
14. Station: 175 (137)
Verkündigung: 132, 134
Geburt: 133, 135
Heimsuchung: 118
Ruhe auf der Flucht: 118

auf dem Richterstuhl. Zwischen ihm und Jesus eine Frauengestalt mit halb erhobenen Armen: es handelt sich wohl um eine Dienerin der Frau des Pilatus, die ihrem Gemahl von der ihr im Traum geoffenbarten Unschuld Jesu berichten soll (Mt 27,19). Ein nicht nur in der Farbe an pompejanische Fresken erinnerndes Mauerband hinterfängt die Figurengruppen.

Die *2. Station:* ‚Jesus nimmt das Kreuz auf seine Schultern' zeigt vor einem diffusen in Rottönen gehaltenen Raumgrund die Szene auf drei Personen konzentriert. Hell erleuchtet erstrahlen die Kreuzesbalken, der Schandpfahl, der zum Siegeszeichen werden sollte. Rechts von Jesus beugt sich eine der Assistenzfiguren mit weit in den Bildvordergrund gestrecktem Bein wie in einem Demutsgestus vor Jesus über den Kreuzbalken. Der Henkersknecht im Hintergrund, dessen Gesichtszüge schon aus der Verurteilung bekannt sind, steht fest und souverän mit beiden Beinen, den Querbalken des Kreuzes auf seinen Schultern.

Die *3. Station* gibt mit etwas veränderten formalen Mitteln den Zusammenbruch Jesu unter dem Kreuz wieder. Die Gewandmodellierung Jesu ist nicht mehr so klar konturiert wie in den vorangehenden oder auch nachfolgenden Darstellungen. Jesu Körper scheint in der schwach konturierten aufgeblähten Gewandung zu zerfließen. Dazu wirkt sein Antlitz merklich gealtert. Jesus ist nicht mehr der zwar Mitleid erweckende, letztlich aber souveräne Gottessohn johanneischer Passionstheologie wie in der Verurteilungsszene, sondern ganz Gefangener seiner Kreatürlichkeit. Die Last des Kreuzes drückt ihn nieder, doch in stiller Hingabe ohne Andeutung von Aufbegehren umarmt er den Balken seines Marterinstrumentes. Um den gestürzten Heiland ballt sich die Gruppe der drei Folterknechte zu einem ineinander verschränkten Personenbündel auf einer schräg ins Bild ragenden und dadurch die Instabilität der Anordnung noch unterstreichenden, schmalen grünlichen Bodenfläche, die vor einem diffusen dunklen Hintergrund zu schweben scheint. Die Knechte sind in ihrer aufgebrachten Bewegtheit – einer versucht Jesus an den Haaren hochzuziehen, ein anderer schlägt mit einer Geißel auf ihn ein – und den derben Gesichtszügen in krassem Gegensatz zum stumm leidenden, von keiner Schmerzverzerrung gezeichneten Antlitz Jesu dargestellt.

Den in der Darstellung von Jesu erstem Zusammenbrechen unter dem Kreuz begonnenen Bewegungszug von rechts nach links greift die *4. Station* auf, die den Heiland in der Begegnung mit seiner trauernden Mutter zeigt. In den folgenden Darstellungen wird er sich noch verstärken. Jesus, der nun zwar gebückt, aber wieder aufgerichtet zu gehen vermag, ist wieder etwas fester konturiert als in der vorangegangenen Darstellung. Er geht auf zwei schlanke Frauengestalten zu, die sich in ihrem Schmerz ihm zuneigen. Der Kreuzesbalken überschattet die Dreiergruppe, unterstreicht optisch die Einheit der Gruppe, die sich aus den trauernden Blicken der Frauen und Jesu antwortendem Segensgestus aufbaut. Ohne sich zu berühren sind Maria und ihr Sohn in sprechender Zuneigung miteinander verbunden. Keinen Platz in der zärtlich zusammengefügten Gruppe findet der rechts davon breitbeinig stehende Soldat. Neben dem Querbalken des Kreuzes und nicht unter ihm wie die Frauen mit verschränkten Armen in herber Verschlossenheit baut Ewald eine dialektische

Spannung zwischen ihm und den zart sich neigenden gelängten Frauenkörpern auf.

In der *5. Station* zeigt der Künstler einen unwilligen Simon von Cyrene, der angehalten wird, Jesus das Kreuz tragen zu helfen. Mit einem starken Ausfallschritt gibt der kreuztragende Heiland eine dynamische Bewegungsrichtung nach links vor. Hinterher und noch nicht als wirklicher Helfer hält Simon mit einer Hand den Längsbalken des Kreuzes. Entgegengesetzt zur von Jesus vorgegebenen Bewegung steht die Hand des vom Kreuzbalken halb verdeckten Knechtes, der Simon zum Tragen anhält.

Die folgende *6. Station* verlangsamt den Bewegungsfluß der vorangegangenen Darstellung wieder etwas. Wieder sind es zwei hintereinandergestellte Frauenfiguren von denen eine, Veronika, sich zu Jesus neigt und das Schweißtuch hält. Im Hintergrund hält der in S-förmigem Schwung gezeigte Simon von Cyrene, der inzwischen zum willigen Helfer des Heilands geworden ist, allein das Kreuz. Jesus berührt noch mit seinen beiden überlängten zartgliedrigen Händen das Tuch mit dem Abdruck seines Antlitzes, das Veronika in Empfang nimmt. Farbfelder, ohne Angabe einer Standfläche nebeneinander gesetzt, bilden den Hintergrund.

Jesu zweites Zusammenbrechen unter dem Kreuz in der *7. Station* zeigt eine ganz andere Figurenbildung wie das Äquivalent des ersten Falles. Der Erlöser trägt im Gegensatz zur 3. Station eine fast transparente Gewandung. Er umfängt nun nicht mehr den Kreuzbalken, sondern wird von einem aus Quer- und Längsbalken gebildeten Dreieck zu Boden gedrückt. Jesus hat nun auch wieder ein jugendlicheres Aussehen. Alle Figuren sind von steifer Körperlichkeit, nichts mehr ist zu spüren vom Ineinander des Figurenknäuels beim ersten Zusammenbrechen. Das Kreuz und der Heiland und mit ihnen auch die Knechte sind nach vorne geneigt. Die sonst von Ewald so oft zum Einsatz gebrachte gegenläufige Bewegung fehlt. Allein daß die dürre Knechtsgestalt im Vordergrund die Fallbewegung abfangen beziehungsweise das Kreuz wieder aufrichten will, kann der vorgegebenen Richtung nichts Gleichwertiges entgegensetzen.

Den sperrigen Gestalten des zweiten Falles Jesu folgt in der *8. Station* die sehr lyrisch empfundene Darstellung der Frauen, denen Jesus nach dem Lukasevangelium sagte: „Ihr Frauen von Jerusalem, weint nicht über mich; weint über euch und eure Kinder!" (Lk 23,28)

Gestaltete Ewald in der Vorzeichnung die Frauen noch mit pausbäckigen Gesichtern, wie sie in seinen Arbeiten der frühen zwanziger Jahre immer wieder begegnen, so zeigt die endgültige Ausführung zarte feingliedrige Gesichter, die wahrscheinlich auch näher am zeitgenössischen Frauenideal orientiert sind. Die in weite Gewänder gehüllten Frauengestalten blicken in ihrer Klage nicht nur auf den in sichelförmigen Schwung gegebenen leidenden Erlöser, ihre Blicke treffen auch den Betrachter und wollen ihn wohl zur Anteilnahme auffordern. Besonders die mit einem roten Tuch verhüllte Frau im Bildvordergrund, die sich von Jesus ab- und mit einem flehentlichen, fast möchte man meinen hilfesuchenden Blick dem Betrachter zuwendet, zieht den Anteilneh-

Dritte Station: Jesus fällt zum ersten Mal unter dem Kreuz
Unten die zugehörige Entwurfszeichnung

Neunte Station: Jesus fällt zum dritten Mal unter dem Kreuz. Unten die zugehörige Entwurfszeichnung. Die 9. Station gehörte mit dem Altarbild, den inneren Marienfresken und einer weiteren Kreuzwegstation zu den ersten, bereits zum Zeitpunkt der Einweihung der Kirche fertiggestellten Bildern. Auf dem Kreuzbalken der 9. Station findet sich auch die Signatur Ewalds.

menden förmlich ins Geschehen hinein. Jesus selbst ist unter dem Kreuz eingesunken, seine Schwäche wird noch durch die abwärts gerichtete Wegfläche unterstrichen. Trotzdem zeigt er sich auch in dieser ausgelieferten Situation mit dem entschiedenen Gestus der Hände als Herr der Lage. Er sieht über seine augenblickliche Situation hinaus auf das über die Frauen hereinbrechende Unglück.

Die *9. Station*, die den dritten Sturz des Erlösers unter der Last des Kreuzes zeigt, knüpft an die Darstellungsweise der 3. Station an, steigert das Geschehen aber noch expressiv. Vier aufrecht nebeneinander angeordnete Büttel, von denen drei heftig auf den Heiland einschlagen und an seinen Armen zerren, stehen in scharfem Kontrast zur hingestreckten Figur Christi. Jesus stürzt aus einem dunklen Bildgrund bäuchlings in einen grell erleuchteten Bereich herein. Gegenüber der Vorstudie erscheint der Körper Christi in der Endfassung expressiv in die Länge verzerrt. Beim Vergleich mit dem Entwurf wird auch die eminente Bedeutung von Ewalds Farbgebung und Lichtführung für Bildwirkung und -aussage deutlich: Die beiden rechten Büttel bekommen durch den dunklen Bildgrund gegen den sie sich scharf konturiert abheben, einen gespenstischen Anstrich, während die beiden anderen durch drastische Verrenkungen und Überlängung ihrer Gliedmaßen den Ausdruck unmenschlicher Bosheit erhalten. Der in lasierender Malweise gegebene Oberkörper und das vergeistigte Antlitz Christi dagegen scheinen vor dem hellen Bildgrund der rohen Szene entrückt, seine überlängten verzerrten Beine versinken wie ein Bild für die Last der Leiblichkeit im dunklen Hintergrund.

Die *10. Station* zeigt die Entkleidung Christi fast wie in einer Tanzszene einer Theateraufführung. Die expressive Darstellungsweise der Büttel in der vorangegangenen Station ist aufgegeben zugunsten eigenartig tänzelnder Bewegung, die man der boshaften Erniedrigung nicht recht zuzuordnen vermag. Christus selbst ist wie in der Pilatusszene am Anfang des Zyklus in strenger Frontalität gegeben, erscheint nun jedoch durch die Armbewegung und den geöffneten Mund direkter in die Szene involviert als in der gelassen-erhabenen Darbietung seiner gefesselten Arme in der Gerichtsszene. Doch wieder geht es Ewald wohl darum, den Betrachter durch Christi direkten Blick wie bei einem Andachtsbild in das Geschehen hineinzuziehen.

In der *11. Station* wählt Ewald für das Fresko nicht die Annagelung Christi ans Kreuz, sondern er greift den in der Gotik aufgekommenen Typus des ‚Christus in der Rast' auf: Jesus sitzt als lichtvolle Gestalt auf dem Kreuz, um ihn herum sind die Knechte mit der Vorbereitung der Kreuzigung beschäftigt. Nägel, Zange und Schaufel zum Ausheben der

Zehnte Station: Jesus wird seiner Kleider beraubt (links)
Zwölfte Station: Jesus stirbt am Kreuz (rechts)

Grube für den Kreuzesstamm deuten den weiteren Handlungsverlauf an. Christus selbst ist durch seine Haltung, aber auch durch den hellen Farbkreis, der die auf dem Kreuz kauernde Gestalt zum erhabenen, in sich ruhenden Zentrum der Szene macht, dem Geschehen um ihn herum enthoben. Im ‚Erbärmdebild‘, das sich u. a. bei Albrecht Dürer zwischen die 10. und 11. Kreuzwegstation eingeschoben findet[12], wählt der Künstler wieder den Typus des Andachtsbildes, der dem Betrachter die Möglichkeit bieten soll, in der Szenenfolge innezuhalten und durch Compassio in den Handlungsverlauf hineingezogen zu werden.

Zweimal hat Reinhold Ewald in der Dettinger Kirche die Kreuzigung gemalt. Im Vergleich zum großen Altarbild ist die Darstellung der *12. Kreuzwegstation* weniger expressiv, ruhiger und auf weniger Personen konzentriert. Die ganze Szene erscheint dem Irdischen entrückt. Maria und Johannes schweben gleichsam vor einem dunklen Bildgrund, Christus am Kreuz ist in eine lichte Gloriole enthoben. Maria ist im Klagegestus zu einer Trauersäule erstarrt, Johannes blickt mit verzweifeltem Ausdruck auf den gekreuzigten Heiland, dessen Körper in starrer Frontalität in einem altertümlichen Viernageltypus dargestellt ist. Obwohl die Waagrechte des Kreuzbalkens noch durch Farbfelder im hellen Bildgrund akzentuiert wird, zeigt die Darstellung insgesamt einen Zug nach oben, das dunkle Farbfeld fungiert mehr als diffuser Bildgrund denn als Standfläche für die Figuren, die es mit dem Gekreuzigten in eine andere Sphäre zu ziehen scheint.

Die Darstellung der *13. Station,* Kreuzabnahme bzw. Beweinung, ist der Erdschwere zurückgegeben: Der Bildgrund ist in seinem unteren Teil wieder zu einer festen Standfläche geworden. Die in sich zusammengesunkene Maria hält den erstarrten Leib ihres toten Sohnes. Als Assistenzfiguren nehmen Johannes und Josef von Arimathäa an der bewegenden Szene Anteil. Wieder umgeht Ewald eine szenische Auflösung der Darstellung. Statt der Kreuzabnahme im eigentlichen Sinn setzt er ins Zentrum seiner Komposition das in der nordischen Gotik wurzelnde Bild der Pietà. Wieder geht es Ewald also mehr um die Wahl eines Compassio-Motivs als um die Darstellung eines Handlungsverlaufes. Das Bild der Pietà, das eigentlich zwischen der 13. und 14. Kreuzwegstation anzusiedeln ist, dürfte seinen Ursprung in liturgischer Vesperbetrachtung bzw. der privaten Andachtsfrömmigkeit haben, die Kreuzesmystik mit Marienverehrung verband.[13] Dem Ziel, in der meditativen Betrachtung Mitgefühl zu erwecken, dienen wohl auch die beiden Assistenzfiguren, die in ihrem Leiden das Leid der Mutter noch potenzieren. Maria und der Leichnam Christi verschmelzen in einer streng axial angelegten Dreieckskomposition zu Füßen des Kreuzesbalkens, die im trapezförmigen Bildgrund nachschwingt. Ewald verknüpft Mutter und Sohn noch zusätzlich durch das Aufgreifen der Farbe des Mantels Mariä im fahlen Inkarnat des Leibes Jesu zu einer im Leid untrennbar verschmolzenen Einheit.

In der *14. Station,* der Grablegung, zeigt Ewald in einer formal sehr ruhigen und geschlossenen Ovalanordnung zwei Männer und eine Frau, die den Leichnam Christi in ein durch schräg ins Bild ragende Platten gekennzeichnetes Grab legen. Der ruhigen Verhaltenheit – ein in Ewalds Kompositionen häufiges Mittel – setzt der Künstler in der sich in barock-theatralischer Gestik vom Geschehen abwendenden Maria Magdalena eine der bewegtesten Figuren des gesamten Passionszyklus entgegen.

Zeitlich parallel zu Ewalds Fresken in der Dettinger St.-Peter-und-Paul-Kirche hat Paul Tillich die später in der Emigration in den Vereinigten Staaten breiter entfalteten Grundsätze seiner Theologie der Kultur und Kunst formuliert. Seine religionsphilosophischen Vorlesungen in Berlin in den zwanziger Jahren sind geprägt von der Erfahrung der Kunst des Expressionismus, der ihm zum religiösen Stil schlechthin wird, weil er „das Gefängnis unserer Gestalt ... die Oberfläche unserer eigenen Existenz und die unserer Welt durchbricht".[14] Tillich betont vor allem die formzersprengenden Kräfte expressionistischer Kunst, die im Hinausgehen über das dinglich-unmittelbar Gegebene, das Bedingte, parallel zu religiöser Erfahrung, durch die das Bedingte auf ein Unbedingtes hin aufgesprengt wird, zu sehen ist[15]: „Die Eigenformen der Dinge lösten sich (im Expressionismus) auf, aber nicht zugunsten subjektiver Impression, sondern objektiven metaphysischen Ausdrucks. Der Abgrund des Seienden sollte heraufbeschworen werden in Linien, Farben und plastischen Formen."[16] Der Abgrund unserer Existenz ist aber zugleich ihr Grund, die Erfahrung des Abgrunds implizit auch die Erfahrung des Sinngrunds. Vor diesem Hintergrund gewinnt Ewalds Malerei, die er selbst als Ausdruck für „das Unbedingte (nicht an Dinglichem haftende)"[17] verstand, eine zusätzliche Dimension. Die breite und drastische Entfaltung des Leidensgeheimnisses stellt die Frage nach der äußersten Grenze des Menschseins massiv und zentral in den Raum der Dettinger Kirche. Ewald stellt sie so, daß der Betrachter nicht unberührt bleiben kann. Die äußere Form wird im Expressionismus aufgelöst, um „auf den Grund der Dinge"[18] zu gehen, wie Tillich formulierte. Die existentiellste Frage der menschlichen Existenz, die Frage nach Tod und Vergehen und damit verknüpft die Frage nach Schuld und Sünde harrt der ihr korrelierenden Antwort aus der christlichen Offenbarung.

Der Expressionismus oder allgemeiner: das expressive Element in der Kunst des 20. Jahrhunderts war wie prädestiniert, das, was im Symbol des Kreuzes angelegt ist, zum Ausdruck zu bringen. Vor den Symbolen von Ewigkeit und Herrlichkeit verstummt diese Kunst. Es ist mehr der dem Tode verfallene Mensch, für den der Gekreuzigte zum Symbol wird, als der, dem im Leiden Christi die Tore zur Ewigkeit geöffnet wurden. Die Kunst ist – und sie kann, insofern sie wahrhaftig sein will, nichts anderes sein – Ausdruck ihrer Zeit, der Ewigkeit aus dem Blickfeld entschwunden ist, oder um mit Paul Tillich zu sprechen: „heute kaum als Frage und sicherlich nicht als Antwort"[19] auftaucht. Das Mysterium der Auferstehung ist folgerichtig in den Dettinger Fresken nicht Bild geworden. Wohl aber ist hier vielleicht wahrhaftiger dafür Raum geschaffen worden als in einer ungebrochenen, idealisierenden Darstellung.

Sechste Station: Veronika reicht Jesus das Schweißtuch

Helmut Winter

„Es muß deshalb nicht Dettingen werden"

Die Dettinger Passion im Spiegel der Kritik

In den zwanziger Jahren war die neue Dettinger Pfarrkirche St. Peter und Paul, insbesondere die Ausmalung des Kirchenraumes durch den Hanauer Künstler Reinhold Ewald, Gegenstand heftiger Auseinandersetzungen. Der Passionszyklus in seiner ungewohnten expressionistischen Sprache zwang zur Diskussion und zur Entscheidung, forderte Gefolgschaft oder Widerstand. Bis zum Vorwurf der Gotteslästerung gingen die Ankläger. Die Verteidiger der Ausmalung des Kircheninneren lobten dagegen eine zeitgemäße Kunst mit höchstem religiösen Impetus.

Während die Abwendung vom Historismus und Dominikus Böhms Versuch des „christozentrischen Kirchenbaus" breite Zustimmung fand, blieb die Arbeit Ewalds nicht ohne massive Kritik. Moderne Kirchenbau-Architektur war wesentlich leichter zu realisieren als eine moderne Ausgestaltung des Innenraums einer Kirche.[1]

Kirche und moderne Kunst

Der innere Widerstand gegen eine expressionistische Ausgestaltung eines Kirchenraumes hat mehrere Ursachen. Ein entscheidender Grund der Ablehnung moderner Kunst war die Fixierung auf eine von Kind auf vertraute religiöse Bildwelt, die Gewöhnung an süßlich-kitschige Darstellungen. Seit dem 19. Jahrhundert war die vorher so enge Beziehung zwischen Religion und Kunst gestört, weil die Kirche auch im gewollten Widerspruch zum Zeitgeist und der gesellschaftlichen Entwicklung sich zu sehr an alten Vorbildern orientierte und sich – wie etwa die Nazarener oder die Beuroner Schule – mit der bloßen Illustration christlichen Heilsgeschehens zufrieden gab. Noch in den zwanziger und dreißiger Jahren gibt es eine Fülle von kirchlichen Verlautbarungen, in denen die moderne Kunst als „unkirchliche Kunst" – so Kardinal Faulhaber 1929 in seiner Silvesterpredigt – abgelehnt wird. Daneben steht allerdings auch die Empfehlung, die „Sprache der Zeit" zu sprechen und die moderne Kunst nicht von vornherein zu verdammen.[2] Beispiel einer solchermaßen lebendigen Auseinandersetzung über Inhalt und Form zeitgemäßer christlicher Verkündigung ist die Dettinger Kirche. Sie ist damit ein Meilenstein auf dem Weg zu einem neuen Dialog zwischen Kirche und Kunst, der 1973 unter Papst Paul VI. mit der Eröffnung der modernen religiösen Kunstsammlung in den Vatikanischen Museen neue Impulse erfahren und 1975 mit dem apostolischen Schreiben „Evangelii nuntiandi" in seiner Notwendigkeit begründet werden sollte.[3]

Die damalige Ablehnung der modernen religiösen Malerei liegt in dem den Expressionismus kennzeichnenden Bruch mit Gewohnheiten der Wahrnehmung und seiner Abkehr vom Äußerlichen begründet. In den Dettinger Passionsbildern wird dies vor allem an den deformierten Körpern sichtbar, der absonderlichen Haltung der Figuren, den grünen und blauen Gesichtern, den starren Figuren, dem Verzicht auf Landschaft und perspektivischen Raum, den grellen Kontrasten, der Vereinfachung durch Weglassen, den „unnatürlichen" Farben und großen Farbflächen. Die nach dem 1. Weltkrieg vollendete illustrative Deckenmalerei der Aschaffenburger Kapuzinerkirche, von Kritikern als „Triumph des Kitsches" bezeichnet,[4] gefiel hingegen den Gläubigen.

Nun steht Reinhold Ewald mit seinem Dettinger Kreuzweg durchaus nicht am Beginn einer neuen religiösen Kunst in Deutschland. Schon vor, stärker noch nach dem 1. Weltkrieg ist in der modernen Malerei eine starke Wendung zum Religiösen festzustellen. Verwiesen sei beispielhaft auf Emil Noldes Gemälde „Das Abendmahl" (1909) und sein aus neun einzelnen Bildern bestehender Kreuzigungsaltar „Das Leben Christi" (1911/12), auf das Gemälde „Christus am Ölberg" (1913) von Karl Caspar und auf die zwei Ölgemälde mit dem Motiv „Kreuzigung" (1913/1914) von Max Ernst. Auch Christian Rohlfs, Lovis Corinth, Max Beckmann, Peter Hecker, Ernst Barlach, Karl Schmidt-Rottluff, Gabriele Münter, Wilhelm Geyer, Adolf Hoelzel und Josef Eberz setzen sich in ihrem Werk mit dem Motiv der Passion Christi auseinander.[5] Reinhold Ewald war sicherlich auch mit dem religiösen Werk von Georges Rouault, Marc Chagall, Henri-Jean Closon und anderen großen europäischen Künstlern vertraut. Zu erregten Protesten aus der Bevölkerung kam es über das Holzkruzifix von Ludwig Gies, das 1921 im Lübecker Dom von unbekannten Tätern beschädigt wurde.[6] Höchst umstritten war auch die 1922 in München ausgestellte große Kreuzigung von Franz von Stuck.[7]

Im Vergleich zu solchen Protesten war die Auseinandersetzung in Dettingen eher moderat, auch wenn nach glaubhaften Berichten bei Beginn der öffentlichen Diskussion um Ewalds Wandfresken einige Dettinger den Maler aus der Kirche jagen wollten. Die insgesamt aber ruhigeren Proteste mögen auch darin begründet liegen, daß die Anwendung expressionistischer Formensprache in der Dettinger Passion nicht von gleicher Radikalität ist wie beispielsweise in den Passionsbildern Noldes. Vielmehr kann man Ewalds Hochaltarbild als Ergebnis einer konsequenten Weiterentwicklung und zeitgemäßen Neuinterpretation von Matthias Grünewalds im Isenheimer Altar bezeugten Kunstauffassung verstehen: als eine Synthese aus dem schonungslosen Realismus des Spätmittelalters und der Abstraktionskunst der Moderne. Den Betrachtern der Dettinger Passion wurde – vergleicht man Ewalds Wandfresken mit Gemälden von Nolde oder Ernst – weniger „zugemutet", aber vielen Betrachtern doch zu viel.

Bei der folgenden Darstellung exemplarischer Zeugnisse der Auseinandersetzung um die Ewald-Fresken habe ich mich nicht zuletzt deshalb für eine stärker referierende und weniger analytische Form entschieden, weil durch eine naturgemäß immer auch wertende Kürzung der gesammelten Texte der diesen eigene Charakter verfälscht würde und sie an Authentizität verlören.

Frühe Warnung

Pfarrer Hugo Dümler muß vorausgeahnt haben, daß moderne Malerei in einem Gotteshaus, zumal in einer ländlichen Gemeinde, ein Skandalon werden kann. Er scheint – wahrscheinlich auf Empfehlung Dominikus Böhms – zunächst den Offenbacher Maler Heinrich Holz[8], der die Kapelle in Gönz bei Miltenberg und die von Dominikus Böhm errichtete St.-Josefs-Notkirche in Offenbach ausgemalt hatte (s. Abb. S. 65, 143), für die Innenmalerei vorgesehen zu haben, holt er doch über diesen Erkundigungen ein. Die Antwort seines Amtsbruders Dr. Eugen Kainz nimmt die kommenden Auseinandersetzungen über die expressionistische Ausgestaltung der Dettinger Kirche regelrecht vorweg:

„Der künstlerische Eigenwert seiner Werke ist unbestreitbar, doch fragt es sich, ob eine Landgemeinde innerhalb eines Menschenalters ihren Gesichtssinn soweit durchbilden kann, daß sie die leise Liniensprache und symbolische (ungebrochene) Farbigkeit eines stark expressionistischen Gemäldes richtig versteht.

Die Begriffe natürliche Wiedergabe oder glaubwürdige Darstellung scheiden bei Holz wie bei allen Ausdruckskünstlern von vornherein aus. ...

Wer zu seiner Zufriedenheit das uneingeschränkte Lob der Durchschnittsmenschen benötigt, soll ruhig von Holz absehen; denn der „Mißgriff" wird ihm hundertmal ins Gedächtnis zurückgerufen durch die Urteile: Abziehbilder, Kinderkleckserei, verbrühte Hände und Gesichter usw. Für solche dagegen, die um jeden Preis der Malerei Bahn bereiten wollen, denen auch die spätere Kunstgeschichte Achtung zollen muß, ist der Offenbacher Künstler der richtige Mann."[9]

Heinrich Holz sollte in Dettingen dann doch nicht zum Zuge kommen. Pfarrer Dümler vertraute auf seinen Kunstsinn und beauftragte Reinhold Ewald mit der Ausmalung

Kreuzigung von Max Ernst, 1914

der neuen Kirche. Über die Gründe für die Wahl des Protestanten kann nur spekuliert werden. Ewald war in den frühen Zwanzigern ein weit bekannterer Maler als Heinrich Holz (s. S. 119ff). Zudem war ihm aufgrund seiner Ausbildung zum Dekorationsmaler die Gestaltung großer Flächen vertraut. Sicherlich aber war es Dümler um eine künstlerisch erstklassige Arbeit zu tun, und ohne Zweifel bestimmten seine eigenen Vorstellungen die Auswahl.

Intervention der kirchlichen Behörde

Als sich nach Fertigstellung des Altarbildes, der „Verkündigung" und der „Geburt Christi" an den Chorschrägen in den örtlichen Zeitungen und in konservativen Kreisen der Bevölkerung heftige Kritik entzündet, die in dem Vorwurf der Gotteslästerung gipfelt[10], moniert das zuständige Bischöfliche Ordinariat Würzburg am 3. 7. 1923, zwei Tage nach der Weihe, die Ausmalung sei durchgeführt worden, ohne daß vorher Pläne zur Begutachtung vorgelegt worden seien. Die Ausmalung sei deshalb „*zu sistieren und oberhirtlicher Bescheid abzuwarten*".[11] Als Pfarrer Hugo Dümler am 21. September 1923 nachfragt, wird ihm bedeutet, daß der Münchener Generalkonservator Dr. Georg Hager ein Gutachten erstelle, das man abwarten wolle, bevor man weitere Weisung erteile.[12] Eine von Würzburg angeforderte Stellungnahme des Landesamtes für Denkmalpflege in München – allerdings von Hagers Vertreter – lag zu diesem Zeitpunkt bereits vor. Sie enthielt sich jeder amtlichen Äußerung und stellte fest:

„*Über die Frage, ob die Bilder aus rein kirchlichen Gründen bleiben können und das Fehlende in der bisherigen Art fertiggestellt werden kann, darüber zu entscheiden ist Sache der kirchlichen Oberbehörde.*"[13]

Das Ordinariat war sicher auch von Weihbischof Dr. Adam Senger aus Bamberg alarmiert worden, der am 1. Juli 1923 die Kirche in Vertretung des altersschwachen Würzburger Bischofs geweiht hatte.[14] Sengers Vorbehalte lassen sich an zwei Briefen ablesen, die er an Pfarrer Dümler richtet:

„*Ihr neues Gotteshaus ist originell und etwas hypermodern. ...*

Das Kreuzigungsgemälde paßt ja vorzüglich und ist auch wirkungsvollst belichtet, aber die Ausführung ist nicht für eine Andachtsstimmung berechnet; sie scheint ein Farbenexperiment zu sein. Da ist Abänderung einer Partie (namentlich der Mutter Gottes und der Hl. Magdalena) vordringlichst.

Kreuzigung aus dem Isenheimer Altar von Matthias Grünewald

Die beiden Seitengemälde scheinen mir für ein Gotteshaus ungeeignet. Ich sagte zum Künstler, sie seien Skizzen für ein Atelier. Was an sich gut empfunden sein mag, ist deshalb noch nicht für ein Kultbild zu gebrauchen."[15]

Pfarrer Dümler macht den Versuch, den Weihbischof umzustimmen und schickt diesem eine positive Würdigung aus der Hand von Alfred Wolters, dem Kustos der städtischen Galerie und des Kunstinstituts in Frankfurt. Senger aber schreibt, er könne dem Elan des Verfassers nicht folgen. Vielmehr erneuert er seine Vorbehalte gegen den Modernismus im Gotteshaus und rät zu einem Kompromiß:

„*Meine Anschauung ging dahin, daß es sich eigentlich um Atelierskizzen handelt, die nicht fertig geworden sind. Grünewald war offensichtlich das Vorbild, aber eine so starke Persönlichkeit kann nicht leicht nachgeahmt werden. Die hieratische Kunst darf die Tradition nicht verbessern wollen.*

Es wird sich schon ein Mittelweg finden."[16]

Tatsächlich nimmt Reinhold Ewald Korrekturen vor, namentlich an der Körperhaltung des Verkündigungsengels (s. S. 134).

Die Berichte in den örtlichen Zeitungen

Ein Berichterstatter im „Beobachter am Main", dem Organ der konservativen Volkspartei, berichtet über die Weihe der neuen Kirche und verteidigt die bis dahin vorhandene Wandbemalung gegen die auch in der Dettinger Bevölkerung schon laut gewordene Kritik:

„*Mehr als der Bau selbst erregt noch die Kritik der Malereien in der Kirche. Aber da gilt wie-*

Fortsetzung auf Seite 135

Helmut Winter

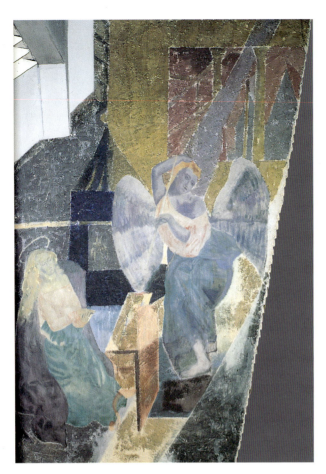

Vorherige Doppelseite: Verkündigung und Geburt Christi, Fotos aus dem Jahr 1923.
Oben: Verkündigung, heutiger Zustand.
Rechts: Engel der Verkündigung mit den auf Drängen der Kirchenbehörde angebrachten Übermalungen.
Unten: Verkündigung, Ausschnitt aus dem Isenheimer Altar von Matthias Grünewald, auf den sich Ewald bei der Gestaltung des Dettinger Freskos bezieht.

Von allen Fresken in der Dettinger Kirche ist die Verkündigung dasjenige, das durch Korrekturen, Retuschen und Renovierungen – zumeist durch den Künstler selbst – am stärksten in Mitleidenschaft gezogen wurde.
Nicht von ungefähr zog gerade die Verkündigung den Widerspruch der kirchlichen Behörden auf sich, ist es Ewald doch um eine intime, fast erotisch anmutende Begegnung Mariens mit dem Gottesboten zu tun. Gleichzeitig steckt das Fresko voller Details, die vom tiefen Eindringen des Künstlers in das geheimnisvolle Geschehen zeugen. Vieles von dem erschließt sich allerdings nur, wenn man sich die Photographie aus dem Jahr 1923 vor Augen führt (s. Abb. S. 132).
Der Engel bricht in kühnem Schwung bei Maria ein. Das seiner Natur nach körperlose Wesen kann mit dem angenommenen Leib ganz anders als ein Mensch umgehen. Wie der Freudenbote aus der Jesaja-Prophetie, die an Weihnachten verkündet wird (Jes 52,7), erscheint er vor Maria. Tänzerisch setzt er seine Schritte und hält den Botenstab graziös in der Hand. Fast schon frivol müssen damaligen Betrachtern die bloßen Beine und das über die Schulter herabgerutschte Gewand erschienen sein: Der Engel wirkt wie ein Liebhaber, der der jungen Frau die Geburt eines Kindes ankündigt.
Wohl auf Drängen der bischöflichen Behörde nahm Ewald einschneidende Korrekturen an der Gestalt des Engels vor. Das nebenstehende Bild aus den frühen dreißiger Jahren dokumentiert diese Situation: Das Engelsgewand ist über der Schulter geschlossen und die Füße sind übermalt. Insgesamt steht die Figur nun statisch vor Maria. Maria ist vor einem Betstuhl in die Knie gesunken und hat ein Buch vor sich. Die Bilder alter Meister – so auch die Verkündigung auf dem Isenheimer Altar, auf den sich Ewald besonders bei diesem Fresko und beim Altarbild beruft – zeigen oft Maria mit der Bibel, als der Engel zu ihr eintritt, und deuten damit an, daß sie bereit war, das Wort Gottes zu empfangen. Andererseits wird Maria hier mit offenen, rötlich schimmernden Haaren gezeigt, wie sich eine Frau damals niemals in die Öffentlichkeit wagte. Es entsteht eine sehr intime Szene.
Als spätere Hinzufügung läßt sich bei der Gottesmutter nur der Nimbus ausmachen, der 1923 noch nicht zu erkennen ist.
Bei seiner Renovierung Anfang 1964 hat Ewald die entstellenden Übermalungen der Engelsfigur wieder entfernt und damit die ursprüngliche Fassung wiederhergestellt. Vermutlich sind diese mehrfachen Manipulationen Mitursache für die starken Zerstörungen des Bildes: Die Gesichter der Personen sind konturlos geworden, das Haar des Engels nur noch eine beige Fläche. Details wie Buch, Blumenvase oder Notenständer sind nahezu verschwunden.
Auch die kräftigen Farben der Erstfassung, die sich aus den Kontrasten der Schwarzweiß-Aufnahme ablesen lassen, sind inzwischen völlig verblaßt. Das leuchtende Rot des Engelsgewands ist nurmehr wäßriges Rosa.
Auch wenn viele Details im Bild nicht mehr zu erkennen sind, zeigen doch gerade sie die Intuition Ewalds, das geheimnisvolle Geschehen zu erfassen. Er bildet nicht vordergründig ein Gespräch zwischen dem Engel und Maria ab, vielmehr fällt aus der oberen Region, die sich in ihrer Gestaltung Architekturattributen des Dettinger Kirchenraums bedient – der dreieckigen Durchbrüche an der Empore etwa, der Stützen oder der abgetreppten Chorschräge – aus dieser Zone fällt Licht aus der Höhe durch den Engel hindurch auf Maria. Es zeigt, daß der Engel nur verkündet, was zwischen Gott und Maria geschieht, daß die Quelle aller Gnade Gott selbst ist, der an diesem Ort wohnt. Hier wird in der Liturgie das Geheimnis der Menschwerdung gefeiert.   mp

der dasselbe: Der Künstler – Ewald, Lehrer an der Staatl. Akademie in Hanau – spricht in seinem Werke die Sprache der heutigen Zeit. In dem Altargemälde (Kreuzigungsgruppe) kann die heutige Generation in ihrem Schmerz Trost finden auf dem Kalvarienberge. Der verzehrende, ringende, fast tötende Schmerz, der sowohl durch die zum Himmel schreienden Farben als auch durch die Stellung der heiligen Personen zum Ausdruck kommt, ist so recht ein Führer für unser schmerzgebeugtes Volk hinauf zu heilgen Höhen: wir dürfen uns durch Kreuz und Leid und Elend nicht wegziehen lassen von Christus wie der linke Schächer, sondern wir müssen uns – trotzdem wir auf ewig an unser Kreuz gefesselt scheinen – zu Christus hinwenden wie der rechte, der in das strahlende Licht göttlicher Erlösungsgnade hineingestellt ist. – Viele Kunstverständige haben sich schon in geradezu begeisterter Weise geäußert; und wenn noch einige Jahrzehnte über uns dahingegangen, dann wird vielleicht die Dettinger Kirche ein Vorbild sein für ringende, strebende Künstler, ein Zufluchtsort für ringende, kämpfende Seelen. Und das gebe Gott! Möge die neue Kirche mithelfen am Wiederaufbau wahrer, echt christlicher Seelenkultur: aus der Finsternis empor zum Licht."[17]

Dieser Bericht bestätigt das Bemühen des jungen Dettinger Pfarrers, des Architekten und des Malers, die Ausgestaltung der Kirche in den Dienst der Verkündigung zu stellen und über die Malerei ein religiöses Erlebnis zu stimulieren: Kunst im Dienst der Verkündigung.

Ein anonymer Kritiker antwortet im „Beobachter am Main" wenig später:

„Die Kirche läßt alle edlen Künste zu im Gotteshaus unter der Bedingung, daß sie 1. Dem

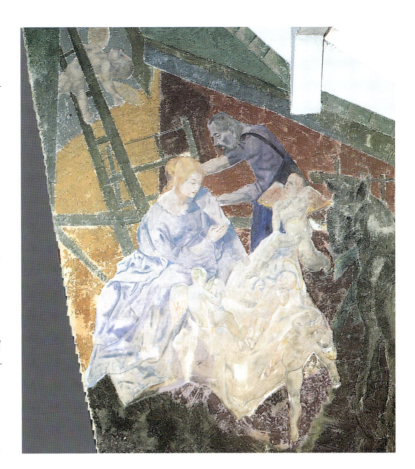

Lobpreis Gottes und 2. Der Erbauung der Gläubigen dient. Das gilt von der Musik, Malerei und Plastik. Ob die Malerei in Dettingen die erste Bedingung erfüllt, soll nicht entschieden werden; aber wenn es wahr ist, daß die Stimme des Volkes die Stimme Gottes ist, dann muß man daran zweifeln. Von den vielen Stimmen nur eine. Ein mir unbekannter Herr holte mich per Rad ein und brachte das Gespräch sofort auf die Dettinger Kirche; seine Kritik lautete wörtlich: ‚Ich bin weit herumgekommen, habe viele Kirchen gesehen, aber so eine Malerei in einer katholischen Kirche noch nicht; es ist ein öffentliches Ärgernis, was sich hier dem Auge bietet; man meint gerade, der Maler habe unseren Glauben verhöhnen wollen; ich begreife nicht, wie so etwas geduldet werden kann. Nicht einmal in einem Kino würde man so malen lassen.' Gewiß ist die Kritik zu scharf, aber in mancher Richtung wohlberechtigt. – Die zweite Frage, ob diese Malerei der Erbauung der Gläubigen dienen kann, dürfte nach obigem Urteil und nach dem einstimmigen Urteil des konsekrierenden Bischofs und der Geistlichkeit glattweg verneint werden. Die Bilder eines Gotteshauses sollen doch für Alt und Jung ein lebendiges Gebetbuch sein, ihr Anblick soll zur Vertiefung der Andacht in den Gläubigen dienen. Das vermögen aber die Bilder in Dettingen nicht; z. B. die Bilder Mariä Verkündigung und die Geburt Christi; man schaue sich an den Gesichtsausdruck der Per-

Oben: Geburt Christi, heutiger Zustand.
Unten: Maria, Ausschnitt aus der Geburt.

sonen, das knallrote Haar Mariens, das Jesuskind, den geschmacklosen Engel im Vordergrund in seiner ganz unmotivierten, Ärgernis erregenden Lage usw. Wer möchte behaupten, daß diese Darstellungen auch den frömmsten Menschen zur Andacht stimmen können? Wo bleibt da der Grundsatz: Die Kunst dem Volke? Man sagt, das versteht das Volk nicht, es muß erst zum Verständnis erzogen werden. Von der Kunst der Musik kann und mag das gelten, nicht aber von der Malerei, die ihm bleibend vor Augen steht und deshalb verständlich sein muß. Man vergleiche dagegen die frommen Werke, welche wahrhaft geniale, tiefgläubige und bis jetzt unerreichte Meister wie ein Rafael, ein Fiesole [gemeint ist: Fra Angelico] u. a. geschaffen haben, die jeden Beschauer unwillkürlich auf die Kniee zwingen. Glauben die ‚modernen, strebenden (?) Künstler', welche mit der großartigen Vergangenheit brechen,

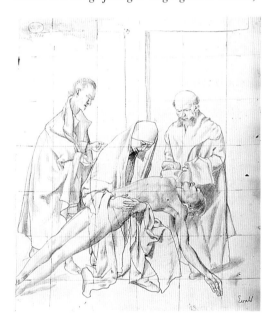

Dreizehnte Station: Jesus wird vom Kreuz abgenommen und in den Schoß seiner Mutter gelegt, Entwurfszeichnung

wirklich, etwas im modernen Stile schaffen zu können, was besser ist? Bis jetzt haben Sie es nicht erreicht. ... Wer die Gewerbeschau in München 1922 besuchte, hat mit Abscheu und Ingrimm die dort provisorisch im modernen Stil angelegte und ausgestattete Kirche verlassen, die wegen des schweren öffentlichen Aergernisses geschlossen werden mußte. Eine solche Darstellung des Gekreuzigten konnte nicht anders denn als Gotteslästerung bezeichnet werden, auch wenn der moderne Künstler subjektiv es noch so gut gemeint hat. ... Soll sich unser gläubiges Volk eine solche verirrte Kunstrichtung gefallen lassen? Sollen wir die Würde unserer neuerbauten Kirchen auf Jahrhunderte hinaus mit religiösen Zerrbildern der modernen Malerei beschmutzen lassen? Wir lehnen eine solche Malerei ab, wie sie ein moderner Künstler auch in Dettingen bieten will.

Er hat dem Bischof auf seinen Vorhalt geantwortet, die Ausmalung sei ein ‚Versuch', er wolle den Maler Grünewald nachahmen, er sei bereit, zu beheben und auszubessern, was mit Recht beanstandet werde. Wird es gelingen und wie? Diesen ‚Versuch' hätte er anderswo machen sollen als in einer katholischen Kirche; dazu ist das Risiko zu groß und die Kosten zu hoch. ... Vielleicht werden jetzt auch die kirchliche Oberbehörde und die Staatliche Denkmalspflege in München, welche bis jetzt nicht um Rat und Genehmigung gefragt worden sein sollen, sich die Malerei anschauen und die gestellte Frage entscheiden."[18]

Aus dieser Meinungsäußerung spricht Empörung, aber auch echte Sorge über den eingeschlagenen Weg der christlichen Verkündigung mit Mitteln der modernen Kunst.

Nun kann tatsächlich nicht allgemeingültig definiert werden, was Kunst ist. Jedes Kunstverständnis ist letztlich subjektiv, ist auch Geschmackssache. Niemand ist verpflichtet, alles zu ertragen. Eine Analyse dieses mit rhetorischen Fragen, dem Verweis auf Autoritäten und vielen anderen wirksamen sprachlichen Mitteln gespickten Leserbriefes – aufgrund der genannten Details muß der Verfasser über interne Vorgänge einiges wissen – fördert allerdings ein Sammelsurium von (Vor-) Urteilen gegen die moderne Kunst zu Tage. Dabei ist der Appell an das „Volksempfinden", eingeleitet mit der schwer nachvollziehbaren Gleichsetzung des Volkswillens mit dem Willen Gottes, die man kirchlicherseits so wohl kaum gelten lassen dürfte, wohl am problematischsten. Das Vokabular (verirrte Kunstrichtung, religiöse Zerrbilder, beschmutzen) ist emotional besetzt und polarisierend.

Ein unveröffentlichter Antwortbrief in den Unterlagen von Pfarrer Dümler weist zum einen die angeblichen Äußerungen des Bamberger Weihbischofs zurück. Zum anderen fragt er:

„ob die Madonnenbilder, die in den Kunstläden heute ausgestellt und gekauft werden, die uns wahrlich nichts anderes vor Augen stellen als schöne Frauen, mehr zur Ehre Gottes und zur Erbauung der Gläubigen beitragen als die Schmerzensmutter unter dem Kreuze in unserer Kirche."[19]

Ein weiterer Beleg, diesmal aus dem linksgerichteten Parteiorgan „Volkszeitung", mag das Kesseltreiben gegen den jungen Priester illustrieren:

„Wie schon erwähnt, ist diese expressionistische Kunstrichtung nicht jedermanns Geschmack und besonders bei einer konservativen Landbevölkerung wird es dem jugendlichen Herrn Pfarrer schwer

fallen, Verständnis für gebatikte Marienhaare zu finden, wenn der Herr Pfarrer auch behauptet, ihr seid die verzuckerten Bildchen gewöhnt, worunter er die Werke der alten Kirchenmaler versteht. Die Hauptsache ist, daß der Größenwahn einiger Dettinger gestillt ist, die Gemeinde hat auf Jahrhunderte eine Kirche, jedoch der junge Herr Geistliche wird so bald als möglich seinen Wirkungskreis verlassen. Die obere Kirchenbehörde hat noch nicht gesprochen."[20]

Neben kritischen Stimmen gab es aus der einheimischen Bevölkerung auch abgewogene und geradezu euphorische Würdigungen. Der Aschaffenburger Buchhändler Bernd Pattloch schließt seine ausführliche Besprechung im „Beobachter am Main" vom 8. 8. 1923 mit folgendem Urteil:

„Diese Kirche ist einzigartig in ihrer Schönheit. Die Farbensymphonien, die der Künstler auf der toten, kahlen Wand hervorzuzaubern verstand, zwingen einen auf die Knie. Die Lichtverteilung ist schlechthin vollendet. Eine tiefe mystische Stimmung geht von den drei Bildern des Chores aus. Die Religiosität ist hier ins sensible und vergeistigte gesteigert."[21]

Bernd Pattloch stellt sich auch die Grundsatzfrage nach dem Verhältnis von Kunst und Religion und nach der Zeitgenossenschaft der Kirche:

„Die Kunst will der Ausdruck ihrer Zeit sein. In der Malerei ist der Expressionismus das Echo der suchenden, hastenden, mystischen Strömungen, die unserer Jetztzeit Problem und Symbol sind. Wahrhaft empfundene Kunst kann nicht von einem Zeitalter ins andere übertragen werden, der schaffende Künstler wird und muß sich an das innere Leben der Gesamtheit halten."[22]

Wesentlichen Anteil an der positiven Beurteilung des Dettinger Freskenzyklus hatte der bereits erwähnte Alfred Wolters (s. S. 131) mit einer Zitierung in der Wochenbeilage „Erheiterungen" der nationalliberalen Aschaffenburger Zeitung vom 23. 10. 1923. Seine über die Interpretation von Einzelbildern führende Würdigung legt besonderen Wert auf die von der expressionistischen Formsprache ausgehende seelische Wirkung:

„So scheint in dem Ewald'schen Kreuzigungsbild die Mittelgruppe in eine ewig kreisende Bewegung zu geraten und sich gleichzeitig umgebener lastend – körperlich und seelisch – schräg nach vorne aus dem Bild herauszuneigen ... Man wird unmittelbar seelisch durch dieses lastende Sichneigen des Kreuzes gepackt, hat das Gefühl, man müßte sich dagegenstemmen, fühlt die räumliche Last ganz unmittelbar als eine seelische Last. Im Einzelnen: Kann der Schmerz der Maria in einem stärkeren und sprechenderen Formsymbol ausgedrückt werden als in diesem Umsinken, Umwehen? – oder der des Johannes, als in diesem Abbrechen seines Oberkörpers, als in der ganzen taumelnden Hilflosigkeit dieses Leibes, das nur noch ein vom Schmerz ausgesogenes Schemen zu sein scheint? Von Einzelheiten, wie dem ergreifenden Ausdruck der schmerzverkrampften Hände, der schmerzerstarrten Gesichtern will ich nicht weiter sprechen – sie sprechen für sich selbst."[23]

Einige Monate später führt Richard Köhler in der Zeitschrift „Spessart" diese von Wolters hervorgehobene seelische Wirkung der Wandgemälde gegen die sich nach der Einweihung der Kirche verstärkende Kritik ins Feld:

„Mag auch das Kirchvolk über diese ihm etwas grotesk anmutende Innenmalerei, insbesondere der Malerei und außergewöhnlichen Darstellung der

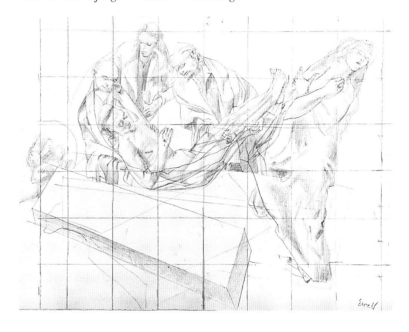

Personen mit dieser verschrobenen, umgekehrten Perspektive geteilter Ansicht sein – dies muß der expressionistischen Richtung zugerechnet werden: daß in der neuen Behandlung der Farbe ein Moment liegt, den Idealismus der Malerei, die Darstellung des Seelenlebens aufs tiefste zu erneuern. ... Die Richtung auf das Wesenhafte, Innerliche, die Scheu vor dem Ornamentalen, ist ein begrüßenswerter Zug der Zeit. Durch die tiefen seelisch erschütternden Eindrücke der Kriegsjahre nur noch begünstigt. Es ist Raum für das, was gewaltige Gefühle aufregt für die Intimität, die unsere Leiden und Schmerzen der Zeit gebieterisch fordern, für selbständige Form echter inniger Subjektivität. Und diese Befreiung der inneren seelischen Welt für die künstlerische Darstellung ist ein wesentliches Verdienst des (nicht im übertriebenen Formsinn modisch behandelten) Expres-

Vierzehnte Station: Der heilige Leichnam Jesu wird in das Grab gelegt, Entwurfszeichnung

Vierte Station: Jesus begegnet seiner Mutter (oben)
Achte Station: Jesus begegnet den weinenden Frauen, Entwurfszeichnung (unten)

sionismus – ein für die religiöse Kunst unschätzbarer Fingerzeig, unmittelbar aus dem tiefsten religiösen Erleben zu gestalten."²⁴

Das Bischöfliche Ordinariat und das Landesamt für Denkmalpflege

Die kirchliche Oberbehörde sprach letztlich doch nicht im Sinne der für die Volksmeinung sich ereifernden Kritiker. Dies allerdings erst nach einem mühsamen Dialog mit dem Landesamt für Denkmalpflege in München.

Eine direkte Stellungnahme findet sich im Pfarrarchiv nicht. Eine indirekte Würdigung vermittelt jedoch ein Brief der Kirchenbaumeister Dominikus Böhm und Martin Weber vom 23. 8. 1923 an Pfarrer Dümler:

„Herr Weber war gestern noch bei Herrn Pfarrer Hahn in Gross-Wallstadt, der [sich] sehr günstig über die Aussagen der beiden von München nach Dettingen geschickten Herren (Professor Angermeier & Konservator Herz) äusserte. Letzterer soll gesagt haben, dass sie das gewünschte vernichtende Urteil über die Malerei nicht sprechen können, weil sie sich sonst vor der ganzen Welt blamieren würden. Die Malerei sei eine hochwertige, künstlerische Leistung, allerdings von anderer Art wie sie in München üblich. Die Architekten hätten nur einen Fehler gemacht, dass sie keinen Münchener Maler genommen hätten, dann wäre alles gut gewesen. Wir freuen uns sehr über diese günstigen Aussagen und werden demgem. auch mit Herrn Ewald und dem Herrn Direktor der Hanauer Akademie verhandeln."²⁵

So direkt äußert sich das vom Würzburger Ordinariat bemühte Landesamt für Denkmalpflege offiziell nicht. Die Stellungnahme vom 7. 8. 1923 ist ein typisches Beispiel für die anfänglich ungeklärte Position dieser Behörde zur modernen Kunst und das Bemühen, sich aus dem Streit heraus zu halten. Der Gutachter Angermeier hält es nicht für ratsam, daß sein Amt über den künstlerischen Wert des Baues und seine Innenausstattung ein Urteil abgeben würde. Allerdings äußert er seine „private Meinung":

„Bei der kath. Pfarrkirche in Dettingen bekommt man den Eindruck, dass das Streben der dabei beteiligten künstlerischen Kräfte vor allem dahin ging, etwas künstlerisch Eigenartiges zu schaffen. Trotzdem lehnen sich sowohl der architektonische Aufbau (basilikale Lösung) wie auch die künstlerische Innenausstattung an alte Vorbilder an, wenn auch in freier und selbständig empfundener Art. Der Bau wirkt in der primitiven und derben Ausführungsweise fremdartig. Was den Innenraum betrifft, so überraschen die im Chor und an den Chorbogenwänden angebrachten Malereien zwar durch den Zauber ihrer Farbwirkung wie auch durch den Effekt der Beleuchtung. Die auf rauhem Verputz gemalten Bilder weichen jedoch in den einzelnen heiligen Personen von der Darstellungsweise stark ab, die das gläubige Volk nach der durch die Jahrhunderte gleichsam geweihten Tradition gewohnt ist. Die Wände des dreischiffigen Langhauses werden mit überlebensgroßen Kreuzwegdarstellungen belebt, von denen bereits zwei Stationen ausgeführt sind. Die gesamte farbige Durchführung des Innenraumes sowohl in den figürlichen Kompositionen, wie auch in den dekorativen Bemalungen ist von solch grundlegender Auffassung, dass es hier mit Abänderungen in keiner Weise getan ist. Es gibt daher nach meiner

Anschauung nur zwei Wege, nämlich entweder die Belassung des bisherigen und Fertigstellung des gesamten Entwurfes oder das Aufgreifen eines völlig neuen Projektes in Bezug auf die Ausmalung des Raumes."[26]

Damit hatte der Gutachter die Auseinandersetzung auf den Punkt gebracht. Es gab nur ein Entweder-Oder, der von Weihbischof Senger ersehnte Mittelweg war nicht gangbar.

Das Ordinariat Würzburg gibt sich mit diesem Bescheid des Landesamtes nicht zufrieden und fordert am 10. 9. 1923 die Einschaltung von Generalkonservator Hager. Es gehe um eine authentische Würdigung der bisher geschaffenen Fresken „vom Standpunkt der religiösen Zweckbestimmungen Rechnung tragenden berufenen Kunstkritik".[27] Im Schreiben des Ordinariats spiegelt sich die Schärfe der Auseinandersetzung und die dramatische Zuspitzung bereits in den einleitenden Zeilen:

„In Sachen der Innenausstattung, besonders der Ausmalung der neuerbauten Kirche in Dettingen a/M. bei Aschaffenburg sind wir unter schweren Beanstandungen und entrüsteten Protesten zum Einschreiten angerufen worden. Wir haben bis auf Weiteres die Fortführung der Malereien einzustellen Auftrag gegeben."[28]

Wenigstens drei Monate ruht die Weiterarbeit an den Wandfresken.

Das Landesamt für Denkmalpflege gibt keine weitere schriftliche Stellungnahme ab, sondern bespricht die Angelegenheit in Würzburg mündlich. Die formulierte, aber nicht abgesandte Antwort des Generalkonservators Hager ist mit ihrer einfühlsamen, sachverständigen und abgewogenen Formulierungskunst, die Tradition und Moderne zu verbinden weiß und auf der Zeitgenossenschaft christlicher Kunst besteht, ein einzigartiges Zeugnis für das Erkennen der Spiritualität der modernen Kunst und ihres Sinns für Transzendenz.

„Die Ausmalung der neuen Pfarrkirche in Dettingen ist als durchaus modern erdachtes und durchgeführtes Werk naturgemäß viel umstritten. Der erste Eindruck ist wie der des ganzen Raumbildes befremdend, erschreckend, abstoßend. ... Der Beschauer braucht Zeit, sich mit dem Gegebenen abzufinden. Hat er sich aber in die armseligen Formen des Raumes und in die komplizierte Formen- und Farbenwelt der Malereien hineingeschaut, so fühlt er sich aufs tiefste ergriffen, erschüttert. Außer der Bemalung des Chores und der Stirnseite der Wand zwischen Chor und Langhaus sah ich auch schon die Seitenwände des Langhauses etwa zur Hälfte mit Passionsszenen bemalt. Es zeigt sich, daß die Bemalung des Cho-

res nur im Zusammenhang mit den Bildern des Langhauses beurteilt werden darf. Der fremdartige Charakter der Chorausmalung erscheint bedeutend gemildert dadurch, daß die Passionsbilder des Langhauses den Beschauer vorbereiten auf die schauerliche Versinnbildung des Geheimnisses von Golgatha. Wenn vollends die Wände des Langhauses fertig bemalt und auch die Zwischenräume zwischen den lebensgroßen Passionsszenen getönt sein werden, ist erst die Voraussetzung für die Beurteilung des Chorbildes ganz

Fünfte Station: Simon von Cyrene hilft Jesus das Kreuz tragen (oben)
Achte Station: Jesus begegnet den weinenden Frauen (unten)

geschaffen. Von den bis jetzt fertig gestellten Passionsszenen im Langhaus sind zwei durch hervorragende Schönheit ausgezeichnet. Zunächst die Begegnung Christi mit seiner Mutter und den weinenden Frauen, in der Komposition der wenigen Figuren, im Kolorit der rötlich leuchtenden Gewänder der Frauen und im Gesichtsausdruck des Heilands von bezaubernder Wirkung, voll Trauer und doch zugleich voll Ruhe. Dann Christus, nach der Entkleidung auf dem Kreuze sitzend, von feinster Farbenabstufung; hier verbinden sich die ungewohnten Farbentöne des Malers zu einer Harmonie, die wiederum Ruhe und Abklärung schafft. Dieser zwei Bildschöpfungen halber allein schon würde es die ganze Ausmalung verdienen, daß sie ins Leben gerufen wurde. Den beiden Bildern wohnt auch eine so tiefe religiöse Empfindung inne, daß von ihnen aus auch der Weg zur Erfassung der religiösen Stimmung der übrigen Gemälde sich leichter finden läßt.

St. Josef in Offenbach, Ausschnitt aus dem Altarbild von Heinrich Holz, 1919

So neu und eigenartig Auffassung und Vortrag der Gemälde sind, so spürt der Kenner der Kunstgeschichte doch da und dort Reflexe der alten Kunst, selbst im Kolorit, das von der Ölmalerei des in neuester Zeit so hochgeschätzten Greco beeinflußt ist. Das Hereinspielen alter Kunsttraditionen verleugnet sich in den Gemälden so wenig wie im Aufbau der Kirche mit dem basilikalen Querschnitt. Im Gegenteil. Architekt und Maler haben tief geschaut in den Geist der alten christlichen Kunst. Was sie geschaut, verarbeiten sie zu neuer Eigenart. Es ist höchst dankenswert, daß die Kirche, die nahezu zwei Jahrtausende lang so weitherzig und weitblickend die Kunst der einzelnen Zeiten in ihrem Dienste sich betätigen ließ, auch dieser gärenden Kunst der Gegenwart Licht und Luft gewährt. Wenn Bau und Gemälde Dauer haben, werden sie künftigen Generationen von der Sehnsucht unserer Zeit künden, allerdings auch von der Zerrissenheit der Seele des modernen Menschen. In diesem Gotteshaus hat sich die Seele trotz Verwendung der neuesten technischen Errungenschaften und der Verwertung der fortgeschrittensten Einsicht in den Körperbau in frühe Jahrhunderte des Empfindens und Formens geflüchtet, mit Beiseiteschieben dessen, was die Kunst der Renaissancezeit an Linienharmonie den Menschen geschenkt hat.

Aufs dringendste ist zu wünschen, daß der Künstler sein Werk in Dettingen in seinem Sinne und in seiner Art vollenden kann. Dem Werke dürfte eine hervorragende Stellung in der gegenwärtig neu aufgelebten Bewegung für das Verständnis der christlichen Mystik beschieden sein."[29]

Es ist anzunehmen, daß das Gespräch zwischen Vertretern des Würzburger Ordinariats und des Landesamtes für Denkmalpflege den Weg für die weitere Ausmalung der Dettinger Kirche durch Reinhold Ewald frei gemacht hat. Dabei wird seitens der Kirche auch die Wirkung bedacht worden sein, die ein Verbot und das Zerstören der fertigen Wandfresken gehabt hätte.

Positive Würdigungen in der überörtlichen Presse

Kunsthistorische Betrachtungen in den „Frankfurter Nachrichten" (24. 5. 1924), der „Frankfurter Zeitung" (20. 7. 1924), der „Gartenlaube" (5/1924), der „Welt" (29/1926), der Zeitschrift „Die christliche Kunst" (Juli 1928) und in vielen bedeutenden überregionalen Zeitungen und Fachzeitschriften sind sich in der positiven Beurteilung weitgehend einig: Können und Ausdruckskraft des Hanauer Malers Reinhold Ewald haben ein einmaliges Kunstwerk geschaffen, das in der Sprache der Zeit das Wesentliche des Glaubens aus tiefstem religiösen Erleben aussagt. Dabei fragen die Rezensenten nicht nach der Religiosität des Künstlers, sondern nach dem sich im Kunstwerk objektivierenden religiösen Sinngehalt.

Josef M. Wagner aus Kahl am Main würdigt Ewalds Werk in einer Würzburger Zeitung als *„farb- und formgewaltig"* und die Kirche insgesamt als *„eine glückliche Tat, kultureller Bedeutung voll, eines der wenigen öffentlichen sakralen Dokumente kunstsuchender Zeit."*[30]

Nach A. Selzer verkündet das Werk *„Not und Sehnsucht seiner Zeit"*, für ihn ist das ganze Werk *„Ausdruck eines wahrhaft modernen Strebens religiöser Kunst."*[31]

Viele Rezensenten sehen im Kreuzweg Szenen existentieller Not und stellen einen Zusammenhang mit den Erschütterungen des 1. Weltkrieges her. Das unbegreifliche Leiden Christi wird in Beziehung gesetzt zu Not und Leid des Krieges.

Georg Lill, der stellvertretende Vorsitzende der „Gesellschaft für christliche Kunst", sieht 1928 in der Dettinger Pfarrkiche *„das charakteristische Denkmal, das diese Zeit uns überliefert"*.[32]

H. Behm widmet der Dettinger Kirche in der illustrierten Wochenbeilage von „Die Welt" 1926 einen dreiseitigen, bebilderten Artikel, mit einer Innenansicht der Kirche als Titelbild der Beilage. Ein Thema ist für ihn die Bindung des Betrachters an Sehgewohnheiten: *„Man muß in sich viel umstoßen, bis der innere Blick frei wird für diese Kunst und ihr Format"*. Das Hochaltarbild ist ihm ein *„Schrei in alle Zeiten"*, der Zyklus insgesamt dokumentiere echte Frömmigkeit an Stelle von *„manchem hohlen Getue"*.[33]

Oskar Kloeffel berichtet im März 1927 über eine Ewald-Ausstellung in Würzburg, in der auch Bilder von den Fresken der Dettinger Kirche gezeigt werden, und verweist auf Ewalds Beitrag zur „Katholischen Kunst". Für Kloeffel geht es *„um Bedeutendes"* bei der Ausmalung der Dettinger Kirche. Sein Fazit: *„Solch ein Versuch wie in Dettingen wird unserer Kirche immer zum Ruhme gereichen."*[34]

Auffällig an all diesen Berichten und Würdigungen ist die meist isolierte Betrachtung von Architektur und Malerei. Ihre inhaltliche Verbindung im „Opfermysterium" wird selten erörtert. Auch das theologische Programm, die sich in den Bildern der Verkündigung, der Geburt Christi, des Kreuzweges und des Kreuzestodes dokumentierende Summe der christlichen Heilslehre, wird nur am Rande erwähnt.

Architekt und Maler

In der Denkschrift zur Einweihung der Kirche widmen die Baumeister Böhm und Weber der Innenmalerei nur wenige Zeilen, in denen sie vor allem einer Übereinstimmung mit dem „christozentrischen" Programm das Wort reden (s. S. 37, 153f) und Ewald als gleichgesinnten und außerordentlich wertvollen Mitarbeiter bezeichnen.[35]

Wie Böhm und Weber schon bei der Beschreibung der Architektur auf Traditionsbezüge Wert gelegt hatten (s. S. 16f), fehlt auch bezüglich der Fresken jeder Hinweis auf Modernität und Außergewöhnlichkeit. Vielmehr wird eine ausschließlich theologisch-liturgische Begründung des Zusammenklangs von Raumidee und Innengestaltung versucht.

Diesen Harmonisierungsversuchen widerspricht Ewald deutlich, wenn er schreibt, daß Böhm eine illustrative, mehr traditionell orientierte Ausmalung des Kirchenraums gewünscht hatte, es ihm als Maler aber darum gegangen sei, *„die dünnbauliche Architektur durch eine suggestiv wirkende, raumausweitende Malerei in italienischem Sinne (Arezzo) zu übertönen"*.[36]

Gleichsam als Antwort auf die über die Wandfresken der Dettinger Kirche entstandene Diskussion liest sich einige Jahre später der Entscheidungsprozeß über die Innenraumgestaltung der ebenfalls von Dominikus Böhm geplanten Pfarrkirche im Nachbarort Großwelzheim. In einem Brief an den Großwelzheimer Pfarrer nimmt Böhm zur Frage der Gestaltung von Altar und Chorraum Stellung. Dieser Brief scheint seine inneren Vorbehalte gegen Ewalds Freskenzyklus in Dettingen zu belegen, kann allerdings auch als Indiz für den schwierigen Dialog und die fortdauernde Diskrepanz zwischen expressionistischer Kunst und traditionellem kirchlichen Fühlen und Denken verstanden werden:

„Das Bild hinter demselben an der Monumentalwand kann großartig werden, – wenn es von einem Künstler gemacht wird. ES MUSS DESHALB NICHT ‚Dettingen‘ WERDEN!-!-!- ES WÜRDE AUCH NICHT DETTINGEN WERDEN, *wenn ich einen Maler vorschlage."*[37]

Der Kirchenbaumeister empfiehlt den zu dieser Zeit in Köln arbeitenden Richard Seewald, der dafür garantiere, daß es *„einheitlich* UND GUT *würde"*. Doch wie in Dettingen kommt auch in Großwelzheim der von Böhm vorgeschlagene Künstler nicht zum Zuge. Allerdings hatte die Ablehnung andere Gründe als in Dettingen. In Großwelzheim will man keine Experimente, gestaltet doch schließlich der einheimische Künstler Bergmann-Franken 1930 den Kreuzwegzyklus und das Hochaltarbild als Gnadenstuhl in einem dem Kirchenvolk vermittelbaren traditionellen Stil.[38] Das Bischöfliche Ordinariat Würzburg hält die von Bergmann-Franken vorgelegten Skizzen wohl *„gerade nach der Seite der Konzeption für nicht besonders künstlerisch hochstehend"*, merkt aber gleichzeitig an: *„Von expressionistischen Ueberschwänglichkeiten scheinen dieselben frei."*[39] Die Distanz zu den Dettinger Fresken ist mit Händen greifbar.

Böhms Hinweise zur Behandlung der Wandflächen und zur Komposition und Farbe der Kreuzwegbilder zeigen seine Hochschätzung der Freskenmalerei: *„Fresco ist wundervoll! …* MAN MUSS DAS GEFÜHL HABEN, DASS DIE BILDER – auf – DIE WAND GEMALT SIND*."*[40]

St. Bonifatius in Großwelzheim, Kirchenerweiterung von Dominikus Böhm, 1926/27. Der Entwurf des Altarraumes sieht eine monumentale Kreuzigungsgruppe vor.

St. Bonifatius in Großwelzheim, Kirchenerweiterung von Dominikus Böhm, 1926/27, Zustand bis 1957 mit dem Gnadenstuhl-Fresko von Bergmann-Franken. Auch die Ewiglichtampel aus Martin Webers Frankfurter St.-Bonifatius-Kirche ist zu erkennen (s. Abb. S. 34).

Auch Böhms Feststellung, daß doch der Gesichtsausdruck den Leuten in erster Linie wichtig sei,[41] steht sicher in Zusammenhang mit der Diskussion um Ewalds Bilder in der Dettinger Kirche. Wiederholt hat Dominikus Böhm seine Auffassungen über den Kirchenraum als Gesamtkunstwerk, dem auch die Malerei verpflichtet sei, bekräftigt:

„Ich halte es für eine auswegslose Sache, die Kreuzwegstationen ohne Zusammenhang mit dem übrigen Raum auszuschreiben, das kann nichts Ganzes werden. ... Einen Wettbewerb kann man natürlich machen, aber nur für die Ausmalung der ganzen Kirche."[42]

Farbskizze der Anlage des Kreuzwegs in Großwelzheim

Die „Stimme des Volkes" ist ausschlaggebend, daß der vom Bayerischen Staatsministerium für Unterricht und Kultus für Großwelzheim angeregte und mit einem Preisgeld von 3000 Reichsmark ausgestattete öffentliche Wettbewerb zur Erlangung von Entwürfen für 14 Kreuzwegstationen nicht durchgeführt wird. Das Bischöfliche Ordinariat Würzburg begründet gegenüber dem Pfarramt Großwelzheim die Ablehnung eines Wettbewerbs:

„Erfahrungsgemäß sind die Entscheidungen der Künstler-Preisgerichte gerade über Gemälde in den Kirchen zumeist mit dem künstlerischen Empfinden des kathol. Volkes zumal auf dem Land, zu dessen Erbauung der Bilderschmuck dienen soll, in großem Widerstreit. Der Vertreter des Ordinariats ist gewöhnlich der Weiße Rabe. ... Die Kirche von Großwelzheim wird bei ihrer Bauart unseres Erachtens ein Versuchsobjekt für ‚modernste' Entwürfe sein."[43]

Die kath. Kirchenverwaltung Großwelzheim lehnt dann auch die Durchführung eines Wettbewerbs ab, weil befürchtet wird, *„daß die Kirche einen Bildschmuck allermodernster Richtung bekommen könnte, der dem Empfinden des kath. Volkes widerstreitet."*[44] So bestimmen also wirkungsästhetische Überlegungen, die auf die wahrscheinliche Reaktion des Publikums abstellen, den Entscheidungsprozeß.

Rezeption nach 1945

In der Zeit des „Dritten Reiches" liest man über die Wandmalereien der Dettinger Kirche nichts mehr. Reinhold Ewalds expressionistische Gemälde werden als „entartete Kunst" gebrandmarkt und aus Galerien und Ausstellungen entfernt.[45] An die Dettinger Fresken legt jedoch keiner Hand an. Auch hier mag eine Rolle spielen, daß sie eher einem exzessiven, krassen Realismus als einem (fanatischen) Expressionismus zugerechnet werden.

Nach 1945 gibt es – abgesehen von zwei Stellungnahmen aus den fünfziger Jahren – nur noch positive Würdigungen.

Pfarrer Karl Rohner, der die Pfarrei Dettingen nur kurz betreute, meint 1957:

„... der Stil paßt nicht in die fränkische Landschaft ... Die Bilder im expressionistischen Stil von Prof. Ewald geben dem Raum eine gewisse Heimeligkeit, werden aber fallen müssen, wenn an den bereits geplanten Umbau der Kirche gedacht wird. ... Es handelt sich um ein fremd anmutendes Bauwerk."[46]

Überraschend ist eine Aussage des Bayerischen Landesamtes für Denkmalpflege im Rahmen einer Begutachtung der 1950 begonnenen Restaurierungsarbeiten in der spätgotischen St.-Hippolyt-Kirche in Dettingen:

„Die katholische und politische Gemeinde Dettingens haben mit der Erbauung eines neuzeitlichen Gotteshauses, ein in architektonischer und künstlerischer Hinsicht modernes Werk, das dem christlichen Menschen wohl kaum eine andächtige Atmosphäre zu geben vermag, die alte kunstgeschichtlich bedeutsame Pfarrkiche (Entstehung erste Hälfte des 15. Jahrh.) bereits weitgehend dem Verfall geopfert." [47]

1947 widmet J. Lindenberger dem Dettinger Passionszyklus im Aschaffenburger „Main-Echo" einen längeren Beitrag. Ihm gelingt eine überzeugende Analyse von Ausdrucksmittel und Ausdruckskraft der Kreuzwegbilder, die den Betrachter *„in eine innere Sphäre der seelischen Erregung"* hineinreißen. [48]

Der Benediktiner Dr. Urban Rapp, Dozent für christliche Kunstgeschichte und Archäologie an der Universität Würzburg, bezeichnet anläßlich ihres 50jährigen Jubiläums die St.-Peter-und-Paul-Kirche als *„ein in der Welt einzigartiges Dokument des deutschen Expressionismus"* und sieht in Ewalds Wandfresken nicht eine Nachahmung Grünewalds, *„sondern eine innere Verwandtschaft, eine gleiche Kühnheit und Kraft der Deutung".* [49]

Ernst Pfeifer betont 1978 die Dominanz der Innenmalerei:

„Farben schaffen geheimnisvolle Räume und umwehen Gestalten, die an der Grenze zwischen Wirklichkeit und Unwirklichkeit leben. Kirche und Bilder stehen im Kontrast zueinander. Die Kirche ist nüchtern und dient nur dem Gedanken der Hinführung zum Altar. Die Bilder sind gegenwärtig, beherrschend, reinster Expressionismus." [50]

Eine ausführliche und intensive analytische Darstellung der Fresken von St. Peter und Paul besorgt 1990 Eugenie Börner. Sie interpretiert die Dettinger Passion als künstlerisch-theologisch zusammenhängendes Programm, geht auf die stilistische Vielfalt ein und stellt das religiöse Werk in den Zusammenhang insbesondere mit Ewalds Frühwerk und seinen Vorbildern (Giotto, Grünewald, Baldung Grien). [51]

Gerhard Bott erkennt 1990 in seinem Eröffnungsvortrag zur Ewald-Ausstellung in Hanau einen Bezug zwischen dem tiefen Leid von Kreuzweg und Kreuzigung und Ewalds Kriegserlebnis:

„Reinhold Ewalds Kriegserlebnis und seine Zeitbetrachtung hat sich hier, gleichsam vergeistigt und verdichtet, niedergeschlagen, nicht vordergründig in Kriegs- und Verwundetenszenen".

Siebte Station: Jesus fällt zum zweiten Mal unter dem Kreuz

In den Dettinger Fresken und den weiteren religiösen Aufträgen Ewalds sieht er Ewalds *„eigentlichen und wesentlichen Beitrag zur deutschen Kunstgeschichte".* [52]

1995 erscheint in der Reihe der kleinen Kunstführer im Verlag Schnell und Steiner eine kunsthistorische Betrachtung der Pfarrkirche St. Peter und Paul. Clemens Jöckle liest die Formsprache der Malerei Wort für Wort, Satz für Satz mit dem Ziel der Erfassung des ganzen „Bildtextes" in seinem religiösen Gehalt. Ihm gelingt in der Darlegung des dramatischen Aufbaus, in der Beschreibung der von Ewald vorgefundenen und radikalisierten Motive, in der Herausarbeitung der Mittel der Kontrastierung, des Nebeneinanders von bewegten und statischen Bildern und des wirkungsästhetischen Gegensatzes von Expression und Introversion eine dem Gegenstand adäquate sprachliche Deutung des theologisch-künstlerischen Gehalts und der sich in der expressionistischen Formen- und Farben-

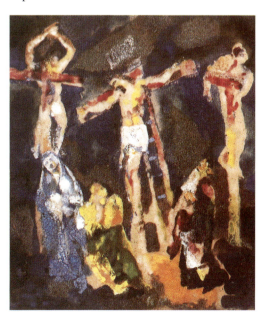

Kreuzigung, Emailplatte von Reinhold Ewald, 1954

sprache konkretisierenden zeitgemäßen Glaubensmystik.[53]

Große Verdienste um den Erhalt und die Hochschätzung der Fresken haben sich auch die Ortspfarrer Edmund Roeser, Anton Wombacher und Franz Kraft erworben, die trotz beschränkter finanzieller Mittel die Restaurierung der Wandbilder angegangen sind.

Heute, 75 Jahre nach der Einweihung dieses Gotteshauses, ist öffentliche Kritik nicht mehr zu vernehmen. Nach wie vor sagen vereinzelt Kirchenbesucher: „Mir wird in dieser Kirche nicht warm. Die Bilder sind schrecklich." Schlimmer als die Ablehnung ist die Nichtwahrnehmung, die Gleichgültigkeit. Provokation ist zur Gewohnheit, moderne Kunst zur Staatskunst, Herausforderung zur Routine geworden. Bei den seltenen Kirchenführungen trifft man wohl eine Vielzahl kunstbeflissener Besucherinnen und Besucher, denen in der Regel die expressionistische Malerei so vertraut ist, daß sie am Dettinger Kreuzweg – für viele lediglich ein Objekt der Kunstbetrachtung, weniger der Verkündigung – nichts „Anstößiges" erkennen, in den Wandfresken eher Formelemente eines expressiven Realismus entdecken und sich kopfschüttelnd fragen, warum diese Malerei Mitte der zwanziger Jahre sowohl Stürme der Entrüstung als auch begeisterte Zustimmung ausgelöst hat. Ist also die Ausstrahlungskraft dahin?

Bleibt als Fazit: Wo kein Glaube ist, kann auch ein Bild ihn nicht ersetzen! So sehr Pfarrer Hugo Dümler die Kirche und vor allem die Fresken geliebt hat, so sehr hat er sich doch stets den Blick dafür bewahrt, daß der schönste Schmuck einer Kirche die lebendigen, glaubenden Menschen sind:

„Diese lebenden Bilder wirken (wenn frommgläubig) viel erbauender als die schönsten gemalten. Und die Dettinger werden auch für diesen Schmuck ihrer neuen Kirche sorgen."[54]

So ist zu hoffen, daß die Vision des Jesuitenpaters Wilhelm Wiesebach in Erfüllung geht und nicht nur Kunstfreunde, *„... sondern auch Vertreter des gläubigen und warm mit seiner Zeit lebenden Volkes nach Dettingen fahren und wandern, um sich aus der herben Schönheit und Monumentalität der Dettinger Dorfkirche Freude, Erbauung und Kraft für den Alltag zu holen."*[55]

Denn auch heute noch, schreibt Clemens Jöckle 1995, *„... trifft die Wandmalerei durch ihre Unmittelbarkeit und spürbare Radikalität der Bildaussage den Besucher und führt ihn dem Anliegen der devotio moderna zu, sich mit Hilfe der Bilder in Christi Leiden versenken zu können."*[56]

Elfte Station: Jesus wird an das Kreuz genagelt (Christus in der Rast) Entwurfszeichnung

Barbara Kahle

Kunst im Raum – Raum als Kunst

Zum Verhältnis von Architektur und künstlerischer Ausgestaltung in der Dettinger St.-Peter-und-Paul-Kirche

Zwei Momente sind es vornehmlich, denen die St.-Peter-und-Paul-Kirche in Dettingen ihren vielbeachteten Stellenwert verdankt: die von Dominikus Böhm und Martin Weber entworfene architektonische Lösung am Beginn der Entwicklung des modernen Kirchenbaus sowie die von Reinhold Ewald geschaffene Ausmalung als wichtiges erhaltenes Beispiel einer sakralen Raumgestaltung der zwanziger Jahre. Das Zusammenspiel von Malerei und Architektur soll hier einer näheren Betrachtung unterzogen werden, um im Kontext der Kirchenbaudiskussion jener Zeit die besondere Stellung Dettingens aufzuzeigen.

Den Raum weiten

Aus der zeitlichen Stellung der Kirche heraus scheint zunächst eine Ausgestaltung in größerem Umfang wenig Aufsehen erregend. Ausstattung durch Altaraufbauten, Altarbilder, Farbfenster, Plastiken und Ausmalung können seinerzeit durchaus noch zum festen Bestandteil der Kirchenarchitektur gezählt werden[1], wenn auch – und darauf wird später zurückzukommen sein – im Laufe der zwanziger und dreißiger Jahre andersartige konzeptionelle Überlegungen in den Vordergrund treten. Der damalige Kaplan und spätere Pfarrer der Dettinger Kirche, Hugo Dümler, vergab den Auftrag an Reinhold Ewald, einen Künstler, der als moderner Figuren- und Porträtmaler bekannt geworden war und sich durch Beteiligung an Ausstellungen, seine Mitgliedschaft in der progressiven Darmstädter Sezession und seine Lehrtätigkeit an der Zeichenakademie in Hanau hervorgetan hatte. Die Berufung Ewalds muß als ein ungewöhnlicher und mutiger Schritt bewertet werden, war doch Ewald bislang nicht mit religiöser Malerei hervorgetreten. Die Arbeiten in Dettingen sind seine ersten Werke im Raum einer Kirche, denen später einige wenige weitere Aufträge folgen sollten[2].

Ewald gestaltete einen Passionszyklus aus monumentalen Einzelfresken, die, 2,80 m hoch und unterschiedlich breit, nebeneinandergereiht die fensterlosen Längswände der Kirche beherrschen. Der Chorwand und ihrer trapezförmigen Öffnung folgend, ergänzen Szenen aus dem Marienleben mit Geburt Jesu, Verkündigung, Heimsuchung und Ruhe auf der Flucht die inhaltliche Aussage. Das Programm gipfelt in der wandfüllenden Kreuzigungsdarstellung hinter dem Altar, die durch große seitliche Fenster indirekt belichtet wird. Die Größe der Bilder, die spezifische Art und Weise ihrer Darstellung sowie die farblichmalerischen Mittel lassen sie zu einem den Raumeindruck entscheidend prägenden Ereignis werden. Beim Eintritt in die Kirche wird der Betrachter sofort von den zusammenwirkenden Fresken vorne im Chorbereich in Bann gezogen, ein Moment, dem der architektonische Rahmen mit wegartiger Führung und Stützenreihen sowie der Lichtwechsel zwischen dunklerem Gemeindebereich und hellem Chor entspricht. Gleichzeitig fordern aber die großen Freskenbänder an den Längswänden eine suggestive Aufmerksamkeit, womit der strengen axialen Ausrichtung Einhalt geboten und eine ausweitende Mitsprache der Seitenwände erreicht wird.

Die Weitung des Raumes ist explizit das Ziel der Ewaldschen Konzeption, die in eine Auseinandersetzung mit Böhms Architektursprache tritt. In der Erläuterung seiner Gedanken bemängelt Ewald eine gewisse Enge und maßlich zu festgelegte Wirkung des etwas ver-

Wer könnt' ohne Tränen sehen
Christi Mutter also stehen
in so tiefen Jammers Not?

Wer nicht mit der Mutter weinen,
seinen Schmerz mit ihrem einen,
leiden bei des Sohnes Tod?

Heil'ge Mutter, drück die Wunden,
die dein Sohn am Kreuz empfunden,
tief in meine Seele ein.

Ach, das Blut, das er vergossen,
ist für mich dahingeflossen;
laß mich teilen seine Pein.

Gib, o Mutter, Born der Liebe,
daß ich mich mit dir betrübe,
daß ich fühl' die Schmerzen dein.

Daß mein Herz von Lieb entbrenne,
daß ich nur noch Jesus kenne,
daß ich liebe Gott allein.

147

spielt dekorativen Baukörpers. Darauf antwortend schien es ihm notwendig, „die dünnbauliche Architektur durch eine suggestiv wirkende, raumausweitende Malerei in italienischem Sinne ... zu übertönen, diese Wand- und Raumteile ... nur als Stütze eines absolut anderen Wirkungsphänomens zu benutzen und den Hohlraum der Kirche der real maßlich war, in eine höhere geistige Bindung mit zentraler Energieausstrahlung umzusetzen." Hierzu kam ihm der Gedanke, „nach eigenem Ermessen eine kosmische Raumbildung entstehen zu lassen, die durch Ausweitung des Innenraumes durch räumlich wandvertiefende Malerei und durch gegenwirkende Zurückstrahlung der gesamten Malerei nach dem Innern des Kirchenraumes eine doppelte Federung der Länge und der Breite des Kirchenraumes erzielt."[3]

Hauptanliegen war ihm demzufolge, den Raum in eine höhere geistige Bindung mit zentraler Energieausstrahlung einzugliedern. Das rein Stoffliche, Meßbare, Dingliche sollte verwandelt werden in einen illusionären Raum, der damit jenes Moment erreicht, in dem der Kirchenraum Ahnung gibt von einem „echten heiligen Raum"[4].

Reinhold Ewald hatte sich in jenen Jahren auch theoretisch sehr intensiv mit Raum und Farbsystemen in der Malerei auseinandergesetzt, wobei ihm dann auch die Architektur wichtige Anschauungsbeispiele lieferte.[5] Um nicht im Banalen stehenzubleiben, schien es ihm wichtig, daß Architektur über zweckmäßige, raumschützende Gesichtspunkte hinaus und über das reine Bemessen des konsistenten Vollkörpers Ausstrahlung und Wirkung erreichen müßte durch motorische Elemente, bei denen Raum und Massierungen in Bewegung geraten; Wechselwirkungen müßten sich so ergeben im Zusammenspiel verschiedener Körper, etwa von hohl gegen konsistent. Seine Überlegungen gründen in der Auseinandersetzung mit den großen historischen Werken der Malerei, Plastik und Baukunst. Balthasar Neumanns Kirche in Vierzehnheiligen, der Bamberger Dom oder der gotische Lorenz-Chor in Nürnberg zeigen für Ewald eine gleiche Raumausstrahlung, die im Motorischen, Bewegten gegründet liegt. Bezeichnet als *Stil des motorischen Raumes* ist es jenes Phänomen, das ihn bei der gesamten Geschichte der bildenden Kunst fasziniert. Anregungen von Hans Baldung Grien, Konrad Witz, Matthias Grünewald, von italienischen Malern wie Piero della Francesca und vielen anderen werden von Ewald in diesem Sinne in sein eigenes malerisches Werk integriert.[6]

Eine eingehende stilistische Betrachtung erscheint an dieser Stelle jedoch weniger wichtig als der grundsätzliche Aufweis der Gesamtintention: die Verwandlung der real vorgegebenen Kirchenwände in einen durchgängig bewegten Farb- und Bildraum. Träger der audruckvollen Wirkung, die dieser Passionszyklus ausübt, sind das kontrapostische Zusammenspiel von verschiedenen Raumfeldern (Hohlräume – vorstoßende Vollräume bzw. -elemente), Knickungen und Verschiebungen, expressive Überlängungen, das Gegeneinanderstellen kraftvoller konträrer Farbräume. Ewald setzt sie ein, um die thematische Aussage der Passion in ihrer dramatischen Erregung sichtbar werden zu lassen. Aufgrund der nahezu flächenfüllenden Ausmalung in der Aneinanderreihung der großen Fresken überträgt sich die Ausstrahlung auf den Gesamtraum, so daß tatsächlich eine Ausweitung und Rückfederung in der Ewaldschen Intention spürbar wird: „Die Lösung war für mich die konsequente Totalwirkung der Ausstrahlung der federnden Wände auf die Mitte des Raumes."[7] Der Raum gerät in Bewegung und wird, so Ewald, erst dadurch sinnlich erfaßbar.

Reinhold Ewald hat sein Konzept gegen anfängliche Bedenken der Architekten Dominikus Böhm und Martin Weber behauptet, die eine, wie Ewald schreibt, rein illustrative Darstellung der Malerei auf Rauhputz mit großen, mehr linearen Zügen wünschten.[8] Eine solchermaßen ausgerichtete Bemalung hätte wohl eher den Charakter der Architektur unterstrichen beziehungsweise sich der Architektur stärker unterworfen, wie es einem sich abzeichnenden Leitbild des neueren Kirchenbaus in den zwanziger und dreißiger Jahren entsprochen hätte. Böhms und Webers zentraler Gedanke in Dettingen war der christozentrische Kirchenbau in seiner „energischen Steigerung der räumlichen Wirkung mit der bestimmten und ausdrücklichen Richtung nach dem Hochaltar ... Das ganze Raumsehen findet seine Erfüllung in der Opferstätte."[9] Die zeitgenössischen Äußerungen zum christozentrischen Kirchenbau betonen deutlich den Vorrang der Baukunst, eine Unterordnung von Plastik und Malerei, um zu einer monumentalen Einheitskunst zu gelangen.[10]

Christus im Zentrum

Herausragendes Beispiel eines solchen Einheitsbestrebens, allerdings nicht in monumentaler Ausrichtung, ist St. Karl in Luzern (Fritz Metzger, 1933–34), ein Kirchenbau, der in liturgischer Raumgestaltung bemerkenswert Neues leistet: in der Absicht, Chor und Gemeinderaum zusammenzufassen, werden die Wände der breit gelagerten Kirche in einem Zug im Halbrund um den Altar herumgeführt. Bauliche Mittel, dieses Umschließen erlebbar zu machen, sind neben der absatzlosen Wandführung die umlaufende Reihe der deckenhohen Säulen sowie ein einheitliches Fensterband, das unter der Decke den Raum umgreift. Dieser Bewegung folgt auch die Malerei von Hans Stocker: ein Reigen aus einzelnen flächigen, in Farb- und Detailgestaltung zurückhaltenden Figurengruppen, der quasi als Band die Wandflächen in etwa mittlerer Höhe umläuft. Man kann hier durchaus von einer funktionalen Malerei sprechen, die die Aussage der architektonischen Raumgestalt fühlsam aufnimmt und weiterführt. Dargestellt ist ein Christ-König-Zyklus mit den einzelnen Stationen des Kreuzwegs und dem Bild des thronenden Christus im Brennpunkt.[11]

Weitere Gedanken zum christozentrischen Kirchenbau und seiner Ausstattung konzentrieren sich auf stilistisch-formale sowie inhaltliche Merkmale, die in einer unbedingten Zurücknahme subjektiver Darstellungen zusammengefaßt werden können. So postuliert etwa van Acken für das Bild beherrschende Majestät, „kraftvoll und ergreifend im Ausdruck, jedoch unbedingte Verneinung des Persönlichen, vor allem im Altarraum."[12] „Je näher dem Altare, je objektiver die Gestaltungsweise."[13]

Inhaltlich-thematisch folgt aus der Betonung des christozentrischen Gedankens, daß die Opferstätte als besonders ausgezeichnete Stelle dem objektivierten, überragend machtvollen Christusbild vorbehalten sein möge, nicht etwa dem Individuellen einer Heiligengestalt.[14] „Die Grundgesetze der Liturgie stellen der persönlichen Eigenart des Künstlers Schranken. Ein Künstler, der aus persönlichem religiösen Empfinden ein Kunstwerk schafft, formt vielleicht ein bedeutendes religiöses Werk, aber er darf hierfür nicht ohne weiteres einen Platz in der Kirche fordern. Hier ist der bildende Künstler außer den kirchlichen Rechtsbestimmungen an das liturgische Grundgesetz der Allgemeingültigkeit und gehaltener Gemütsstimmung gebunden. Diese Bindung sichert ihm allein jene Würde, die dem Opferheiligtum geziemt."[15] Van Ackens Vorstellungen zum christozentrischen Kirchenbau prägen das Erscheinungsbild der neueren Kirchen entscheidend mit. Im Bestreben, einen umfassenden Geltungsanspruch der katholischen Religion im geistig-kulturellen Leben der Gegenwart zu behaupten, wird der Bau- und Bildkunst die Aufgabe zugewiesen, diese geistig-religiöse Weltordnung machtvoll zu demonstrieren. „Zuchtloser Subjektivismus in expressionistischer Kunst"[16] etwa, das persönlich Individuelle wird als Angriff gegen den ordnenden Stil der Einheit der Gemeinschaft gebrandmarkt.[17] Das Objektive als autoritäre Instanz wird zum Zentralbegriff religiöser Philosophie und Ästhetik.

Aus dieser Haltung heraus gestaltet sind etwa Kirchenbauten von Alfred Boßlet, so die Herz-Jesu-Kirche in Aschaffenburg (1929), deren wuchtig monumentaler Innenraum in der Chorapsis in einem mächtigen Fresko des

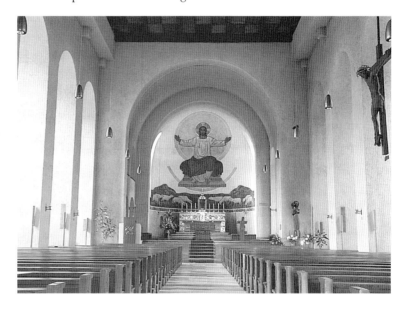

thronenden Christus mündet (Alois Miller, 1933), oder die Christus-König-Kirche in Hauenstein (1932), die im Zusammenspiel von wuchtiger Architektursprache und Wandfresko (Felix Baumhauer) zum Thronsaal des wiedereinzurichtenden Königtums Christi wird. Hinzuweisen ist ferner auf Kirchen wie Herz-Jesu in Ratingen von Hans Herkommer, deren Chorwand ein riesiges Putzmosaik füllt, das in knappen Andeutungen Jesu Haupt und Hände zeigt.

„Du kannst dir kein Bild machen..."
Eine wichtige Rolle im Problemkreis bildender Kunst im Raum der Kirche spielen in den zwanziger und dreißiger Jahren die Begriffe „Andachtsbild" und „Kultbild", die als Titel einer 1939 erstmals veröffentlichten und 1952 unverändert nachgedruckten Schrift von Romano Guardini erscheinen.[18] Demnach geht

Herz-Jesu-Kirche in Aschaffenburg von Alfred Boßlet, 1929. Das Fresko in der Apsis zeigt den thronenden Christus (Alois Miller, 1933). Im Unterschied zu Dettingen befindet sich eine Kreuzesdarstellung an der rechten Langhauswand (s. S. 166).

St. Fronleichnam in Aachen von Rudolf Schwarz, 1928

In Rudolf Schwarz' Plan des offenen Ringes ist der Altar die Schwelle zur anderen Welt

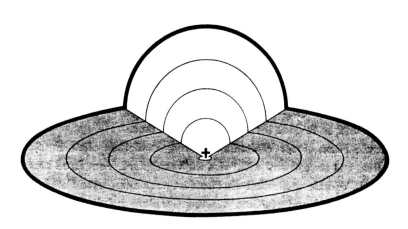

das Kultbild nicht vom menschlichen Erleben aus, sondern vom objektiven Sein und Walten Gottes, während das Andachtsbild vom Innenleben des gläubigen Einzelnen bestimmt wird, von der Erfahrung des glaubenden und aus dem Glauben lebenden Menschen. Das echte Kultbild, so Guardini, hat keine menschliche, psychologische Innerlichkeit sondern ist im Bereich der Entrücktheit angesiedelt. Es gibt nichts zu analysieren und zu verstehen. Der Waltende tut sich kund, der Mensch verstummt, schaut, betet an. Sinn des Kultbildes sei die Innewerdung der göttlichen Gegenwart im Bilde, es enthält Unbedingtes und steht im Zusammenhang mit dem Dogma, der objektiven Wirklichkeit der Kirche. Im Kultbild setzt sich das Sakrament fort.[19] Das Andachtsbild dagegen steht im Zusammenhang mit dem persönlichen christlichen Leben, seinem inneren Ringen und Suchen und kann Belehrung, Erbauung und Trost geben. Zugehöriger Ort des Kultbildes ist das Heiligtum, die Ausgesondertheit und Geschlossenheit der Kirche,[20] während das Andachtsbild in seiner eher privaten Natur im Raum der Menschen seinen Platz hat. Guardini betrachtet Andachtsbild und Kultbild als zwei Grundformen des Erfahrens und Sichhaltens, bekennt allerdings, daß seine besondere Verehrung und Liebe dem Kultbild gehört, das das kirchlich-künstlerische Leben wieder stärker bestimmen möge. An den Schluß seines Traktates stellt Guardini die Frage, ob für uns heute überhaupt noch ein Kultbild möglich sei, wobei er davon ausgeht, daß das Verlangen nach einem solchen allgemein empfunden wird. Er sieht Parallelen zum Bestreben, aus dem neuzeitlichen Subjektivismus heraus in ein neues christliches Leben zu kommen, das seinsmäßig vom Werden der neuen Schöpfung bestimmt wird, ein Ziel, das auch die Liturgische Bewegung verfolgte.[21] Die Tatsache, so Guardini, daß die soziologische Struktur sich aus der individualistischen in die ganzheitliche wandle, setze den theologischen Sachverhalt ins Allgemeine fort.

Jene Definitionen von Kultbild und Andachtsbild werden in der Literatur zum Kirchenbau nach 1945 wieder aufgegriffen. In Guardinis Gefolge steht beispielsweise Anton Henze[22] oder auch das Handbuch zum Kirchenbau von 1959, in dem Aloys Goergen die theologischen Grundlagen darlegt[23]. Er ordnet ebenfalls das Kultbild dem Altarraum zu, das dienend in der Gesamtheit des Kirchenraumes auf das Ereignis der Epiphanie bezogen sein sollte. In einer das Individuelle zugunsten einer Objektivierung zurückdrängenden Gestaltung sollen hier keinesfalls Ereignisse aus dem Leben Jesu wie Taufe, Leiden, Auferstehung dargestellt werden. Bezieht Guardini das Kultbild auf den ausgesonderten Ort des Chorbereiches, so spricht er im Bewußtsein um die heutige Unmöglichkeit eines solchen Bildes in weiteren Schriften an dieser Stelle von einer Ausrichtung auf die bildlose Leere, die ja selbst bereits ein Bild sei: „Ohne Paradox gesagt: Die richtig geformte Leere von Raum und Fläche ist keine bloße Negation der Bildlichkeit, sondern deren Gegenpol ... Sobald der Mensch für sie offen wird, empfindet er in ihr eine geheimnisvolle Anwesenheit. Sie drückt vom Heiligen das aus, was über Gestalt und Begriff geht."[24] Leere und Licht werden zum Bild einer Ahnung des göttlichen Geheimnisses, zur Erfüllung jenes Wunsches nach numinoser Präsenz.[25] Das Freiwerden von Bildern führt demnach zur Erfahrung von Leere, die gleichzeitig als Fülle zu begreifen ist, trägt sie doch die Möglichkeit in sich, zu

Tiefendimensionen vorzustoßen, die jenseits allem bildlich Vorgestellten liegen. Jenes „Leer-Werden" kann auch auf den Gläubigen selbst übertragen werden, der so eine Befreiung erfährt von herrschenden Sehgewohnheiten, von Gottesvorstellungen, die vornehmlich durch die Sentimentalität der Devotionalienkunst und dem damals noch allgegenwärtigen religiösen Prunk des Historismus bestimmt sind. So gesehen kann reales Freiräumen einen Prozeß neuer Annäherung in Gang setzen.

Guardini bezieht sich konkret auf die Architektur, die gut geformte freie Fläche, den gut gemessenen und durchlichteten Raum als besonders starke Möglichkeit religiösen Ausdrucks,[26] wobei er vornehmlich Bauten von Rudolf Schwarz vor Augen hatte, der zu Guardini nicht zuletzt durch die gemeinsame Arbeit auf der Burg Rothenfels und in der Jugendbewegung in enger geistiger Beziehung stand. Das Interesse des Architekten Rudolf Schwarz galt allerdings weniger der Frage nach der Möglichkeit und Gestaltung von Bildern als vielmehr bautheoretischen Fragen und der geistigen Ausarbeitung von Raumplänen. Als wohlgeformter Kubus mit leeren weißen Wandflächen ist hier vor allem auf seine Aachener Fronleichnamskirche (1928) zu verweisen. Bei Schwarz ist es das Bauwerk selbst in seiner Konzeption und geistigen Durchdrungenheit, das das Verhältnis der Menschen vor Gott Gestalt werden läßt. „Die theologische Lage des Menschen ist ungestaltbar ... und gerade diese Unlöslichkeit ist hier ausdrücklich als bauliche Aufgabe gesetzt ... Da gilt nur noch eine Baukunst, die die ewige Lücke mit in das Werk nimmt und offen gesteht, daß sie vor dieser Baukunst versagt."[27] Der Grundplan des offenen Rings ist ausgerichtet auf jene Lücke des ganz Anderen, Unbetretbaren, wo „Gott im Leeren wohnt"[28]. Der Altar wird dabei zur Schwelle in das offene Andere; dieses bildkünstlerisch gestalten zu können, erscheint Schwarz äußerst fraglich. Mit Blick etwa auf die apsidialen Ausgestaltungen alter Kirchen interpretiert er diese als Hinweise, gewissermaßen als Tore des Himmels, die die gebaute Leere in figurativer Darstellung aufgreifen.[29] Wenn bei Rudolf Schwarz hier von einer Ausweitung des Raumes über den Altar hinaus die Rede ist, so zeigt sich doch darin eine tiefgreifende Unterscheidung zu dem, was etwa Ewald mit seiner Raumausweitung meint, sieht Ewald doch gerade die Herausforderung, jenes Mehr an religiöser Dimension gestalten zu können.

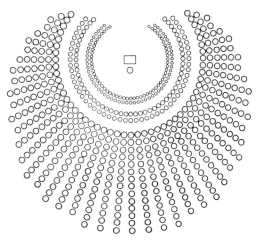

Rudolf Schwarz „Heiliger Aufbruch". Der Idealentwurf des offenen Ringes in seiner Grundform und zwei Realisationsmöglichkeiten.

Die nachhaltige Wirkung solcher Gedanken zum „bild-losen" Raum zeigt sich deutlich vor allem in der Kirchenbauarchitektur nach dem 2. Weltkrieg. Darin eingeschlossen ist der Anspruch der Architekten, allein den Raum als in sich geschlossenes künstlerisches Gesamtgebilde zu konzipieren[30], das einer weiteren Aussage durch Bilder nicht mehr bedarf, ja sich durch diese gestört fühlt. Zweifelsohne spielen dann seit den sechziger Jahren etwa auch anders ausgerichtete pastoralpädagogische Konzepte im Gefolge der Liturgiereform eine wichtige Rolle, so die Betonung des Altares als Mitte und Handlungsraum, der durch Bilder keine Ablenkung oder Störung erfahren sollte. Dieses hat dann allerdings mit der Schwarzschen Baukonzeption nichts mehr gemeinsam.

Dem Unbedingten Gestalt geben

Dominikus Böhm hat keine eigenen theoretischen Überlegungen zur Frage von Bildern im Kirchenraum hinterlassen. In der Gesamtübersicht seines Werkes nimmt die Dettinger Kirche mit ihrer Ausmalung zweifelsohne eine Sonderstellung ein.[31] Kleinere Bildwerke, Einzelbilder haben in anderen Kirchen nicht den raumprägenden Anspruch, den Ewalds Werk fordert. In der Gestaltung der Chorwand

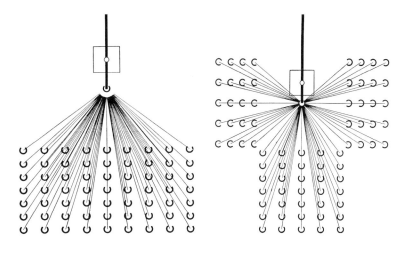

dominieren in erster Linie baukünstlerische Mittel, etwa in Form von Lamellenfenstern wie beispielsweise in Frielingsdorf, oder auch die betonte Leere monumentaler Wandflächen wie in Leverkusen-Küppersteg oder Rheydt-Geneicken, die dann in Mainz-Bischofsheim durch ein großes Kreuz akzentuiert wird. Böhms Kirche auf der Insel Norderney zeigt ein großes Altarwandfresko mit der auf dem Meer wandelnden Gottesmutter (Richard Seewald, 1931). Für das Kirchenprojekt in Köln-Marienburg (1935) war an der geschlossenen Chorwand, eigenen Skizzen zufolge, gleichfalls ein Fresko der Madonna vorgesehen. Schienen Böhms Kirchen somit zwar nicht grundsätzlich als „bildlose" Räume konzipiert, so war seine Architekturintention in ihrer baukünstlerischen Ausformung nie a priori auf weitere bildnerische Ausgestaltung angewiesen.

St. Apollinaris in Frielingsdorf von Dominikus Böhm, 1927/28. Das Fenster hinter dem Altar wirkt – der Schwarzschen Idee von der „Schwelle" folgend – wie eine Öffnung zur anderen Welt.

Reinhold Ewald hat sich kaum mit solchen Überlegungen zum neuen Kirchenbau auseinandergesetzt. Sein Thema war auch nicht die Frage einer spezifisch religiösen Kunst, die sich weltanschaulich absetzt von den allgemeinen Entwicklungen der Zeit, sondern die Malerei als solche, eine Malerei, die nun kaum dem kunsttheoretischen Gedankengut der führenden Vertreter der Liturgischen Bewegung entsprochen hat. Sie ist insofern nicht einem objektiven „Lapidarstil aus der Offenbarung"[32], also der liturgischen Offenbarung Gottes in vollkommener zeitenthobener Ordnung und Strenge zuzuordnen. Vielmehr ist sie – um in der Terminologie der Zeit zu bleiben – als subjektiv einzustufen, also aus der sehr persönlichen zeitlichen Sicht eines Individuums entstanden, dessen Absicht nicht das Schaffen einer verbindlichen Gemeinschaftskunst im Sinne des „ordo"-Gedankens war.[33] Ewald entspricht eher dem, was in jener Zeit als entarteter Subjektivismus der modernen Empfindungskunst verachtet wurde. Durchaus im Bewußtsein, ein religiöses Werk für den Raum einer Kirche zu schaffen, weist er ihm die Aufgabe zu, Atmosphäre und Stimmung zu bereiten für das Wie der Darstellung des „Unbedingten", des „echt heiligen Raumes"[34]. Er setzt seine Malerei damit auf eine Stufe mit „der Vergeistigung des Außenwelt-Lichtes durch (Kathedralen-) Glasfenster, Rosen … oder das was der Schall im Raum durch Liturgie erfährt"[35]. Das aus dem Gefühlsleben Entstandene wird deutlich, wenn Ewald schreibt, daß er sein ganzes damaliges Können aufbot, „um die hochdramatischen und innerlich menschlichen Erregungen durch Malerei auszudrücken … Was bei aller Realistik angestrebt wurde, war das jeweilig erhöhte menschliche Empfinden des großen Auftrags."[36] Reinhold Ewald war der sicheren Überzeugung, daß die mit Hilfe der malerischen Mittel erreichte Bewegtheit im Raum sich auf den Betrachter überträgt als seelische Bewegtheit und seelisches Erlebnis, die hier gleichgesetzt werden mit religiöser Stimmung von ergreifender Unmittelbarkeit und Stärke.[37]

Das Eigene der Dettinger Fresken wird in der Festschrift zum 50jährigen Jubiläum der Kirche auch von Helmut Winter betont, wenn er festhält, daß Reinhold Ewald „neben der Betonung des Opfers … Kontrapunkte zur formalen Ausrichtung der Gläubigen auf den Altar hin geschaffen hat, indem er gleichzeitig auf eine Weitung des Raumes hinarbeitete und mit seinen Bildern … Betrachtung und meditative Andacht ermöglichte. Reinhold Ewald sah die Gefahr einer ‚Funktionalisierung' des Raumes! Sein Bestreben war, einen ‚religiösen Bildraum' zu schaffen".[38]

Ein Gesamtkunstwerk

Wenn nach diesen Ausführungen der Eindruck entsteht, die Ewaldschen Fresken widersprechen der architektonischen – christozentrisch ausgerichteten – Konzeption von Böhm und Weber, so ist doch dezidiert auf gemeinsame Intentionen beziehungsweise Entsprechungen hinzuweisen. Der Grundstruktur des Raumes mit seiner Hinführung auf den Altar gemäß sind die seitlichen Fresken neben ihrer bewußt raumweitenden Wirkung dennoch in einen Bewegungszug nach vorn eingebunden. Sehr deutlich wird dieses etwa in den drei Stationen, in denen Jesus unter der Kreuzeslast stürzt. Die bewegte und zielgerichtete Handlung des Passionszuges auf das Ereignis der Kreuzigung als zentralem Punkt über dem Altar wird hier visuell erfahrbar.[39]

Die inhaltlich-thematische Komponente, die Darstellung der Passion, ist ein gewichtiges Moment in der Gesamtaussage des Raumes. Ein Hauptanliegen der liturgisch-theologischen Reformen zu Beginn des Jahrhunderts war eine neue Besinnung auf die Feier der Liturgie. Das Opfergeschehen, mit dem die Kommunion als Opfermahl der Gemeinschaft in wandbildes bildet. Die Auseinandersetzung mit der Passion Christi beschäftigte zu jener Zeit unmittelbar nach den traumatischen Erlebnissen des 1. Weltkriegs viele Künstler, ist aber im Kreis der Kirchenausmalungen der Zwischenkriegszeit durchaus als ungewöhnlich zu werten, konzentrierte sich doch die Ausmalung der Chorwand, wie bereits dargelegt (149), sonst auf ein monumentales Christusbild als Akzentuierung einer Bekundung des sieghaften Königtums Christi. In Betonung des Opfergedankens erscheint die Kreuzesthematik vor allem in Form plastischer großer Kreuze, in Verbindung von Altaraufbauten oder auch eigenständig die Chorwand beherrschend. Gegenüber solchen Kreuzen wird in Ewalds Fresko das dramatische Geschehen in sehr eigener Weise dargestellt, die Leidensthematik ist stark prononciert. Das Versöhnungsopfer

Früher Entwurf des Innenraums der Dettinger Kirche. Böhm sieht hier noch statt einer Ausmalung ein gewaltiges Tryptichon als Altarretabel vor.

sichtbarer Beziehung steht, sollte wieder in den Mittelpunkt des christlichen Lebens rücken. Die Kirche wurde als Opferkirche verstanden mit dem geistigen und gegebenenfalls auch räumlichen Mittelpunkt des Altares als Opfertisch. Die sich immer wiederholende Opferhandlung am Altar bezieht sich direkt auf den Kreuzestod Christi. Dieses zentrale Geschehen ist in Dettingen in zweifacher Weise hervorgehoben, indem es einmal als zwölfte Station innerhalb des Zyklus erscheint und dann auch das Thema des großen Altar- Christi, das im Kreuzestod seinen Höhepunkt findet, beginnt mit der Inkarnation, die Ewald in der Verkündigungs- und Geburtsszene in enger räumlicher Nähe zum großen Kreuzigungsfresko angeordnet; für den Betrachter wachsen sie zu einer Einheit zusammen. Die hierin mitangesprochenen Aussagen über Auferstehung und Leben, ewige Gültigkeit des Vorganges, finden keine weiteren bildlichen Darstellungen (s. S. 80f, 88–91, 97).

Dramatik und innere menschliche Erregungen, gegenübergestellt in den großen Themen

Leid und Freude, Geburt und Tod, sind die Themen, denen Ewald Gestalt geben will, nicht das Statuarische einer ewigen Gültigkeitsanspruch erhebenden Gottesdominanz.

Schauen, Versenken, Mitleiden stehen als Aufforderung in den Fresken, deren Absicht Ewald – wie bereits angesprochen – weiterhin umschreibt mit: Bildung eines Illusionsraumes, religiöse Erfassung der Gemeinde und Aufhebung der Realität.[40] Die Ausrichtung auf eine emotional religiöse Stimmung, die erlebt werden soll, bindet Ewalds Fresken ein in eine Ausdrucks- und Stimmungskunst[41], wobei hier allerdings weniger eine diffuse Atmosphäre oder etwas irgendwie Religiöses, an bestimmte Stile oder Motive Geknüpftes gemeint ist. Vielmehr wird auf eine besondere Qualität des Kirchenraumes abgehoben, die, anders als in der Profanarchitektur das Funktionale übersteigend, den Raum geeignet macht für die Begegnung von Gott und Mensch. Jene Qualität sieht Ewald in erster Linie durch die Ausmalung gegeben, welche erst Gestimmtheit und spirituelle Atmosphäre evoziert und somit als Sakralisierung des Raumes im Sinne der Heraushebung eines besonderen Ortes gesehen wird. Auch Dominikus Böhm sieht sein Werk als Ausdruckskunst, spricht von seelischem Raumgehalt, von der Macht des Raumes, die die Gemeinde erst in die zur Mitfeier des heiligen Opfers notwendige Stimmung versetzen soll: „Wir glauben, daß uns das Hoffnungsfrohe der katholischen Religion des Glaubens an die Unsterblichkeit der Seele in der licht- und farbenfreudigen Gesamtstimmung des Raumes geglückt ist."[42] Ein immer wiederkehrender Begriff in diesem Zusammenhang ist das Irrationale[43], das auch in Reinhold Ewalds malerischen Bemühen einen zentralen Aspekt einnimmt. Er will malerisch etwas zur Anschauung bringen, was eigentlich real so nicht möglich ist, wie etwa das Wachsen einer Blume, das Atmen des Körpers, die seelische Verfassung, die sich im Körper ausdrückt. Ewald fand es vorgegeben in den Werken alter Meister, in deren Farbräumen, in der Verwandlung vorgegebener Situationen durch farblich räumliche Magie. Er sprach von Transsubstantiation, von der Verwandlung der Stoffe und des Stofflichen ins Geistige[44] und trifft sich hier mit Dominikus Böhm, der mit architektonischen Mitteln Entmaterialisierung in Dettingen anstrebte, die Überwindung lastender Schwere.

So erscheint der Dettinger Kirchenraum in einer architektonischen wie bildkünstlerischen Intention in eine gemeinsame Beziehung eingebunden. Die Ewaldschen Fresken stehen in ihrer Gesamtheit im Einklang mit dem Raum, behaupten sich aber neben der Raumkunst als eigenständige, selbstbewußte Aussage. Mit eigenen malerischen Mitteln, die ganz aus seiner damaligen Schaffenskraft erwuchsen, gestaltete Ewald ein religiöses Thema in einer Art und Weise, die den inhaltlichen wie formalen Auflagen einengender offizieller theologischer Forderungen und Erwartungen der Zeit entgeht. Seine Kunst ist im strengen Sinn kein Sich-in-den-Dienst-nehmen-Lassen. Sein Suchen nach darstellbarer göttlicher Existenz geht nicht von der Gottessicht des Herrschers aus, sondern konkretisiert sich in der Thematisierung von Leid und Freude. Bei aller Zeitgebundenheit nähert sich die Ewaldsche Intention einem sehr aktuellen Bedürfnis heutiger Kunst im Kirchenraum, nämlich der individuellen Auseinandersetzung mit der thematisch gestellten Aufgabe. Als zyklisches Gesamtkunstwerk fordert es zur vertiefenden Betrachtung und Auseinandersetzung auf und wirkt somit weit über den eng gesetzten Rahmen einer Akzentuierung der Opferfeier hinaus.

Günter Rombold

Katholischer Kirchenbau nach Dettingen

Ein Überblick über 75 Jahre

Der moderne Kirchenbau ist aus der Begegnung einer religiösen Erneuerungsbewegung mit dem „Neuen Bauen" entstanden. Das Neue Bauen hatte schon vor dem Ersten Weltkrieg mit dem Historismus gebrochen, wobei sich Architekten wie Otto Wagner, Theodor Fischer und Otto Bartning auch bereits dem Kirchenbau gewidmet hatten. In den Feuern des Ersten Weltkriegs verbrannte eine alte Welt. Gerade dieses Schockerlebnis führte zur Sammlung jener Kräfte, die eine Neuorientierung im Christlichen suchten, in der Vertiefung in die Heilige Schrift und im Gemeinschaftserlebnis der Eucharistie. Nur so ist ein Phänomen wie die Strahlkraft der „Jugendburg" Rothenfels zu erklären und der Einfluß, den Romano Guardini gewann.

Es war ein Glücksfall, daß dieser Erneuerungsbewegung eine Reihe begabter Architekten zur Seite stand, die ihr im Kirchenbau einen ihr gemäßen Ausdruck verliehen: Dominikus Böhm, Martin Weber und Rudolf Schwarz. An erster Stelle muß Dominikus Böhm genannt werden, von dem Rudolf Schwarz sagte: „Diesem Künstler kommt in weitem Umfang die Ehre zu, für sakrale Baukunst eine Form gefunden zu haben, die ... groß, schön und glaubwürdig wurde."[1] Der Erfindungsreichtum und die Spannweite dieses Architekten sind erstaunlich. Man vergleiche nur die wuchtigen Fassaden der Kirchen in Neu-Ulm, Mainz-Bischofsheim und Hindenburg (Oberschlesien) mit der hellen, in strahlendem Weiß leuchtenden Erscheinung der

St. Johann Baptist in Neu-Ulm von Dominikus Böhm, 1921–27, Fassade.

Meßopferkirche „Circumstantes" von Dominikus Böhm und Martin Weber, 1923

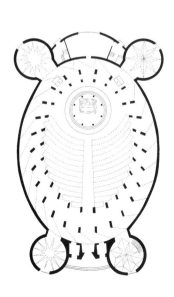

Kirche in Norderney. Dominikus Böhm blieb immer im Gespräch mit der Vergangenheit, vorzugsweise der Romanik und Gotik, und wies doch zugleich in die Zukunft voraus.

Dies zeigt sich auch an der Kirche in Dettingen, die ihm Gelegenheit bot, den mit bescheidensten Mitteln errichteten Bau von St. Joseph in Offenbach (1919/20) großzügig zu überbieten. Böhm hielt am basilikalen Schema fest und markierte die Eingangsfront durch ein mächtiges, an romanische Kirchen gemahnendes „Westwerk" in schönem rötlichen Mainsandstein mit horizontalen Ziegelbändern, die an umbrische und Sieneser Kirchen erinnern. Neu ist die Art der Vereinheitlichung des Inneren. Die durch die moderne Technik ermöglichten dünnen Stützen trennen die Seitenschiffe nicht vom Hauptschiff, sondern verhelfen dem Raum zu einer relativen Breitenwirkung. Das trägt wesentlich dazu bei, daß der Altar als geistiges Zentrum des Raumes hervortritt, wozu auch das beherrschende expressionistische Kreuzigungsbild von Reinhold Ewald hinter dem Altar beiträgt. Man hat Dettingen zuweilen „die erste moderne Kirche in Deutschland" genannt. Richtig ist, daß sie eine frühe Station auf dem langen Weg des modernen Kirchenbaus in diesem Lande ist.

In den zwanziger Jahren folgen einige wichtige weitere Stationen, ehe der Kirchenbau zwanzig Jahre lang völlig zurücktreten mußte. In den späten vierziger Jahren griffen Schweizer Architekten die Anliegen der Erneuerung auf, ehe in den fünfziger und sechziger Jahren eine umfangreiche Bautätigkeit begann, wobei die Szene pluralistisch und damit unübersichtlich wurde. Wir wollen dann jene Entwicklungslinie weiterverfolgen, die in den zwanziger Jahren begonnen wurde und in der Liturgiekonstitution des 2. Vatikanischen Konzils Rückhalt bekam.

Christozentrik

Wenn man von Dettingen spricht, darf man nicht den zweiten Architekten vergessen, der bei der Planung mitwirkte: Martin Weber. Der um zehn Jahre Jüngere war von 1921 bis 1923 im gemeinsamen „Atelier für Kirchenbaukunst" mit Dominikus Böhm verbunden. In dieser Zeit arbeiteten die beiden auch an der Benediktinerabtei in Vaals, Holland. Den Benediktinern stand Martin Weber durch seine enge Verbundenheit mit Maria Laach sehr nahe, wollte er doch eine Zeit lang ins dortige Kloster eintreten. So darf sein Anteil an der Planung von Vaals nicht unterschätzt werden. Martin Weber zeichnet auch zusammen mit Dominikus Böhm für die beiden Entwürfe für eine „christozentrische" Kirche verantwortlich, die in der zweiten Auflage des Buches „Christozentrischer Kirchenbau" von Johannes van Acken publiziert wurden (die 1. Auflage war ein Jahr zuvor erschienen): „Lumen Christi" und „Circumstantes". Diese beiden Entwürfe konkretisierten die Gedanken van Ackens, der als erster eine Theologie des neuen Kirchenbaus ausgearbeitet hatte. Er hatte die zentrale Stellung des Altares betont: „Der Altar als der mystische Christus soll der Ausgangspunkt und gestaltende Mittelpunkt des Kirchenbaus und der Kirchenausstattung sein."[2] Gefordert wird die „Entwicklung eines Einheitsraumes von der Altarstelle aus". „Die Altarstelle rückt aus dem bisherigen Chor in den Laienraum hinein." So kann das zentrale Anliegen der liturgischen Erneuerung verwirklicht werden, die eucharistische Tischgemeinschaft, die „participatio actuosa" aller Gläubigen am Geschehen, die schon Pius X. gewünscht hatte.

Von größtem Interesse ist der Entwurf „Circumstantes". Dieser zentral akzentuierte Raum weist weit in die Zukunft. Es muß überhaupt gesagt werden, daß die nicht gebauten Entwürfe dieser Zeit dem neuen Grundanliegen gerechter werden als die realisierten Kirchen, die nach dem Willen der Bauherren damals fast ausschließlich längsgerichtete Räume waren. Der Entwurf „Circumstantes" sieht einen elliptischen Grundriß vor, dem vier kreisrunde Kapellen angehängt sind. Der Altar befindet sich im einen Brennpunkt der Ellipse auf einem kreisrunden Podest, das nur um insgesamt vier Stufen erhöht ist. Der Turm über dem Altar sollte das Licht so einfallen lassen, daß der Altar hervorgehoben würde.

1924 machte Martin Weber sich selbständig. In der Folge baute er in Frankfurt vier Kirchen, die weitere Marksteine der Entwicklung sind. Im Äußeren stellen diese Bauten durch Schlichtheit und monumentale Gestaltung städtebauliche Akzente dar; im Inneren verwirklicht Weber von Bau zu Bau konsequenter die Gemeindekirche. Während St. Bonifatius und Heiligkreuz noch Wegkirchen, also längsorientierte Kirchen sind, bringen Heiliggeist und St. Albert entscheidende Neuerungen. In Heiliggeist (1930/31) ist der Altar weit vorgezogen, die Gemeinde umgibt ihn von vier Seiten, der Sängerchor ist seitlich vom Altar angeordnet. Ähnlich in St. Albert, nur daß die Gemeinde den Altar nur von drei Seiten umgibt. Weber widersprach der Auffassung, daß der Altar in einem bühnenartigen Raum zu stehen habe und rückte ihn mitten in die Gemeinde, da es „eigentlich nur der Chorraum ist, der sich als Vorbild für das Neue eignet, in dem dann die christliche Gemeinde sich so um die Opferstätte schart, wie z. B. die klösterliche Gemeinschaft."

Romano Guardini und Rudolf Schwarz

Zusammen mit van Acken war Romano Guardini der zweite große theologische Anreger des neuen Kirchenbaues. Seine Schrift „Vom Geist der Liturgie" erschien erstmals bereits 1918, weitere Auflagen folgten. Guardini hat darauf aufmerksam gemacht, daß die Liturgie eine Form hat, eine Gestalt, auf die auch der Bau, der ihr Obdach gewährt, Rücksicht nehmen muß. Er nennt das Mahl die „Grundgestalt" der Liturgie. Darin war er sich mit van Acken einig, auch wenn er den Begriff der „Christozentrik" ablehnte und darauf insistierte, daß sich das Gebet durch Christus an den Vater wende. Entscheidend wurde, daß es nicht bei der Theorie blieb, sondern daß Guardini ab 1924 die Werkwochen auf Burg Rothenfels leitete. Rudolf Schwarz, der „einzig Geniale" in seiner Umgebung, wurde Burgarchitekt. Dessen Wirken auf der Burg ist Walter Zahner kürzlich in einer äußerst gründlichen Studie nachgegangen.[3] Wichtiger noch als die Burgkapelle wurde der Rittersaal, der größte Raum der Burg. Er wurde 1927/28 von Rudolf Schwarz behutsam zu einem Feierraum umgestaltet, mit weißen Wänden, ohne fixe Einrichtung. Zur Bestuhlung dienten Hocker, die man verschieden anordnen konnte. So war eine vielfältige Benutzung möglich: „Der Raum

selbst war auf keinen bestimmten Dienst hin entworfen. Er war ein Behältnis für alles, was diese große Gemeinde festlich unternahm, für Aussprache, Vortrag und Ansprache, für Thing und Gesang, für Sprechchor und Tanz und für die liturgische Feier. Diesem allen wurde er geräumig".[4] Schwarz schreibt weiter: „In diesem Saal war zu den Zeiten der großen Tagungen auch Gottesdienst. Er war keine Kirche, und man wachte eifersüchtig darüber, daß er weltlicher Raum blieb, aber zu diesen Stunden wurde er eine. Man baute dann mitten vor eine Langwand einen Altar. Der Geistliche stand dahinter, und das Volk, in drei Blöcken zusammengefaßt, an den anderen drei Seiten. So waren sie alle zusammen ein Ring der Tischgemeinde."[5]

Rittersaal auf Burg Rothenfels von Rudolf Schwarz, 1927/28

St. Theresia in Linz von Rudolf Schwarz, 1959–62

Diese Ordnung der Gemeinde hat große Vorbildwirkung gehabt, auch wenn Schwarz darüber nicht ganz glücklich war, weil er meinte, daß die Voraussetzungen von Rothenfels nicht übertragbar seien. „Der Ring der Gemeinde gerät nur, wo Menschen sich ganz ins Gemeinsame aufgeben können, und der Altar wird nur Mitte, wo die Gemeinde die Kraft zu solcher Innerlichung hat."[6] Schwarz selbst baute am liebsten längsorientierte Kirchen, wo der Priester mit dem Rücken zum Volk zelebriert und gemeinsam mit dem Volk ins „Offene" blickt, in die Gegend des Ewigen, Jenseitigen. Er entwickelte eine eigene Lieblingsvorstellung, nach der der Altar „Schwelle" vom Hüben ins Drüben ist: „Es gibt also in einem Kirchenbau drei Gegenden: die Gegend des offenen Weltraums, die Gegend der Schwelle und die unbetretbare

St. Franziskus in Basel-Riehen von Fritz Metzger, 1949–50

Gegend dahinter. Die erste ist der eigentliche Wirkraum des Geistes, des anderen Trösters, die zweite die Christi, des Mittlers, die dritte die Gegend des Vaters und auch Christi, der fortging. Hüben ist die Welt und drüben die unsägliche Ewigkeit, für die auch die Mystiker nur noch das Wort von dem ‚Nichts' fanden, weil dort nicht mehr gilt, was im Weltenraum galt."[7] Diese Ideologie ist sicher theologisch fragwürdig, aber Schwarz hat ihr in der Fronleichnamskirche in Aachen (1929/30) eindrucksvolle Gestalt verliehen, die auch unabhängig von ihr Bestand hat. Es ist ein gemeinsamer, heller, hoher und ganz einfacher Raum, an dessen Ende der stark erhöhte Altar steht. Die „celebratio versus populum", also dem Volk zugewandt, hat Schwarz bis zum Ende abgelehnt. Noch die Kirche St. Theresia in Linz (1959–62), über deren Bau er starb, übrigens eine seiner schönsten Kirchen, war von ihm so gedacht, daß der Priester mit dem Rücken zum Volk steht.

Schweizer Einfluß

Anfang der dreißiger Jahre brach die Nacht über Deutschland ein und Wirtschaftskrise, nationalsozialistische Diktatur, Krieg und Nachkriegsnot verhinderten fast zwanzig Jahre lang den Bau neuer Kirchen. Doch in dieser Zeit wurden die in den zwanziger Jahren angestellten Überlegungen und Realisierungen in der Schweiz weiterentwickelt. Fabrizio Brentini ist dem in einer eingehenden Studie nachgegangen. Er schreibt: „Erst in den vierziger Jahren schlug sich die in Deutschland schon längst vorweggenommene Diskussion um den liturgiegerechten Grundriß in Plänen und Projekten Schweizer Architekten nieder, die nun aber wegen des kriegsbedingten Stillstandes der Entwicklung in Europa als einzige ununterbrochen an neuen Lösungen weiterarbeiten konnten und durften."[8] Vor allem zwei Bauten waren es, die nach jahrelangen Überlegungen endlich gleichzeitig 1949/50 realisiert werden konnten: St. Franziskus in Basel-Riehen und Felix und Regula in Zürich, beide von Architekt Fritz Metzger. Ihm ging es darum, die Gläubigen möglichst nahe um den Opferaltar zu versammeln und dadurch die aktive Teilnahme am Gottesdienst zu fördern. Deshalb wählte Metzger für St. Franziskus einen trapezförmigen Grundriß, für Felix und Regula ein quergelagertes Oval. Im übrigen unterscheiden sich beide Kirchen ziemlich stark von den deutschen Kirchen der zwanziger Jahre. Während jene einen an Romanisches gemahnenden burgartigen Charakter haben, wirken die Kirchen Metzgers frei und leicht in ihrer weißen Außengestalt mit dem freistehenden Campanile.

Die Ausstrahlung der beiden Kirchen war außerordentlich, sowohl in der Schweiz als auch in Deutschland. Sie wurden durch zahlreiche Ausstellungen und Publikationen bekannt, was die deutschen Architekten veranlaßte, in Scharen in die Schweiz zu pilgern. Das Neue an den Bauten Metzgers war der freie Umgang mit den Grundrissen, die der doppelten Struktur des katholischen Gottesdienstes gerecht zu werden suchten: der Versammlungsstruktur des Wortgottesdienstes und der Mahlstruktur der Eucharistiefeier. Der „gerichtete, zentrierte Kirchenraum" (Metzger) konnte auf vielerlei Weise, auch mit unregelmäßigen Grundrissen, verwirklicht werden, und dafür stehen denn auch zahlreiche Bauten.

Am Vorabend des Konzils

Der nächste Schritt geschah wieder in Deutschland. Die Oratorianer waren bereits in den dreißiger Jahren in Leipzig entschieden für die liturgische Erneuerung eingetreten. Nun bauten sie 1954 in München die Pfarrkirche St. Laurentius, wofür sie Emil Steffann und Siegfried Oestreicher als Architekten gewannen. Theologischer Berater war Heinrich Kahlefeld, der bereits in Rothenfels mit Romano Guardini zusammengearbeitet hatte. Er war der Überzeugung, daß eine Erneuerung des Gottesdienstes von den Ursprüngen her erfolgen müsse. Am Anfang steht das Herrenmahl, das sich aus dem jüdischen Pessachmahl ableitet. Die „Mahlgestalt" dieser Feier wurde durch die Verbindung mit einem Wortgottesdienst schon bald um eine „Versammlungsgestalt" erweitert. Es gelte, diese Ursprünge zu bedenken. Ihnen entspräche am besten ein „zentral akzentuierter Raum".[9] Die Architekten entwarfen einen quergelagerten, ganz einfachen Ziegelbau. Man betritt ihn vom Kirchhof her an einer seiner Ecken, steht dann in einem langen, sich nach rechts erstreckenden Raumteil, an dessen Ende sich die Sakramentsstelle befindet und gelangt dann in den Hauptraum. Dort umgeben die Bänke von drei Seiten die niedrige Altarinsel, hinter der sich eine Konche wölbt. Die warmen Ziegelwände und das relativ niedrige Dach verleihen dem Raum einen bergenden Charakter. Der Priester zelebrierte hinter einem kleinen Blockaltar stehend bereits vor dem Konzil versus populum (der Münchner Kardinal hatte dazu eine Genehmigung erteilt). Während meiner Studentenzeit Ende der fünfziger Jahre konnte ich dort oftmals die feiernde Gemeinde als Gemeinschaft erfahren, was ein prägendes Erlebnis wurde. Auch dieser Bau hatte eine große Strahlkraft, zumal Steffann selbst vor allem im rheinischen Raum weitere Kirchen bauen konnten, unterstützt von seinen Mitarbeitern Heinz Bienefeld, Nikolaus Rosiny und Gisberth Hülsmann, die seine Linie bis in die Gegenwart fortführen.

Im selben Jahr wie St. Laurentius entstand die Wallfahrtskirche in Ronchamp von Le Corbusier (1953–55). Sie ist ein genialer Wurf, doch ging sie von ganz anderen geistesgeschichtlichen und architektonischen Voraussetzungen aus wie die bisher genannten Kirchen. Die geistigen Voraussetzungen hatten die französischen Dominikaner Pie Régamey und Marie-Alain Couturier geschaffen, die in der französischen Kirche ein Klima der Offenheit gegenüber der modernen Kunst bewirkt hatten. Mit Delacroix sagten sie: „Man muß immer auf das Genie setzen" und fügten hinzu: „Jeder wahre Künstler ist inspiriert."[10] Pater Couturier, eine zutiefst spirituelle Persönlichkeit, führte zahlreiche Gespräche mit Rouault, Braque und Matisse, die seine Freunde wurden. Es kam zu kirchlichen Aufträgen für die führenden Meister. Programmatisch war es, daß 1950/51 in Assy unweit Grenoble für die Ausstattung der Kirche Künstler wie Bonnard, Léger, Lurçat, Lipchitz, Chagall, Rouault, Bazaine und Germaine Richier gewonnen werden konnten. Matisse schuf für die Dominikanerinnen in Vence eine Kapelle

mit der gesamten Ausstattung. Die aufgeschlossene Kunstkommission der Diözese Besançon gab – unter Vermittlung von Pater Couturier – Le Corbusier den Auftrag, anstelle der im Krieg zerstörten Wallfahrtskirche in Ronchamp einen Neubau zu errichten. Dieser setzte auf einen Hügel, einen Ausläufer der Vogesen, einen schneeweißen, plastischen Bau, der an die in gleißendem Licht liegenden Kapellen im ägäischen Raum erinnert, die den jungen Le Corbusier zutiefst beeindruckt hatten. Auch viele Anregungen moderner Bauten sind in die Kirche eingegangen, doch war die Öffentlichkeit verblüfft, daß einer der Hauptvertreter der rationalen Architektur einen Bau schuf, dessen äußere Bewegtheit und mystisches Dunkel des Inneren alles andere als rational wirkt. Jedenfalls ist der Bau, der

St. Laurentius in München-Gern von Emil Steffann und Siegfried Oestreicher, 1954

Konviktskapelle in Melk von Ottokar Uhl, 1965/66

bei, daß nun der große Boom des Kirchenbaus einsetzte, der etwa zwanzig Jahre lang anhalten sollte. Er stand unter dem Zeichen einer weitgehenden Freiheit, zuweilen auch Experimentiersucht.

„Neuerungssucht"

Mitten in diese Zeit einer umfangreichen Bautätigkeit in ganz Mitteleuropa fiel das 2. Vatikanische Konzil, das bereits 1963 die „Konstitution über die Heilige Liturgie" promulgierte. Darin wurden nun die Forderungen der Liturgischen Bewegung von höchster Stelle sanktioniert. Ziel war die „tätige Teilnahme des Volkes"; ihr sollte die Aufwertung des Wortgottesdienstes und die Verwendung der Muttersprache dienen. Zur kirchlichen Kunst finden sich nur allgemeine Aussagen, darunter allerdings die wichtige Formulierung: „Die Kirche hat niemals einen Stil als ihren eigenen betrachtet ... Auch die Kunst unserer Zeit und aller Völker und Länder soll in der Kirche Freiheit der Ausübung haben."[12] 1969 erschien die „Allgemeine Einführung in das Römische Meßbuch", in der es unter anderem heißt: „Der Hauptaltar soll freistehen, damit man ihn ohne Schwierigkeiten umschreiten und an ihm, der Gemeinde zugewandt, die Messe feiern kann. Er soll so aufgestellt sein, daß er wirklich den Mittelpunkt des Raumes bildet, dem sich die Aufmerksamkeit der ganzen Gemeinde von selbst zuwendet."[13]

Weltberühmtheit erlangt hat, wieder einmal ein Beweis, daß sich ein Genie nicht so leicht festlegen läßt.

Ein anderes Kapitel sind die Auswirkungen, die Ronchamp hatte. Der Bau löste eine Welle „plastischer" Kirchenbauten aus, die kein Genie zum Urheber hatten, sondern Architekten, die mehr oder weniger blind die besonderen Bedingungen einer Wallfahrtskirche in ganz andere Verhältnisse übertrugen. Stanislaus von Moos urteilt: „Kaum eingeweiht war er [dieser Bau] in allen Zeitschriften publiziert: Ronchamp wurde zum Panier der Erneuerung ... Die Bindung an die jahrhundertealten Traditionen des Sakralbaus wurde durch den gewaltigen Impuls von Ronchamp von einem auf den anderen Tag aufgelöst."[11] Dazu trug

Mit diesen und anderen Bestimmungen waren sowohl an die Gemeinden als auch an

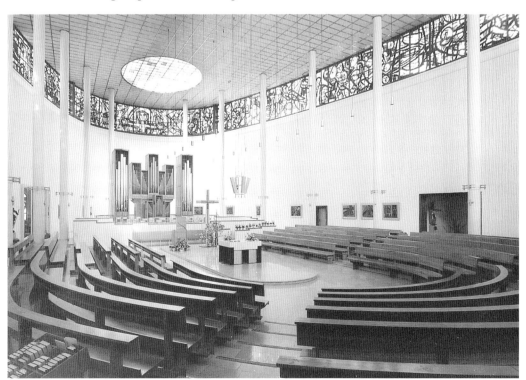

St. Michael in Linz-Bindermichl, 1957, Neuordnung von Helmut Werthgarner, 1988

die Architekten (auf der ganzen Welt!) hohe Anforderungen gestellt. Die plötzlich gegebene Freiheit und die Notwendigkeit innovativer Lösungen führte zur Suche – und manchmal Sucht –, neue Lösungen für Kirchen zu finden, in denen die erneuerte Liturgie gefeiert werden konnte. Das Ergebnis waren manche überzeugende und manche unbefriedigende Bauten. Heute, nach dreißig Jahren, läßt sich besser beurteilen, was sich bewährt und was nicht.

Jedenfalls entstand in den sechziger Jahren eine pluralistische Situation im Kirchenbau. Ende des Jahrzehnts kam die Diskussion um die sogenannten „Mehrzweckräume" dazu. Auf diese Diskussion und die Bauten dieser Tendenz können wir hier nicht eingehen. Jedenfalls muß gesagt werden, daß in dieser Diskussion vieles schief lief. Vor allem verwechselte man das Erscheinungsbild der Bauten mit deren Nutzung. Auch charaktervolle Räume schließen eine verschiedene Nutzung nicht aus – es sei nur an das über den Rittersaal in Rothenfels Gesagte erinnert. Schließlich waren auch die mittelalterlichen Kathedralen vielfältig genutzte Räume. Es hängt von der Gemeinde ab, welche Nutzungen sie wünscht oder toleriert. Jedenfalls ist man sich heute darüber einig, daß gesichtslose, anonyme Mehrzweckräume nicht der ideale Rahmen für die Eucharistiefeier sind. Andererseits muß man sich überlegen, ob man einen optimalen Raum für die Mahlgemeinschaft oder ein monumentales „Denkmal" schaffen will, wie ich das Ende der sechziger Jahre, zur Zeit des Höhepunktes der „plastischen" Tendenzen, auf einer Tagung in Klosterneuburg formuliert habe. Zwischen diesen beiden Extremen – anonymer Mehrzweckraum und aufwendiges Monument – gibt es viele Möglichkeiten.

Entwicklungen

Unmittelbar nach dem Zweiten Vatikanum gab es eine Zeit, in der – vor allem in der Schweiz – der Altarraum als „plastischer Garten" (Herbert Muck) gestaltet wurde. Neben dem Altar, dem Ambo und dem Priestersitz wurde auch noch der Taufstein in den Altarbezirk integriert. Das führte zu einer unnötigen Fixierung und Überlastung dieses Bereiches. Mittlerweile hat sich die Überzeugung durchgesetzt, daß der zentrale Bereich der Kirche ein offener Handlungsraum sein soll. Auch die deutschen Bischöfe betonen: „Insgesamt ist damit zu rechnen, daß die Bewe-

Karlsruhe Neureut von Ottokar Uhl, 1988/89

gungsdimension breiteren Raum in den Gemeindegottesdiensten einnehmen wird."[14]

Wesentliche Anstöße zu dieser Einsicht sind, wenn ich recht sehe, aus Österreich gekommen, von dem Theologen Herbert Muck und dem Architekten Ottokar Uhl. Dieser ist schon in den sechziger Jahren durch seine Kapellen für die Wiener Studentengemeinde in der Ebendorfer Straße und in der Peter-Jordan-Straße sowie durch die Konviktskapelle in Melk hervorgetreten. In diesen Kapellen für junge Menschen wurden die beiden verschiedenen Grundgestalten der katholischen Messe dadurch hervorgehoben, daß es zwischen Wortgottesdienst und Eucharistiefeier eine Ortsverlagerung gab. Während des Wortgottesdienstes sitzen die Studenten in dem einen Raumteil vor dem Ambo, von wo das Wort verkündet wird. Dann gehen sie in den anderen Raumteil und bilden einen offenen Ring um den Altar, wo Eucharistie gefeiert wird. Jahrzehnte später (1988/89) hat Ottokar Uhl das Prinzip „Kirche als Handlungsraum" auch in einer Pfarrkirche in Karlsruhe-Neureut verwirklicht. Der einfache Raum, der drei verschiedene Raumhöhen aufweist, ist „ein Instrument, ein Hilfsmittel für die verschiedenen Benutzungen". Die Handlung kann „unterschiedlich auf die vorhandenen Beziehungen eingehen. Die kleine Gruppe der Werktagsgottesdienstbesucher wird sich anders versammeln und zur Mahlfeier bewegen als die große Gemeinde am Sonntag. Musikalische Akzente können im Wechsel zwischen Emporen und Gemeinde vollzogen werden. Beim szenischen Spiel im Familiengottesdienst wird man die Emporen besetzen und die Aktionsmitte freihalten, der Tisch des Mahls wird herbeigeholt werden. Liturgie, verstanden als lebendige Handlung gemeinsamen Vollziehens, entdeckt zunehmend die alten Elemente des Weges (Prozession), des Wechselgesangs, der meditativen Stille etc. in neuer Form wieder. Die zurückhaltende Architektur mit ihren klaren, einsichtigen Beziehungsebenen wirkt geradezu herausfordernd. Sie fordert die Gemeinde dazu auf, sich in Handlungen stimmig mit ihr auseinanderzusetzen".[15]

Etwa zu gleicher Zeit (1988) hat Helmut Werthgarner die St. Michaelskirche in Linz-Bindermichl, einen Bau der fünfziger Jahre, in bemerkenswerter Weise umgestaltet. Die Kirche hat einen parabelförmigen Grundriß. Ehemals stand der Altar auf hohem Podest etwa im Brennpunkt der Parabel, die Bänke waren in zwei gerichteten Blöcken auf ihn hingeordnet. Die Kirche war nach dreißigjähriger Benutzung renovierungsbedürftig; die Chance zu einer gänzlichen Neuordnung wurde wahrgenommen. Der Altar wurde nun in der Mitte der Kirche situiert, die Bänke ziehen sich, arenaförmig ansteigend, rings um die ausgesparte Mitte. Im früheren Altarraum befindet sich die Orgel und der Platz für den Chor. Vor dem Altar ist ein großer freier Raum, wo sich der Gottesdienst entfalten kann. Diese Lösung ist weniger radikal als die in Karlsruhe-Neureut, bewährt sich aber hervorragend.

In diesem Beitrag wurde der Kirchenbau unserer Zeit vor allem unter dem Gesichtspunkt des liturgischen Vollzugs betrachtet. Das ist gewiß nicht der einzige Gesichtspunkt, nach dem man diese Bauten beurteilen kann, selbstverständlich ist die gestalterische Kraft des Architekten vonnöten. Den hier genannten Architekten ist es gelungen, beides zu vereinen. Nach wie vor ist der Kirchenbau eine Aufgabe, die gerade begabte Architekten herausfordert, ihr Bestes zu geben.

Herbert Muck

Von Bauformen zu Raumgestalten für Gemeindeliturgie

Christozentrik und Langhausproblem

Die imposanten Zentralbauentwürfe von Dominikus Böhm wurden 1923 durch die Veröffentlichung im Anhang der zweiten Auflage von Johannes van Ackens Büchlein über „Christozentrische Kirchenkunst" über die Fachkreise hinaus bekannt gemacht. Sie zeigen zunächst Böhms Gespür für die religiöse Aussagekraft des Zentralbaugedankens. Von den beiden diesen Entwürfen zugefügten Titeln „Lumen Christi" und „Circumstantes" bot vor allem der Ausdruck, vom Umstehen des Handlungsortes, Anlaß für eine Zuordnung zur Leitidee einer radikalen Christozentrik, wie sie der in Theologie, Pastoral und Caritas so initiative Priester van Acken vertrat. Die vielbeachteten Entwürfe ließen darüber hinaus eine Verbindung zur liturgischen Erneuerungsbewegung erkennen. In deren Zentren wurde eine intensivere Teilnahme am Gottesdienst in der Gruppierung um den nun frei stehenden Altartisch erfahren.

Böhms Aufbruch zum neuen Kirchenbau

Böhm zeigt in den genannten Entwürfen zunächst ein baulich-räumliches Anliegen: Er skizziert eindrucksvolle Zentralbauformen. Dabei steht für ihn aber die Wirkung statt einer auf zentralen Grundriß fixierten Formfrage im Vordergrund, schreibt er doch dazu, der Raum müsse konzentrisch wirken, welche Raumform er auch haben mag.[1] Zentraler Baukörper und zentral disponierender Grundriß sind demnach nur einige der Möglichkeiten, konzentrische Raumwirkung erfahrbar zu verwirklichen, die der raumgestaltende Künstler anstrebt. In ihrem Darstellungswert gilt die zentrale Grundrißfigur dem Theologen van Acken als ein besonders gelungenes Beispiel für die von ihm geforderte Christozentrik.[2]

Im Sinne von Konzentration, von Christozentrik schrieb auch der bald darauf sehr bekannte Kunsthistoriker Heinrich Lützeler: Er sprach von Neuschöpfung der Mitte im Kirchenraum.[3] Er begrüßte mit diesen Ausdrücken zunächst nur die Beseitigung der begleitenden Seitenaltäre (aus der Zeit der „Schindelmessen") zugunsten der zusammenführenden Wirkung des verbliebenen Hochaltars. Mit der Zeit wurde die weiterreichende Deutung des Anliegens einer räumlichen Schöpfung von Mitte bewußt und ausdrücklicher als Ziel formuliert. Entscheidendes in dieser Richtung leistete Böhms zehn Jahre jüngerer Mitarbeiter Martin Weber, der Mitverfasser der Idealprojekte war und auch an der Planung für Dettingen mitwirkte. Erst um 1930 konnten neue Kirchenräume entstehen, die zeigen, wie von den Wegbereitern des neuen Kirchenbauens Ausformung von Mitte verstanden wurde: als Wiedergewinnung des frei im Raum aufgestellten Block- oder Tischaltars.

Gemeint ist mit „Christozentrischer Kirchenkunst" zunächst eine klärende Bereinigung inmitten eines Überhangs an Andachtsübungen, Privatfrömmigkeit, Heiligenstatuen und Nebenaltären. Man solle alles Sekundäre und Unwesentliche ausschalten und den Raum als Ort des zentralen Christusmysteriums, als „Einheitsraum von der Altarstelle aus"[4] erfahrbar machen.

Die sammelnde Reduktion auf den einen Altar als Ausdrucksform des Gemeindeerlebnisses wollte ein Neuanfang sein gegen das Vielerlei der Stilformen. Die damit nach dem ersten Weltkrieg einsetzende Wende im Verständnis von Kirchenraum war eine einschneidende im Vergleich zu den Leitvorstellungen im Kirchenbau des 19. Jahrhunderts.

Titelblatt der Programmschrift des Gladbecker Priesters Johannes van Acken „Christozentrische Kirchenkunst" aus dem Jahre 1922

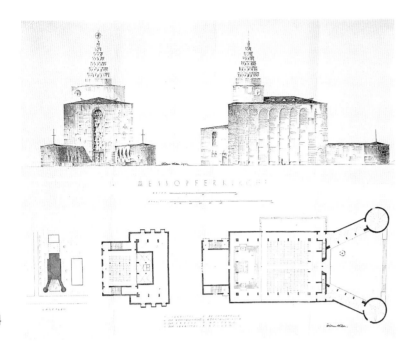

Meßopferkirche „Lumen Christi" von Dominikus Böhm und Martin Weber, 1923

Sicht auf den einen Altar

Wenig verbreitet sind noch die Befunde aus den Studien zur Wende um 1800, die in der Auffassung vom Kirchenraum das brachte, was seither als Tradition ausgegeben wurde und nachwirkte. Mit der Übertragung bedeutender Skulpturen und anderer Bildwerke von verschiedenen Orten des Kirchenschiffes ins Presbyterium kam es zu einer auffälligen Musealisierung des Chorraums. Nach Ausräumung mittelalterlicher Lettner begann sich eine Ausrichtung nach vorne durchzusetzen. Der Hochaltar, der einst dem Mönchschor oder Domkapitel im seitlichen Chorgestühl nahe zugeordnet war, wurde zum Blickziel des nun durchgehend überschaubaren Gesamtraums. Der nurmehr längsaxial gedeutete und genutzte Kirchenraum wurde im Laufe des 18. Jahrhunderts zunehmend mit Kirchenbänken ausgestattet. Die im Raum Umhergehenden, in Prozession Mitziehenden oder um den Lettneraltar Stehenden wurden von da an auf ihren Sitzplatz verwiesen. Eine Situation wie zuvor meist nur in Kapellen, Stiftungs- und Votivkirchen wird zur allgemeinen Norm: der Altarraum wird als Blickziel verstanden und wird zum Gegenüber.

Den Altar, den zelebrierenden Klerus oder die verwandelten Gaben will man sehen können. Dabei ist nicht das versammelte Kirchenvolk, sondern der einzelne Andächtige angesprochen, wenn das neue Postulat der Sichtbarkeit des Altars erhoben wird.

Ende des 19. Jahrhunderts formulierte Otto Wagner, der Baukünstler der Wiener Moderne, „das Antlitz des Priesters sei dem Kirchenvolke zugekehrt".[5] Postulate der Freistellung und Vorziehung des Altars sind beim Baukünstler vom ästhetischen Wert eines solchen zentralen Blickziels bestimmt.

Die erste Berührung des Kirchenbaues mit Leitvorstellungen der Liturgischen Bewegung in den Jahren um 1920 brachte zunächst noch keine Überwindung der Vorstellung einer nach vorn ausgerichteten Versammlung. Gute Sicht nach vorne auf die entscheidenden Zeigehandlungen der Meßfeier blieben das meistgenannte Argument, als noch kein Verständnis für die räumliche Ausformung der eucharistischen Tischgemeinschaft bestand. Theodor Klauser kann noch um 1960 das weitgehende Fehlen solcher Umsetzungen feststellen.[6] Selbst die nach der Liturgiekonstitution des Konzils zunehmende Zelebration „versus populum", die in Dettingen bereits seit 1964 für die alte St. Hippolytkirche genehmigt war, wurde vielfach nur bühnenartig verwirklicht und sollte sichtbar machen, was vorn geschieht. Damit hat die Liturgiereform der nachkonziliaren Zeit räumlich nur die Gegenüberstellung von Priester und Kirchenvolk fixiert oder weitergeführt, nur selten jedoch eine räumliche Ausformung der eucharistischen Tischgemeinschaft erreicht, die seinerzeit ein Hauptziel der Liturgischen Bewegung war.

Das Wort vom Einheitsraum hatte damals seinen besonderen Sinn als Gegenkonzept gegen die üppige Nischenarchitektur. Ziel sei ein „Einraum als Ausdruck der ... um Christus vereinten Gemeinde", erläuterte Rudolf Schwarz.[7]

Steile Rippen und Wölbung

Wie Schwarz war auch der Architekt Martin Weber einerseits geprägt von der Mitarbeit im Büro Böhm in den zwanziger Jahren, andererseits war Weber als Oblate der Benediktinerabtei Maria Laach mit der aufbrechenden Liturgischen Bewegung verbunden. Mit Böhm zusammen war er 1921 mitverantwortlich für die Gestaltung der Abtskapelle von Benediktsberg in Vaals, die als Rundbau entstand und einen zentral wirkenden Blockaltar erhielt. Den umfassenden Mantel dieses Raums bildet ein wie ein Raumfutter eingelegter Wandbewurf auf Rabitzgitter. Durch Faltung der Putzgitter gebildete Rippen führen wie ein Spitzbogengewölbe steil nach oben zur Lichtöffnung. Steile Formelemente bevorzugte Böhm auch in den folgenden Jahren.

In Dettingen bestimmt ebenfalls die Strukturierung der Innenflächen des Dachstuhls über Mittelschiff und Seitenschiffen den Raum wesentlich mit und bildet über der Bilderfolge rundum von oben her eine durchgehende und intensiv wirkende Zusammenfassung. Dachzone oder Wölbung wurden in Böhms Kirchen stets zum Erlebnisraum. Ein Erinnern an aufstrebende Rippen gotischer Dome oder an die Geborgenheit in Krypten wurde wiederholt geäußert. Selbst in Pfeilerbauten wie der Kirche in Dettingen, die der Basilikatradition nahesteht, spricht sich im Gefüge eine alte Holzbautradition aus. Konkret begründet ist der Zusammenhang in diesem Fall durch Übernahme und Weiterentwicklung aus dem Plan für die hölzerne Notkirche in Offenbach.

Seit 1959 habe ich wiederholt auf den meist übersehenen Zusammenhang zwischen einer baulichen und einer religiösen Umpolung verwiesen.[8] Dem um 1930 so auffälligen Wechsel vom verbreiteten Gewölberaum zum einfachen und hellen Kastenraum entspricht eine Wende in der christlichen Lebensausrichtung vom immer wieder hervorgekehrten Leidensgedächtnis zu einem sogenannten österlichen Christentum. In den Zentren der Erneuerungsbewegung hatte dabei das neue Liturgieverständnis seinen Anteil, gesamtkirchlich gesehen markiert die Christkönigsenzyklika von 1925 diese Wende.

Böhm wurde im Hinblick auf spätere Bauten als jemand hingestellt, der zum Gewölbebau zurückkehrte. Daß dies ein Fehlurteil war, das die damaligen Möglichkeiten nicht überblickte, zeigt das Beispiel von St. Wolfgang in Regensburg. Der Plan zu einem modern anmutenden quadratischen Raum mit kreuz-

Abtskapelle der Benediktinerabtei in Vaals von Dominikus Böhm und Martin Weber, 1922

förmiger Hochführung in den Mittelbereichen der Längs- und Querrichtung sollte dank weniger schlanker Pfeiler im Gesamtzusammenhang zur Wirkung kommen. Die Flachdecken und Pfeiler kamen nicht zustande, weil alles Armierungsmaterial für den Bau der Westwallbunker beschlagnahmt war.

Während hier äußere Bedingungen bestimmend waren, ist es eine andere Frage, warum bis heute Gewölberäumen nachgetrauert wird, warum sie als erlebnisreicher gelten, warum man sie um des Effektes willen auch losgelöst von baulichen Bindungen im völlig disparaten Material simuliert und warum in Belichtung und Raumbildung so schwer kontrollierbare Gefüge aus Segmentbogen unter Wettbewerbsmodellen so beharrlich angeboten werden.

Dominikus Böhm war initiativ im Aufgreifen ungewohnter neuer bautechnischer Möglichkeiten. Schon Dettingen mit seiner Eisenbetonkonstruktion zeugt hiervon. Die Werkdokumentationen[9] zeigen eindrucksvoll die Sicherheit, mit der er die verfügbaren Mittel in die konkrete Situation eingepaßt hat. Dabei wurden manchmal gewaltige Akzentsetzungen oder Spannungen gewagt und in überzeugender Weise bewältigt.

Meßopferkirchen

In Dettingen erscheint zwischen bühnenartig rahmenden Kulissen als Zentrum des entlang der Seiten entfalteten Bilderpanoramas der realistisch dargestellte Christus am Kreuz über dem Altar. Der baulich entwickelte Lichtraum dahinter und darüber verbindet ein Gestaltungsanliegen Böhms mit der christlichen

Glaubensvorstellung von Leidensüberwindung im Ostermorgen (s. S. 80f, 91f).

Die Theologie sprach vom Meßopfer als unblutiger Erneuerung des Opfers Christi am Kreuz. Um das schaubar vorzuführen traten um 1920 Kreuzigungsbilder in die Position des Hochaltarbildes ein. Aufragende Kreuzigungsskulpturen dachte sich Böhm als Blickziel über dem Altar eines seiner Projekte. „Meßopferkirchen-Entwürfe" schreiben Böhm und Weber über diese Zentralbauentwürfe. Die neue religiöse Besinnung auf die zentrale Rolle der Meßfeier inmitten der Gemeinde verband sich zugleich mit einer Ausrichtung des christlichen Lebens auf das Opfern. „Opfergang" hieß auch eines der Projekte. Der Wettbewerb für die Frauen-Friedenskirche in Frankfurt stand ebenfalls unter diesem Motto.

St. Wolfgang in Regensburg-Kupfmühl von Dominikus Böhm, 1937–39. Der abgebildete ursprüngliche Entwurf sah eine Flachdecke vor, die schließlich nicht zur Ausführung kommen konnte.

In neuen Kirchenräumen sind wir Vortragekreuze in Altarnähe oder ein kleines Kreuz auf der Mensa gewohnt. In den Kirchen aus der Zeit um 1930 hängt manchmal ein Gemmenkreuz über dem Altar von der Decke herab. Wir können uns heute nur schwer vorstellen, wie nachdrücklich oder drastisch – noch dazu in der Bildsprache eines Expressionisten wie Reinhold Ewald – eine so wenig stilisierte und monumentale Kreuzigungsdarstellung gewirkt haben mag und wie programmatisch sie verstanden wurde. Welch ein Traditionsbruch war es, das Leidenskruzifix mit dem Altar zu verbinden. Traditionell war der Ort für das Kreuz als *statio passionis* seitlich in einer Kapelle oder wie beim Lettnerkreuz nahe der Vierung. Die Retabelprogramme im Hochchor hingegen führten traditionell über die begleitenden Nothelfer zur Dreifaltigkeit und zum endzeitlichen Heilshorizont. Nur ein kleines Kreuz bekrönte oft den Bildaufbau.

Nachzufragen wäre, inwieweit die in Dettingen so expressiven und fallweise auf mittelalterliche Leidensmystik zurückgreifenden Kreuzigungsbilder in ihrer vordergründig wirkenden Realistik eher in Gegensatz stehen zu einer der inneren Schau und theologischen Meditation zugewandten Haltung. Zu klären wäre dabei auch, inwieweit sie mit der Mysterientheologie des Abtes Ildefons Herwegen zu vereinbaren sind, deren Auswirkungen auf Kirchenbau und Kunst eher in einer Vertiefung des *Symbol*verstehens als in der realistischen Darstellung zu suchen sind. Unserer Zeit mit ihrem gedankenlosen Verschleiß von Symbolen wäre diese Theologie hilfreich.

Zu fragen wäre schließlich, ob nicht der Memorialbau, der meist Zentralbau war und immer schon leidvolles Gedenken und Gedächtnis aufgenommen hatte, einen in der Nachkriegssituation begründeten Einfluß auf frühe Kirchenbaukonzepte Böhms hatte. Die *memoria passionis* ist ein theologisches Thema, dessen baulicher Niederschlag durch die Jahrhunderte mittlerweile dokumentiert wurde.[10]

Um 1920 ist man noch weit entfernt von dem zehn Jahre später zunehmend und zuversichtlich gebrauchten Wort vom „österlichen Christentum". Auf dem Hintergrund des 2. Vatikanischen Konzils und seiner Aussagen über die vielfachen Weisen der Gegenwart Christi, die in der eucharistischen Liturgie zeichenhaft werden, ist schwer nachzuvollziehen, wie sehr um 1920 der Memorialgedanke das Meßopferverständnis, den Kirchenraum und die christliche Lebensführung bestimmten. Große Kirchenräume sollten unter eine Gestaltcharakteristik gestellt werden, die bisher Eigenheit der Kapelle war. Memoria war einst dem Andachtsort angemessen und war auch in Maßstab und Zuordnung dem umfassenderen Raum der Kirchengemeinde eingefügt. Die Einordnung auch der Meßfeier unter die raumbestimmende Dominanz des Passionsbildes reichte bis etwa 1927.

Raum für eine Liturgie als „Volkswerk"
Eine andere Darstellung und ein anderes Leitbild für Eucharistie ging einige Jahre später von Burg Rothenfels aus, wo um Romano Guardini die Eucharistiefeiern als Mahl und Mahlgemeinschaft erlebt werden. Da ist der Vorgang am Altar gegenwärtiges Geschehen inmitten des Kirchenvolkes – *Liturgie* heißt der Wortbedeutung nach *Werk des Volkes* – und die Gestalt gemeinschaftlichen Feierns und Handelns wird als ebenso christliche wie kul-

turelle Aufgabe gesehen. Auch die nun legitimierte häufigere Kommunion der Gläubigen erklärt das Wiederentdecken der Messe als Mahlfeier.

Begonnen hatte die Liturgische Bewegung in Kreisen erlebbarer Gemeinschaft. In der Krypta von Maria Laach versammelten sich um 1920 Studenten und Kriegsheimkehrer zum Gottesdienst um einen Tisch herum. Man betete und sang mit, was sonst nur Part des Priesters war. Ähnliches hörte man bald von St. Peter in Salzburg und von Klosterneuburg, wo sich um Pius Parsch im kleinen romanischen Kirchlein St. Gertrud eine mitfeiernde Gemeinde um die Pole Verkündigungspult und Altartisch scharte. Durch die Hefte der „Schildgenossen" wurden vor allem die später von Schwarz räumlich zu programmatischen Versammlungsordnungen ausgeformten Gottesdienstformen mit Romano Guardini und fallweise mit Heinrich Kahlefeld bekannt. Im Kirchenbau ging es nun um mehr als um Baufiguren, unter denen man sich eine Kirche vorstellen kann oder die als Kirche erkennbar sind. Von innen nach außen sollte Kirche zustande kommen.

Der Ansatz beim zentralen Grundriß und der Bezug der nun rundum Mitfeiernden zur Mitte wurde in unterschiedlicher Weise rezipiert und weiterentwickelt. Es war nicht länger Ziel, die Eucharistie bloß visuell und in Gegenüberstellung vorzuführen. Vielmehr suchte man nach Möglichkeiten, das Meßopfer als bestimmende Mitte christlichen Lebens in der Baugestalt auszudrücken. Es ging nicht mehr nur um eine *Schaumitte*, sondern um eine *Handlungsmitte* und ihre Einbettung in die Versammlung der mitfeiernden und in verteilten Rollen mithandelnden Gläubigen. Schrittweise wurde dieses Ziel erfaßt, und baulich suchte man ihm näherzukommen.

Martin Weber hat besonders deutlich formuliert, worum es Planern seither ging. Erfahrbar werden sollte die Zusammengehörigkeit von Altar und Gemeinde. Der Raum sollte diese Zusammengehörigkeit sichtbar machen. Zu überwinden sei deshalb die Gewohnheit, den Altar in einen eigenen Raumteil auszusondern, so daß man ihn nur bühnenartig einsehen kann.[11] In seinen Frankfurter Kirchenbauten um 1930 überwand Weber – sich schrittweise nähernd – schließlich den trennenden Chorbogen (s. Abb. S. 37).

Eine zumindest von drei Seiten um die Mensa herum vorgesehene Anordnung der Plätze für die Gläubigen ist nach Weber die

Ildefons Herwegen, Abt von Maria Laach, in einer Zeichnung von Karl Rixkens

dem Konzept der Christozentrischen Kirchenkunst angemessene Ausformung des Kirchenraums. Das Volk Gottes insgesamt solle sich jetzt als Chor um den Altar scharen: „Es entspricht eben in der Pfarrkirche die Gemeinde dem mitfeiernden und mitopfernden Konvent im Chor".[12]

Daß der Kirchenraum der Zukunft eher breit als lang sein müsse, um die einer Mahlgemeinschaft entsprechende Versammlung aufzunehmen, war um 1930 eine Schlußfolgerung, die Martin Weber und Clemens Holzmeister in gleicher Weise formulierten und der sie zunächst durch Verbreiterung des Kirchenschiffes und durch Überleitung in einen breit gewordenen Altarbereich zu entsprechen suchten. Die Handlung kam zwischen unterschiedlichen liturgischen Orten wie auf einer Simultanbühne[13] in Bewegung. Dem schmalen, längsaxial gerichteten Kirchenschiff konnte man in dieser Sicht keine Zukunft in Aussicht stellen, obwohl gerade Schwarz wie sein Lehrmeister Böhm sich im Langhausbau mehr räumliche Wirkung erwarteten als im saalartig ausgebreiteten Raum.

Auseinandersetzung mit dem Langhausbau

Ein Ansatz Böhms und anderer Architekten dieser Aufbruchsgeneration liegt neben der Beschäftigung mit Zentralbauprojekten in der zunächst ebenfalls vom Memorialgedanken bestimmten Auseinandersetzung mit der traditionellen Langhauskirche. Deren Grundform wird nun gebaut als elementarer Richtungsraum, von Beiwerk und Zubauten, von Querschiff und Seitenarmen befreit. Er gilt als gleichsam konzentriertes und deshalb religiös und meditativ erlebbares Raumbild für Kirche. Modern wirkt die aus dem alten herausgearbeitete Form in ihrer Vereinfachung, in der technisch neuen Bauweise und in den aus künstlerischer Inspiration gefundenen und verantworteten Details. Das Kirchenbild, für das diese Bauform steht, stellt noch keinen Bruch mit der Vergangenheit dar.

Während der Außenbau in Dettingen mit seinem an Westwerke romanischer Kirchen gemahnenden und als Portalfront hochgeführten Bauteil, mit der basilikalen Stufung der Schiffe und dem querhausähnlichen Chor kaum von der traditionellen Vorstellung einer Kirche abweicht, stellen sich im Inneren zunehmend Probleme. So kann der Langhausbau neuen Versammlungs- und Feierformen kaum noch entsprechen. Ungelöst bleibt bei den meisten der langrechteckigen und oft auch noch schmalen Kirchenräumen der vordere Abschluß des gerichteten Raumes, den Rudolf Schwarz als „Wegkirche" bezeichnet hat. Mißlungen wirken viele der Versuche eines Abschlusses durch plakative Motive, durch ein Wandbild, durch eine anschließende Rotunde, eine triumphbogenartig rahmende Kulisse oder durch andere Bühnenkonzepte. Man gerät nahe an Grenzfälle wie den einer Zuführung auf die Guckkastenbühne oder einer Hinausführung aus dem Kirchenraum. Wie sehr dieses Problem auch heute noch beschäftigt, zeigen die 1996 anläßlich einer Münchener Kirchenbaujury publizierten Argumente.[15]

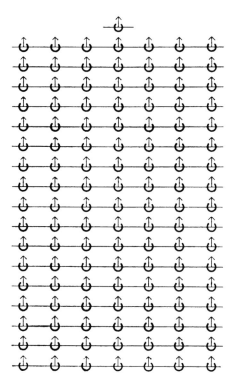

Rudolf Schwarz „Heilige Fahrt", Grundplan zur Wegkirche

Entscheidend ist das Wohin dieses Weges. Der Grundplan zur Wegkirche von Rudolf Schwarz stammt aus der Auseinandersetzung mit historischen Kirchen und mit einer frühmittelalterlichen theologischen Deutung, die im Raumgefüge die Christusfigur erblickt und dementsprechend vom Chorhaupt sprechen konnte. Daß es sich bei diesen Bauwerken um ein auch soziologisch begründetes Beieinander verschiedener Kirchen unter einem Dach handelte (Kirchenfamilie), war inzwischen vergessen.[14] Schwarz' Wegplan ging von der Erfahrung der Prozession aus, die man sich zu dieser Zeit noch längsaxial vorstellte, während sie im Mittelalter eigentlich kreisend gewesen war. Schwarz suchte das Problem des Wegabschlusses mit der poetischen Idee von *Schwelle* zu lösen und mit Übergangssymbolik zu bezeichnen (s. Abb. S. 150f). Es war ihm anderseits wichtig, den Weg in Zustand zu stillen und rings umfaßt von Ewigkeit zu deuten. Er entging nicht dem Vorwurf einer raumsymbolischen Verortung des Ewigen in Raumzonen.

Das Hinüberleiten in eine andere Welt ist eine in Mysterienkulten und im Theater seit der Antike bekannte Symbolik. Es bedingt eine Situation der Gegenüberstellung. Aufgrund neuverstandener Zugehörigkeit zu Feier und Raum sind auf die Eucharistiekirche bezogene Deutungen dieser Art zumindest fragwürdig. Das Wort vom Chorraum als Bild des Ewigen[16] ist nur mehr als meditative und individualpsychologische Interpretation vertretbar.

Auch auf das von Konzilstexten aufgegriffene Wortbild von der pilgernden Kirche läßt sich der gebaute Weg beziehen.[17] Diese Aussage gilt jedoch vom Gottesvolk, das sich auf dem Weg befindet. Die Stationen seines Feierns müssen deshalb noch lange nicht durch Mauern, Glaswände und zwängende Korridore gekennzeichnet sein.

In einer Zeit zunehmenden Rückfalls in Schaufrömmigkeit, versuchter Retabel-Repliken und einer neuerlichen Reduktion gemeinschaftlichen Eucharistiefeierns auf beschauliche Meßandachten ist schauhafte Ausrichtung auf ein Gegenüber zwar verstehbar, als Leitbild für den Kirchenraum jedoch nicht zu verantworten. Von daher erhält das von Johannes Heimbach am Beispiel Emil Steffanns gezeigte Gegenbild des Ringes neue Aktualität.[18] Es ist das Bild von Gegenwart inmitten der Versammelten, Gegenwart, die diesem Feiern verheißen ist und die im Kreis der Feiernden Gestalt gewinnt. Es ist das Gegenbild zum gebauten Vermittlungsmodell mit räumlicher Darstellung der Ordnung liturgischen Betens durch Christus zum Vater. Schwarz war ihm noch verbunden und akzeptierte dieses Ideal des Ringes nur in der Gestalt des für Ausrichtung noch offenen Ringes. Doch sowohl Schwarz als auch Steffann stimmten überein, daß damit nicht die Form des Baukörpers gemeint ist, die beide meist betont rechteckig und kastenartig ausbildeten.

Raumform, offen für Dynamik des Feierns

Entsprechendes Einrichten einer die Mitte umfassenden Feier und Versammlungsgestalt ist auch in Langschiffbauten nicht ausgeschlossen, wenn nur eine ausreichende Breite verfügbar ist. Wo eine bestehende Apsis von der vorgezogenen neuen Handlungsmitte distanziert erscheint, erhält sie wieder wie in antiker und frühchristlicher Zeit ihre Bedeutung als Memorialort. Man besinnt sich wieder, daß im ersten christlichen Jahrtausend die Apsis nicht Zielpunkt des Kirchenraums war, sondern Attribut – ganz abgesehen davon, daß sie bei den frühen gewesteten Großbasiliken mit dem „Steuermannsplatz" des Bischofs in dem nach Osten fahrenden Schiff der rückwärtige Ort war.

In der von Böhm und Weber geplanten Kirche in Dettingen gibt es gute Voraussetzungen für die Einrichtung einer umfaßten Mitte. Vorgezogen im zweiten Pfeilergeviert hätte sie eine gute räumliche Einbindung. Ihr kommt im dreischiffigen Pfeilerraum der Kirche die von Böhm angestrebte Breite entgegen. Sie bietet Raum dafür, sofern man nicht auch die einstige Bankordnung musealisieren und damit kirchliche Weiterentwicklung blockieren möchte. Böhm suchte in seinen Räumen die Ausbreitung, die dem Zug nach vorne das Zwingende nimmt. Es ist die innere Weitung, die dem breit gelagerten Portalvorbau anstelle der Erinnerung an ein Westwerk den neuen Sinn gibt. Den Zug nach vorne ergibt die Abfolge von Dreieckfenstern in der Lichtzone des Obergadens über dem Mittelschiff. Diesem Zug wirken die quer laufenden Elemente der Dachraumbalken und der Seitenjoche deutlich entgegen. Breit und quergerichtet wirkt die über Haupt- und Seitenschiffen durch die Parallelgratfelder zusammengefaßte Deckenzone. Umfassend wirkt der Kranz der Bildfelder. Beharrend und in ruhiger Strenge stehen die als Pfeiler geformten Stützen Halt und Ordnung gebend im Raum.

Die Bildhaftigkeit baulicher Gliederung und die Ruhe der Raumgestalt waren nach Böhms Worten in Ausgleich zu bringen mit dem Dramatischen der Liturgie. Anders als in manchen schematisierten Einraumkirchen verfolgte Böhm auch hier die Gestaltprägnanz der Zentralität in dem als Gestalteinheit erfaßten und durchgebildeten Raum. Ihn auch weiterhin aufnahmefähig zu halten für Liturgie, für das sich, wenn lebendig, dann auch wandelnde Feiergeschehen und gemeinschaftliche Handeln, ist ein Auftrag an die Nachfahren.

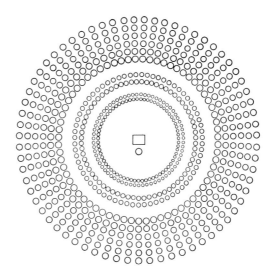

Rudolf Schwarz „Heilige Innigkeit". Der Idealentwurf des geschlossenen Ringes in seiner Grundform und zwei Realisationsmöglichkeiten.

So steht man auch Jahrzehnte nach Böhm vor der Frage, wie in einer vom Richtungsraum abgeleiteten Kirche ein genügend weit vorgezogenes Handlungszentrum eingerichtet werden kann, das räumlich gefaßt und mit der Baugestalt abgestimmt ist. Die Forderung nach baulicher Ausbildung eines Handlungsraumes für gemeinschaftliches Feiern von Liturgie wurde gerade zur Zeit von Böhms Bautätigkeit zu einer das Kirchenbauen beunruhigenden. Manche baulich gelungene Kirche brachte zugleich Schwierigkeiten und Enttäuschung. Solcher Erwartungsbruch ist einer der Gründe, warum Eucharistiefeiern immer wieder auch aus bestehenden Kirchen hinausverlegt werden in Säle, Nebenräume oder Scheunen. Gemeindekirchen sollten aber nicht zu Museen werden und auch nicht bloß Gedenkkapellen sein.

Die vielseitige Rezeption Böhms

Idealentwürfe von Dominikus Böhm um 1920 wiesen weiter voraus als die Raumkonzepte, die er mit Pfarrern und Kirchengemeinden zunächst realisieren konnte. Aber auch in ihnen wurde die neue Entschiedenheit zur Zusammenfassung und Zusammenführung schon spürbar. Die frühen Zentralbauentwürfe mochten genialer Vision entsprungen sein. Ihre Ein-

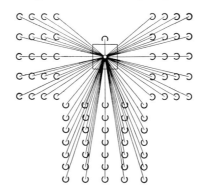
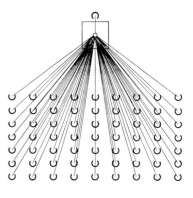

bindung in kirchliche Lebensrealität und ihre theologische Legitimation erhielten sie jedoch erst durch den Kontakt mit van Acken und durch die Aufnahme in dessen Büchlein. Sie trafen mitten hinein in das Konzept einer neuen Christologie. Eine Raumform aus Böhms religiösem Instinkt fand damit ihre theologische Ausdeutung. Sie traf sich auch mit Erfahrungen und Vorstellungen der neuen Liturgischen Bewegung.

Es ist notwendig, diese Vorgänge so auseinandergelegt darzustellen. Böhm hat sich nämlich immer wieder zu Recht gewehrt gegen eine Ableitung seines Kirchenbaus aus herrschenden Liturgiekonzepten. Wo sie baulich später Ausformung fanden, schien ihm in der bevorzugten Vereinfachung oft die Formkraft des Künstlerischen zu fehlen. Anders als in manchen Bauten von Schwarz oder Steffann war die Einfachheit auch oft nicht radikal genug, um selbst gültige künstlerische Bau- und Raumform zu sein.

Umgekehrt wurde Böhms unvergleichlicher Formkraft, seinem Einfallsreichtum, seiner Art der Wandgliederung, der Materialwucht, den Raumteilungen mit Licht- und Nischenwirkung und nicht zuletzt seinen Vorbehalten gegenüber Bauten, die aus der Liturgischen Bewegung hervorgingen, mit dem Vorwurf geantwortet, er baue nur religiöse Erlebnisse, er sei Romantiker geblieben und schaffe Stimmungsräume statt liturgische Handlungsräume. Gefühlswerte müßten zurückgedämmt werden, denn die gewohnte Fülle an Details habe hinter dem Wesentlichen zur Zeit zurückzutreten. Diese Auseinandersetzung ist seither nicht mehr verstummt. Bedeutsame Kirchenräume beider Auffassung werden weiterhin gegeneinander vertreten. Das so simpel gedachte Rezept der Vermischung beider Anliegen hat bisher nur zu schwächlichen Ergebnissen geführt.

Der Liturgischen Bewegung Verbundene haben Böhms wegweisende Idealpläne begeistert aufgenommen. Die Neueinrichtung einer Sängerempore seitlich vorn in unmittelbarer Altarnähe wie in Mainz-Bischofsheim und auch schon in Dettingen wurde als Programm verstanden. Was Kirchenbau im Geiste erneuerter Liturgie ist, lernte in Bischofsheim auch Nuntius Pacelli kennen, der später als Papst Pius XII. mit der Enzyklika „Mediator Dei" die bis dahin von der offiziellen Kirchenleitung beargwöhnte Liturgiereform erstmals legitimieren sollte.

In Kreisen der Liturgischen Bewegung wurden die in Böhms Kirchen so ausdrücklich zusammenführenden und umfassenden Formen des Gebauten auf der ganz anderen Handlungsebene des Zusammenseins und des Miteinanders als Gestalten der Versammlung verstanden, in denen man die berührenden Erfahrungen mitbetender und mitfeiernder Gemeinde machen konnte. Erfahrungen erneuerter Baukunst und neuen Feierns in Gemeinschaft trafen sich und zeigten einander ergänzend die Spannung auf, in der sich der Zugang zu einer so komplexen Aufgabe wie Kirchenbau erschließen kann.

Die Kirche in Dettingen ist uns Markstein auf einem Weg, den zu gehen man damals sich entschloß, ohne schon überblicken zu können, wohin er noch führen würde. Was zustande kam, zeigt, daß dank des Einsatzes und des Zusammenwirkens baukünstlerischer Begabung und neuen theologischen Verständnisses inmitten einer bewegenden Situation trotz mancher Gebundenheit an Traditionsformeln eine authentische Gestalt für Kirche gelungen ist.

Jürgen Lenssen

Menschen von heute feiern im Raum von gestern

Perspektiven für die Feiergestalt von St. Peter und Paul

In seinem Beitrag ‚Liturgie und moderner kath. Kirchenbau‘, der 1973 anläßlich des 50. Jahrestages der Einweihung der Dettinger St.-Peter-und-Paul-Kirche erschien, fragt Helmut Winter an: „Vielleicht löst der Profanbau, der kirchliche Mehrzweckbau, schon bald den Sakralraum ab ... Die Grundfrage ist, ob sich die Kirche hier der Welt und ihren rationalen Strukturen anpassen oder eine Gegenwelt, einen ‚heiligen‘ Raum, schaffen will" (56). Diese Gegenüberstellung hat sich mittlerweile in der Kirchenbaudiskussion aufgelöst. Aufgrund neuer theologisch-liturgischer Besinnungen auf den Sakralraum und auch der praktischen Probleme der sogenannten Mehrzweckkirchen fanden diese in den letzten Jahren zu ihrer Eindeutigkeit als Gottesdienstraum in Nutzung und Gestaltung zurück. Beispielhaft sei hierfür der im 1974 erbauten Roncalli-Zentrum in Glattbach eingerichtete Kirchenraum St. Marien mit Mehrzweckfunktion angeführt.

Der zunehmende Entsakralisierungsprozeß in Staat und Gesellschaft, die anwachsende Profanisierung lassen das Verlangen nach dem Fanum, dem heiligen Ort, wachsen. Daß dieses Fanum in unseren Tagen nicht allein in Sakralbauten gesucht wird, bezeugt u. a. die Architektur moderner Museumsbauten. Selbst die Symbolik mancher Architekturelemente zeitgenössischer Hochhäuser – etwa in Frankfurt – hat religiöse Quellen und will Erfahrungen und Sehnsüchte aus dem Glaubensbereich des Menschen wecken, um sie wirtschaftlich zu nutzen.

Wenn aber der heilige Raum im Kirchengebäude gesucht wird, dann sind darin über ein alleiniges Hintreten vor Gott hinaus die Wünsche nach dem Erlebnis von Gemeinschaft in

Gottesdienstfeier in St. Peter und Paul

Jürgen Lenssen

Dominikus Böhm entwarf nicht nur die St.-Peter-und-Paul-Kirche, sondern entwickelte 1925 auch Pläne für die Gestaltung des wachsenden Dorfes. Ihm war die Wirkung der Kirche im Straßenbild ein besonderes Anliegen, das er auch gegenüber der Baugenehmigungsbehörde geltend zu machen suchte. Bei der Gestaltung des Kirchenvorplatzes fällt die Konzeption eines Rundbaus auf, der einen Gegenpol zu den kantigen Formen des Kirchturms darstellt. In der Planung der Taufkapelle 1938 wurde dieser Gedanke abermals aufgegriffen, beim Entwurf des neuen Pfarrheims allerdings nicht berücksichtigt.

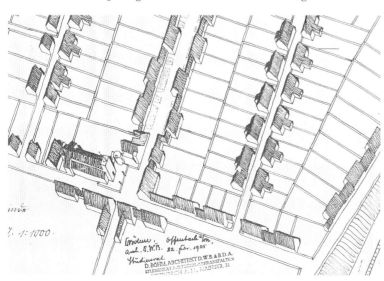

der versammelten Gemeinde, also nach intensiven, Halt gebenden zwischenmenschlichen Beziehungen eingeschlossen. Nicht die gemeinsame Ausrichtung auf den Altar allein steht mehr im Vordergrund, vielmehr wird der Altar zur Mitte einer ihn umstehenden und miteinander kommunizierenden Gemeinde. Die Zeit des Tempels hat also im kirchlichen Bereich ihr Ende gefunden und wurde vom Zentralraum abgelöst, der dem zugrunde liegenden neugewachsenen liturgischen und gemeindlichen Selbstverständnis in Anknüpfung an die frühchristliche Tradition entspricht.

Dieses als Frucht der liturgischen Bewegung und der liturgischen Erneuerung durch das Reformwerk des Zweiten Vatikanischen Konzils sowie der Pastoraltheologie neu entstandene Verständnis von Gemeinde – auch und gerade im Gottesdienst – verlangt nach einem entsprechenden Raum. Über ein allgemeines Fanum-Verlangen hinaus ist ein Sakralraum gefordert, der auch der liturgischen Kommunikation der Gemeinde untereinander Rechnung trägt. Soweit die Aufgabe eines Kirchenneubaus ansteht, ist die Verwirklichung dieses Zieles problemlos.

Schwierig wird es hingegen in tradierten Sakralräumen, die von einem andersgearteten liturgischen Verständnis ausgehen – etwa St. Peter und Paul in Dettingen. Der theologische Hintergrund dieses Kirchenraumes – und diese Kirche wurde von innen nach außen gebaut – findet sich bei Johannes van Acken mit seiner Forderung nach der christozentrischen Raumgestaltung, die Dominikus Böhm in Dettingen architektonisch umsetzte. Sowohl die Wegkirchenkonzeption als auch die Lichtführung, die Überhöhung des Altarortes wie auch das von Reinhold Ewald über dem Altar geschaffene Kreuzigungsbild entsprechen dieser Vorstellung, die einzig vom Opfergedanken der Eucharistiefeier bestimmt ist.

Nachdem nun eine Renovierung des Kirchenraumes als Aufgabe der kommenden Jahre ansteht, stellt sich die Frage nach der neu zu gewinnenden Raumgestalt. Inwieweit darf dieses Vorhaben nur von dem Wunsch einer Wiederherstellung des ursprünglichen Raumes in Architektur und Ausstattung bestimmt sein? Inwieweit muß dem veränderten Liturgieverständnis Rechnung getragen werden?

Gerade die Beantwortung der ersten Frage gestaltet sich schwierig, sah doch Dominikus Böhm seinerseits keine solchermaßen eigenständige Ausmalung vor und verurteilte sie nach deren Ausführung. Nachdem hier also mit der Ausmalung von Ewald eine zweite Gestaltungsphase vorliegt, bleibt zu fragen, was mit einer ursprünglichen Raumgestalt gemeint sein könnte. Da ein Verzicht auf die Wandbilder Ewalds nicht zur Disposition steht, schließt sich der Anfangszustand nach der Ausführung von Böhm aus. Es gilt also, den Zustand nach der erfolgten Ausmalung zu erhalten, d. h. auf alle späteren Zufügungen zu verzichten, um einen Kirchenraum der Zwischenkriegszeit am Beginn des modernen Kirchenbaus unter Einbeziehung der damalig zeitgenössischen expressionistischen Malerei zu dokumentieren.

Über diesen historisch geprägten Renovierungsansatz hinaus ist zu berücksichtigen, daß das liturgische Verständnis der Gegenwart, d. h. der nachkonziliaren Zeit, der wiederherzustellenden Raumgestalt der zwanziger Jahre nicht mehr entspricht. Raum und gottesdienstliche Feier klaffen auseinander. Um sich aber nicht allein auf eine museale Maßnahme zu beschränken, muß eine Brücke zwischen dem baugeschichtlichen und dem liturgischen Vorhaben gefunden werden. Zweifelsohne gilt auch hier, zum einen das geschichtlich gewachsene Raumensemble verstehbar zu machen und denkmalpflegerisch die ursprüngliche Architektur sowie Ausstattung zu schützen, zum anderen aber die liturgische Funktionalität nach dem konziliaren Liturgieverständnis unter Beachtung gleichwertiger künstlerischer Qualität der erforderlichen Neugestaltung zu schaffen.

Die denkmalpflegerische Aufgabe stellt sich – von technischen Problemen bezüglich des 1963/64 von Ewald aufgetragenen Firnisses abgesehen – als relativ leicht dar: Alle baulichen und ausstattungsmäßigen Zutaten der letzten Jahre sind zu entfernen. Der Altarraum, möglichst einschließlich der ursprünglichen Kommunionbank, ist wieder in den Anfangszustand zurückzuversetzen. Die gesamte rückwärtige Stirnseite mit Orgelempore und Eingangsbereich ist wiederherzustellen. Die Malerei ist zu restaurieren, ihre ursprüngliche Einbindung in den Raum zu rekonstruieren und an den Säulen aufzufrischen.

Eine gemeindeübergreifende Erfahrung lehrt, daß der ersatzlose Verzicht auf die mittlerweile an den Säulen angebrachten Heiligenfiguren gemeindlicherseits auf Widerstand stoßen kann. Gleiches wird für den Zelebrationsaltar, den Tabernakel und Ambo gelten.

Je mehr aber der Kirchengemeinde die nationale Bedeutung ihrer St.-Peter-und-Paul-Kirche ins Bewußtsein gerufen wird, um so mehr wird die Bereitschaft wachsen, dieses Denkmal des ersten modernen Kirchenbaus und -raumes in Deutschland wieder in seiner Anfangsgestalt erstehen zu lassen. Darüber hinaus wird die momentane liturgische Lösung als zwischenzeitliche aufgrund dessen leicht zu vermitteln sein, da durch sie zum einen die anfängliche Altargestalt in ihrer Gesamtkonzeption zerstört und der Altarraum durch die neueingefügte Ausstattung beengt wurde. Zudem ist in diesen neuen liturgischen Schöpfungen nur vordergründig die formale Gestaltung der ursprünglichen Ausstattung aufgegriffen worden.

Abbruch der Orgelempore 1961

Wie könnte aber eine Neugestaltung aussehen? Nach der Restaurierung der historischen Raumschale und des ursprünglichen Farbkonzepts unter Wiedererlangung des ursprünglichen Altarraumes als Ausdruck der ihn bestimmenden Theologie erhält der Tabernakel auf dem Apostelaltar seinen Ort zurück. Diese Rückführung steht für die von Böhm verwirklichte Christozentrik des Raumes. Die Wegkirche selbst und der Pilgerweg der versammelten Gemeinde in ihr finden dadurch wieder ihr Ziel. Dem neugewachsenen Verständnis der gottesdienstlichen Gemeinde entspricht es dann, die erste zum Altarraum führende Stufe vor der Kommunionbank zungenartig in das Mittelschiff als Bezirk einer neu für die gottesdienstliche Feier zu schaffenden liturgischen Ausstattung zu führen. In diesem durch eine Stufe erhöhten Bereich finden Altar, Ambo und Sedilien ihren Ort. Für Entwurf und Ausführung dieses neuen Altarraumes ist ein über die Diözesangrenzen ausgeweiteter Künstlerwettbewerb auszuschreiben. Diese Überregionalität entspricht der Bedeutung der Dettinger Kirche. Eventuell könnten in den Seitenschiffen einige Bankreihen mit einer Drehung um 90 Grad auf diese neue Altarinsel (vor dem Triumphbogen und in der Breite der diesen stützenden Säulen) ausgerichtet werden, um den Circumstantes-Charakter zu erreichen, den eine sich um den Altar scharende Gemeinde erfährt.

Als du im Grab eingeschlossen wurdest, Christus, unser Gott,
der du dem Wesen nach unendlich und unbegrenzt bist,
hast du die Pforten der Hölle verriegelt
und dem Tod seine Herrschaft geraubt.

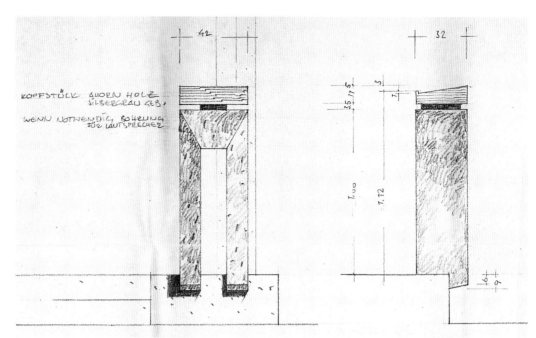

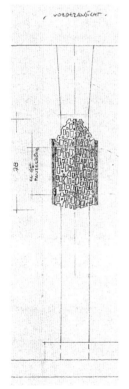

Entwürfe für Altar, Ambo und Tabernakel nach den Prinzipien der nachkonziliaren Liturgiereform, die im März 1971 vom bischöflichen Bauamt Würzburg vorgelegt wurden

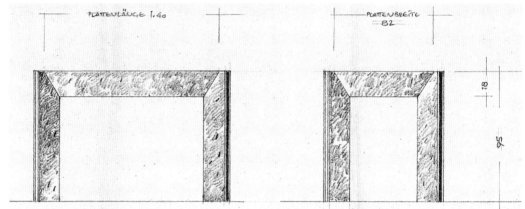

Bis zur Verwirklichung einer so gearteten Lösung als Kompromiß zwischen historischem Raum und neuem Liturgieverständnis ist sicherlich ein beschwerlicher Weg zu beschreiten. Zu groß wird der Gewöhnungsprozeß an die gegen Architektur und Liturgie vorgenommenen Veränderungen und Einfügungen sein. Zudem könnten mögliche persönliche Verletzungen aufgrund des Verzichtes auf bis dahin getätigte Stiftungen von Ausstattungsstücken die Folge sein. Umgekehrt ist ein neues Bewußtsein der Wertigkeit und Qualität dieser Kirche neu zu wecken und zu bestärken. Hinzu kommt das Bewußtmachen nachkonziliarer Sakralraumerfordernisse. Viele Vorbehalte gilt es also auszuräumen.

Je mehr der begründete Stolz der Gemeinde auf ihre Kirche geweckt und bestärkt werden kann, je mehr eine Sensibilität für die große denkmalpflegerische und liturgische Aufgabe entzündet und gefördert wird, um so mehr erweist die Gemeinde Dettingen sich selbst, ihrem Bistum und der deutschen Architekturgeschichte einen Dienst. Denn nach einer vom Ursprungskonzept bestimmten Renovierung dieses Kirchenraumes wird er nicht allein nur von den Gemeindemitgliedern und ihren Gästen bewundernd und seine nationale Bedeutung erkennend in Augenschein genommen werden, er wird sich auch als wahrhaft heiliger Raum darstellen, in dem die Gemeinde der Gegenwart eine Liturgie feiert, die dem zeitgenössischen Gemeinde- und Liturgieverständnis entspricht. Dieser heilige Raum ist dann aber nicht eine Gegenwelt im Sinne der eingangs aufgeworfenen Frage, sondern im lebendigen Miteinander von historischem Raum und darin gefeierter neuer Liturgie ein heilsames Angebot, eine heilvolle Antwort auf die Anfragen unserer Zeit. Mit der Renovierung wird dieses ursprünglich pastorale Anliegen, das sich in Architektur und Malerei seine Form gab, neu gewonnen. Die bevorstehende Renovierungsaufgabe ist daher nicht zuletzt auch pastoraler und spiritueller Natur.

Anmerkungen

Holger Brülls
Expressionismus wider Willen
Kunsttheoretische Standortbestimmung
im Denken Dominikus Böhms

1 Dominikus Böhm, Brief an E. Cosack vom 23. 5. 1930 (Nachlaß Dominikus Böhm im Historischen Archiv der Stadt Köln [HAStK], Bestand 1208, Akte 130), zu Böhms Architekturtheorie und Modernebegriff siehe ausführlich Holger Brülls, Neue Dome. Wiederaufnahme romanischer Bauformen und antimoderne Kulturkritik im Kirchenbau der Weimarer Republik und der NS-Zeit, Berlin 1994, 113–115.
2 Dominikus Böhm / Martin Weber, Der Bau und seine innere Ausgestaltung, im vorl. Bd. 12.
3 In diesem Zusammenhang ist auch der Konflikt bezeichnend, der sich beim Bau der benachbarten Großwelzheimer Kirche (1925) ereignete und bei dem trotz massiven Widerstands in kirchlichen und staatlichen Gremien der Architekt am Ende siegt. Vgl. Helmut Winter, „Immer lasse ich mir nicht auf dem Kopfe herumtanzen". Dominikus Böhm und der Großwelzheimer Kirchenbau, in: Unser Kahlgrund 35 (1990) 43–52.
4 Der Maler empfand es als „unbedingt notwendig, die dünnbauliche Architektur durch eine suggestiv wirkende, raumausweitende Malerei ... zu übertönen". Reinhold Ewald, Die Pfarrkirche aus der Sicht des Malers, im vorl. Bd. 17.
5 Diese erhellende Beobachtung bei Clemens Jöckle, St. Peter und Paul, St. Hippolyt Dettingen am Main (Schnell Kunstführer 2199), Regensburg 1995, 8; vgl. ders., Dominikus Böhms Pfarrkirche in Dettingen. Ein Beispiel der Gotikrezeption im 20. Jahrhundert, in: Spessart (1984) Nr. 8, 3–9.
6 Durch den Umbau von 1960–61 ist dies leider stark verändert worden. Es wäre für die Raumgestalt der Kirche sehr wichtig und auch aus denkmalpflegerischer Sicht wünschenswert, das originale Erscheinungsbild wiederherzustellen und für die dabei entstehenden Probleme der Aufstellung von Orgel und Chor eine andere Lösung zu finden. Wenigstens annäherungsweise wäre das historische Bild wiederzugewinnen durch eine Neugestaltung der damals tiefergelegten Emporenbrüstung nach dem originalen Entwurf mit dreieckig gebrochener Brüstung.
7 Böhm/Weber, im vorl. Bd. 12.
8 Der Begriff „geheime Gotik" geht auf eine kunstgeschichtliche und -theoretische Begriffsbildung Wilhelm Worringers zurück, hier insbesondere seine Darstellung „Formprobleme der Gotik" (München 1911, 127). Dazu und zur Gotikrezeption in der expressionistischen Kunst grundlegend die ausführliche Darstellung von Magdalena Bushart, Der Geist der Gotik und die expressionistische Kunst. Kunstgeschichte und Kunsttheorie 1911–1925, München 1990, 39ff. Zu Böhms Gotik-Rezeption ausführlich Gesine Stalling, Studien zu Dominikus Böhm, mit besonderer Berücksichtigung seiner „Gotik"-Auffassung, Bern 1974, auch Jöckle, Dominikus Böhms Pfarrkirche.
9 Karl Scheffler, Der Geist der Gotik, Leipzig 1925 (¹1917), 31.
10 Ebd. 32.
11 Ebd. 95.
12 Ebd. 94.
13 Böhm/Weber, im vorl. Bd. 12.
14 Rudolf Schwarz, Neues Bauen?, in: Die Schildgenossen 9 (1929) 209.
15 Böhm/Weber, im vorl. Bd. 9.
16 Ebd.
17 Ebd., kursive Hervorhebung durch den Verfasser.
18 Am eindrucksvollsten in St. Engelbert in Köln (1932), St. Franziskus in Rheydt (1930) und St. Kamillus in Mönchengladbach (1929).
19 Böhm/Weber, im vorl. Bd. 12.
20 Ebd. 10.
21 In der Zeitschrift des Deutschen Werkbundes „Die Form" war 1930 über den Stimmungszauber der modernen Sakralarchitektur zu lesen, es sei „... oft zuviel Absicht in der Art, wie diese Stimmung erzielt wird, die ‚Stimmung' ist nicht das subjektive Korrelat zu einem objektiven Dasein von großer Mächtigkeit, sondern der einzige Inhalt des Baues – fast wie es auf dem Theater der Fall ist, wo ‚hinter' der ‚Stimmung' der Gralsburg überhaupt ‚nichts' vorhanden ist ..." Walter Riezler, Erneuerung des Kirchenbaus?, in: Die Form 5 (1930) 537–545: 541f. Riezler weiter: „Wenn dieser ‚romantische' Kirchenbau augenblicklich in vielen Kreisen sehr gefällt, so wird man das als ein Zeichen dafür ansehen dürfen, daß auch die augenblickliche Stellung zur Religion eine etwas ‚romantische' Angelegenheit ist, daß die Kirche neben dem Leben des Tages, nicht aber in dessen Mittelpunkte steht." Ebd. 543. Eine Gegenposition nimmt Curt Horn ein, der die theatralische Stimmung in den neuen Kirchen als Zeiterscheinung positiv bewertet und gerade darin eine neue Einheit des profanen und sakralen Lebensbereichs angedeutet sieht: „Überall offenbart sich eine ‚latente Sakralität', in Kinos und Fabriken, nicht nur in kirchlichen Bauten." Curt Horn, Wesen der christlichen Kunst, in: Die Religion in Geschichte und Gegenwart III, Tübingen 1929, 1418. Diese divergierenden zeitgenössischen Auffassungen machen im übrigen deutlich, in welchem Maße Bauwerke (und Kunstwerke allgemein) offen sind für Deutungen, Empfindungen und Bewertungen des Betrachters, die einander ausschließen, ohne deswegen abwegig zu sein. Die historische Interpretation der Werke heute besteht darin, das Spektrum dieser möglichen Bedeutungen aufzuweisen und sie womöglich um weitere Perspektiven zu erweitern.
22 Johannes van Acken, Christozentrische Kirchenkunst. Ein Entwurf zum liturgischen Gesamtkunstwerk, Gladbeck 1922, 23. Zu van Acken vgl. auch Holger Brülls, Art. „Johannes van Acken", in: Die deutsche Literatur. Biographisches und bibliographisches Lexikon in sechs Reihen, Hans-Gert

23 Und als Nachsatz zu diesem Vorsatz: „wie z. B. meine Neu-Ulmer Kirche". Dominikus Böhm, Brief an Rektor Strausberg, Pfarrer von Christus-König in Leverkusen-Küppersteg, vom 2. 2. 1927 (HAStK, Bestand 1208, Akte 430).
24 Im Zusammenhang mit dem Neu-Ulmer Bau. Stalling, 155 weist darauf hin, „daß die Lichtführung der Böhmschen Sakralbauten laut Böhm den Beleuchtungskonzeptionen zeitgenössischer Filme verwandt" sei. Der von Stalling zitierte Vortragsentwurf Böhms („Gotteshäuser unserer Zeit", dat. 11. 5. 1930) war im Nachlaß des Architekten leider nicht aufzufinden. Stalling konstatiert im Hinblick auf Böhms Räume weiter „Parallelen zu romantischen Bühnenbildentwürfen". Vgl. ebd. Der Zusammenhang zwischen dem Kirchenbau des 20. Jahrhunderts und der expressionistischen Film-Ästhetik, darüber hinaus die Verbindungen zur Theater- und Kino-Architektur wären lohnender Gegenstand einer eigenen Untersuchung. Van Ackens Raumkonzept etwa, insbesondere die Vorstellung des „Einheitsraumes", steht im engen Zusammenhang mit den musiktheatralischen Auffassungen Richard Wagners und ihren im Bayreuther Festspielhaus und anderen Theaterbauten seither sichtbar gewordenen architektonischen Konsequenzen.
25 Rudolf Schwarz, Dominikus Böhm, in: Baukunst und Werkform 8 (1955) 72–86: 73.
26 Aussage Gottfried Böhms zum Schaffen seines Vaters, so sinngemäß zitiert bei Ulrich Weisner, Väter und Söhne. Drei Architektengenerationen: Dominikus Böhm – Gottfried Böhm – Stephan, Peter und Paul Böhm, in: Böhm: Väter und Söhne [Ausstellungskatalog], Bielefeld 1994, 26.
27 Dominikus Böhm, Siedlungs- und Notkirchen, in: Vierte Tagung für christliche Kunst, Freiburg i. Br. 22.–25. 9. 1924, Freiburg 1924, 60.
28 Böhm/Weber, im vorl. Bd. 10.
29 Rudolf Schwarz, Dominikus Böhm, 83.
30 Böhm/Weber, im vorl. Bd. 12. Böhm bezieht sich mit der Unterscheidung Expressionismus und Ausdruckskunst offensichtlich auf einen Aufsatz von Wilhelm Neuß, in dem dieser allerdings gerade die Verwendung des „ruhigen Wortes" Ausdruckskunst insofern kritisiert, als sie die reale Verbindung der neuen kirchlichen Kunst mit dem Expressionismus aus taktischen Gründen vertuscht. Vgl. Wilhelm Neuß, Expressionismus, Ausdruckskunst und die kirchliche Kunst der Gegenwart, in: Kölnische Volkszeitung Nr. 8 vom 4. 1. 1922 und Nr. 29 vom 12. 1. 1922, hier Nr. 8.
31 Dominikus Böhm, Siedlungs- und Notkirchen, 59.
32 Neuß.
33 Van Acken, a. a. O., 33.
34 Ebd. 33.
35 Ebd. 26.
36 Ebd. 40.
37 Theodor Wieschebrink, Die kirchliche Kunstbewegung im Zeitalter des Expressionismus 1917–1927, Münster 1932, 2.
38 Richard Köhler, Die Pfarrkirche St. Peter und Paul zu Dettingen am Main. Eine kunstkritische Betrachtung, in: Spessart 10 (1924) Nr. 9, 13.
39 Beobachter am Main vom 1. Juli 1923. Der Verfasser dankt Herrn Helmut Winter (Dettingen) für den freundlichen Hinweis auf diesen und den zuvor zitierten Text.
40 Zum Problem des Trivialen in der Sakralarchitektur des 19., aber auch des 20. Jahrhunderts (hier mit Bezug auf die Kirchenbauten von Böhms Sohn Gottfried) siehe den interessanten und gänzlich unpolemischen Aufsatz von Hans Gerhard Evers: Kann die historische Kirchenbaukunst des 19. Jahrhunderts als Trivialkunst verstanden werden?, in: Triviale Zonen in der religiösen Kunst des 19. Jahrhunderts, Frankfurt 1971, 179–198.
41 Ernst Bloch, Das Prinzip Hoffnung (geschrieben 1938–1947), in: Gesamtausgabe in 16 Bänden, Frankfurt 1959, V 860.
42 G. F. Hartlaub, Kunst und Religion. Ein Versuch über die Möglichkeit neuer religiöser Kunst, Leipzig 1919, 21. Der Satz Hartlaubs bezieht sich auf Nietzsches frühe, für die Ästhetik der Moderne grundlegende Abhandlung „Der Geburt der Tragödie aus dem Geiste der Musik" von 1871 und die darin entfaltete Verbindung von religiöser und ästhetischer Erfahrung.
43 Paul Tillich, Kult und Form. Vortrag, gehalten bei der Eröffnung der Ausstellung des Kunst-Dienstes in Berlin am 10. November 1930, in: Kunst und Kirche 8 (1931) 4.
44 Ebd. 6.

Johanna Wolf-Breede
Dominikus Böhm
Skizze eines Architektenlebens

1 Vgl. Theodor Fischer, Gegenwartsfragen künstlerischer Kultur, Augsburg 1931, 42; Winfried Nerdinger, Theodor Fischer. Architekt und Städtebauer, Berlin 1988, 10.
2 Kirchenbauer Dominikus Böhm, in: Der Neue Tag, nicht näher datierter Zeitungsartikel im Nachlaßbestand bei Gottfried Böhm (jedoch aufgrund der dort abgebildeten Caritas-Kirche St. Elisabeth in Köln-Hohenlind nach 1932 zu datieren).
3 Nähere Unterlagen, z. B. mit welchen Entwürfen und Zeichnungen Böhm an der Ausstellung teilnimmt, sind nicht auffindbar. Über die Ausstellung selbst wird berichtet von Ernst Vetterlein, Hessische Landes-Ausstellung für freie und angewandte Kunst Darmstadt, in: Deutsche Kunst und Dekoration 11 (1908) 213–226 und von Otto Schulze unter gleichem Titel ebd. 353–380; ferner in: Die Kunst 9 (1908) 485–496.
4 Im Jahr der Berufung Böhms an die Technischen Lehranstalten wird die Abteilung „Bauschule" zu einer „Baugewerbeschule", die damit der hessischen Landesgewerbeschule gleichgestellt ist. Eine Vergrößerung des Fachbereichs wäre somit gerechtfertigt, was auch die Einstellung Böhms erklären würde.
5 Mitgliederverzeichnis des Deutschen Werkbundes von 1911 (mit Stand vom 1. Oktober 1910) 5.
6 Dominikus Böhm, Brief an Prof. Buchner vom 2. Februar 1934.
7 Vgl. Gustav Hassenpflug, Werkkunstschulbuch, Stuttgart 1956, 12.
8 Vgl. Jahresbericht 1909/1910, 13f.
9 Otto Reichert, Die Geschichte meines Wanderstabes. Autobiographie, Typoskript im Stadtarchiv Offenbach.
10 Ebd.
11 Dominikus Böhm, Fragebogen des Kampfbundes der deutschen Architekten und Ingenieure, Köln März 1933 (Nachlaß Dominikus Böhm im Historischen Archiv der Stadt Köln [HAStK], Bestand 1208, Akte 3).
12 Jahresbericht der Technischen Lehranstalten Offenbach a. M., 1908/09, 5.
13 Vgl. Deutsche Kunst und Dekoration, August 1920; Moderne Bauformen 19 (1920) 146.
14 Wie z. B. vor dem Offenbacher Kunstpflegeverein (Offenbacher Zeitung vom 25. 2. 1919) oder auch vor dem Offenbacher Katholischen Lehrerverein (Offenbacher Zeitung vom 19. 3. 1926).
15 Alexander von Senger, Krisis der Architektur, Zürich 1928; ders., Die Brandfackel Moskaus, Zurzach 1931. Der genannte Zeitungsartikel aus dem Nachlaß Böhm im HAStK ist ohne Angabe des Zeitungstitels und des Datums erhalten. Laut Anton Böhm ist er der NS-Zeitung Völkischer Beobachter entnommen, was auch die bezeichnende enge Anlehnung an die Bücher Alexander von Sengers erklärt.
16 Josef Habbel, Dominikus Böhm, Regensburg 1943, 14.
17 Gesine Stalling, Studien zu Dominikus Böhm mit besonderer Berücksichtigung seiner „Gotik"-Auffassung, Bern 1974, 14.
18 Rudolf Seibold, Dominikus Böhm. Der Mensch und sein Werk, Günzburg 1984, 9.
19 HAStK, Bestand 1208, Akte 129, Blatt 261, 262, 267–274.
20 Vgl. Huppert, Die Kölner Werkschule, in: Der Feuerreiter (1929) Nr. 1, 3. Den gleichen Vorwurf erheben Kollegen auch bei der Vergabe von St. Franziskus in Rheydt-Geneicken.
21 Dominikus Böhm, Brief an Eugen Hönig vom 19. 12. 1933. HAStK, Bestand 1208, Akte 20.
22 Das Berliner Document Center bestätigt, daß Böhm in den dort verwalteten Mitgliedslisten der NSDAP nicht aufgeführt ist.

23 Dominikus Böhm, Brief an Emil Mewes vom 29. 04. 1933. HAStK, Bestand 1208, Akte 3.
24 1944 teilt Böhm der Reichskammer der bildenden Künste mit, daß er „z. Zt. verschiedene Behelfsheime für Fliegergeschädigte aus Augsburg, München etc. ... insgesamt 32 Stück" bearbeitet. (Brief an die RDBK vom 14. 9. 1944. HAStK, Bestand 1208)
25 Vgl. Westdeutsche Rundschau, Wuppertal vom 13. 7. 1954; Westfalen-Blatt, Bielefeld vom 12. 7. 1954.

Adrian Seib
Martin Weber
Seine Anfänge als Kirchenbaumeister
1 Zu biographischen Angaben vgl. Adrian Seib, Der Kirchenbaumeister Martin Weber (1890–1941). Leben und Werk eines Architekten für die liturgische Erneuerung (Quellen und Abhandlungen zur mittelrheinischen Kirchengeschichte, Bd. 91), Mainz 1998.
2 Vgl. August Hoff / Herbert Muck / Raimund Thoma, Dominikus Böhm, München 1962, 60f; Hugo Schnell, Der Kirchenbau des 20. Jahrhunderts in Deutschland, München 1971, 41.
3 Ebd.
4 Vgl. Gesine Stalling, Studien zu Dominikus Böhm, unter besonderer Berücksichtigung seiner „Gotik"-Auffassung, Bern 1974, 137. Dort schreibt Stalling: „Die einflußreiche Liturgische Bewegung war Böhm früh bekannt, offenbar vor allem über seinen Schüler und Mitarbeiter Martin Weber." Gerade Webers fruchtbare Verbindung zum Laacher Kloster scheint einer der Gründe gewesen zu sein, die Böhm 1921 veranlaßten, mit seinem jungen, bis dato unbekannten Kollegen eine Bürogemeinschaft einzugehen.
5 August Hoff, Vorwort, in: Neue christliche Kunst. Ausstellung im Kölner Kunstverein [Katalog], Köln 1922, 4–7: 6. Im Katalog finden sich auch weitere Hinweise zu den oben genannten Entwürfen.
6 Zum Entwurf für eine Ordensniederlassung vgl. Oscar Doering, Wettbewerb für ein Jesuitenkolleg in Frankfurt a. M., in: Die christliche Kunst 18 (1921–1922) 173–176/180; zur Benediktinerabtei in Vaals vgl. Hoff/Muck/Thoma, 84–99.
7 Johannes van Acken, Christozentrische Kirchenkunst. Ein Entwurf zum liturgischen Gesamtkunstwerk, Gladbeck 1922, III.
8 Vgl. ebd. 24f. Die hier genannten Gestaltungsprinzipien können in weiten Teilen als eine Grundlage von Martin Webers Bau- und Raumauffassung bezeichnet werden, die er auch in seinen späteren Bauten umzusetzen trachtete.
9 Dominikus Böhm / Martin Weber, Der Bau und seine innere Ausgestaltung, im vorl. Bd. 9.
10 Zu St. Josef vgl. Hoff/Muck/Thoma, 75ff; August Hoff / Walter Riezler, Die Notkirche St. Josef in Offenbach, in: Die Form 1 (1922) Nr. 4, 25–30; Robert Corwegh, Die Offenbacher St. Josephs-Kirche. Ein Notstands-Bau, in: Deutsche Kunst und Dekoration 24 (1920) 165–167.
11 Reinhold Ewald, Die Pfarrkirche aus der Sicht des Malers, im vorl. Bd. 117.
12 Martin Weber, Brief an Ildefons Herwegen vom 10. 9. 1923 (Archiv der Abtei Maria Laach, II A 238). Dort befindet sich auch der genannte Erläuterungsbericht, allerdings haben sich keine Zeichnungen erhalten. Zu Abbildungen der Entwürfe vgl. Hoff/Muck/Thoma, 100–109 (z. T. für die Publikation nachgezeichnet); Johannes van Acken, Christozentrische Kirchenkunst, Gladbeck ²1923, 112–117.
13 Walter Zahner, Rudolf Schwarz. Baumeister der Neuen Gemeinde, Altenberge 1992, 278f.; vgl. Herbert Muck, Der neue katholische Kirchenbau um 1930, [Diss.] Innsbruck 1959, 28, Anm. 5, wo Muck bemerkt: „Die große Weiterentwicklung des Kirchenbaus unter dem Einfluß weiterer liturgischer Gesichtspunkte nach 1930 trug Böhm jedoch nicht mehr führend mit."
14 Entwurfszeichnungen und Erläuterung befinden sich im Archiv der Abtei Maria Laach, II A 238.

Michael Pfeifer
Hugo Dümler
Streiflichter einer Biographie
1 Noch im April 1923 fragt das Ordinariat an, welche Patrone man der neuen Kirche zu geben gedenke und wann die Einweihung stattfinden solle.
2 Hugo Dümler, Rechtfertigung auf einen Leserbrief (unveröff. MS im Pfarrarchiv Dettingen).
3 Schematismus der Diözese Würzburg für das Jahr 1889.
4 Vgl. H. Aull, Die Entwürfe des Dominikus Böhm, in: Die Kirche 15 (1918) 41–49; Robert Corwegh, Die Offenbacher St. Josephs-Kirche. Ein Notstands-Bau, in: Deutsche Kunst und Dekoration 24 (1920) 165–167.
5 Alfred Wolters, Reinhold Ewald, in: Deutsche Kunst und Dekoration 24 (1921) 161–174.
6 Dümler, wie Anm. 2.
7 Vgl. Gesine Stalling, Studien zu Dominikus Böhm mit besonderer Berücksichtigung seiner „Gotik"-Auffassung, Bern 1974; Holger Brülls, Neue Dome. Wiederaufnahme romanischer Bauformen und antimoderne Kulturkritik im Kirchenbau der Weimarer Republik und der NS-Zeit, Berlin 1994.
8 Gespräch mit Franziska Buttenschön und Rita Laufenberg am 19. 1. 1998. Ihnen verdanke ich darüber hinaus wertvolle Informationen zur Person Hugo Dümlers.
9 Vgl. Priester unter Hitlers Terror. Eine biographische und statistische Erhebung, Paderborn ³1996, 1541.

Edwin Hussi
Lebendige Steine
Aus der Geschichte der Pfarrei Dettingen
1 Karl Esselborn, Die Übertragung und Wunder der Heiligen Marcellinus und Petrus, Darmstadt 1925 (Neuausgabe 1977); Wolfgang Hartmann, Der Einhardsweg von Michelstadt nach Seligenstadt, in: Odenwald-Heimat 1996, Nr. 9.
2 J. A. Eichelsbacher, Die Spessarter Grenzbeschreibung, in: Heimatbuch des Kahlgrundes, I. Teil: Geschichte und Sagen, Alzenau 1928, 13–14: 14; ders, Am Sagenborn, ebd. 95–141: 107f; Günter Wegner, Die Grenzen der Ossenheimer Mark, in: Kleinostheim. Dokumente und Beiträge zu seiner Geschichte, Kleinostheim 1975, 25–27: 25.
3 Gamans Severus'sche Papiere, Diocesis Moguntina in Parochis, Pars IV, Capitula ruralis, Rheingau/Tottgau, STA Mainz H.B.A. 102 fol. 222.
4 Joachim Weschke, Münzfund in der St. Hippolytkirche in Dettingen, in: Unser Kahlgrund (1972) 118–122.
5 Zur Bevölkerungsentwicklung in Dettingen während des Dreißigjährigen Krieges vgl. Ferdinand Stock, Alt-Dettingen und seine Familien vor und nach dem 30jährigen Krieg, in: 1000 Jahre Dettingen am Main 975–1975, Dettingen 1975, 49–61.
6 Severus von Rodgau stützt sich weitgehend auf die etwa 100 Jahre älteren Aufzeichnungen seines Ordensbruders Gamans, vgl. Gamans Severus'sche Papiere.
7 Ausführlicher hierzu: Edwin Hussi, Zur Geschichte der katholischen Pfarrei Dettingen, in: 1000 Jahre Dettingen am Main 975–1975, Dettingen 1975, 172–183: 173f.
8 Ferdinand Hermann, Das alte Dettingen 1898–1919, Typoskript o. J.

Clemens Jöckle
Burg und Zelt
Die Baugestalt der Pfarrkirche
St. Peter und Paul in Dettingen
1 Vgl. Holger Brülls, Neue Dome. Wiederaufnahme romanischer Bauformen und antimoderne Kulturkritik im Kirchenbau der Weimarer Republik und der NS-Zeit, Berlin 1994, 1–2.
2 Brülls, 103.
3 Vgl. Clemens Jöckle, Dominikus Böhms Pfarrkirche in Dettingen. Ein Beispiel der Gotikrezeption im 20. Jahrhundert, in: Spessart (1984) Nr. 8, 3–8.
4 August Hoff / Walter Riezler, Die Notkirche St. Josef in Offenbach, in: Die Form 1 (1922) Nr. 4, 25–30; Robert Corwegh, Die Offenbacher St. Josephs-Kirche. Ein Notstands-Bau, in: Deutsche Kunst und Dekoration 24 (1920) 165–167. Gesine Stalling, Studien zu Dominikus Böhm mit besonderer Berücksichtigung seiner „Gotik"-Auffassung, Bern 1974, 141–143.
5 Vgl. Clemens Jöckle, St. Peter und Paul,

St. Hippolyt Dettingen am Main (Schnell Kunstführer 2199), Regensburg 1995 mit weiterer Lit.
6 Erstmals ist dies an der von Theodosius II. erbauten Landmauer von Konstantinopel nachweisbar, vgl. Archäologisches Institut des Deutschen Reiches (Hg.), Die Landmauer von Konstantinopel, Berlin 1942, II 27; Erhard Reusche, Polychromes Sichtmauerwerk byzantinischer und von Byzanz beeinflußter Bauten Südosteuropas. Überlieferung und Entwicklung einer handwerklichen Technik, [Phil. Diss.] Köln 1971, 2, 87–99.
7 Vgl. Winfried Nerdinger, Fischer-Schule und Süddeutsche Bautradition im 20. Jahrhundert, in: Süddeutsche Bautradition im 20. Jahrhundert, Architekten der Bayerischen Akademie der Schönen Künste, München 1985, 9–10; ders., Theodor Fischer. Architekt und Städtebauer, Berlin 1988.
8 Vgl. Clemens Jöckle, St. Joseph in Waldfischbach, Gedanken zur Verbindung von Zentralraum und Basilika im modernen Kirchenbau, in: Pfälzer Heimat (1977) Nr. 1, 7–16.
9 August Hoff / Herbert Muck / Raimund Thoma, Dominikus Böhm, München 1962, 80.
10 Vgl. Dominikus Böhm / Martin Weber, Erläuterungsbericht vom 27. 3. 1922 (Pfarrarchiv Dettingen, Akte Kirchenbau).
11 Vgl. Dominikus Böhm / Martin Weber, Der Bau und seine innere Ausgestaltung, im vorl. Bd. 9f.
12 Dominikus Böhm, Brief an Johannes van Acken vom 24. 5. 1923; vgl. Johannes van Acken, Christozentrische Kirchenkunst. Ein Entwurf zum liturgischen Gesamtkunstwerk, Gladbeck 1922.
13 Brülls, 103, Bildunterschrift zu Abb. 74. Wem der vielgebrauchte Aphorismus letztlich zuzuschreiben ist, läßt sich leider nicht mehr feststellen. Vgl. Britta Giebeler, Sakrale Gesamtkunstwerke zwischen Expressionismus und Sachlichkeit im Rheinland, Weimar 1996, 70.
14 Vgl. Böhm/Weber, im vorl. Bd. 12.
15 Vgl. Brülls, 104.
16 August Hoff, Dominikus Böhm, Berlin 1930, o. pag.
17 Hubert Jedin, Handbuch der Kirchengeschichte, Freiburg 1973, VI/2, 426.
18 Vgl. Josef Kreitmaier, Kampf um die neue Kunst, Freiburg 1920; Peter Bernhard Steiner, Malerei im Kirchenraum. München 1890–1940, in: Peter Klaus Schuster (Hg.), München leuchtete, Karl Caspar und die Erneuerung christlicher Kunst in München um 1900, München 1984, 84.
19 Stalling, 97; Wolfgang Pehnt, Die Architektur des Expressionismus, Stuttgart 1973, 153.
20 Vgl. Heinrich Lützeler, Dominikus Böhm 70 Jahre alt, in: Das Münster 3 (1950) 297. Das hier verwendete Begriffspaar „Burg" und „Zelt" hat freilich nichts mit

jenen imaginären Architekturen des Expressionismus gemein, wie sie als visionäre Entwürfe beispielsweise in der Zeitschrift „Frühlicht" veröffentlicht worden waren, etwa Carl Krayls auf einem Felsen thronende „Burg" (Abb. bei Pehnt, 97) oder Bruno Tauts „Haus des Himmels" als kristallin geformtes Kirchen-„Zelt".
21 Vgl. Böhm/Weber, im vorl. Bd. 12.
22 Jakob Kneip, Brief an Dominikus Böhm (undatierte Abschrift im Nachlaß Hugo Schnell).

Michael Pfeifer
Semper reformanda
75 Jahre Veränderungen
1 Rg. vom 28. 11. 1928 Friedrich Schadler.
2 Dieter Berchem, Restauratorische Voruntersuchung vom August 1997.
3 Dachverschalung und -balken behielten die Ocker-Färbung vermutlich bis 1961.
4 Allerdings quittiert Ewald noch am 1. 4. 1927 eine Zahlung von 1380 Mark als Abschlag für die Ausmalung.
5 Einige Bänke von 1923 haben sich noch in St. Hippolyt erhalten.
6 Spätestens seit den Kriegszerstörungen fehlen die Löwenköpfe in Neu-Ulm. (Mitteilung von Stadtpfarrer Manfred Gromer vom 20. 1. 1998) Es ließe sich durchaus auch bereits eine frühere Transferierung annehmen. Auch die gleichzeitige Herstellung von Ausstattungsgegenständen ist nicht ungewöhnlich. Beispiel hierfür ist die Ewiglichtampel aus Martin Webers Frankfurter St.-Bonifatius-Kirche. Ein identisches Exemplar befand sich bis 1957 im Chorraum der von Dominikus Böhm umgebauten Großwelzheimer Pfarrkirche (s. Abb. S. 34 und 142).
7 Die beiden Eingangstüren befinden sich bis heute in einem Abstellraum.**8** Kommunionbank und Emporenbrüstung waren in gleicher Weise gestaltet. Heute ist dieses Muster noch an den Fenstern unter der Empore und in vereinfachter Form an den Beichtstuhlfenstern zu erkennen.
9 Dabei handelt es sich bei einem der beiden Köpfe um einen Abguß, da zwar bis in die achtziger Jahre hinein zwar noch beide vorhanden waren, 1988 aber nur noch einer aufgefunden werden konnte.
10 Dominikus Böhm / Martin Weber, Der Bau und seine innere Ausgestaltung, im vorl. Bd.
11 Johann Strubel, Gutachten über die neue Orgel in der kath. Pfarrkirche zu Dettingen vom 20. 10. 1924 (Pfarrarchiv Dettingen, Akte Orgel).
12 Ebd.
13 Dominikus Böhm, Skizze zu einer Orgel vom 15. 3. 1924 (Pfarrarchiv Dettingen, Akte Orgel)
14 Strubel, Gutachten. Die Siemann-Orgel in Johannesberg ist 1998 einer Renovierung unterzogen worden. Dabei konnten zwischenzeitlich veränderte Teile wieder in den

Originalzustand des Jahres 1924 versetzt werden. Die Dettinger Orgel muß diesem Instrument sehr ähnlich gewesen sein.
15 Johann Strubel, Begleitschreiben zum Orgelgutachten (Pfarrarchiv Dettingen, Akte Orgel).
16 Entwurf vermutlich von Gustav Weiß. Kurze Beschreibung und Abbildung bei, Hermann Fischer / Theodor Wohnhaas, Zur Ästhetik der Freipfeifenprospekte, in: Alfred Reichling (Hg.), Aspekte der Orgelbewegung, Kassel 1995, 183–218: 188, 207, dort aber in der fälschlichen Annahme, es handle sich noch um das Orgelwerk Siemanns.
17 „Da wir nun noch immer nicht wissen, ob die Glocken je 2 und 2 übereinander gehängt oder alle 4 nebeneinandergehängt werden, ist es uns auch unmöglich, die Länge der eisernen Joche anzugeben" Fa. Ulrich & Weule, Brief an die kath. Kirchenverwaltung Dettingen vom 21. 12. 1922 (Pfarrarchiv Dettingen, Akte Glocken). Daß die vierte Glocke für St. Hippolyt gegossen wurde, ist auszuschließen. Ersatz für die im Krieg abgelieferte Glocke (95 cm Durchmesser, 1882 in Windecken gegossen) wurde bereits 1919/20 beschafft. Eine nicht näher belegte Zusammenstellung der Glockendaten im Pfarrarchiv weist für die Jahre 1919 und 1920 insgesamt vier Neuanschaffungen von Glocken aus, darunter auch zwei aus Apolda.
18 „Auch beim Ausläuten muß jeweils die größte Glocke, auf der ja das Geläute musikalisch aufbaut, das letzte Wort haben." Hans Rolli, Liturgie und Läuteordnung nach dem Zweiten Vaticanum, in: Glocken in Geschichte und Gegenwart. Beiträge zur Glockenkunde, Karlsruhe 1986, 35–39: 38. Im genannten Band finden sich auch Anregungen für Läuteordnungen.
19 Hinzu kommt, daß durch die Umkehrung der Einsatzfolge bestimmte Anlässe – etwa Advents- und Fastenzeit oder Totengottesdienste – markiert werden können.
20 1934 befestigt Alois Scherer den Nimbus für Maria und das Jesuskind. (Rg. 31. 12. 1934)
21 Rg. vom 20. 3. 1933 Hede Rügemer, Würzburg: 4 Altartürflügel Schnitzerei und Vergoldung. Im Januar waren die beiden Kruzifixe (Messing versilbert) und die acht Leuchter bereits fertig und wurden in der Würzburger Otto-Richter-Halle ausgestellt. Hede Rügemer, Brief an Pfarrer Hugo Dümler vom 9. 1. 1933 (Pfarrarchiv Dettingen).
22 Rg. vom 23. 10. 1937 H. Wolfahrt, Steinheim: Hl. Wendelin mit Konsole 370 Mk. Formale Beobachtungen legen nahe, Wohlfart auch als Schöpfer der Pieta im Eingangsbereich der Kirche anzunehmen.
23 Rg. vom 14. 11. 1931 H. Wolfahrt, Steinheim.
24 Dominikus Böhm / Martin Weber, Der Bau und seine innere Ausgestaltung, im vorl. Bd. 11.

25 Rg. vom 25. 6. 1923 von Chr. Zimmermann, Frankfurt, Beleuchtungskörper: 17 Glasballons.
26 Jürgen Julier, Aktenvermerk vom 9. 7. 1979 (Pfarrarchiv Dettingen).
27 Ebd.
28 Dominikus Böhm, Brief an Pfarrer Hugo Dümler vom 21. 3. 1924. Die heute nicht mehr erhaltenen Pläne erwähnt Böhm als Anlage zu seinem Brief. Auch eine Ausführung in Beton mit farbiger Fassung (wie bei der Kanzel) ist für ihn denkbar.
29 Rg. vom 31. 12. 1934 Alois Scherer, _Dettingen: Taufbrunnen 287 Mark. Scherer fertigte im folgenden Jahr auch das Sakristeigeläute.
30 „Für die Kriegsdauer sehe ich allgemein davon ab, Bauvorhaben in schönheitlicher Beziehung zu genehmigen. Ich stelle anheim, die Verhandlungen zu gegebener Zeit wieder aufzunehmen." Bayerisches Staatsministerium für Unterricht und Kultus, Brief an den Regierungspräsidenten in Würzburg vom 6. 4. 1940.
31 Dominikus Böhm, Erläuterungsbericht zur Vergrößerung des Turmes und zum Anbau einer Taufkapelle vom 17. 5. 1938.

Rudolf Voderholzer
„Deinen Tod, o Herr, verkünden wir ..."
Spirituell-theologische Überlegungen zu einer Neuinterpretation der Meßopferkirche als Gesamtkunstwerk
1 Dominikus Böhm / Martin Weber, Der Bau und seine innere Ausgestaltung, im vorl. Bd. 9.
2 Johannes van Acken, Christozentrische Kirchenkunst. Ein Entwurf zum liturgischen Gesamtkunstwerk, Gladbeck 1922.
3 Er sollte idealerweise aus gewachsenem Stein bestehen und so Christus repräsentieren, den Stein, der – von den Bauleuten verworfen – zum Grundstein (der Kirche) geworden war (vgl. Ps 118,22 und Apg 4,11). Vgl. Josef Pieper, Was ist eine Kirche? Vor-Überlegungen zum Thema „Sakralbau", in: Hochland 63 (1971) 115–130.
4 Augustinus, Rede 272 (PL 38,1247).
5 Vgl. etwa Gregor von Nyssa, Große Katechese 32: „Wenn einer das Geheimnis befragt, wird er eher sagen, daß nicht sein Tod eine Folge seiner Geburt war, sondern die Geburt deshalb übernommen wurde, damit er sterben konnte." (BKV 56,63). Zur Umsetzung in Dettingen durch Reinhold Ewald s. S. 96f.
6 Leonhard Goffiné, Christkatholische Hauspostille, zahlr. Aufl. seit 1690, benutzte Ausgabe: Freiburg 1902.
7 Die Zusammenhänge sind ausführlich dargestellt bei Gerhard Ludwig Müller, Katholische Dogmatik, Freiburg ²1996, 701–713.
8 Konzil von Trient, Lehre vom heiligen Meßopfer, can. 3 (DH 1753).
9 2. Vatikanisches Konzil, Liturgiekonstitution „Sacrosanctum Concilium", Art. 47. Ein anderer Text lautet: „In der Teilnahme am eucharistischen Opfer, der Quelle und dem Höhepunkt des ganzen christlichen Lebens, bringen sie [die Gläubigen] das göttliche Opferlamm Gott dar und sich selbst mit ihm; so übernehmen alle bei der liturgischen Handlung ihren je eigenen Teil, sowohl in der Darbringung wie in der heiligen Kommunion, nicht unterschiedslos, sondern jeder auf seine Art. Durch den Leib Christi in der heiligen Eucharistiefeier gestärkt, stellen sie sodann die Einheit des Volkes Gottes, die durch dieses hocherhabene Sakrament sinnvoll bezeichnet und wunderbar bewirkt wird, auf anschauliche Weise dar." 2. Vatikanisches Konzil, Kirchenkonstitution „Lumen gentium", Art. 11.
10 Wir stehen im Abendmahlssaal „noch vor der Kreuzigung, auch wenn sie sozusagen von innen her anhebt". Joseph Ratzinger, Das Fest des Glaubens. Versuche zur Theologie des Gottesdienstes, Einsiedeln ²1981, 37.
11 Ratzinger, 44f, in Weiterführung von Heinz Schürmann, Die Gestalt der urchristlichen Eucharistiefeier, in: ders., Ursprung und Gestalt. Erörterungen und Besinnungen zum Neuen Testament, Düsseldorf 1970, 77–99.
12 Hartmut Gese, Psalm 22 und das Neue Testament. Der älteste Bericht vom Tode Jesu und die Entstehung des Herrenmahles, in: ders., Vom Sinai zum Zion, München 1974, 180–201. Erneut, mit Diskussion der bis dato vorgebrachten Einwände: Die Herkunft des Herrenmahls, in: ders., Zur biblischen Theologie, Tübingen ²1983, 106–127. Kritik war vor allem geäußert worden von Joachim Jeremias, Ist das Dankopfermahl der Ursprung des Herrenmahls?, in: E. Bammel / C. K. Barret (Hg.), Donum gentilicium. New Testament Studies in Honour of David Daube, Oxford 1977, 64–67. Zustimmend Ratzinger, Das Fest des Glaubens, 47–54; auch Martin Hengel, Der stellvertretende Sühnetod Jesu (II), in: IKaZ 9 (1980) 1–25, 135–147: 146.
13 Vgl. Lev 7,12–14.
14 Ps 116,13.17.
15 Vgl. Ps 22,26; Ps 116,14.
16 Gese, Die Herkunft des Herrenmahls, 119.
17 Ebd. 125.
18 Ebd. 125f.
19 Franz Kamphaus, Priester aus Passion, Freiburg 1993, 56.
20 Zur inneren Einheit von Hirtendienst und Vorsitz in der Eucharistie vgl. auch die Briefe des Ignatius von Antiochien.
21 Katechetische Homilien 15,24 (ed. Peter Bruns, Fontes Christiani 17.2, Freiburg 1995, 407).
22 Predigt zum hl. Pfingstfest 1,4 (PG 50,458f.), zitiert nach: Manfred Lochbrunner, Über das Priestertum. Historische und systematische Untersuchungen zum Priesterbild des Johannes Chrysostomus, Bonn 1993, 244f.
23 „Petrus baptizet, hic est qui baptizat; Paulus baptizet, hic est qui baptizat; Judas baptizet, hic est qui baptizat. – Mag Petrus taufen, *er* ist's, der tauft; Mag Paulus taufen, *er* ist's, der tauft; Mag Judas taufen, *er* ist's, der tauft." Vorträge zum Johannesevangelium VI,7 (PL 35,1428; BKV 8,93).
24 Grenzen kirchlicher Vollmacht. Das neue Dokument von Papst Johannes Paul II. zur Frage der Frauenordination, in: IKaZ 23 (1994) 337–345: 337.
25 Die deutschen Bischöfe, Schreiben über den priesterlichen Dienst vom 24. September 1992, 12.
26 Vgl. 2. Vatikanisches Konzil, Kirchenkonstitution „Lumen gentium", Art. 1.

Michael Pfeifer
Im Schnittpunkt der Welten
Ist die Dettinger Kirche ein Sakralbau?
1 Vgl. Thomas Sternberg, Suche nach einer neuen Sakralität? Über den Kirchenraum und seine Bedeutung, in: Das Münster (1996) 142–148: 144.
2 Vgl. Konrad Ott, Das Wechselspiel von Architektur und Theologie, Stuttgart 1992, 46.
3 Rudolf Otto, Das Heilige. Über das Irrationale in der Idee des Göttlichen und sein Verhältnis zum Rationalen, Gotha 1917. Zitierte Ausgabe: Gotha ¹⁶1927.
4 Ebd. 17.
5 1 Kor 2,9; vgl. Jes 64,3.
6 Ex 3,4–6; 4,24; Hebr 10,28; 12,29.
7 Otto, 92.
8 Vgl. 1 Tim 6,16. Beispielsweise zeigen byzantinische Ikonen der Verklärung des Herrn diesen Lichtglanz Gottes als einen Strahlenkranz, der nach innen dunkler wird.
9 Mircea Eliade, Das Heilige und das Profane. Vom Wesen des Religiösen, Reinbeck bei Hamburg 1957. Zitierte Ausgabe: Suhrkamp Taschenbuch 1751, Frankfurt ²1992.
10 Vgl. ebd. 15.
11 Vgl. Ex 3,5.
12 Eliade, 25.
13 Vgl. Michel Foucault, Andere Räume, in M. Wentz (Hg.), Stadt-Räume, Frankfurt 1991, 65–72: 67.
14 Dominikus Böhm / Martin Weber, Der Bau und seine innere Ausgestaltung, im vorl. Bd. 10.
15 Vgl. Otto Friedrich Bollnow, Mensch und Raum, Stuttgart 1963, 56–58.
16 Vgl. die wegweisende Relecture der Mythen bei René Girard, Das Heilige und die Gewalt, Zürich 1987 (1972); ders., Das Ende der Gewalt, Analyse des Menschheitsverhängnisses, Freiburg 1983 (1978).
17 Gen 28,12–19.
18 Böhm/Weber, im vorl. Bd. 9.
19 Rudolf Schwarz, Vom Bau der Kirche, Heidelberg ²1947, 68.

20 Vgl. Mk 15,38 parr.
21 Vgl. Joh 4,23f.
22 Mk 11,15–17 parr.
23 Vgl. Aaron Schart, Die Entgrenzung des heiligen Raumes. Tempelkonzept und Tempelkritik in der biblischen Tradition, in: Pastoraltheologie 86 (1997) 348–359.
24 Vgl. Josef Pieper, Was ist eine Kirche? Vor-Überlegungen zum Thema „Sakralbau", in Hochland 63 (1971) 115–130: 121.
25 Weihe der Kirche und des Altares, Einführung Art. 2, in: Pontifikale IV, Freiburg 1994. Hervorhebung durch den Verfasser.
26 Vgl. Sternberg, 143.

Michael Pfeifer
„O Zierde der Apostelschar ..."
Biographische und ikonographische Notizen zu den Dettinger Kirchenpatronen
1 Ep. 22,11.
2 Dan 10,13.
3 Offb 12,7–12.
4 Vgl. Edwin Hussi, Zur Geschichte der katholischen Pfarrei Dettingen, in: 1000 Jahre Dettingen am Main 975–1975, Dettingen 1975, 172–183: 173f.
5 Joh 1,44.
6 Mt 16,17; Joh 1,42.
7 Mk 1,29f parr.
8 Mk 1,16–20.
9 Mk 1,17 parr.
10 Mt 4,18–20; Mk 1,16–18; Lk 5,4–11.
11 Joh 1,35–42.
12 Mk 3,16; Lk 6,14.
13 Joh 1,42.
14 Mt 16,18.
15 Mk 8,29 parr.
16 Mt 16,17–19.
17 Mk 8,31–33 par.
18 Mk 9,5f parr.
19 Joh 13,6–9.
20 Joh 13,25.
21 Vgl. Augustinus, Johannes Chrysostomus.
22 Mt 14,28–29.
23 Joh 18,10.
24 Mt 14,30–31.
25 Lk 22,56–62; Joh 18,15–27.
26 Lk 22,31f.
27 Mt 16,19.
28 Joh 21,15–17.
29 Augustinus, Rede 295.
30 1 Kor 15,5.
31 Apg 2,14–36 u. ö.
32 Apg 12,17; 15,13; 21,18.
33 Gal 1,18.
34 Gal 2,9.
35 Apg 15; Gal 2,1–10.
36 Apg 9.10.
37 Apg 8,1–3.
38 1 Kor 9,5.
39 1 Kor 1,12.
40 1 Petr 5,13. „Babylon" muß als Chiffre für das aus christlicher Sicht sittenlose Rom gelten.
41 1 Clem 5–6.
42 Irenäus von Lyon, Gegen die Häresien III,3.2f (ed. Norbert Brox, Fontes Christiani 8.3, Freiburg 1995, 30f).
43 Jacobus de Voragine, Legenda aurea (ed. Richard Benz, Gerlingen ¹¹1993, 432–434).
44 Joh 21,18f.
45 Lothar Wehr, Petrus und Paulus – Kontrahenten und Partner. Die beiden Apostel im Spiegel des Neuen Testaments, der Apostolischen Väter und früher Zeugnisse ihrer Verehrung, Münster 1996, 358, dort auch Hinweise auf weitere Belege für diese Terminologie.
46 2 Kor 11,22; Apg 9,11; 21,39; 22,3.
47 Hieronymus, De viris illustribus 5 (PL 23,616A)
48 Röm 11,1.
49 Phil 3,5.
50 1 Kor 9,14.
51 1 Kor 9,24.
52 1 Kor 10,1–10; Gal 4,22–31; Röm 4,18–21.
53 Phil 3,7ff.
54 Gal 1,17.
55 Apg 9,23; 2 Kor 11,3.
56 Gal 1,18.21.
57 Gal 1,12.
58 Apg 11,25.
59 Apg 13,14.
60 Apg 15; Gal 1,1–10.
61 Apg 18,11.
62 1 Kor 15,31f; 2 Kor 1,8f.
63 Röm 15,20.
64 Röm 16,7; 1 Kor 9,5; 2 Kor 8,23.
65 1 Thess 2,11; 2 Kor 11,28.
66 Röm 15,23f.
67 Apg 21,17; 28,31.
68 J. Becker, Paulus. Der Apostel der Völker, Tübingen 1989, 506.
69 1 Kor 15,10.
70 Gal 1,10.
71 Vgl. Mt 4,18f.
72 Vgl. Ps 45,17.
73 Mt 16,19.
74 Apg 12,8.
75 frei.
76 Apg 12,7.
77 Apg 12,7.
78 Plotinos Sarkophag n.50 Lateran-Mus, Sarkophag 395 zu Torlonia, Cod.Vat.Lat.3868 (2r).
79 1 Petr 2,5ff; Eph 20,20–22.

Michael Pfeifer
„Der Apostel heilger Chor ..."
Neue Erkenntnisse über den Apostelaltar in Dettingen
1 Nach Lorenz Bauer, Die kirchlichen Vorschriften über die Ausstattung des Altars und Tabernakels, in: Die christliche Kunst 18 (1921/22) 80–88: 83. Bauer war Domvikar in Würzburg.
2 R. D. 4268 vom 27. 5. 1911.
3 Einen anderen Standpunkt als Bauer vertritt fünf Jahre später an gleicher Stelle Richard Hofmann, für den die Verbindung von Tabernakel und Aussetzungsthronus selbstverständlich ist. Entsprechend der Vorbilder aus dem 18. Jahrhundert sollte die Tabernakelanlage „grundlegend und bestimmend für die weitere Durchbildung des Retabels" sein. Richard Hofmann, Der Altar in der Kunst der Gegenwart, in: Die christliche Kunst 23 (1926/27) 1–33: 14f.

Alois Kölbl
Kosmische Raumbildung
Reinhold Ewalds Freskenzyklus in der Dettinger Kirche
1 Daß bei der Beschlagnahme von als ‚entartet' angesehenen Werken von dem erst in den vierziger Jahren stehenden Künstler durch die Nationalsozialisten Werke aus so anerkannten Instituten wie dem Frankfurter Städel, der Kunsthalle Mannheim, dem Landesmuseum Darmstadt oder der Städtischen Kunstsammlung Kassel entfernt wurden, zeugt von Ewalds früher Anerkennung. Vgl. F. Roh, Entartete Kunst, Hannover 1962, 123ff; Rainer Zimmermann, Art. „Reinhold Ewald", in: Weltkunst, München 1961, 1639f.
2 Alfred Wolters, Reinhold Ewald, in: Deutsche Kunst und Dekoration 24 (1921) 161–174: 167f.
3 Ebd. 169.
4 Ebd. 173. Ewald selbst stand dem Expressionismus wie allen kunsthistorischen Kategorisierungen in „Ismen" reserviert gegenüber, was aber nicht bedeutet, daß er bloß als künstlerischer Einzelgänger und Individualist arbeitete. Seit ihrer Gründung im Frühjahr 1919 gehörte er der Darmstädter Sezession an, einer revolutionär gesinnten Gemeinschaft bildender Künstler aber auch Schriftsteller, deren übergreifend-einigendes Element letztlich der Expressionismus war.
5 Vgl. Reinhold Ewald, Die Pfarrkirche aus Sicht des Malers, im vorl. Bd. 117f.
6 Ebd. 117.
7 Vgl. Johannes van Acken, Christozentrische Kirchenkunst. Ein Entwurf zum liturgischen Gesamtkunstwerk, Gladbeck 1922; Dominikus Böhm / Martin Weber, Der Bau und seine innere Ausgestaltung, im vorl. Bd. 9–12: 11f; s. auch S. 37.
8 Die von Dominikus Böhm vorgegebene Schwellenarchitektur zwischen Kirchenschiff und Chor hat mit der lateinischen Lettnertradition nichts gemein. Nicht zuletzt durch die von vornherein vorgesehene Gestaltung zu einer Bilderwand knüpft sie an der ostkirchlichen Tradition der Ikonostase an, wenn auch nicht an der seit dem 14. bzw. 15. Jahrhundert aufgekommenen Form einer geschlossenen Wand mit drei Türen (die mittlere Königstür für den Priester, die beiden seitlichen als Zugänge zu Prothesis und Diakonikon). Es ist nicht die Trennung zwischen Laien- und Klerikerraum, die der Lettner letztlich bedeutet (die dem Grundsatz

christozentrischen Bauens diametral entgegenstehen würde), sondern die in den Chorschranken (cancelli) altchristlicher Bauten wurzelnde und in den Säulenstellungen der frühen Ikonostasen weiterentwickelte Schwelle vor dem Ort der Feier des Opfermysteriums. Vgl. Konrad Onasch, Art. „Bilderwand", in: RGG³ I, 1275f.

9 Die sogenannte crux ansata, das Henkelkreuz mit einem Kreis über dem Querbalken, stammt aus der altägyptischen Tradition und ist wegen ihres phonetischen Lautwertes (ankh = Leben) in der Hieroglyphenschrift als Lebenszeichen in die koptisch-christliche Tradition übernommen worden. Vgl. Erich Dinkler, Art. „Kreuz", in: Lexikon für Christliche Ikonographie II, 562–590: 570.

10 Vgl. zum Compassio-Motiv bei Grünewald G. Scheja, Der Isenheimer Altar des Matthias Grünewald, Köln 1969, 60ff.

11 Daß sich Ewalds Figurenbildung insgesamt – über den auch von Pfarrer Dümler verehrten Grünewald hinaus – der kreativen Umsetzung Alter Meister verdankt, hat Dieter Hoffmann nachzuweisen versucht. Vgl. Reinhold Ewald und die alten Meister, in: Reinhold Ewald 1890–1974 [Ausstellungskatalog], Hanau 1990, 43–47.

12 Vgl. M. Hartig, Art. „Erbärmdebild", in: LThK² III, 958f.

13 J. H. Emminghaus, Art. „Vesperbild", in: Lexikon für Christliche Ikonographie IV, 450–456: 450.

14 P. Tillich, Gesammelte Werke IX (ed. R. Albrecht), Stuttgart 1959, 356.

15 Vgl. zur Kunstphilosophie Tillichs M. F. Palmer, Paul Tillich's Philosophy of Art, Berlin 1984; A. Kölbl, Kunst und das Unbedingte. Paul Tillichs korrelative Synthese, in: J. Rauchenberger (Hg.), Unbedingte Zeichen. Glaube und Moderne an der Schwelle, Graz 1995, 26ff.

16 P. Tillich, Gesammelte Werke IX, 356.

17 R. Ewald, Die Pfarrkirche aus Sicht des Malers, im vorl. Bd. 117f.

18 P. Tillich, Gesammelte Werke II, 39.

19 Ders., Main Works / Hauptwerke II (ed. M. F. Palmer), Berlin 1990, 339.

Helmut Winter
„Es muß deshalb nicht Dettingen werden!"
Die „Dettinger Passion"
im Spiegel der Kritik

1 Vgl. Hugo Schnell, Das Christusbild in unserer Zeit, in: ders., Zur Situation der christlichen Kunst der Gegenwart, München 1962, 37–105: 51.

2 Beispiele bei Holger Brülls, Neue Dome. Wiederaufnahme romanischer Bauformen und antimoderne Kulturkritik im Kirchenbau der Weimarer Republik und NS-Zeit, Berlin 1994, 25–27. Im Gegensatz zu manchen kirchenamtlichen Äußerungen gab es auch Geistliche, die sich – wie der von Dümler und Ewald gleichermaßen hochgeschätzte Jesuit Wilhelm Wiesebach – überzeugend für die zeitgenössische Kunst in der Kirche einsetzten: *„Wir brauchen heute Künstler, die nicht in sklavischer Nachahmung nur Stile und Einzelwerke starker vergangener Jahrhunderte neu erstehen lassen, sondern vor allem Männer, die mit weitem Herzen aus dem Erleben und Empfinden unserer Zeit heraus gestalten. Gerade wir Katholiken, deren Kirche doch ein lebendiger Organismus ist, sollten nicht allzu ängstlich den Formen früherer Zeiten verhaftet bleiben, sondern bestrebt sein, nicht nur den heutigen Menschen etwas zu sagen, auch mit der Sprache der Kunst, sondern auch Denkmale des Geistes unserer Zeit zu hinterlassen in den Gestaltungen, die unserer großen Gedanken und Empfindungen würdig sind, so in der Malerei und Plastik, in der Dichtung und Musik und nicht zuletzt in der kirchlichen und profanen Baukunst. Aengstlichkeit in diesen Dingen ist, wie uns das Wesen des Katholizismus und seine Vergangenheit lehren, durchaus unkatholisch."* Wilhelm Wiesebach, Dominikus Boehm, der Baukünstler, in: Kölnische Volkszeitung 21. 6. 1923.

3 Vgl. Jürgen Lenssen / Hermann Reidel / Christoph Stiegemann (Hg.), Moderne Kunst im Vatikan, Regensburg 1998.

4 Jörg Mager, Der junge Julius Maria Becker, in: Aschaffenburger Jahrbuch 10 (1986) 275–374: 286.

5 Viele der genannten Werke werden als „entartete Kunst" aus Museen und Galerien entfernt, ein Großteil auf der berüchtigten Münchner Ausstellung „Entarte Kunst" 1937 als abschreckende Beispiele gezeigt. Im Ausstellungsführer heißt es zur Gruppe 2 (Bilder mit religiösem Inhalt): *„Man nannte diese Schauerstücke in der jüdischen Presse einstmals ‚Offenbarungen deutscher Religiosität'. Der normal empfindende Mensch denkt allerdings bei diesen ‚Offenbarungen' eher an einen Hexenspuk und empfindet sie, ganz gleich welchem religiösen Bekenntnis er angehört, als unverschämten Hohn auf jede religiöse Vorstellung."* Zit. nach: Peter Klaus Schuster (Hg.), Nationalsozialismus und „Entartete Kunst", München ³1988, 192.

6 Vgl. Schuster, 26.

7 Vgl. Schnell, 46.

8 Heinrich Holz (1890–1927) war mit Dominikus Böhm an der Bau- und Kunstgewerbeschule in Offenbach tätig. Künstlerische Schwerpunkte waren Buchillustrationen und Wandmalereien. Die als „Schulbeispiel für expressionistischen Geschmack" gepriesenen Malereien in der Gönzer Kapelle wurden später wieder übertüncht. Die Gläubigen fanden keinen Gefallen an der Ausmalung.

9 Eugen Kainz, Brief an Pfarrer Hugo Dümler vom 11. 10. 1922 (Pfarrarchiv Dettingen, Akte Kirchenbau). – An anderer Stelle wird Pfarrer Kainz wie folgt zitiert: *„Mit der Volksseele, die von religiösen Darstellungen ein größtmögliches Maß an Innigkeit und Affekt, gepaart mit Naturtreue, fordert, werden diese Malereien von Gönz kaum verwachsen. Aber rein kunstgeschichtlich stehen sie hoch über den geistlosen, schablonenhaften Nachahmungen in den benachbarten Kirchen [...]."* Leo Giegerich, Weilbach und seine Ortsteile, Weilbach 1997, II 151. – In seiner späteren Funktion als Generalvikar von Pfarrer Edmund Roeser wegen der Behebung von Bauschäden an der Dettinger Pfarrkirche eingeschaltet, setzt sich Kainz für Erhalt und Pflege der Wandfresken ein: *„Indessen ist die das künstlerische Wollen der Erbauungszeit naturwahr porträtierende Ausstattung der Übereignung an die Zukunft unbedingt wert."* Eugen Kainz, Brief an Pfarrer Edmund Roeser vom 10. 3. 1954 (Pfarrarchiv Dettingen, Akte Kirchenbau).

10 Beobachter am Main 12. 7. 1923. Auch Böhms neue Kirchenarchitektur wurde vereinzelt als Gotteslästerung kritisiert. Die Bildunterschrift unter eine Fotografie des Rohbaus von St. Engelbert in Köln in einem um 1932 erschienenen Artikel lautet: *„Hat man den Erbauer schon wegen Gotteslästerung belangt?"* Vgl. Brülls, 237, Anm. 333.

11 Bischöfl. Ordinariat Würzburg, Brief an das kath. Pfarramt Dettingen vom 3. 7. 1923 (Pfarrarchiv Dettingen, Akte Kirchenbau).

12 Bischöfl. Ordinariat Würzburg, Brief an das kath. Pfarramt Dettingen vom 5. 10. 1923 (Pfarrarchiv Dettingen, Akte Kirchenbau).

13 Landesamt für Denkmalpflege München, Brief an Dr. A. Winterstein vom 7. 8. 1923 (Bayer. Landesamt für Denkmalpflege Bamberg, Akte Pfarrkirche Dettingen). Winterstein war Domkapitular und Dompfarrer in Würzburg.

14 Noch heute wird erzählt, der Würzburger Bischof habe aus Protest gegen die expressionistische Ausmalung die Weihe der Dettinger Kirche abgelehnt. Tatsächlich erhielt das Bischöfliche Ordinariat Würzburg erst Anfang Juli von den Beschwerden Kenntnis, wie der Schriftverkehr belegt. Würzburg hatte keinen eigenen Weihbischof, so daß der Bamberger Weihbischof Adam Senger zur Entlastung des altersschwachen Würzburger Bischofs auch in der Diözese Würzburg Weihehandlungen vornahm.

15 Weihbischof Adam Senger, Brief an Pfarrer Hugo Dümler vom 8. 7. 1923 (Pfarrarchiv Dettingen, Akte Kirchenbau).

16 Weihbischof Adam Senger, Brief an Pfarrer Hugo Dümler vom 9. 8. 1923 (Pfarrarchiv Dettingen, Akte Kirchenbau).

17 Beobachter am Main 2. 7. 1923.

18 Beobachter am Main 12. 7. 1923.

19 Manuskript (Pfarrarchiv Dettingen, Akte Kirchenbau).

20 Volkszeitung 18. 7. 1923. Das beschämende Niveau dieses Beitrages ist kein Ausrutscher und eher ideologisch bedingt. Bereits am 24. 5. 1922 war in der Beilage Nr. 120 der auch in Hanau erscheinenden „Volksstimme" (Sozialdemokratisches Organ

für Südwestdeutschland) unter der Überschrift „Kirchenbau in Dettingen!" zu lesen: *„... selbst die Schulkinder kamen, um zum Bau der neuen Verdummungsanstalt mitzuhelfen. ... Wohnungselend überall, Mangel an Baumaterialien ... nur wenn Kirchen gebaut werden, dann fließt das Geld und Steine regnet es vom Himmel herunter."*
21 Beobachter am Main 8. 8. 1923.
22 Ebd. Mager, 285f, bezeichnet die Buchhandlung Pattloch als „lebendige Zelle des kirchlichen Antikitsches" und erkennt in Pattlochs Einsatz für die expressionistische Ausmalung der Dettinger Kirche „seltenen Mut".
23 Richard Köhler, Die Dettinger Pfarrkirche. Ein kunsthistorischer Beitrag, in: Erheiterungen, Wochenbeilage zur Aschaffurger Zeitung 27. 10. 1923. Alfred Wolters war ein früher Freund und Gönner Ewalds. Im Juliheft 1921 der Zeitschrift „Kunst und Dekoration" schreibt er über den Maler: *„Eines aber darf man heute zumindest sagen, das nämlich, daß seine Kunst die Kraft in sich trägt, starkes seelisches Erleben durch rein formale Mittel hervorzurufen und daß diese formalen Mittel in außerordentlicher Weise die Fähigkeit besitzen ‚expressiv' zu wirken."* (173)
24 Richard Köhler, Die Pfarrkirche St. Peter und Paul zu Dettingen am Main. Eine kunstkritische Betrachtung, in: Spessart 10 (1924) Nr. 9, 12–13.
25 Dominikus Böhm / Martin Weber, Brief an Pfarrer Hugo Dümler vom 23. 8. 1923 (Pfarrarchiv Dettingen, Akte Kirchenbau).
26 Dr. Angermeier, Brief an Domkapitular Winterstein vom 7. 8. 1923 (Bayer. Landesamt für Denkmalpflege Bamberg, Akte Pfarrkirche Dettingen).
27 Bischöfl. Ordinariat Würzburg, Brief an das Landesamt für Denkmalpflege München vom 10. 9. 1923 (Bayer. Landesamt für Denkmalpflege Bamberg, Akte Pfarrkirche Dettingen).
28 Ebd.
29 Georg Hager, Stellungnahme vom 2. 2. 1925 (Bayer. Landesamt für Denkmalpflege Bamberg, Akte Pfarrkirche Dettingen). Das Datum „2. Februar 1925", also 17 Monate nach der erneuten Bitte aus Würzburg um ein Gutachten, ist nicht nachvollziehbar.
30 Der im Pfarrarchiv Dettingen aufbewahrte Zeitungsausschnitt verweist auf Würzburg, enthält aber keine weiteren Angaben.
31 A. Selzer, Die Tat einer Kirchengemeinde, in: Die Gartenlaube (1924) Nr. 5, 92–93.
32 Georg Lill, Westdeutsche Kirchenbaukunst, in: Die christliche Kunst 24 (1928) Nr. 9/10, 257–279: 258.
33 H. Behm, Die Ausmalung der Kirche zu Dettingen a. Main. Eine Arbeit des Malers Reinhold Ewald, in: Die Welt. Illustrierte Wochenbeilage (1928) Nr. 29.
34 Oskar Kloeffel, Reinhold Ewald und ein Wort zum Thema „Katholische Kunst" (Der Beitrag wurde Anfang März 1927 in einer Würzburger Zeitung veröffentlicht. Er befaßt sich mit einer Ewald-Ausstellung im Haus Laredo.)
35 Dominikus Böhm / Martin Weber, Der Bau und seine innere Ausgestaltung, im vorl. Bd. 10.
36 Reinhold Ewald, Die Pfarrkirche aus der Sicht des Malers, im vorl. Bd. 117.
37 Dominikus Böhm, Brief an Pfarrer Alois Grünewald vom 27. 11. 1926 (Pfarrarchiv Großwelzheim, Akte Kirchenbau).
38 Kreuzweg und Gnadenstuhl wurden im Zuge der Innenrenovierung 1957 übermalt bzw. vernichtet. Das Hochaltarbild von Bergmann-Franken belegt den Wandel des Christusbildes seit Mitte der zwanziger Jahre. Christus wird in seiner Gottheit dargestellt und strahlt Hoheit und Würde aus. Karlstein könnte heute mit den beiden Kirchen in Dettingen und Großwelzheim zwei unterschiedliche Auffassungen über christliche Kunst und damit eine entscheidende Phase im Dialog zwischen Katholischer Kirche und moderner Kunst dokumentieren. Diese Chance ist leider vertan.
39 Bischöfl. Ordinariat Würzburg, Brief an das kath. Pfarramt Großwelzheim vom 25. 2. 1927 (Pfarrarchiv Großwelzheim, Akte Kirchenbau).
40 Dominikus Böhm, Brief an Pfarrer Alois Grünewald vom 14. 1. 1927 (Pfarrarchiv Großwelzheim, Akte Kirchenbau).
41 Ebd.
42 Dominikus Böhm, Brief an Pfarrer Alois Grünewald vom 24. 1. 1928 (Pfarrarchiv Großwelzheim, Akte Kirchenbau).
43 Bischöfl. Ordinariat Würzburg, Brief an das kath. Pfarramt Großwelzheim vom 20. 7. 1928 (Pfarrarchiv Großwelzheim, Akte Kirchenbau).
44 Kath. Kirchenverwaltung Großwelzheim, Brief an das Staatsministerium für Unterricht und Kultus in München vom 23. 7. 1928 (Pfarrarchiv Großwelzheim, Akte Kirchenbau).
45 Jutta Sell, Reinhold Ewald. Jugend und Lehrjahre, in: Reinhold Ewald 1890–1974 [Ausstellungskatalog], Hanau 1990, 20. Obwohl Reinhold Ewald im Mai 1933 in die NSDAP eintrat, wurde er im August des selben Jahres aus dem Amt des Studienrats an der Zeichenakademie entlassen. Als Mitglied der Darmstädter Sezession wurde er von allen Ausstellungen ausgeschlossen.
46 Pfarrer Karl Rohner, Brief an Archivrat Dr. Hoffmann im Bayer. Hauptstaatsarchiv München vom 11. 1. 1957 (Pfarrarchiv Dettingen, Akte Kirchenbau). Pfarrer Rohner äußerte gegenüber der Kirchenverwaltung, er könne in der Dettinger Kirche keine Messe feiern. Er wollte den Kreuzweg übertüncht wissen, notfalls sogar selbst Hand anlegen. Die Kirchenverwaltung lehnte dieses Ansinnen ab. (Mitteilung von Albert Scherer, Karlstein).
47 Bayer. Landesamt für Denkmalpflege München, Brief an das kath. Pfarramt Dettingen vom 10. 5. 1950 (Pfarrarchiv Dettingen, Akte Kirchenbau).
48 Main-Echo 31. 10. 1947.
49 Urban Rapp, Die Pfarrkirche Peter und Paul, ein Dokument des Expressionismus, in: Die Kirchen in Dettingen am Main, Hg. von der Interessengemeinschaft für Heimatgeschichte, Dettingen am Main 1973.
50 Ernst Pfeifer, Peter und Paul, die Mutterkirche des modernen Kirchenbaus, in: Spessart, Aschaffenburg Juni 1978, 17–18.
51 Eugenie Börner, Das religiöse Werk, in: Reinhold Ewald, 1890–1974. [Ausstellungskatalog], Hanau 1950, 27–41.
52 Gerhard Bott, Eröffnungsrede zur Ewald-Ausstellung im Schloß Philippsruhe, Hanau 9. 12. 1990, [Typoskript].
53 Clemens Jöckle, St. Peter und Paul, St. Hippolyt Dettingen am Main (Schnell Kunstführer 2199), Regensburg 1995.
54 Hugo Dümler, Zusatz zu einem Manuskript aus anderer Hand, 1923 (Pfarrarchiv Dettingen, Akte Kirchenbau).
55 Wilhelm Wiesebach, zitiert in einem Manuskript, vermutlich 1923 (Pfarrarchiv Dettingen, Akte Kirchenbau).
56 Jöckle, Kunstführer, 21.

Barbara Kahle
Kunst im Raum – Raum als Kunst
Zum Verhältnis von Architektur und künstlerischer Ausgestaltung in der Dettinger St.-Peter-und-Paul-Kirche

1 Vgl. etwa die Untersuchung zum süddeutschen Kirchenbau von Peter Bernhard Steiner, Malerei im Kirchenraum. München 1890–1940, in: Peter Klaus Schuster (Hg.), München leuchtete. Karl Caspar und die Erneuerung christlicher Kunst in München um 1900, München 1984, 73.
2 Dazu zählen die Engelsfiguren und das große Chorfenster von St. Michael in Saarbrücken 1924, ein Kreuzweg-Zyklus mit kleineren Bildern für St. Leonhard in Frankfurt 1925–27 und die Kreuzigungsgruppe über dem Portal von St. Johannes der Täufer in Bad König 1929. Vgl. Eugenie Börner, Das religiöse Werk, in: Reinhold Ewald 1890–1974 [Ausstellungskatalog], Hanau 1990, 27–41.
3 Reinhold Ewald, Die Pfarrkirche aus der Sicht des Malers, im vorl. Bd. 117.
4 Ebd. 118.
5 Vgl. z. B. den Aufsatz von Reinhold Ewald, Moderne Raumprobleme und Konrad Witz, in: Deutsche Kunst und Dekoration 25 (1922) 252–261.
6 Vgl. Dieter Hoffmann, Reinhold Ewald und die alten Meister, in: Ewald [Ausstellungskatalog], 43–47.
7 Hoffmann, 44.
8 Ebd. 43.
9 Dominikus Böhm / Martin Weber, Der Bau und seine innere Ausgestaltung, im vorl. Bd. 9.

10 So z. B. Johannes van Acken, Christozentrische Kirchenkunst. Ein Entwurf zum liturgischen Gesamtkunstwerk, Gladbeck ²1923, 34.
11 Vgl. Hermann Baur / Fritz Metzger, Kirchenbauten, Würzburg 1956.
12 Van Acken, 33f.
13 Ebd. 61.
14 Vgl. ebd. 56–62.
15 Ebd. 15.
16 Ebd. 33.
17 Solche Gedanken finden sich in ausgeprägter Form auch bei zahlreichen weiteren Theologen der Zeit, so etwa bei Abt Ildefons Herwegen und dem Jesuiten Josef Kreitmaier. Vgl. Alex Stock, Zwischen Tempel und Museum. Theologische Kunstkritik. Positionen der Moderne, Paderborn 1991, 26–35, 86–92; Holger Brülls, Neue Dome. Wiederaufnahme romanischer Bauformen und antimoderne Kulturkritik im Kirchenbau der Weimarer Republik und der NS-Zeit, Berlin 1994, 143–154.
18 Romano Guardini, Kultbild und Andachtsbild. Brief an einen Kunsthistoriker, Würzburg 1952.
19 Ebd. 12.
20 Ebd. 15f.
21 Ebd. 22.
22 Anton Henze (Hg.), Kirchliche Kunst der Gegenwart, Recklinghausen 1954.
23 Willy Weyres / Otto Bartning (Hg.), Kirchen. Handbuch für den Kirchenbau, München 1959.
24 Zitiert nach Stock, 124.
25 So Stock, 125; in den erwähnten Büchern von Anton Henze und dem Handbuch für Kirchenbau finden jene Gedanken ebenfalls Fortsetzung. Die Wand solle leer bleiben, wenn ein echtes Kultbild nicht verwirklicht werden könne, auch eine solche leere Wand sei echter Ausdruck kreatürlicher Demut vor dem Unsagbaren und unschaubaren tremendum mysterium. Vgl. Anton Henze, 48.
26 Romano Guardini, Das religiöse Bild und der unsichtbare Gott, in: Arte liturgica in Germania 1945–1955, München 1955, 16.
27 Rudolf Schwarz, Vom Bau der Kirche, Heidelberg ²1947, 57.
28 Ebd. 59.
29 Ebd. 64; vgl. Stock, 125–129.
30 Vgl. Stock, 128.
31 Als Vorläufer zu Dettingen muß hier allerdings die hölzerne Notkirche in Offenbach (1919) erwähnt werden, die ebenfalls an den Seitenwänden und der Chorwand eine Bemalung durch Heiner Holz erfahren hatte. Vgl. Robert Corwegh, Die Offenbacher St. Josephs-Kirche. Ein Notstands-Bau, in: Deutsche Kunst und Dekoration 24 (1920) 165–167; August Hoff / Walter Riezler, Die Notkirche St. Josef in Offenbach, in: Die Form 1 (1922) Nr. 4, 25–30.
32 Van Acken, 16.
33 So z. B. von Josef Kreitmaier, vgl. Stock, 30f.
34 Hoffmann, 44.
35 Ebd.
36 Ebd. 46.
37 Diese Wirkung vertritt nachdrücklich auch Alfred Wolters, Kustos am Städelschen Kunstinstitut und der städtischen Galerie in Frankfurt am Main, der sich mit dem malerischen Werk Ewalds in einem Beitrag der Zeitschrift Deutsche Kunst und Dekoration (24 [1921] 161–174) auseinandergesetzt hatte. Vgl. Alfred Wolters, Gutachten zu den Dettinger Fresken, Abschrift aus der Hand von Pfarrer Hugo Dümler im Pfarrarchiv Dettingen.
38 Helmut Winter, Liturgie (Theologie) und moderner kath. Kirchenbau, in: Die Kirchen in Dettingen am Main, 56.
39 Vgl. Börner, 30.
40 Hoffmann 44.
41 Vgl. Brülls, 159–165.
42 Böhm/Weber, im vorl. Bd. 12.
43 Vgl. Brülls, 160.
44 Hoffmann, 44, 46.

Günter Rombold
Katholischer Kirchenbau nach Dettingen
Ein Überblick über 75 Jahre
1 Zitiert nach Walter Zahner, Rudolf Schwarz. Baumeister der neuen Gemeinde Altenberge 1992, 254.
2 Johannes van Acken, Christozentrische Kirchenkunst. Ein Entwurf zum liturgischen Gesamtkunstwerk, Gladbeck ²1923, III.
3 Zahner, 82–187.
4 Rudolf Schwarz, Kirchenbau, Heidelberg 1960, 37
5 Ebd.
6 Ebd.
7 Ebd. 27f.
8 Fabrizio Brentini, Bauen für die Kirche, Luzern 1994, 115.
9 Vgl. Heinrich Kahlefeld, Die Stellung des Altars im zentral akzentuierten Bau, in: Christliche Kunstblätter 99 (1961) 126–130.
10 Pie Régamey, Kirche und Kunst im 20. Jahrhundert, Salzburg 1954, 247.
11 Stanislaus von Moos, Le Corbusier, Frauenfeld 1968, 330.
12 2. Vatikanisches Konzil, Liturgiekonstitution „Sacrosanctum Concilium", Art. 123.
13 Allgemeine Einführung in das Römische Meßbuch, Art. 262.
14 Leitlinien für den Bau und die Ausgestaltung von gottesdienstlichen Räumen, 1988, 4.1.
15 Ottokar Uhl / Bernd Selbmann, Noch ist alles offen – Raum als Instrument, in: Kunst und Kirche 53 (1990) 25.

Herbert Muck
Von Bauformen
zu Raumgestalten für Gemeindeliturgie
Christozentrik und Langhausproblem
1 Dominikus Böhm, Brief an Johannes van Acken, in: Johannes van Acken, Christozentrische Kirchenkunst, Gladbeck ²1923, 49f.
2 Baulich und räumlich interpretiert im Anhang der Ausgabe von 1923.
3 Heinrich Lützeler, Was wird aus den Kirchenbauten des 19. Jahrhunderts?, in: Die christliche Kunst 33 (1936/37) 249–262: 249f.
4 Van Acken, 1922, 24.
5 Otto Wagner, Die Moderne im Kirchenbau, Wien 1899.
6 In den von Theodor Klauser redigierten Richtlinien der Liturgischen Kommission der Fuldaer Bischofskonferenz für die Gestaltung des Gotteshauses, 1949. Veröffentlicht z. B. im Anhang zu Pie Régamey, Kirche und Kunst im 20. Jahrhundert, Graz 1954.
7 Rudolf Schwarz, in: Schildgenossen 5 (1924/25) 219. Fronleichnamskirche als Beispiel für Einraum in: Schildgenossen 11 (1931) 284. Zum Altar mitten im Raum vgl. Schwarz in: Neubau aus der Gemeinde, in: Schildgenossen 16 (1936) 2–3, 156.
8 Herbert Muck, Der neue katholische Kirchenbau um 1930, [Diss.] Innsbruck 1959; ders., Sakralbau heute, Aschaffenburg 1961.
9 Josef Habbel, Dominikus Böhm, Regensburg 1943. August Hoff / Herbert Muck / Raimund Thoma, Dominikus Böhm, München 1962.
10 Andre Grabar, Martyrion, Paris 1950.
11 Martin Weber, Gestaltung des katholischen Kirchenbaues in der Gegenwart, in: Conrad Gröber, Die Bildende Kunst als Glaubensverkünderin, Freiburg 1940, 105.
12 Weber, 106.
13 Von Holzmeister für die Verteilung liturgischer Orte im Raum verwendeter Ausdruck aus der Theaterregie. H. Muck / G. Mladek / W. Greisenegger, Clemens Holzmeister. Sakralbau Profanbau Theater, Salzburg 1976, z. B. Skizze 48.
14 Vgl. Durand; Herbert Muck in: Matthias Hoffmann-Tauschwitz (Hg.), Neue Nutzungen von alten Kirchen, Berlin 1988, 42.
15 Vgl. Herbert Muck: Rückfall in die Ausrichtung. Zum Ergebnis des Wettbewerbs für München-Neuhausen, in: Kunst und Kirche (1996) Nr. 3, 192–197.
16 Vgl. Anselm Grün, Der Chorraum. Durchbruch des Ewigen, Würzburg 1985.
17 Vgl. 2. Vatikanisches Konzil, Kirchenkonstitution „Lumen Gentium", Art. 8; Rudolf Schwarz, Vom Bau der Kirche, Heidelberg ²1947, 100, 115.
18 Johannes Heimbach, „Quellen menschlichen Seins und Bauens offenhalten". Der Kirchenbaumeister Emil Steffann (1899–1968), Altenberge 1995.

Literaturverzeichnis

Literatur

VAN ACKEN, Johannes, Christozentrische Kirchenkunst. Ein Entwurf zum liturgischen Gesamtkunstwerk, Gladbeck 1922, ²1923.

Archäologisches Institut des Deutschen Reiches (Hg.), Die Landmauer von Konstantinopel, Berlin 1942.

AULL, H., Die Entwürfe des Dominikus Böhm, in: Die Kirche 15 (1918) 41–49.

BAUER, Lorenz, Die kirchlichen Vorschriften über die Ausstattung des Altars und Tabernakels, in: Die christliche Kunst 18 (1921/22) 80–88.

BAUR, Hermann / METZGER, Fritz, Kirchenbauten von Hermann Baur und Fritz Metzger, Würzburg 1956.

BEHM, H., Die Ausmalung der Kirche zu Dettingen a. Main. Eine Arbeit des Malers Reinhold Ewald, in: Die Welt. Illustrierte Wochenbeilage (1928) Nr. 29.

BLOCH, Ernst, Das Prinzip Hoffnung, in: Gesamtausgabe in 16 Bänden, Frankfurt 1959.

BÖHM, Dominikus / WEBER, Martin, Der Bau und seine innere Ausgestaltung, in: Denkschrift zur Einweihung der katholischen Pfarrkirche Peter u. Paul zu Dettingen am Main am Sonntag, den 1. Juli 1923, im vorl. Bd. 9–12.

BÖHM, Dominikus, Siedlungs- und Notkirchen, in: Vierte Tagung für christliche Kunst, Freiburg i. Br. 22.–25. 9. 1924, Freiburg 1924.

BOLLNOW, Otto Friedrich, Mensch und Raum, Stuttgart 1963.

BÖRNER, Eugenie, Das religiöse Werk, in: Reinhold Ewald 1890–1974 [Ausstellungskatalog], Hanau 1990, 27–41.

BOTT, Gerhard, Eröffnungsrede zur Ewald-Ausstellung im Schloß Philippsruhe, Hanau 9. 12. 1990 [Typoskript].

BRENTINI, Fabrizio, Bauen für die Kirche, Luzern 1994.

BRÜLLS, Holger, Art. „Johannes van Acken", in: Die deutsche Literatur. Biographisches und bibliographisches Lexikon in sechs Reihen, Hans-Gert Roloff (Hg.), Reihe VI, Abtlg. A, Bd. I, Lieferung 1–5, Bern 1992, 152–154.

BRÜLLS, Holger, Neue Dome. Wiederaufnahme romanischer Bauformen und antimoderne Kulturkritik im Kirchenbau der Weimarer Republik und der NS-Zeit, Berlin 1994.

CORWEGH, Robert, Die Offenbacher St. Josephs-Kirche. Ein Notstands-Bau, in: Deutsche Kunst und Dekoration 47 (1920) 165–167.

DINKLER, Erich, Art. „Kreuz", in: Lexikon für Christliche Ikonographie II, 562–590.

DOERING, Oscar, Wettbewerb für ein Jesuitenkolleg in Frankfurt a. M., in: Die christliche Kunst 18 (1921–1922) 173–176/180.

EICHELSBACHER, J. A., Heimatbuch des Kahlgrundes, I. Teil: Geschichte und Sagen, Alzenau 1928.

ELIADE, Mircea, Das Heilige und das Profane. Vom Wesen des Religiösen, Reinbeck bei Hamburg 1957. Zitierte Ausgabe: Suhrkamp Taschenbuch 1751, Frankfurt ²1992.

EMMINGHAUS, Johannes H., Art. „Vesperbild", in: Lexikon für Christliche Ikonographie IV, 450–456.

ESSELBORN, Karl, Die Übertragung und Wunder der Heiligen Marcellinus und Petrus, Darmstadt 1925 (Neuausgabe 1977).

EVERS, Hans Gerhard, Kann die historistische Kirchenbaukunst des 19. Jahrhunderts als Trivialkunst verstanden werden?, in: Triviale Zonen in der religiösen Kunst des 19. Jahrhunderts, Frankfurt 1971, 179–198.

Reinhold Ewald 1890–1974 [Ausstellungskatalog], Hanau 1990.

EWALD, Reinhold, Die Pfarrkirche aus der Sicht des Malers, in: Die Kirchen in Dettingen am Main, Dettingen 1973, im vorl. Bd. 117–118.

EWALD, Reinhold, Moderne Raumprobleme und Konrad Witz, in: Deutsche Kunst und Dekoration 25 (1922) 252–261.

FISCHER, Hermann / WOHNHAAS, Theodor, Zur Ästhetik der Freipfeifenprospekte, in: Alfred Reichling (Hg.), Aspekte der Orgelbewegung, Kassel 1995, 183–218: 188, 207.

FISCHER, Theodor, Gegenwartsfragen künstlerischer Kultur, Augsburg 1931.

FOUCAULT, Michel, Andere Räume, in: Martin Wentz (Hg.), Stadt-Räume, Frankfurt 1991, 65–72.

Gamans Severus'sche Papiere, Diocesis Moguntina in Parochis, Pars IV, Capitula ruralis, Rheingau/Tottgau, STA Mainz H.B.A. 102 fol. 222.

GESE, Hartmut, Die Herkunft des Herrenmahls, in: ders., Zur biblischen Theologie, Tübingen ²1983, 106–127.

GESE, Hartmut, Psalm 22 und das Neue Testament. Der älteste Bericht vom Tode Jesu und die Entstehung des Herrenmahles, in: ders., Vom Sinai zum Zion, München 1974, 180–201.

GIEBELER, Britta, Sakrale Gesamtkunstwerke zwischen Expressionismus und Sachlichkeit im Rheinland, Weimar 1996.

GIEGERICH, Leo, Weilbach und seine Ortsteile, Weilbach 1997.

GIRARD, René, Das Ende der Gewalt, Analyse des Menschheitsverhängnisses, Freiburg 1983.

GIRARD, René, Das Heilige und die Gewalt, Zürich 1987.

GRABAR, Andre, Martyrion, Paris 1950.

GRÜN, Anselm, Der Chorraum. Durchbruch des Ewigen, Würzburg 1985.

GUARDINI, Romano, Das religiöse Bild und der unsichtbare Gott, in: Arte liturgica in Germania 1945–1955, München 1955.

GUARDINI, Romano, Kultbild und Andachtsbild. Brief an einen Kunsthistoriker, Würzburg 1952.

HABBEL, Josef, Dominikus Böhm, Regensburg 1943.

HARTIG, M., Art. „Erbärmdebild", in: LThK² III, 958f.

HARTLAUB, G. F., Kunst und Religion. Ein Versuch über die Möglichkeit neuer religiöser Kunst, Leipzig 1919.

HARTMANN, Wolfgang, Der Einhardsweg von Michelstadt nach Seligenstadt, in: Odenwald-Heimat 1996, Nr. 9.

HASSENPFLUG, Gustav, Werkkunstschulbuch, Stuttgart 1956.

HEIMBACH, Johannes, „Quellen menschlichen Seins und Bauens offenhalten". Der Kirchenbaumeister Emil Steffann (1899–1968), Altenberge 1995.

HENZE, Anton (Hg.), Kirchliche Kunst der Gegenwart, Recklinghausen 1954.

HERMANN, Ferdinand, Das alte Dettingen 1898–1919, Typoskript o. J.

HOFF, August / MUCK, Herbert / THOMA, Raimund, Dominikus Böhm, München 1962.

HOFF, August / RIEZLER, Walter, Die Notkirche St. Josef in Offenbach, in: Die Form 1 (1922) Nr. 4, 25–30.

HOFF, August, Dominikus Böhm, Berlin 1930.

HOFF, August, Vorwort, in: Neue christliche Kunst. Ausstellung im Kölner Kunstverein [Katalog], Köln 1922, 4–7.

HOFFMANN, Dieter, Reinhold Ewald und die alten Meister, in: Reinhold Ewald 1890–1974 [Ausstellungskatalog], Hanau 1990, 43–47.

HOFMANN, Richard, Der Altar in der Kunst der Gegenwart, in: Die christliche Kunst 23 (1926/27) 1–33.

HOFFMANN-TAUSCHWITZ, Matthias (Hg.), Neue Nutzungen von alten Kirchen, Berlin 1988.

HORN, Curt, Wesen der christlichen Kunst, in: Die Religion in Geschichte und Gegenwart III, Tübingen 1929, 1418.

HUPPERT, Die Kölner Werkschule, in: Der Feuerreiter (1929) Nr. 1.

HUSSI, Edwin, Zur Geschichte der katholischen Pfarrei Dettingen, in: 1000 Jahre Dettingen am Main, Dettingen 1975, 172–183.

JEDIN, Hubert, Handbuch der Kirchengeschichte, Freiburg 1973.

JÖCKLE, Clemens, Dominikus Böhms Pfarrkirche in Dettingen. Ein Beispiel der Gotikrezeption im 20. Jahrhundert, in: Spessart (1984) Nr. 8, 3–9.

JÖCKLE, Clemens, St. Joseph in Waldfischbach, Gedanken zur Verbindung von Zentralraum und Basilika im modernen Kirchenbau, in: Pfälzer Heimat (1977) Nr. 1, 7–16.

JÖCKLE, Clemens, St. Peter und Paul, St. Hippolyt Dettingen am Main (Schnell Kunstführer 2199), Regensburg 1995.

KAHLEFELD, Heinrich, Die Stellung des Altars im zentral akzentuierten Bau, in: Christliche Kunstblätter 99 (1961) 126–130.

Die Kirchen in Dettingen am Main. Herausgegeben zum 50. jahrestag der Einweihung der kath. Pfarrkirche St. Peter und Paul in Dettingen am Main von der Interessengemeinschaft für Heimatgeschichte, Dettingen 1973.

KLOEFFEL, Oskar, Reinhold Ewald und ein Wort zum Thema „Katholische Kunst", (Anfang März 1927 in einer Würzburger Zeitung).

KÖHLER, Richard, Die Dettinger Pfarrkirche. Ein kunsthistorischer Beitrag, in: Erheiterungen, Wochenbeilage zur Aschaffenburger Zeitung 27. 10. 1923.

KÖHLER, Richard, Die Pfarrkirche St. Peter und Paul zu Dettingen am Main. Eine kunstkritische Betrachtung, in: Spessart 10 (1924) Nr. 9, 12–13, auch in: Main-Kalender (1928) 89–90.

KÖLBL, Alois, Kunst und das Unbedingte. Paul Tillichs korrelative Synthese, in: J. Rauchenberger (Hg.), Unbedingte Zeichen. Glaube und Moderne an der Schwelle, Graz 1995.

KREITMAIER, Josef, Kampf um die neue Kunst, Freiburg 1920.

Leitlinien für den Bau und die Ausgestaltung von gottesdienstlichen Räumen, 1988.

LENSSEN, Jürgen, Aufbruch im Kirchenbau. Die Kirchen von Hans Schädel, Würzburg 1989.

LENSSEN, Jürgen / REIDEL, Hermann / STIEGEMANN, Christoph (Hg.), Moderne Kunst im Vatikan, Regensburg 1998.

LILL, Georg, Westdeutsche Kirchenbaukunst, in: Die christliche Kunst 24 (1928) Nr. 9/10, 257–279.

LÜTZELER, Heinrich, Was wird aus den Kirchenbauten des 19. Jahrhunderts?, in: Die christliche Kunst 33 (1936/37) 249–262.

LÜTZELER, Heinrich, Dominikus Böhm 70 Jahre alt, in: Das Münster 3 (1950) 297.

MAGER, Jörg, Der junge Julius Maria Becker, in: Aschaffenburger Jahrbuch 10 (1986) 275–374.

VON MOOS, Stanislaus, Le Corbusier, Frauenfeld 1968.

MUCK, H. / MLADEK, G. / GREISENEGGER, W., Clemens Holzmeister. Sakralbau Profanbau Theater, Salzburg 1976.

MUCK, Herbert, Der neue katholische Kirchenbau um 1930, [Diss.] Innsbruck 1959.

MUCK, Herbert, Sakralbau heute, Aschaffenburg 1961.

NERDINGER, Winfried, Fischer-Schule und Süddeutsche Bautradition im 20. Jahrhundert, in: Süddeutsche Bautradition im 20. Jahrhundert, Architekten der Bayerischen Akademie der Schönen Künste, München 1985.

NERDINGER, Winfried, Theodor Fischer. Architekt und Städtebauer, Berlin 1988.

NEUSS, Wilhelm, Expressionismus, Ausdruckskunst und die kirchliche Kunst der Gegenwart, in: Kölnische Volkszeitung Nr. 8 vom 4. 1. 1922 und Nr. 29 vom 12. 1. 1922.

ONASCH, Konrad, Art. „Bilderwand", in: RGG[3] I, 1275f.

OTT, Konrad, Das Wechselspiel von Architektur und Theologie, Stuttgart 1992.

OTTO, Rudolf, Das Heilige. Über das Irrationale in der Idee des Göttlichen und sein Verhältnis zum Rationalen, Gotha 1917. Zitierte Ausgabe: Gotha [16]1927.

PALMER, M. F., Paul Tillich's Philosophy of Art, Berlin 1984.

PEHNT, Wolfgang, Die Architektur des Expressionismus, Stuttgart 1973.

PFEIFER, Ernst, Peter und Paul, die Mutterkirche des modernen Kirchenbaus, in: Spessart (1978) Nr. 6, 17–18.

PIEPER, Josef, Was ist eine Kirche? Vor-Überlegungen zum Thema „Sakralbau", in: Hochland 63 (1971) 115–130.

Priester unter Hitlers Terror. Eine biographische und statistische Erhebung, Paderborn [3]1996.

RAPP, Urban, Die Pfarrkirche Peter und Paul, ein Dokument des Expressionismus, in: Die Kirchen in Dettingen am Main, Dettingen 1973, auch in: Unser Kahlgrund (1974) 94–95.

RATZINGER, Joseph, Das Fest des Glaubens. Versuche zur Theologie des Gottesdienstes, Einsiedeln [2]1981.

RÉGAMEY, Pie, Kirche und Kunst im 20. Jahrhundert, Salzburg 1954.

REUSCHE, Erhard, Polychromes Sichtmauerwerk byzantinischer und von Byzanz beeinflußter Bauten Südosteuropas. Überlieferung und Entwicklung einer handwerklichen Technik, [Phil. Diss.] Köln 1971.

RIEZLER, Walter, Erneuerung des Kirchenbaus?, in: Die Form 5 (1930) 537–545.

ROH, F., Entartete Kunst, Hannover 1962.

SCHART, Aaron, Die Entgrenzung des heiligen Raumes. Tempelkonzept und Tempelkritik in der biblischen Tradition, in: Pastoraltheologie 86 (1997) 348–359.

SCHEFFLER, Karl, Der Geist der Gotik, Leipzig 1917.

SCHEJA, G., Der Isenheimer Altar des Matthias Grünewald, Köln 1969.

SCHNELL, Hugo, Das Christusbild in unserer Zeit, in: ders., Zur Situation der christlichen Kunst der Gegenwart, München 1962, 37–105.

SCHNELL, Hugo, Der Kirchenbau des 20. Jahrhunderts in Deutschland, München 1971.

SCHULZE, Otto, Hessische Landes-Ausstellung für freie und angewandte Kunst Darmstadt, in: Deutsche Kunst und Dekoration 22 (1908) 353–380.

SCHUSTER, Peter Klaus (Hg.), Nationalsozialismus und „Entartete Kunst", München [3]1988.

SCHWARZ, Rudolf, Dominikus Böhm, in: Baukunst und Werkform 8 (1955) 72–86.

SCHWARZ, Rudolf, Die Fronleichnamskirche, in: Schildgenossen 11 (1931) 284–287.
SCHWARZ, Rudolf, Kirchenbau, Heidelberg 1960.
SCHWARZ, Rudolf, Neubau aus der Gemeinde, in: Schildgenossen 16 (1936) 2–3, 156.
SCHWARZ, Rudolf, Neues Bauen?, in: Die Schildgenossen 9 (1929) 209.
SCHWARZ, Rudolf, Vom Bau der Kirche, Würzburg 1938, Heidelberg ²1947.
SCHWARZ, Rudolf, Zu unseren Bildern, in: Schildgenossen 5 (1924–25) 219.
SEIB, Adrian, Der Kirchenbaumeister Martin Weber (1890–1941). Leben und Werk eines Architekten für die liturgische Erneuerung (Quellen und Abhandlungen zur mittelrheinischen Kirchengeschichte, Bd. 91), Mainz 1998.
SEIBOLD, Rudolf, Dominikus Böhm. Der Mensch und sein Werk, Günzburg 1984.
SELL, Jutta, Reinhold Ewald. Jugend und Lehrjahre, in: Reinhold Ewald 1890–1974 [Ausstellungskatalog], Hanau 1990.
SELZER, A., Die Tat einer Kirchengemeinde, in: Die Gartenlaube (1924) Nr. 5, 92f.
VON SENGER, Alexander, Krisis der Architektur, Zürich 1928.
VON SENGER, Alexander, Die Brandfackel Moskaus, Zurzach 1931.
STALLING, Gesine, Studien zu Dominikus Böhm mit besonderer Berücksichtigung seiner „Gotik"-Auffassung, Bern 1974.
STEINER, Peter Bernhard, Malerei im Kirchenraum. München 1890–1940, in: Peter Klaus SCHUSTER (Hg.), München leuchtete, Karl Caspar und die Erneuerung christlicher Kunst in München um 1900, München 1984.
STERNBERG, Thomas, Suche nach einer neuen Sakralität? Über den Kirchenraum und seine Bedeutung, in: Das Münster (1996) 142–148.
STOCK, Alex, Zwischen Tempel und Museum. Theologische Kunstkritik. Positionen der Moderne, Paderborn 1991.
1000 Jahre Dettingen am Main 975–1975, Dettingen 1975.
TILLICH, P., Gesammelte Werke IX (ed. R. Albrecht), Stuttgart 1959.
TILLICH, P., Main Works / Hauptwerke II (ed. M. F. Palmer), Berlin 1990.
TILLICH, Paul, Kult und Form. Vortrag, gehalten bei der Eröffnung der Ausstellung des Kunst-Dienstes in Berlin am 10. November 1930, in: Kunst und Kirche 8 (1931) 4.
UHL, Ottokar / SELBMANN, Bernd, Noch ist alles offen – Raum als Instrument, in: Kunst und Kirche 53 (1990) 25.
VETTERLEIN, Ernst, Hessische Landes-Ausstellung für freie und angewandte Kunst Darmstadt, in: Deutsche Kunst und Dekoration 11 (1908) 213–226.
WAGNER, Otto, Die Moderne im Kirchenbau, Wien 1899.
WEBER, Martin, Gestaltung des katholischen Kirchenbaues in der Gegenwart, in: Conrad Gröber, Die Bildende Kunst als Glaubensverkünderin, Freiburg 1940, 100–129.
WEGNER, Günter, Die Grenzen der Ossenheimer Mark, in: Kleinostheim. Dokumente und Beiträge zu seiner Geschichte, Kleinostheim 1975, 25–27.
WEISNER, Ulrich, Väter und Söhne. Drei Architektengenerationen: Dominikus Böhm – Gottfried Böhm – Stephan, Peter und Paul Böhm, in: Böhm: Väter und Söhne [Ausstellungskatalog], Bielefeld 1994.
WESCHKE, Joachim, Münzfund in der St. Hippolytkirche in Dettingen, in: Unser Kahlgrund (1972) 118–122.
WEYRES, Willy / BARTNING, Otto (Hg.), Kirchen. Handbuch für den Kirchenbau, München 1959.
WIESCHEBRINK, Theodor, Die kirchliche Kunstbewegung im Zeitalter des Expressionismus 1917–1927, Münster 1932.
WIESEBACH, Wilhelm, Dominikus Boehm, der Baukünstler, in: Kölnische Volkszeitung 21. 6. 1923.
WINTER, Helmut, „Immer lasse ich mir nicht auf dem Kopfe herumtanzen". Dominikus Böhm und der Großwelzheimer Kirchenbau, in: Unser Kahlgrund 35 (1990) 43–52.
WINTER, Helmut, Liturgie (Theologie) und moderner kath. Kirchenbau, in: Die Kirchen in Dettingen am Main, Dettingen 1973, 54–56.
WOLTERS, Alfred, Reinhold Ewald, in: Deutsche Kunst und Dekoration 24 (1921) 161–174.
WORRINGER, Wilhelm, Formprobleme der Gotik, München 1911.
ZAHNER, Walter, Rudolf Schwarz. Baumeister der Neuen Gemeinde, Altenberge 1992.
ZIMMERMANN, Rainer, Art. „Reinhold Ewald", in: Weltkunst, München 1961, 1639f.

Benutzte anonyme Zeitungsberichte
Beobachter am Main 12. 7. 1923.
Beobachter am Main 2. 7. 1923.
Beobachter am Main 8. 8. 1923.
Main-Echo 31. 10. 1947.
Volkszeitung 18. 7. 1923.
Volksstimme, Beilage vom 24. 5. 1922.

Benutzte Archive
Historisches Archiv der Stadt Köln, Nachlaß Dominikus Böhm: Bestand 1208.
Bayer. Landesamt für Denkmalpflege Bamberg, Akte Pfarrkirche Dettingen.
Pfarrarchiv Dettingen.
Pfarrarchiv Großwelzheim.
Pfarrarchiv Kleinostheim.
Akten des Bezirksamts Alzenau.
Diözesanarchiv Würzburg.
Hauptstaatsarchiv Würzburg.
Archiv der Abtei Maria Laach.
Diözesanarchiv Münster.

Bildnachweis:

Wolfgang Berchem: 22 23 67b
Archiv Franziska Buttenschön, Dieburg: 41–43 45a
Christl Hartmann: 9–12 47–49 58 74a 113a 134b
Edwin Hussi: 53 55 76 121a 123b 138b
Diözesanbildstelle Linz: 160b
Herbert Pfeifer: 13 16 17 66a 74b 75b 104
Michael Pfeifer: 35a 63 66b–d 67a 70a–b 71 75a 78 79 83 86 87 90 91 100 101 103 105 106 109 111b 112a 115 117 149 171
Schlegel: 160a
Dirk Olaf Schmidt: 19 51 118 122 124–128 134a 135 138 139 143 147 175
Fr. van der Smissen: 132 133
Städelsches Kunstinstitut, Frankfurt am Main: 126b 136 137
Lieselotte Strelow: 28
Ottokar Uhl: 161
Archiv Bernhard Weber, Frankfurt am Main: 33 34a 36 37
Erich Widder: 158
Alle anderen Aufnahmen stammen aus den Archiven von Verlag oder Autoren.
Die Zeichnungen der Idealpläne von Rudolf Schwarz sind seinem Buch „Vom Bau der Kirche" entnommen.
Die Zeichnung S. 99 ist entnommen aus: C. Bradford Welles (Hg.), The Excavations at Dura-Europos, New York 1967.

Bilder und Texte der Meditationsdoppelseiten

18/19: Bild: Kreuzigung, Altarbild von Reinhold Ewald.
Text: Michael Scherer, Betrachtung des Schächers, zur Komplet in der Karwoche am 28. 3. 1988.

50/51: Bild: Elfte Station: Jesus wird an das Kreuz genagelt (Christus in der Rast).
Text: Nach Julius Sturm (1816–1896)

82/83: Bild: Die „kristallin aufgelöste" Decke des Chorraums (s. S. 96f).
Text: „Atta nimza" aus: M. Sachs, Festgebete der Israeliten, 3. Teil, Breslau ^{15}1898.

114/115: Bild: Statuen der Apostel Petrus und Paulus von Paul Seiler auf dem Kirchenvorplatz in Dettingen.
Text: Hymnenstrophen aus dem Stundengebet des Hochfestes der Apostelfürsten Petrus und Paulus.

146/147: Bild: Dreizehnte Station: Jesus wird vom Kreuz abgenommen und in den Schoß seiner Mutter gelegt.
Text: Hymnenstrophen aus der Sequenz des Gedächtnisses der Schmerzen Mariens.

174/175: Bild: Vierzehnte Station: Der heilige Leichnam Jesu wird in das Grab gelegt.
Text: nach Hymnen der byzantinischen Karfreitags-Vesper.

Autoren

HOLGER BRÜLLS (*1962), studierte Kunstgeschichte, Germanistik und Psychologie in Bonn, Dr. phil., Konservator am Landesamt für Denkmalpflege Sachsen-Anhalt, Lehrbeauftragter für Architekturgeschichte und -theorie an der Bauhaus-Universität Weimar. Zahlreiche Veröffentlichungen zur Kunst- und Architekturgeschichte des 19. und 20. Jahrhunderts, speziell zum Kirchenbau der Zwischenkriegszeit.
Richard-Wagner-Straße 32, D-06114 Halle (Saale)

EDWIN HUSSI (*1929), lebt seit seiner Kindheit in Dettingen, engagierte sich nicht nur während seiner langjährigen Mitgliedschaft im Pfarrgemeinderat stets für die Belange der Gemeinde. Veröffentlichungen zur Heimatgeschichte.
Hörsteiner Straße 20, D-63791 Karlstein am Main

CLEMENS JÖCKLE (*1950 in Wasserlos), studierte Kunstgeschichte, kath. Theologie, und Philosophie in Mainz und Bonn, Dipl. Theol., Bildungsreferent, Fachbereichsleiter Kunst des *Studium generale Palatinum* an der Volkshochschule. Veröffentlichen zum Kirchenbau des 20. Jahrhunderts darunter auch mehrfach zu St. Peter und Paul in Dettingen.
Gabelsbergerstraße 3, D-67346 Speyer

BARBARA KAHLE (*1952), studierte Kunstgeschichte, Archäologie und Soziologie in Köln, Dr. phil., 1982–84 wissenschaftliche Mitarbeiterin an der Abteilung Architektur des kunsthistorischen Instituts der Universität Köln, derzeit freiberuflich tätig. Veröffentlichungen zur Kirchenbaukunst des 20. Jahrhunderts und zum nachkonziliaren Kirchenbau in der Diözese Würzburg.
Titusstraße 91, D-96049 Bamberg

ALOIS KÖLBL (*1968), studierte kath. Theologie und Kunstgeschichte in Graz, Tübingen, Marburg und Berlin, Mag. theol., Mag. phil. Veröffentlichungen zu kunstphilosophischen Fragen, speziell der Jahrhundertwende.
Bürgergasse 2, A-8010 Graz

FRANZ KRAFT (*1955), studierte kath. Theologie in Würzburg, Dipl. Theol., Seelsorgstätigkeit in Aschaffenburg, Ochsenfurt und Würzburg, seit 1985 Pfarrer in Dettingen.
Luitpoldstraße 17, D-63791 Karlstein am Main

JÜRGEN LENSSEN (*1947), studierte kath. Theologie, Kunstgeschichte und Volkskunde, Dr. theol., 1971–89 Seelsorgstätigkeit, seit 1989 Bau- und Kunstreferent der Diözese Würzburg, seit 1991 Domkapitular. Veröffentlichungen zum Thema Kirchenbau und Kunst.
Herrnstraße 7, D-97070 Würzburg

HERBERT MUCK (*1924), studierte Philosophie, kath. Theologie und Kunstgeschichte, Dr. phil., 1960–94 Professor an der Akedemie der bildenden Künste in Wien, Aufbau des dortigen Instituts für Kirchenbau und sakrale Kunst, derzeit Leiter des Instituts für Verhalten und Raum im Rahmen des Vereins für Kirchenraumforschung in Linz. In zahlreichen Veröffentlichungen untersuchte Muck die Beziehungen von Raum und Bild zu Verhalten und Riten. Ferner publizierte er zum Themenkreis modernen Kirchenbaus, darunter auch zu Dominikus Böhm.
Hintergasse 19, A-7033 Pöttsching

MICHAEL PFEIFER (*1967), studierte kath. Theologie, christliche Kunstgeschichte und Byzantinistik in Würzburg und München, Dipl. Theol., Kirchenmusiker. Veröffentlichungen zu liturgischen Fragen.
Spiegelstraße 4, D-97070 Würzburg

GÜNTER ROMBOLD (*1925), studierte kath. Theologie und Philosophie in Linz, Graz und München, Dr. theol., Dr. phil., 1972–95 Professor an der Katholisch-Theologischen Hochschule in Linz, 1971–90 Chefredakteur der Zeitschrift „Kunst und Kirche", deren Mitherausgeber er heute ist. Zahlreiche Beiträge in „Christliche Kunstblätter" und „Kunst und Kirche" sowie weiter Veröffentlichungen zum Themenkreis moderner Kirchenbau.
Bockgasse 3, A-4020 Linz

ADRIAN SEIB (*1958), studierte nach einer Ausbildung zum Schreiner/Holzmechaniker und Tätigkeit als Möbelrestaurator mittlere und neuere Kunstgeschichte, mittlere und neuere Geschichte und klassische Archäologie in Frankfurt am Main, M.A., Dr. phil., derzeit freiberuflich tätig. Seib hat 1996 eine Dissertation über Martin Weber vorgelegt.
Am Leonhardsbrunn 8, D-60487 Frankfurt

RUDOLF VODERHOLZER (*1959), studierte kath. Theologie und Philosophie in München, M.A., Dr. theol., 1987–93 Seelsorgstätigkeit, seit 1993 wissenschaftlicher Mitarbeiter am Institut für Dogmatik an der Universität München. Voderholzer bereitet eine Studie zum Thema „Christusrepräsentation als Wesensmoment des priesterlichen Dienstes" vor.
Wolfgangstraße 20a, D-81667 München

HELMUT WINTER (*1939), studierte Germanistik und Politikwissenschaft, 1961–68 Stadtinspektor, 1972–87 Gymnasiallehrer in Hanau, seit 1987 Bürgermeister von Karlstein am Main. Zahlreiche Veröffentlichungen zur Heimatgeschichte, darunter auch zu den Kirchen in Dettingen und Großwelzheim.
Vinzenz-Rüfner-Straße 5, D-63791 Karlstein am Main

JOHANNA WOLF-BREEDE (*1962), studierte Kunstgeschichte in München und Wien, M.A., derzeit als Kunsthistorikerin tätig. Bereitet an der TU München eine Dissertation über Dominikus Böhm vor.
Meierottostraße 1, D-10719 Berlin